Cuestiones Básicas para la Sexología Latinoamericana

Oswaldo M. Rodrigues Jr. (org.)
InPaSex – Instituto Paulista de Sexualidade

São Paulo - 2014

Capa: Oswaldo M. Rodrigues Jr.
Fotos: Oswaldo M. Rodrigues Jr.
Ilustraciones en los capítulos son de responsabilidad de los autores de cada capítulo

Rodrigues Jr., Oswaldo M. (org.), 1959- (org.)
 Cuestiones Básicas para la Sexología Latinoamericana / Oswaldo M. Rodrigues Jr.;
 São Paulo: Instituto Paulista de Sexualidade, 2014.

ISBN-13: 978-1500728007
ISBN-10: 1500728004

1. Sexología. 2. Sexología Clínica. 3. sexualidad. I. Título.

Copyright © 2014 Oswaldo Martins Rodrigues Júnior
All rights reserved.

Instituto Paulista de Sexualidade
rua Angatuba, 370 – Pacaembu
01247-000 – São Paulo – SP
Brasil
www.inpasex.com.br

Índice

	pág
Introdución	5
Presentación de los autores	7
Sexología noticias – divulgación de la comunidad sexológica en América Latina - Oswaldo M. Rodrigues Jr. y Carla Zeglio	2
Aportes de la Promoción de la Salud a la Sexología - Dominica Vera Duarte	23
El consentimiento: urgencia y dificultades de la elaboración de un concepto - Francisco Juan José Viola	43
Modelo APA (Amigos-Padres-Amantes) para la promoción de la salud sexual y reproductiva en el Caribe colombiano - José Manuel González	61
Ipsación, mito, tabú o desconocimiento - José Luis Gutiérrez Serrano	69
Vincularidad en parejas en el mundo virtual - Maura A. Villasanti	93
La escena primaria - Andrés Caro Berta	101
Torbellinos emocionales detrás de las disfunciones - Nereyda Lacera	115
Tadalafilo ¿Sólo un proerectógeno? - Magdalena Joubanoba	123
El Espejo de la Sexualidad en la Sociedad - Stuart Oblitas Ramírez	141
El uso del preservativo desde una perspectiva de género - Fabiana Gómez Córdoba	159
Leyes, prácticas, teorías y sexosofías - Silvia Aguirre	163
Violencia contra la mujer: impacto en la sexualidad y salud mental - Un enfoque social y psicoterapéutico - María del Carmen Domínguez Marzo	173
Como vivimos nuestra Sexualidad las Mujeres Mayores en el siglo XXI - Teresita Blanco Lanzillotti	187
La pareja en su laberinto - Juan José Moles A.	207
Rol de género y su influencia en las disfunciones sexuales en hombres - Magdalena Rivera Becker	219
Disfunciones de la vida erótica en mujeres víctimas de violencia familiar - Gabriela del Carmen Chen Licona	235
Fantasías de violación y coacción sexual en mujeres: significado y teorías explicativas - Georgina Burgos	247

Incidencia de la Comunicación en la Sexualidad y el vínculo - Dinorah Machín García	263
Sexualidad y drogadicción - Alessandra Diehl; Sandra Cristina Pillon; Maria Lourdes Jordán Jinez	275
Deconstruir la Monogamia - María José Cortés	301
El mundo afectivo y sexual de la pareja - María Rosa Appleyard Biscotti	311
Complejidades, dificultades y costos a contemplar y superar en la creación de Programas Estratégicos de Educación Sexual Efectivos - Cruz Yayes Barco	323
Vaginismo - Elda Bertolucci	341
Parejas disfuncionales en el climaterio y la menopauisa: una breve revisión - Ruben Hernandez Serrano	353

Introdución

Desde nuestro centro de estudios, investigaciones y clínica en sexología en la ciudad de São Paulo, Brasil, el InPaSex – Instituto Paulista de Sexualidade, tenemos el honor de presentar una edición especial de textos de algunos de los más renomados sexólogos de del continente Latinoamericano.

Sexología es un campo de actuación que abraza carreras distintas, en especial psicólogos y médicos. Hay divisiones de este tipo de actuación entre educación y clínica. Nuestro interés directo es la clínica.

¡Acá tenemos 28 autores de nuestro inmenso continente Latinoamérica!

Aporte de 11 países: Argentina, Brasil, Chile, Colombia, Ecuador, México, Paraguay, Perú, Uruguay, Venezuela, y desde el otro lado del Atlántico, España.

Sumamos los textos que aportan con discusiones que siempre deparamos en las consultas, temas necesarios para que uno actúe en la clínica sexológica.

Este libro complementa otros que organizamos en nombre del InPaSex – Instituto Paulista de Sexualidade – para promoción del campo de actuación en Latinoamérica.

Esperamos que estas contribuciones realmente auxilien a los que trabajan en sexología en nuestra Latinoamérica.

São Paulo, Deciembre de 2014.

Oswaldo Martins Rodrigues Júnior
Psicólogo y psicoterapeuta sexual del **Instituto Paulista de Sexualidade – InPaSex**
www.inpasex.com.br

A bove majore discit arare minor
A fructibus eorum cognoscetis eos

Presentación de los autores

Alessandra Dihel

Psiquiatra con formación en investigación clínica (INVITARE), especialización en Dependencia química por la Universidad Federal de São Paulo (UNIFESP) y Sexualidad Humana en la Universidad de São Paulo (USP). Maestría en Ciencias por la UNIFESP. Doctoranda del Programa de Posgrado en Psiquiatría de la Universidad Federal de São Paulo (UNIFESP). Actual Secretaría de la Asociación Brasileña de Estudio de Alcohol y otra Drogas (ABEAD) gestión 2013-2015. Coordinador y profesor del Curso de Trastornos de la Sexualidad en el Programa de Posgrado en Psiquiatría de la UNIFESP y Profesor visitante del Centro Brasileño de Posgrados (CENBRAP). Pertenece al equipo de profesionales de Instituto de Psiquiatría Américo Bairral.
Email: alediehl@terra.com.br

Andrés Caro Berta

Psicólogo clínico, de línea psicoanalítica
Vice Presidente de la Federación Uruguaya de Sexología
Past Presidente de la Sociedad Uruguaya de Sexología
Docente de Psicoanálisis y Sexología. Teoría y Técnicas de Taller. Sociedad Uruguaya de Sexología
Psicodramatista, Psicólogo Social, Perito del Poder Judicial
Escritor, dramaturgo, director teatral
www.andrescaroberta.com - andres@andrescaroberta.com

Carla Zeglio

Directora del InPaSex - Instituto Paulista de Sexualidade – psicoterapeuta sexual y de parejas.
- Educadora Sexual y Sexóloga Clínica – reconocida por SBRASH y FLASSES.
- co-Editora de la revista *"Terapia Sexual: Clínica- pesquisa e aspectos psicossociais"* – Editada por Instituto Paulista de Sexualidade desde 1998.
- Cordinadora del CEPES - *Curso de Especialização com Enfoque na Sexualidade do Instituto Paulista de Sexualidade* – INPASEX desde 1998.
- conferencista internacional, organiza cursos y oficinas sobre el papel do psicólogo em el trabajo con la sexualidad en consultório, en terapia de parejas y terapia sexual.
- autora de los libros:
   - **Amor e sexualidade – como sexo e casamento se encontram**. São Paulo, Iglu Editora, 2007.
   - **Relações conjugais**. Editora Zagodoni: São Paulo, 2013.

e-mail: carzeg@uol.com.br

Cruz Yayes Barco

M. Sc. Orientación de la Conducta. Con tesis "Actitudes de los obispos, sacerdotes, religiosos y laicos venezolanos hacia la sexualidad". Centro de Investigaciones Psiquiátricas, Psicológicas y Sexológicas de Venezuela. Caracas, 1.988. Licenciado en Filosofía de la Universidad del Zulia. Maracaibo, 1.976. Profesor en Universidades, educación media, educación básica y educación inicial. Locutor, Escritor. Sexólogo en colegios, escuelas de básica, media y universitaria.
e-mail: yayesoci@hotmail.com

Dinorah Machín García

Licenciada en Psicología, Posgrado en Psicología Analítica, Maestría en Psicoterapia, Especializada en técnica de Sandplay; Educadora Sexual y Sexóloga Clínica acreditada por SUS y FLASSES, Docente en liceos privados y en los cursos de Educ. Sex. en SUS; Coordinadora de los cursos SUS; Integrante de la Comisión Directiva de FLASSES.
E-mail: machindin@dedicado.net.uy

Dominica Vera Duarte

Psicóloga Educacional, acreditada por la Universidad Católica Nuestra Señora de la Asunción. Post Grado en Promoción de la Salud Sexual y Reproductiva: Intervención Educativa y Comunitaria certificada por la Universidad de Lleida – España y el Instituto de Estudios de la Sexualidad y la Pareja. Máster en Sexología y Sexualidad Humana, por la Sociedad Hispano Americana de Psicología Aplicada, Madrid, España. Fue Presidenta de la Sociedad Paraguaya de Estudios sobre Sexualidad Humana (SPESH). Actual Coordinadora Académica del Diplomado en Educación Integral de la Sexualidad, SPESH-Universidad del Pacífico.
e-mail: domivera@gmail.com

Elda Elena Bartolucci

Psicóloga egresada de la Universidad Nacional de Mar del Plata- Argentina, en el año 1977
Egresada del Curso de Capacitación en Sexologia y Educación Sexual, dictado por el Dr. Héctor Segu, de la Escuela Argentina de Sexología en 1979
Sexóloga clínica acreditada por FLASSES en el año 1998
Es Directora del Instituto de Educación Sexual de Mar del Plata- Argentina
Fundadora de la Asociación Marplatense de Sexología y Educación Sexual (AMSYES), presidió la misma hasta su disolución
Ha publicado el libro "Yo hablo de sexo, y Usted?"
Fue integrante de la Comisión Directiva de AASES
e-mail: eldabartolucci@hotmail.com.ar

Fabiana Gómez Córdoba

Profesora de Psicología, Filosofía y Pedagogía
Sexóloga Educativa
Esp. en Educación Sexual Integral
Dipl. en Género y DDHH
Columnista de diversos medios gráficos, radiales, televisivos y digitales.
Coordinadora de "Únete Córdoba para poner fin a la violencia contra las mujeres, niñas y niños" adherida a la Campaña del SG de ONU.
Coordinadora de la Red Mariposas Naranjas (Rep. Argentina)

Francisco Juan José Viola

Médico (Universidad Nacional de Tucumán).
Licenciado en Ciencias de la familia y de la sexualidad, Universidad Católica de Lovaina – Bélgica.
Máster en Educación sexual, Terapia Sexual y Género – Departamento de Didáctica -Universidad de La Laguna - España.
Doctor en Psicología (orientación familia y sexualidad) Universidad Católica de Lovaina – Bélgica.
Autor de tres libros y varios artículos sobre antropología, sexualidad y educación sexual.
Obtuvo becas de estancia en Bélgica, España y Canadá sobre temas de sexualidad
http://franviola.blogspot.com.br/
e-mail: francisco.viola@hotmail.com

Gabriela del Carmen Chen Licona

Médica y Terapeuta Psicosexual; Diplomado en Sexualidad Humana por el Sistema de Educación Médica Continua (2001); Diplomado en Sexo, Sexualidad, Género y Erotismo por la B.U.A.P. (2007-2008); Diplomado en Educación, Salud Sexual y Género por la B.U.A.P. y el I.P.M. (2008); Especialidad en Terapia Psicosexual: Facultad de Psicología de la B.U.A.P. (2009-2011)
Congresista, Conferencista y Tallerista del Instituto Superior de Erotismo, Sexualidad y Género S. C.
Dedicada a la práctica médica y sexológica a nivel particular: Hospital Puebla.
Correo electrónico: gcchenl@hotmail.com

Georgina Burgos

Sexóloga y Escritora. Es Master en educación y asesoramiento sexual por UAH, Master Superior en Sexología por INCISEX y Master en Sexología y Terapia de Pareja por la AEPCCC. Autora de los libros "Proyecto tabú. Todas nuestras fantasías sexuales al descubierto" en Editorial Fundamentos (2011, 2º ed), "Mente y deseo en la mujer. Guía práctica para la felicidad sexual de las mujeres" en Biblioteca Nueva (2009), "Fantasías eróticas solo para nosotras. 69 ideas para fantasear con sexo" en Marge Books (2010), "Cuerpo de hombre experiencia de mujer. Hablan las travestis"en Marge Books (2010) y "La masturbación. Guía práctica para mujeres, hombres y parejas" en DeVecchi (2012).
e-mail: georginaburgosgil@yahoo.es

José Luis Gutiérrez Serrano

Médico, Cirujano y Partero egresado de la Escuela de Medicina de la Universidad Autónoma de Puebla (UAP), México. Diplomados en: Sexología Educativa y Sexología Clínica. Especialidad en: Terapia Psicosexual.
Dedicado a la práctica médica y sexológica a nivel particular. Hospital Puebla.
Correo electrónico: drjoluguse@hotmail.com

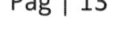

José Manuel González

Psicólogo. Magíster en investigación. Candidato Ph. D. Terapeuta sexual y de pareja en el Centro de Psicología y Sexología. Director del grupo de investigación Salud, Cultura y Sexualidad de la Universidad Simón Bolívar
Cerca de 40 años ayudando a las parejas a fortalecer su relación…
Consultorio en Bogotá: Carrera 25 No. 52-35 (Galerías). Consultorio en Barranquilla: Carrera 51B No. 94-334 (Buenavista). Consultorio en Sincelejo: Carrera 21 No. 14-45 (Ford).Citas: (57) 3106302444. Puedes comunicarte directamente conmigo y acceder a mi WhatsApp, BBM, Twitter, You Tube, Blog, Google+, Instagram, Facebook, LinkedIn y el grupo de información en Yahoo en mi web: www.drjmgonzalez.com

Juan José Moles A.

Ph. D.
Director Nacional del Centro de Investigaciones Psiquiátricas Psicológicas y Sexológicas de Venezuela (1998) - http://www.cippsv.com/
Psicólogo y Sexólogo Clínico, especializado en Terapia de Pareja, Terapia Sexual y hábitos ansiosos.
PAST PRESIDENT ALAMOC - Asociación Latinoamericana de Análisis y Modificación del Comportamiento y Psicoterapia Cognitivo-comportamental.
Orden Monseñor de Talavera 1.990
Honor al Mérito Federación de Psicólogos de Venezuela Años 1990 y 1992
Honor al Mérito Colegio de Psicólogos de Perú 2.001
Profesor Invitado Internacional de la Universidad Ricardo Palma. Lima. Perú.2002
Profesor Honorario de la Universidad Bicentenaria de Aragua. 2005
e-mail: juanjose159@hotmail.com

Magdalena Joubanoba

Doctora en Medicina (desde 1990) y Sexóloga Clínica (desde 2007 Título otorgado por Instituto Uruguayo de Capacitación Sexológica –IUCS- del Dr. Andrés Flores Colombino y aprobado por la Sociedad Uruguaya de Sexología).
Directora de Clínica Sexológica, dónde desarrolla su práctica clínica.
Coordinadora Docente del Curso de Sexología Clinica del Instituto Uruguayo de Sexologia Clínica del Dr Andrés Flores Colombino.
Ex Secretaria, Ex Editora y actual Pro Secretaria de la Comisión Directiva de la Sociedad Uruguaya de Sexología (SUS).

Magdalena Rivera Becker

Médico Cirujano, USACH. Postitulo en Psicoterapia Sexual, Universidad de Chile. Magíster(c) en Psicología Clínica, Universidad de Chile. Diplomada en Educación Médica, PUC. Vicepresidente de la Sociedad Chilena de Sexología y Educación Sexual. Miembro del Comité de Sexólogos Jóvenes de la FLASSES Miembro de la Youth Initiative de la WAS. Docente Universidad Diego Portales.
e-mail: magdalenariverabecker@gmail.com

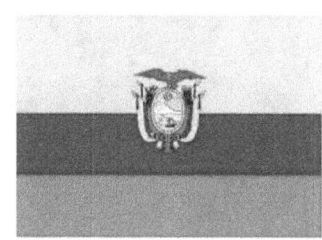

María del Carmen Domínguez Marzo

Nacida en Guayaquil-Ecuador. Su titulo de Psicóloga Clínica, lo obtuvo en la Universidad de Guayaquil. 1990. Acreditada como Sexóloga por la Asociación Latinoamericana de Psicólogos Sexólogos- Alapsisex. 2000. Diplomada en Gerencia Política y Gobernabilidad en la Universidad Católica Santiago de Guayaquil. 2004. Evaluada por título Académico y experiencia como Máster en Ciencias Psicológicas por el "Morning Evaluation and Consulting" de la ciudad de New York, abril del 2002 para continuación de estudios académicos en EE.UU.

e-mail: nizzy00@hotmail.com

María José Cortés

Psicóloga, Educadora para las Sexualidades Humanas y Maestrante en Sexología.
Tallerista en temáticas relacionadas con Sexualidades Humanas y Derechos Sexuales y Reproductivos (DSyR). Activista Defensora de los Derechos Humanos. Realizadora y conductora del programa de radio por internet sobre Poliamor y Diversidad Sexual *A más de 2*. Psicoterapeuta individual y de pareja.

e-mail: mariajose_cortes@hotmail.com

Ma. Lourdes Jordán Jinez

Doctora en Enfermería con énfasis en Psiquiatría por la Facultad de Enfermería de Ribeirão Preto – Universidad de São Paulo (USP), Brasil.
Directora del Departamento de Enfermería y Obstetricia, Profesor de Tiempo Completo del Departamento de Enfermería y Obstetricia de la División de Ciencias de la Salud e Ingenierías del Campus Celaya-Salvatierra, Universidad de Guanajuato, México.
Email: jordanjinezl@yahoo.com.mx

María Rosa Appleyard Biscotti

Licenciada en Psicología Clínica por la Universidad Nacional de Asunción. Máster en Sexología y Terapia de Pareja por la Asociación Hispanoamericana de Psicología Aplicada, Madrid - España. Docente del Seminario "Psicología de la Sexualidad 2013" de la Carrera de Psicología de la Universidad Nacional de Asunción. Docente de la Cátedra de Técnicas y Prácticas Psicoterapéuticas II de la Universidad Nacional de Asunción. Miembro de la Sociedad Paraguaya de Psicología. Actual Directora Financiera y Docente del Diplomado en Sexología Clínica de la Sociedad Paraguaya de Estudios sobre Sexualidad Humana –SPESH. Coordinadora de Proyectos de ECIS.
e-mail: mariarosa@ecisweb.com
www.ecisweb.com

Maura Angélica Villasanti Caballero
Psicóloga, Especialización en Didáctica Universitaria (2004 – 2005) - Universidad Columbia del Paraguay; Especialista en Educación Sexual. AASESS; Magister en Terapia de Pareja y Familia IUSAM – APDEBA 2009 – 2010 -Buenos Aires – Argentina; Especialista en Educación Sexual - Federación Latinoamericana de Sociedades de Sexología y Educación Sexual - FLASSES
e-mail: mauravillasanti@gmail.com

Nereyda Lacera
Médica egresada de la Universidad del Norte (Barranquilla)
Especializada en Educación Sexual en la Universidad Santo Tomás (Bogotá)
Certificada en Sexología Clínica por FLASSES (Federación Latinoamericana de Sexólogos Clínicos) de Brasil
Diplomada en Terapia de Pareja y Familia en la Universidad Simón Bolívar (Barranquilla)
Docente e investigadora en Sexualidad
Coautora del libro TERAPIA SEXUAL EN EL III MILENIO (Editorial Antillas)
e-mail: edusex60@gmail.com

Oswaldo M. Rodrigues Jr.

- Maestria en Psicologia Social - PUC/SP.
- Director y psicoterapeuta sexual y de parejas del **Instituto Paulista de Sexualidade** desde 1996.
- Secretario General de la **FLASSES – Federación Latinoamericana de Sociedades de Sexología y Educación Sexual** (1998-2002).
- co-coordinador del **CEPES – Curso de Especialización en Psicoterapia con Foco en la Sexualidad** – Instituto Paulista de Sexualidade desde 1999.
- actuó en el Consejo Consultivo de la **WAS – *World Association for Sexual Health*** – 2001-2009, como Secretario General/Tesorero (2001-2005); y miembro del Comité Científico Internacional (2001-2011).
- miembro del Consejo Consultivo de la **ABEIS – *Associação Brasileira para o Estudo da Inadequação Sexual*** (desde 1987), actuó como Secretario General (2001-2003) y Presidente (2003-2005).
- Presidente de la **SBRASH – *Sociedade Brasileira de Estudos em Sexualidade Humana*** – 2005-2007, en la cual participo de la Directiva del 1991 hasta 2009.
- Director de **ALAMOC – Asociación Latinoamericana de Modificación del Comportamiento y Terapias Cognitivo-comportamentales** (2010-2014)
- Editor en Jefe de la revista **Terapia Sexual** desde 1998.
- cordinador de investigaciones del **GEPIPS – Grupo de Estudios y Investigaciones de InPaSex**.
- **autor de 27 libros publicados en Portugués**
- **autor de 7 libros en español**
- Autor de outros 26 capítulos en libros de psicologia, medicina o sexualidad.

e-mail: oswrod@uol.com.br

http://www.oswrod.psc.br
http://www.inpasex.com.br

Ruben Hernandez Serrano
WAS,FLASSES,AISM,WASM,SVSM,UTES,UCV
Diretor executivo en la Unidad Terapia y Educacion Sexual UTES y profesor de PSIQUIATRA FORENSE en el Instituto de Medicina Legal
Caracas, Venezuela
www.rubenhernandez.com

Sandra Pillon
Enfermera con Especialización en Dependencia Química por la Universidad Federal de São Paulo (UNIFESP). Maestría en Ciencias por la UNIFESP. Doctora por la Universidad Federal de São Paulo (UNIFESP). Post doctorado por la Escuela de Enfermería de la Universidad de Alberta, Canadá. Libre docencia por la Escuela de Enfermería de Ribeirão Preto – (USP). Profesor Titular del Departamento de Enfermería Psiquiátrica y Ciencias Humanas de la Facultad de Enfermería de Ribeirão Preto – Universidad de São Paulo (USP).
Email: pillon@eerp.usp.br

Silvia Aguirre

Licenciada en Psicología.
Especialista en Docencia Universitaria.
Educadora y terapeuta sexual y de pareja.
Docente de la Maestría en Salud Sexual y Reproductiva de la Escuela de Salud Pública de la Universidad Nacional de Córdoba.
Presidenta de la Fundación Sigo Adelante.
e-mail sn_aguirre@hotmail.com
www.programasexosentido.com.ar

Stuart Oblitas Ramírez

Psicólogo de la Clínica del Hombre del Instituto Peruano de Paternidad Responsable – INPPARES; Psicoterapeuta con especialidad en Relaciones de Pareja y Familia, Sexualidad Humana y Desarrollo Personal; Magíster en Psicología Clínica y de la Salud; Docente del Diplomado en Salud Sexual y Salud Reproductiva (INPPARES); Conductor del Programa Psicológico "En Buenas Manos" (Radio Santa Rosa); Conferencista nacional e internacional en Congresos de Psicología y Sexología; Miembro del Instituto de Psicoterapia Cognitivo Comportamental Pareja y Sexología (PSICOSEX); Consultor de empresas y columnista en diarios locales del Perú.

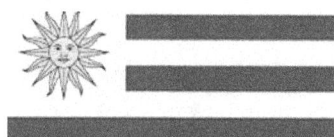

Teresita Blanco Lanzillotti

Médica Sexóloga
Vicepresidenta 1ª FLASSES 2006 – 2010   Co editor FLASSES on line 2006 - 2008
Fundadora, Coordinadora y Docente de los Cursos FLASSES 2006 – 2014
Redactora Responsable del Proyecto "Comisión de Cursos y Actividades de Formación y Educación Continua en Sexología" aprobado en Asamblea General XVI CLASES Medellín 2012
E-mail: blanter@montevideo.com.uy

Sexología Noticias – divulgación de la comunidad sexológica en América Latina

Oswaldo M. Rodrigues Jr.[1]
Carla Zeglio

La divulgación de actividades profesionales, científicas y de asuntos legos e hipotéticos sobre sexualidad no ha sido muy común, a pesar de la necesidad de la comunidad de profesionales que actúan en sexualidad. A partir del año 2008, basado en el Instituto Paulista de Sexualidad, repasar informaciones sobre sexualidad, pasó a ser organizado en e-mails semanales con secciones organizadas: Comunicaciones, Artículos sobre sexualidad en los medios legos, Artículos sobre sexualidad en periódicos científicos, Libros y Eventos Científicos.

El envío ocurre todos los miércoles. El e-mail enviado contiene el equivalente en promedio de 10 a 18 páginas editadas en MS Word, fuente Times New Roman, tamaño 10. En el año 2013, llegando el mes de marzo ya sumamos 225 informativos.

Apenas en los dos primeros meses del 2013, Sexología Noticias llegó a 9 ediciones, siempre presentando informaciones en las siguientes secciones:

- Informaciones enviadas por lectores sobre asuntos variados sobre sexualidad, a ejemplo de Directorios elegidos para sociedades de sexualidad, discusiones y opiniones sobre asuntos de sexualidad, llamadas de periódicos científicos para publicación de artículos.

---

[1] Instituto Paulista de Sexualidade (www.inpasex.com.br) – Director y fundador, Coordinador técnico, psicoterapeuta sexual
GEPIPS - Grupo de Estudios e Investigaciones del InPaSex – coordinador de investigaciones
Psicólogo-sexólogo, autor de 27 libros en sexología y psicología
Editor del **Sexología Noticias**
e-mail oswrod@uol.com.br

- Periódicos y revistas legas siempre publican informaciones sobre sexualidad, algunas veces reproduciendo informaciones sobre estudios elaborados en el medio científico, otras veces noticias sobre ocurrencias de sexualidad, u opiniones de variados profesionales sobre las cuestiones sexuales.

- Estudios científicos publicados en revistas científicas registradas y con referencias bibliográficas presentadas para que sea posible a los estudiosos acceder a estas publicaciones. Publicaciones que puedan servir de base para estudios o

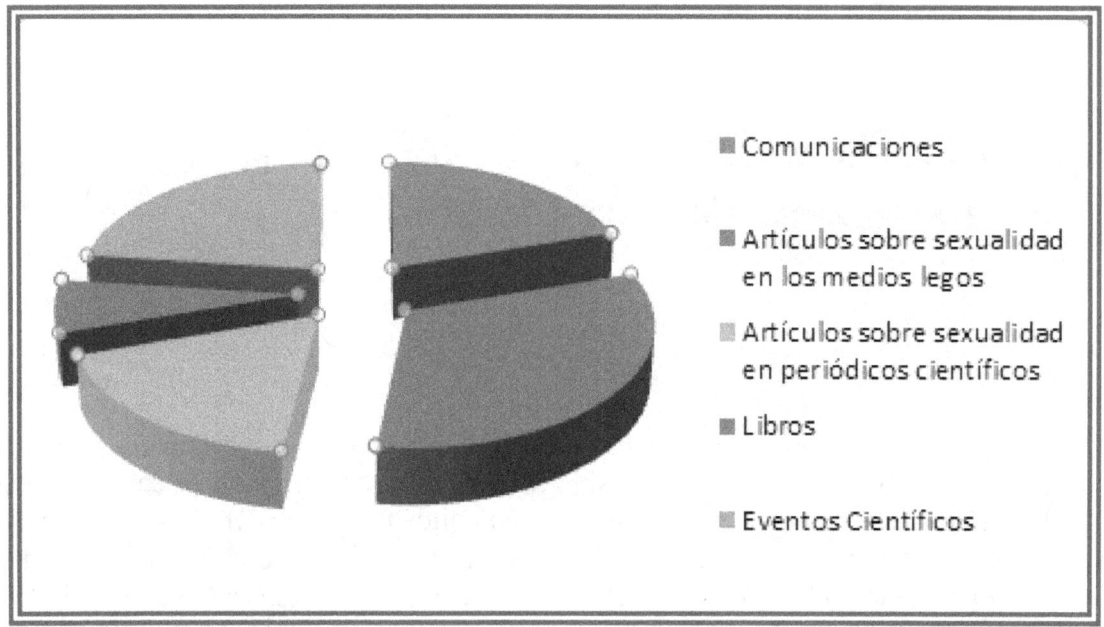

actividades profesionales de sexualidad.

- Reuniones, seminarios, conferencias, simposios, mesas redondas, congresos que se refieran a sexualidad en cualquier región geográfica, sirviendo de apoyo a la divulgación y promoción de los eventos para conocimiento de los interesados en estudios de sexualidad.

Proporción usual del contenido de Sexología noticias
Comunicaciones = 20%
Artículos sobre sexualidad en los medios legos = 32%
Artículos sobre sexualidad en periódicos científicos = 18%
Libros = 7%
Eventos Científicos = 23%

El número total de páginas comprendiendo apenas los 9 informativos del 2013, fue de 130, con un promedio de 14,44 páginas enviadas por semana. Sexología Noticias, es enviado a través de lista de discusión, con base en el sitio www.grupos.com.br, siendo enviado actualmente a 27746 interesados, la mayor parte residentes en América Latina. Para recibir Sexología Noticias escriba para inpasex@uol.com.br informando su solicitación. También puedes acceder al www.grupos.com.br/group/sexologianoticias/ y inscribirse en directo, o darse baja cuando así desees.

En el 2014 legamos a 300 ediciones con una conmemoración especial, la presentación de una Medalla de las 300 Ediciones del Sexología Noticias. El Diseño fue hecho por Fagner Maximo Silveira (Criciúma, SC, Brasil) y reproduce el logo del InPaSex, y la portada de cada numero del Sexología Noticias. La Medalla se presentará a los sexólogos que están contribuyendo con envío de noticias para promocionar.

La base de datos para los envíos llegó a 22.800 interesados que reciben todas las semanas el periódico.

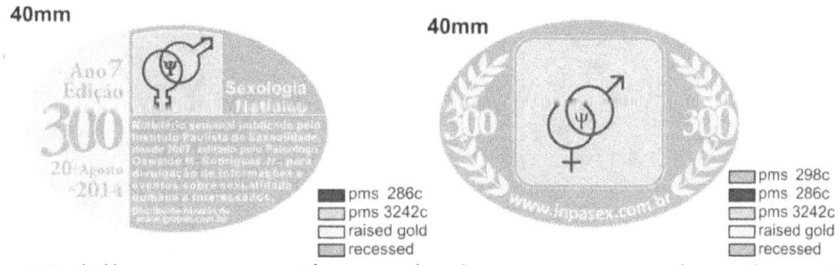

La Medalla conmemorativa se hará como un regalo a los colegas que siempre aportan informaciones para el Sexología Noticias.

Facsimele de la portada del Sexología Noticias.

Aportes de la Promoción de la Salud a la Sexología

Dominica Vera Duarte[2]

"Una sociedad que gasta en asistencia sanitaria tanto como para no poder, o no querer gastar lo adecuado en otras actividades de mejora de la salud, podría realmente estar reduciendo la salud de su población". Evans y Stoddart

Introducción

Entender acabadamente el concepto de Salud Sexual definida como *"la experiencia del proceso permanente de consecución de bienestar físico, psicológico y sociocultural relacionado con la sexualidad" (OMS/OPS-WAS 2000),* es un paso importante para dimensionar el papel que cumple la Promoción de la Salud y los aportes de la misma a la Sexología.

Es necesario dejar de lado la visión tan arraigada y difundida que el ejercicio de la sexualidad conlleva problemas, trastornos y riesgos, para dar un giro importante hacia el reconocimiento del enorme potencial que tienen los individuos y las comunidades para hacerse cargo de su propia salud, más aun teniendo en cuenta las claras limitaciones del sistema educativo y sanitario para hacer frente a una serie de problemas intrínsecamente relacionados con las conductas y los hábitos.

La Promoción de la Salud puede influir marcadamente en la calidad de vida de una población ya que apunta hacia la fomento del bienestar físico, psicológico y social de los individuos. Incluye una serie de estrategias, metodologías, que van más allá de la simple transmisión de conocimientos sobre lo que es potencialmente beneficioso o perjudicial, sino que también afecta al desarrollo de actitudes favorables a la salud y de habilidades que ayuden a las personas a utilizar sus conocimientos eficazmente.

---

[2] Psicóloga Educacional; Máster en Sexología y Sexualidad Humana.

Si bien en la búsqueda de mejores y mayores niveles de salud sexual, no se deja de lado la Prevención, *entendida como un conjunto de acciones y estrategias encaminadas a evitar situaciones indeseables en el futuro* (Font, 1990) muchas veces el enfoque de las acciones preventivas tienen a centrarse exclusivamente en una lectura negativa o problemática de la sexualidad. Estas acciones deben basarse principalmente en un modelo de promoción de la salud en el que se potencien las capacidades de las personas para desarrollar un estilo de vida lo más sano posible.

La Educación en Sexualidad Humana es una de las herramientas más poderosas que se utiliza para promocionar la salud sexual. Se trata de un proceso de formación y de responsabilización del individuo con el objetivo de que adquiera los conocimientos, las actitudes y los hábitos básicos para la defensa y la promoción de la salud, individual y colectiva. Puede darse en el ámbito de la educación formal, no formal e informal, y se trata de un intento para que las personas adopten un estilo de vida lo más sano posible y unas conductas positivas de salud.

En este apartado se realiza un breve recorrido sobre aportes de la Promoción de la Salud a una ciencia multidisciplinaria como es la Sexología, los principales puntos relacionados a la salud sexual y salud reproductiva y derechos sexuales y derechos reproductivos, así como de experiencias exitosas aplicando algunas herramientas.

Promoción de la Salud

Uno hito relevante en este tema fue *La Conferencia Internacional de Promoción de la Salud de Ottawa, Canadá* 1986, organizada por la OMS, la Asociación Canadiense de Salud Pública y el Ministerio de Salud y Bienestar de Canadá, donde se aprobó la Carta de Ottawa, que se considera como el documento más importante para el marco de referencia de la Promoción de la Salud. Esta conferencia fue, ante todo, una respuesta a la creciente demanda de una nueva concepción de la salud pública en el mundo y dirigida a la consecución del objetivo "Salud para Todos en el año 2000".

Conceptos de Promoción de la Salud

Al momento de conceptualizar Promoción de la Salud, es importante tener en cuenta ciertos aspectos relacionados a la misma, como por ejemplo, el surgimiento de dos corrientes, cada una de las cuales privilegia una dimensión de la misma. Por un lado, especialmente fuerte en Estados Unidos, prioriza los cambios de comportamientos o estilos de vida mediante intervenciones más individuales; por otro, la corriente que defiende la acción socio-política que involucra más actores y trasciende al sector de la salud; en esta corriente se han ubicado más los canadienses y europeos. Lo importante es que ambos niveles estén conectados, porque no se pueden concebir actividades educativas dirigidas al individuo para que cambie su comportamiento, separadas del marco de políticas públicas saludables y de procesos participativos de empoderamiento.

Existen varias definiciones de Promoción de la Salud, sin embargo entre las mismas, es coincidente el concepto se dirige a modificar fundamentalmente los determinantes de la salud, entendida ésta como el bienestar y la óptima calidad de vida.

A continuación se citan algunas definiciones:

"La Promoción de la Salud consiste en proporcionar a los pueblos los medios necesarios para mejorar su salud y ejercer un mayor control sobre la misma….La salud se percibe pues, no como el objetivo, sino como la fuente de riqueza de la vida cotidiana. Se trata por tanto de un concepto positivo que acentúa los recursos sociales y personales así como las aptitudes físicas." (Carta de Ottawa1986).

"La Promoción de la Salud es concebida como la suma de las acciones de la población, los servicios de salud, las autoridades sanitarias y otros sectores sociales y productivos, encaminados al desarrollo de mejores condiciones de salud individual y colectiva". (OPS/OMS 1990)

"La Promoción de la Salud es el proceso mediante el cual los individuos y las comunidades están en condiciones de ejercer un mayor control sobre los determinantes de la salud y de este modo, mejorar su estado de salud. Se ha convertido en un concepto unificador para todos aquellos que admiten que, para poder fomentar la salud, es necesario cambiar tanto las condiciones de vida como la forma de vivir". (Nutbeam 1986)

Una definición más reciente, es la que surge en el documento de consenso de Madrid "Educación para la sexualidad con bases científicas" desarrollado por un grupo de trabajo internacional, expertos en educación para la sexualidad, reunidos en España en el 2011:

"La Promoción de la Salud es el proceso que permite a las personas incrementar su control sobre los determinantes de la salud y en consecuencia mejorarla. En este sentido, constituye un proceso político y social global que abarca no solamente las acciones dirigidas directamente a fortalecer las habilidades y capacidades de las personas, sino también las dirigidas a modificar las condiciones sociales, ambientales y económicas, con el fin de mitigar su impacto en la salud pública e individual".

Diferencias entre Promoción de la Salud y Prevención de Enfermedades
Si bien en la práctica de la salud pública, la promoción de la salud y la prevención de enfermedades ambas son indispensables, el saber reconocer cada una permite una mayor precisión y claridad para el diseño de programas y proyectos, lo que redunda en mejor distribución de los recursos técnicos y financieros, así como en mayor eficiencia y efectividad de ellos. Esta diferenciación es importante para facilitar la caracterización de los diferentes programas, a los que de manera genérica se les llama de Promoción de la Salud, cuando muchas veces corresponden a intervenciones de tipo preventivo y para evaluar nuestras prácticas y las acciones de las instituciones que encargadas de trabajar en dicha área.

El concepto de prevención, como conjunto de medidas destinadas a prevenir o a evitar riesgos, y el modelo de trabajo que de ello se deriva, fue introducido en el campo comunitario por Gerald Caplan. Las acciones se enmarcan en tres categorías o niveles de intervención (Font 2004):

- **Prevención primaria**: Dirigida a impedir o retrasar la aparición de un problema o trastorno específico.
- **Prevención secundaria**: Dirigida a la detección precoz de los problemas que no se pueden evitar a través de la prevención primaria.
- **Prevención terciaria**: Dirigida a reducir las complicaciones y a evitar nuevas repeticiones del problema o trastorno en cuestión.

La Promoción de la Salud difiere de la prevención de enfermedades fundamentalmente en el objeto o foco para las intervenciones: para la primera es lo que se considera lo saludable y para la segunda, la enfermedad y los riesgos de enfermar. Por otro lado, la Promoción de la Salud se dirige principalmente a la población y la prevención de enfermedad más al individuo; la Promoción busca influir en las interacciones entre grupos y ambientes, o sea en la situación en que vive la gente, en la interacción de factores causales (Kickbusch 1986).

Pero en la práctica, los programas de prevención y de promoción de la salud no son antagónicos, sino que en muchos sentidos son estrategias que tienden a complementarse. Ambas pueden formar parte del mismo programa de acción. Lo que acabará determinando dónde ponemos el énfasis es el grado de riesgo percibido en el colectivo con el que se esté trabajando.

Instrumentos metodológicos de la Promoción de la Salud

La Promoción de la Salud, es una nueva disciplina que toma elementos de muchas otras, por lo que las herramientas metodológicas que se podrían incorporar a su aplicación son muy amplias (Restrepo, Málaga 2002). Entre estos instrumentos tenemos:

- **Educación para la salud:** Los métodos más utilizados se basan en la aplicación de técnicas participativas que conducen a la toma de conciencia por parte de los educandos sobre sus problemas. Lo característico es la educación como instrumento para lograr el empoderamiento del individuo mediante la adquisición de habilidades que le permitan tomar el control de su propia vida.

- **Comunicación de salud:** Beltrán (1998) reconoce tres tipos de comunicación: *"la comunicación interpersonal, que optimiza el empoderamiento individual y facilita la autogestión; la comunicación grupal, fundamental para implementar estrategias de participación comunitaria; y la masiva, que despierta interés, crea opinión e imagen, y predispone al público hacia conductas saludables"*. La organización de programas de comunicación en salud permite: aumentar el conocimiento sobre temas de salud, problemas y soluciones; influir sobre las actitudes para crear apoyo en la acción personal o colectivo; demostrar o ejemplificar habilidades; incrementar la demanda de servicios de salud; y reiterar o reforzar conocimientos, actitudes o conductas.

- **Mercadeo social o comercialización social**: es la aplicación de prácticas de mercadeo a objetivos sociales y sin ánimo de lucro, mediante la combinación adecuada de las variables básicas propias de los métodos del mercadeo de bienes, pero adaptada al mercadeo social: análisis y segmentación de la audiencia, la investigación de los consumidores, la conceptualización y desarrollo del producto, la prueba piloto del mensaje, la comunicación dirigida, entre otros. Cada día resulta más atractiva la utilización de los principios del mercadeo para llegar a los grupos de más difícil acceso con mensajes de salud, esto se ha visto mucho en programas de prevención y control del VIH/SIDA.

Promoción de la Salud Sexual, recomendaciones para la acción

En mayo del 2000, la Organización Panamericana de la Salud (OPS), conjuntamente con la Asociación Mundial de Sexología (WAS), convocó una consulta regional para reevaluar estrategias de promoción de la salud sexual, incluyendo, el papel del sector salud en la consecución y mantenimiento de la salud sexual. El fruto de dicha reunión de consulta, efectuada en Antigua Guatemala, Guatemala, es el documento denominado "Promoción de la Salud Sexual, Recomendaciones para la acción".

En dicho documento se define a la **Salud Sexual** como la experiencia del proceso permanente de consecución de bienestar físico, psicológico y sociocultural relacionado con la sexualidad. La salud sexual se observa en las expresiones libres y responsables de las capacidades sexuales que propician un bienestar armonioso personal y social, enriqueciendo de esta manera la vida individual y social. No se trata simplemente de la ausencia de disfunción o enfermedad o de ambos. Para que la salud sexual se logre es necesario que los derechos sexuales de las personas se reconozcan y se garanticen. (OMS/OPS-WAS 2000)

Los derechos humanos son aquellos principios que se consideran universalmente como protectores de la dignidad humana y promotores de la justicia, la igualdad, la libertad y la vida misma. Dado que la protección de la salud es un derecho fundamental del ser humano, es obvio que la salud sexual conlleva derechos sexuales. El grupo de expertos reunidos en Antigua, Guatemala, recomienda que las organizaciones internacionales promuevan y se conviertan en defensoras de la causa para lograr el consenso acerca de la declaración de los derechos sexuales universales del ser humano, emanada de la Asociación Mundial de Sexología:

- El derecho a la libertad sexual.
- El derecho a la autonomía, integridad y seguridad sexuales del cuerpo.
- El derecho a la privacidad sexual.
- El derecho a la equidad sexual.
- El derecho al placer sexual.
- El derecho a la expresión sexual emocional.
- El derecho a la libre asociación sexual.
- El derecho a la toma de decisiones reproductivas, libres y responsables.
- El derecho a información basada en el conocimiento científico.
- El derecho a la educación sexual integral.
- El derecho a la atención de la salud sexual.

Acciones y estrategias para promover la Salud Sexual

La OMS ha reconocido la salud como un derecho humano fundamental. Puesto que la promoción de la salud sexual exige cambios en la sociedad, las políticas, las leyes y la cultura, recomienda su promoción dentro del marco de los derechos humanos. El grupo de expertos recomendó cinco metas para los organismos e instituciones gubernamentales y no gubernamentales:

Meta 1. Promover la salud sexual, con especial énfasis en la eliminación de barreras a la salud sexual.
   Estrategias
   - Integrar la salud sexual en los programas de salud pública.
   - Promover la igualdad y la equidad de género y eliminar la discriminación por razón de género.
   - Promover un comportamiento sexual responsable.
   - Eliminar el temor, prejuicio, discriminación y odio relacionados con la sexualidad y las minorías sexuales.
   - Eliminar la violencia sexual.

Meta 2. Ofrecer educación sexual integral a todos los sectores de la población.
   Estrategias
   - Brindar educación sexual integral a nivel escolar
   - Integrar la educación sobre sexualidad en la curricula de las instituciones de educación, según sea el caso
   - Proveer educación sexual integral a personas con discapacidades mentales y físicas.
   - Brindar acceso a la educación sexual integral para grupos especiales de la población.
   - Brindar acceso a educación sexual integral a otras poblaciones
   - Integrar a los medios de comunicación masiva en los esfuerzos para impartir y promover la educación sexual integral.

Meta 3. Dar educación, capacitación y apoyo a los profesionales que trabajen en campos relacionados con la salud sexual.
   Estrategias
   - Proporcionar educación y capacitación en salud sexual para los profesionales de salud y afines.
   - Dar educación y capacitación en salud sexual a los maestros de escuela.
   - Promover la sexología como una profesión / disciplina.

Meta 4. Desarrollar y dar acceso a servicios integrales de atención de salud sexual y brindar a la población el acceso a dichos servicios.
   Estrategias
   - Integrar las cuestiones de salud sexual en los programas existentes desalud pública.

- Brindar acceso a servicios integrales de salud sexual para la población.
- Brindar acceso a servicios integrales de salud sexual a personas que tienen discapacidades mentales y físicas.
- Brindar acceso a servicios integrales de salud sexual a poblaciones especiales.
- Brindar acceso a servicios integrales de salud sexual a otros grupos de población.

Meta 5. Promover y auspiciar la investigación y evaluación en materia de sexualidad y salud sexual, así como la difusión del conocimiento resultante.

Estrategias
- Promover la investigación y la evaluación sobre salud sexual.
- Promover la sexología como una disciplina de investigación.
- Promover la investigación en sexología en otras disciplinas.
- Velar para que los resultados de las investigaciones en sexología se difundan adecuadamente a los planificadores, educadores y proveedores de servicios de salud para suministrarles una base de investigación para su trabajo.

XVII Congreso Mundial de Sexología

Otro punto resaltante en esta temática fue el documento surgido durante el XVII Congreso Mundial de Sexología en Montreal, Canadá 2005, donde los participantes realizaron una proclama afirmando el compromiso con la misión de la Asociación Mundial para la Salud Sexual de Promover la Salud Sexual en todo el mundo y a lo largo de la vida, y declararon que:

La promoción de la salud sexual es central para alcanzar el bienestar y el logro del desarrollo sustentable y más específicamente, para la instrumentación de los Objetivos de Desarrollo del Milenio. Los individuos y las comunidades que experimentan el bienestar se encuentran en una mejor posición para contribuir a la erradicación de la pobreza individual y social. Al cultivar la responsabilidad individual y social y las interacciones sociales equitativas, la promoción de la salud sexual fomenta la calidad de vida y la realización de la paz. Por ende instamos a todos los gobiernos, las agencias internacionales, al sector privado, las instituciones académicas y la sociedad entera, y muy particularmente a las organizaciones miembros de la WAS a:

1. Reconocer, promover, asegurar y proteger los derechos sexuales para todos.
2. Avanzar hacia la equidad de género
3. Eliminar todas las formas de violencia y abuso sexuales.
4. Proveer acceso universal a la información y educación integral de la sexualidad.

5. Asegurar que los programas de salud reproductiva reconozcan la importancia medular de la salud sexual
6. Detener y revertir la propagación del VIH/SIDA y otras infecciones de transmisión sexual (ITS)
7. Identificar, abordar y tratar inquietudes, padecimientos y disfunciones sexuales.
8. Lograr el reconocimiento del placer sexual como un componente del bienestar.

Algunas experiencias exitosas en la implementación de estrategias para la promoción de la salud sexual

I- Consejería en Salud Sexual y Salud Reproductiva

"A mi parecer, la consejería de pares es una opción viable ya que los jóvenes preferimos hablar con otros jóvenes sobre nuestras dudas. Creo que va a ayudar a muchos jóvenes ya que con la correcta información, evitamos momentos indeseados" Joven 17 años, alumna Consejera Par

La Consejería en Salud Sexual, con perspectiva de derechos y de género, tiene por objetivo central posibilitar el acceso gratuito, adecuado y a tiempo, a elecciones autónomas por parte de las personas sobre temas de salud sexual y salud reproductiva. Es una herramienta guiada por los principios de autonomía personal, igualdad, y diversidad[3].

Las Consejerías en Salud Sexual y se orientan hacia los siguientes fines:
- Brindar información oportuna y pertinente en términos sencillos.
- Difundir y derivar a los servicios de salud que existen en el territorio.
- Apoyar a las personas para que puedan reflexionar sobre sus prácticas.
- Promover la toma de decisiones autónoma.
- Facilitar el empoderamiento para que las personas desarrollen una vida sexual saludable y ejerzan sus derechos sexuales y reproductivos.

La implementación de la Consejería en Salud Sexual y Reproductiva puede brindarse en servicios de salud, instituciones educativas, organizaciones comunitarias y de la sociedad civil, donde se brinda información y atención personalizada, con horarios estipulados y a cargo de personas formadas para promover la toma de decisiones autónomas. También es un espacio para realizar promoción y formación en derechos y salud, pudiéndose utilizar diversas acciones educativas con diversos grupos desde una perspectiva de educación popular.

---

[3] República Argentina. Ministerio de Salud. Consejerías en Salud Sexual Reproductiva. Propuesta de Diseño Organización e Implementación.

Una de las experiencias exitosas fue la Consejería en Salud Sexual y Salud Reproductiva entre Pares[4], desarrollado instituciones educativas de nivel medio donde los consejeros eran alumnos y alumnas adolescentes que brindaban atención a sus compañeros del colegio. La práctica como experiencia piloto fue sumamente valorada y actualmente la Consejería en Salud Sexual y Salud Reproductiva forma parte de la currícula oficial de la formación de los Bachilleres Técnicos en Salud del Ministerio de Educación y Cultura del Paraguay.

La Consejería tiene una doble ventaja, por un lado se incide sobre los alumnos y alumnas que fungen como consejeros pares, haciéndolos beneficiarios de una educación en sexualidad humana bastante completa y un acompañamiento por un periodo de tres años. Por el otro, también se beneficia a quienes son los usuarios y usuarias del servicio con orientación, contención e información oportuna, científica y veraz, a más de la ventaja que es proveído por adolescentes y jóvenes como ellos.

Algunas actividades desarrolladas para la puesta en marcha de la experiencia fueron:

- Grupo focal para identificar necesidades
- Capacitación en consejería y salud sexual y reproductiva dirigida a los alumnos/as y docentes
- Elaboración del plan de implementación
- Organización y coordinación de las actividades a ser realizadas durante la implementación y cumplimiento de requisitos.
- Promoción del servicio (pegatina de afiches, visita curso por curso, feria de la salud, otros)
- Preparación para atención (juego de roles, etc.)
- Atención de casos
- Creación de espacios a través de las TICs y redes sociales para la comunicación y tutoría
- Reuniones de reuniones de información, formación y revisión de la práctica
- Taller de autoestima
- Evaluación

Parte de la evaluación realizada por los consejeros/as pares que implementaron la consejería, se rescata las siguientes valoraciones como aspectos positivos:

- El conocimiento adquirido durante la implementación del proyecto, sobre SSR, etc.

---

[4]Proyecto "Consejería en Salud Sexual y Reproductiva entre pares, en dos colegios de formación de Técnicos en Salud del Ministerio de Educación y Cultura". Ministerio de Salud Pública y Bienestar Social con apoyo del UNFPA Paraguay.

- El apoyo a través de materiales educativos, tener métodos anticonceptivos para mostrar a los usuarios, la manera correcta de utilización.
- La implementación permitió trabajar con compañeros de la institución.
- El taller de autoestima: aprendí más sobre la vida de mis compañeros al compartir las historias de vida; nos ayudaron a conocernos más y tener seguridad.
- Las prácticas donde pudimos ver cómo actuar, la atención de casos.
- Dinámicas, informaciones.
- Promocionar la consejería.
- Las reuniones semanales nos ayudaron a ver que herramientas necesitábamos, informaciones, materiales, etc.
- Las ganas que pusimos durante el proceso.
- La importancia de lo que valemos.
- Interacción con otros colegios.
- Ayuda a relacionarse con los usuarios.
- Las cosas nuevas que vivimos.
- La buena predisposición de los alumnos y alumnas.
- Respeto hacia el consejero/a por parte del usuario.
- Interés hacia el tema consejería en Salud Sexual y Reproductiva.
- Me ayudo a saber cómo actuar ante casos de violencia, acoso, consultas sobre planificación, orientación sexual.

Tecnologías de la Información y Comunicaciones (TICs)

"Las TICs, en especial el grupo de whatsapp que permitió el acompañamiento permanente a los alumnos/as en formato virtual; y el grupo de Facebook creado por los mismos.
Al mismo tiempo sirvió para fortalecer los lazos entre los chicos/as y como espacio recreativo". Evaluación experiencia de consejería en salud sexual entre pares

El uso de las Tecnologías de la Información y Comunicaciones en las actividades relacionadas con salud, servicios e información, realizadas a distancia tienen por objetivo principalmente la prevención y la promoción de la salud; y en este caso, de la salud sexual.

En materia de Información, Educación y Comunicación las TICs abren la posibilidad de difundir información sobre salud sexual y salud reproductiva para el conjunto de la población. Favorecen el diálogo cultural de alternativas de salud, el debate y la movilización social en torno a la conciencia de salud pública. Este tipo de iniciativas incluyen entre otras acciones, el desarrollo de portales informativos en Internet; telefonía celular, la utilización de medios de radiodifusión y televisión en campañas de promoción de la salud; la mejora de la efectividad de los sistemas de comunicación existentes y el desarrollo de puntos de acceso comunitarios para la información de salud, entre otros.

Es importante partir de la base que las TICs en sí mismas no pueden ser juzgadas ni como buenas ni como malas. Las malas experiencias de graves consecuencias para la integridad sexual de los usuarios, están dadas por el uso incorrecto o irresponsable de las mismas especialmente por parte de adolescentes y jóvenes que no dimensionan el alcance de sus acciones en el uso de celulares, Tablet, netbook, internet, redes sociales, entre otros, principalmente por la falta de orientación y acompañamiento en su uso, ya que los adultos facilitan estos medios y luego se desentienden de como lo están utilizando y solo se limitan a juzgarlos y condenarlos cuando las cosas salen de control.

A pesar de que en muchos países el acceso a la tecnología, en especial internet, es aún limitado, esta práctica está cada vez más extendida especialmente entre adolescentes y jóvenes, lo que convierte en un imperativo su uso con fines educativos, preventivos y especialmente para la promoción de la salud sexual.

No se puede desconocer que este medio es utilizado para el bullying, el acoso virtual, el abuso, entre otros; pero también tiene su enorme utilidad para promocionar conductas y hábitos saludables en salud sexual. Tal es el uso que se le da a través de las redes sociales (Whatsaap, Facebook, Twitter, otros); mensajes de texto para teléfonos móviles, e-mails, entre otros, en temas como prevención de VIH/SIDA, ITS, violencia sexual, y en orientaciones para la búsquedas de niveles más altos de salud como el uso de servicios, acceso a insumos y a información y educación.

Con este fin surgen iniciativas como la creada por ejemplo, por un grupo denominado **Protección Online** que brinda un servicio más que interesante sobre todo lo relacionado a la incursión al ciberespacio, sus herramientas, ventajas y riegos: *"tratamos temas de interés, (tanto para adultos, jóvenes, adolescentes o incluso niños), para darles orientación sobre buenas prácticas, prevenciones, consejos, recursos informáticos, y mucho más, a fin de que aprendan día a día cómo realizar una navegación más segura y romper el analfabetismo tecnológico reinante. Junto a* **Protección Online** *aprenderás todo lo necesario para que tus seres queridos no sean unos huérfanos digitales."*. Invitan a cuestionarse sobre si *¿Estás preparado para las nuevas tecnologías? ¿Conocés los peligros a los que tus hijos se encuentran al navegar en la Web? ¿Sabés qué hacen tus hijos, con quiénes hablan? En caso de encontrarse en peligro ¿Qué harías?*

A continuación se expone algunos ejemplos de iniciativas que podemos encontrar en la web:
- **Colombia: No más bullying Colombia**
  https://www.facebook.com/NomasbullyingColombia?fref=ts. Es un espacio

de la red con recursos, información, imágenes y sobretodo, lleno de apoyo para quienes sufren o han sufrido de bullying, a través de su página de facebook.

- **Paraguay:** Consejería sexológica https://www.facebook.com/ceconsex?fref=ts. El proyecto de consejería sexológica es parte del área clínica de la consultora ECIS - Educación, Clínica e Investigación en Sexualidad. Brinda asesoramiento sobre temas de sexualidad a través de su página de facebook.

- **Argentina: Red mariposas naranjas** https://www.facebook.com/groups/1436107346619352/?fref=ts. Grupo abierto en Facebook que busca poner fin a la violencia contra las mujeres en Córdoba, Argentina. Tienen por objetivos conocer las organizaciones no gubernamentales formales e informales que abordan en Córdoba temas y/o problemáticas relacionadas con la violencia de género y los DDHH de las mujeres y construir una red de trabajo para poner fin a la violencia contra las mujeres.

- **Costa Rica: Si a la Educación Sexual** https://www.facebook.com/educacionyacr?ref=profile. Página en Facebook, creada por estudiantes de varios colegios de Costa Rica, cuyo principal objetivo es informar y abrir un espacio de discusión y reflexión sobre el tema. Los jóvenes además solicitan una educación sexual "científica, laica e integral", pero sobre todo que esté acorde a la realidad del momento.

- **Paraguay: Protección online** http://www.protecciononline.com/todo-lo-que-debes-saber-sobre-el-acoso-y-los-peligros-de-internet-en-paraguay/Es un emprendimiento realizado por un equipo humano con amplios conocimientos en el campo de recursos, herramientas, navegación y protección en la Web que nace con el objetivo de brindar las mejores recomendaciones para que el uso de las nuevas tecnologías sean más agradable y segura a través de la promoción de buenos hábitos de conducta, prácticas de cyberciudadanía y acciones que minimicen el peligro en la Red.

- **Jóvenes positivos LAC** https://www.facebook.com/jovenesposlac. Es una red creada, diseñada, implementada y liderada por jóvenes viviendo con VIH de la región de América Latina y el Caribe hispano, que tienen por misión es promover la participación de la juventud con VIH en espacios de toma de decisiones para garantizar la plena realización de los derechos humanos, sexuales y reproductivos; erradicar el estigma y la discriminación vinculada al VIH y bregar por el acceso a servicios de atención integrales de calidad que respondan a nuestras necesidades específicas.

Educación de la Sexualidad Humana en el marco de la Educación para la Salud

La educación sexual desarrollada en un marco de educación para la salud permite interrelacionar aspectos que son comunes a diferentes intervenciones educativas que tengan como objetivo el desarrollo y la promoción de conductas saludables (Font 1990). Como indican Young y Williams existe el riesgo de que algunos temas importantes se vean como algo aislado y que la salud sea contemplada desde una perspectiva negativa donde la sexualidad y las relaciones se consideren solamente en términos de problemas.

La educación para la salud atañe a la calidad de vida y a la promoción del bienestar físico, social y mental de los individuos. Incluye no solo la transmisión de conocimientos sobre lo que es beneficioso y lo que es dañino, sino que también afecta al desarrollo de habilidades que ayuden a las personas a utilizar sus conocimientos eficazmente.

Educar en sexualidad humana tiene como uno de los temas centrales, brindar herramientas para la toma de decisiones que implica hacer elecciones correctas y asertivas. Con mucha facilidad juzgamos y condenamos especialmente a los y las adolescentes sin tener en cuenta que los mismos necesitan la oportunidad de desarrollar actitudes y valores que les capaciten para hacer elecciones que sean válidas ahora en su vida actual y también en el futuro. Esto debiera ser parte del amplio objetivo educativo de preparar a los alumnos y alumnas para participar entera, eficazmente y con confianza como adultos responsables en su sociedad. Es decir una educación situada en el marco de lo que en pedagogía se denomina *la educación para la vida*.

Este tipo de experiencias se da tanto en el plano de la educación formal, no formal, como informal o de socialización. Si bien su efectiva implementación tiene muchas limitaciones, en especial por la resistencia ejercida por grupos conservadores que están en contra que se imparta especialmente en las instituciones educativas; a lo largo de América Latina, con avances y retrocesos, existen esfuerzos por mantener programas y proyectos de educación en salud sexual especialmente con niños, niñas, adolescentes y jóvenes, en Colombia, Uruguay, Brasil, Argentina, México, que incluso lograron incluir como parte de sus políticas públicas.

Consideraciones finales

El aspecto más relevante a considerar en cuanto a esfuerzos e iniciativas realizadas en el área de la Promoción de la Salud, es el gran aporte de las Tecnologías en Información y Comunicación (TICs) a la misma. La disponibilidad de avances tecnológicos de informática, en especial el uso de e-mails, internet, el uso de celulares, redes sociales, entre otros, ha contribuido para el logro de los objetivos de la Promoción de la Salud Sexual. Con los nuevos conocimientos y teorías sobre los factores que median en los cambios de comportamientos y el desarrollo de las comunicaciones, han influido para que las tendencias cambiaran hacia la utilización de las tecnologías de comunicación de masas para obtener el efecto multiplicador y la cobertura de grandes grupos de población.

Por otro lado, en nuestros países, donde sus habitantes no tienen siquiera conductas preventivas y el enfoque que los proveedores/as, agentes comunitarios de salud y educadores/as brindan a sus planes y programas apuntan casi exclusivamente a lo curativo, es importante revalorizar las acciones y políticas en promoción de la salud. Frente a esta realidad resulta imperativo destinar mayores recursos a la Promoción de la Salud y Políticas Públicas que avalen el trabajo de los profesionales.

Hablar de aportes de la promoción de la salud a la sexología se trata, en definitiva de implementar planes, programas y proyectos que apunten para que las personas deseen estar sanas, sepan cómo conseguirlo, hagan todo lo posible individual y colectivamente para alcanzarlo y busquen ayuda cuando la necesiten.

Bibliografía

Documento de Consenso de Madrid. "Educación para la sexualidad con bases científicas". Recomendaciones de un grupo internacional de expertos. Madrid 2011

Font, Pere. "Pedagogía de la sexualidad". Editorial Graó. Barcelona, 1990.

González Galeano, Ariel. "Manual Consejería en Salud Sexual y Reproductiva. Consejeros adolescentes". Asunción 2010.

Instituto de Estudios de la Sexualidad y la Pareja-Universidad de Lleida. Curso de postgrado Promoción de la Salud Sexual y Reproductiva. Intervención educativa y comunitaria. Barcelona 2004.

Memorias III Congreso Paraguayo de Estudios sobre Sexualidad Humana. Asunción, 2009.

Organización Panamericana de la Salud. http://www.paho.org/Spanish/hpp/ottawacharterSp.pdf

Organización Mundial de la Salud-Organización Panamericana de la Salud, Asociación Mundial de Sexología. "Promoción de la Salud sexual. Recomendaciones para la acción". Antigua Guatemala, 2000.

Portal Sida. http://www.portalsida.org/repos/Declaracion%20WAS.pdf.

República Argentina. Ministerio de Salud. Consejerías en Salud Sexual Reproductiva. Propuesta de Diseño Organización e Implementación. 2010.

Restrepo, Helena y Málaga, Hernán. "Promoción de la Salud: Cómo construir vida saludable". Editorial Panamericana. Bogotá 2002.

El consentimiento: urgencia y dificultades de la elaboración de un concepto

Francisco Juan José Viola[5]

1. Introduccion

> *Appliquée au monde animal,*
> *la notion de langage n'a cours que pour un abus de termes*
> **Émile Benveniste**

El tema del *consentimiento* no ocupa un espacio particular en la sexología; es más: sólo toma una dimensión especial en relación con las categorías de abusos sexuales y recibe una atención específica –obviamente– en relación con la violación. Es decir: se suele aceptar que el *consentimiento* es algo existente, a excepción de los casos en que su ausencia está en debate. Melanie Beres –por ejemplo– sintetiza la cuestión que nos interesa de la siguiente manera:

> "recientemente he realizado una serie de búsquedas bibliográficas mediante bases de datos académicos de estudios de la mujer, sociología y psicología. Buscando el término "consentimiento sexual" encontré entre 30 y 42 resultados, mientras que la búsqueda de "violación" facilitó entre 2705 y 8145 resultados y "abuso sexual" rindió entre 1016 y 2006 resultados. La escasez de artículos sobre consentimiento sexual refleja la falta de atención académica a este concepto crítico. Incluso dentro de la literatura de consentimiento sexual no existe consenso sobre esto, ni como debería definirse o como debería comunicarse" (2007: 93).

---

[5] Médico. Lic. en ciencias de la familia y sexualidad. Máster en Terapia Sexual. Dr. en psicología (Orientación familia y sexualidad). E-mail: francisco.viola@hotmail.com

Es evidente: se define aquí una posición epistemológica sobre qué papel juega el *consentimiento* en relación con la *sexualidad* (Viola, 2009, 2010 y 2012). Podríamos decir –antes que nada– que se advierten en este punto al menos dos posibilidades: o bien su existencia está ligada estructuralmente a las posibilidades sexuales de un individuo, o bien ella es adjuntada a la vida sexual. Cabe entonces la siguiente pregunta: ¿la *sexualidad* –como una dimensión estructural del ser humano– implica una relación específica con el *consentimiento*? En lo que sigue intentaremos mostrar por qué la respuesta a esta pregunta debe ser afirmativa y cuáles son los efectos para la clínica sexual.

El *consentimiento* es un proceso complejo –emergente de la interacción de pensamientos, expectativas, percepciones, etc.– que se manifiesta a través de una combinación de elementos del lenguaje verbal y no verbal sintetizada e interpretada por el sistema sociocultural, y conjugado a través de las habilidades e interrelaciones grupales. Siguiendo a Geneviève Fraisse, podemos sostener que el *consentimiento* se trata de un proceso complejo ya que surge de tres tipos de preguntas: "las del cuerpo, las de la historia, las de la frontera" (2008).

2. Historia del concepto

Las palabras tienen siempre una historia: cuanto más se acercan a las vivencias importantes del ser humano, más aparece –en esa historia– la evolución de las ideas. En el caso de la palabra *consentimiento* debemos tener en cuenta que "el vocabulario moral contemporáneo, que liga el consentimiento y la sexualidad, es pues el producto de una historia occidental, […] definida, normativa y culturalmente como una acción recíproca" (Alexandre Jaunait & Frédérique Matonti , 2012: 5).

Etimológicamente, *consentimiento* viene del latín –*cum sentire*– que significa –literalmente– *sentir junto*, *pensar junto*. En el vocabulario jurídico se define al *consentimiento* como un "acuerdo de dos o más voluntades en vista de crear efectos de derecho", o como el "encuentro de estas voluntades que es la condición de la formación del contrato"[6]; así –en ese sentido– la palabra *consentimiento* designa también el acuerdo, el concurso de dos voluntades: aquella del deudor que se obliga, aquella del acreedor hacia el cual él se obliga. Se trata, en definitiva, del encuentro de la voluntad de aquel que ofrece y de aquel que acepta[7]. Vemos en todo esto que el *consentimiento* necesita de la *alteridad* y –por consiguiente– del otro como valedor del hecho realizado.

Recordemos –por otra parte– que:
> "la lengua griega cuenta al menos con dos verbos para designar la actitud de aquel que consiente a alguna cosa: *ethelein* y *boulesthai*. *Ethelein* significa que el sujeto está listo, dispuesto a,

---
[6] http://www.albertlegrand.fr/documents/7-MarionJACQUET.pdf
[7] http://derecho-prive-et-contrat.oboulo.com/existence-consentement-62452.html

consentant, sin haber tomado una decisión particular; *boulesthai* marca el deseo, la preferencia por un objeto determinado, se encuentra la elección relacionada con una deliberación" (Monteils-Lang, 2008: 31).

Son estas acepciones –precisamente– las que devienen axiales para comprender las relaciones existentes entre *consentimiento* y *sexualidad*; de este modo –entonces– aparecen el deseo, la elección y la deliberación.

2.1. Genealogía del concepto

Todos tenemos –en rigor– múltiples conceptualizaciones sobre el *consentimiento sexual*; y –ciertamente– muchas de ellas pueden ser descriptas como ejemplos de lo que Pierre Bourdieu denomina "sociología espontánea" que es "la adopción de significados que provienen del sentido común, y en los cuales no se advierten las fuerzas culturales, históricas y sociales que operan como condición de posibilidad" (citado por Beres, 2007: 94).

Sin embargo –y en esto coincidimos también con Pierre Bourdieu–, no podemos limitarnos a una concepción meramente científica. De ahí –en consecuencia– que las consideraciones sobre el *consentimiento* también deban ser analizadas desde una *vigilancia epistemológica*. Esto implicaría –de hecho– repensar dónde situamos al *consentimiento* en una *relación sexual*, y –aún más– qué rol tendría dentro de la consulta la manera en que éste se construye. Veamos, entonces, como definimos al *consentimiento*.

Cuando pensamos en el *consentimiento* asociado con la *sexualidad* estamos pensando en una diversidad de situaciones. Muchas de ellas –tal vez todas– articuladas con cuestiones jurídicas y políticas, más que con el campo de la salud sexual. En el terreno de la salud –por ejemplo– se piensa en términos de *consentimiento informado*. Desde luego: en todos los casos la idea principal que aparece está vinculada a derechos y normas.

Geneviève Fraisse señala la genealogía del consentimiento "a partir de un cubo, es decir de 3 historias, cada una de las cuales tiene 2 caras" (2007: 20); es como a continuación se explicita:
- la historia del matrimonio y la noción de consentimiento mutuo;
- la historia del contrato social y la relación dominadores-dominados;
- la historia del individuo contemporáneo y la reivindicación actual del consentimiento como argumento políticamente suficiente (2007: 21).

Por supuesto: en esta genealogía nosotros podemos considerar tres niveles para esclarecer el *consentimiento*. Así, en el primer punto, se puede decir que se consiente asociado –no como ley, sino como cuestión habitual– a un ideal que hemos aceptado, aprendido, pensado o imaginado; un ideal que nosotros hemos aprehendido ya sea por costumbres, por creencias, por deseo o por negación. En síntesis: consentimos no a lo inmediato, sino a un conjunto de cosas que pensamos que van a pasar.

En el segundo punto, Geneviève Fraisse apunta a las condiciones culturales previas que funcionan como un determinante de la posibilidad del *consentimiento*. En este nivel es donde la educación sexual –sobre todo su ausencia– actúa de forma contundente. La educación sexual se entiende aquí como el proceso educativo que se basa en un trípode: adquirir información correcta, desarrollar habilidades para la vida y fomentar valores; en efecto: este es el esquema promovido por la UNESCO y la OMS.

En el tercer punto, Geneviève Fraisse parece señalar a lo más relevante para los acuerdos sexuales o aquellas situaciones donde uno se expone con la idea de aceptar o rechazar en la medida en que somos capaces de convertirnos en dueños de la situación. En esta dimensión –evidentemente– está en juego lo que en sexología conceptualizamos como promoción de derechos sexuales.

En las dimensiones propuestas la sexualidad aparece como una cuestión axial. Por supuesto: se trata de la sexualidad pensada en términos integrales, tal como la definen los documentos oficiales de instituciones como la OMS. Es desde esta matriz que debemos pensar el *consentimiento* y su importancia para el desarrollo de la *salud sexual*.

Cuando se sostiene que "el consentimiento confiere en efecto una validez normativa a las promesas y a los contratos que unen a los individuos entre ellos y les permiten tejer relaciones sociales" (Jaunait & Matonti, 2012: 6), conviene no pensar esto sólo en términos jurídicos, sino también en términos interpersonales. Efectivamente: el *consentimiento* es una promesa sobre lo que viene; es decir: el *consentimiento* es previo. No habría que olvidar –asimismo– que la expresión del *consentimiento* no es unívoca.

3. DEFINICIÓN DEL CONSENTIMIENTO

Si nosotros hacemos une investigación rápida sobre la palabra *consentimiento* en la *web* –sea agregando el término jurídico como segunda palabra, sea médica, sea psicológica, sea civil– ésta aparece preferentemente asociada a lo que hemos dado en llamar *consentimiento informado*; es en función de esto que aparecen las fórmulas para que ese *consentimiento* se establezca. La discusión parece establecerse desde el punto de vista bioético y médico legal. Desde luego: esta definición de *consentimiento informado*:

> "implica educar a un paciente, que es mentalmente competente y que tiene un buen conocimiento de lo que será probable que se produzca en el tratamiento, informarle sobre los requisitos, limitaciones, posibles 'efectos secundarios' y resultados no deseados de éste" (Golub, 2005: 102).

Cabe la posibilidad –a propósito– de considerar este planteo como un parámetro –salvando lo terapéutico– para otras situaciones de nuestra vida.

Ahora bien: si en la *web* agregamos a la palabra *consentimiento* la palabra *sexual*, las referencias nos llevan –sobre todo– a lo relacionado con abuso sexual y, en particular, a la violación. Sabemos que este delito no está definido por el acto –que no es específico–, ni por la posible violencia utilizada, sino por la ausencia de *consentimiento* de la víctima.

3.1. Contextos de consentimiento

En esta búsqueda de la *web* dos contextos aparecen como identificados claramente: por una parte el que se refiere al delito de violación –ampliemos a abuso sexual–, donde el peso está dado no sólo por la ausencia de *consentimiento*, sino por la posibilidad de mostrar pruebas de que esa ausencia existió; y –por otra parte– el contexto en el cual la noción de *consentimiento* aparece como la aceptación previa de una propuesta terapéutica. Hay que decir en este punto que en el caso de ciertos procedimientos médicos –tanto de la clínica, como de la investigación– se ha logrado llevar las cosas a un punto fundacional con la noción de contrato. De este modo –en consecuencia– se establece un protocolo y se firma una hoja que garantiza la presencia de *consentimiento*.

Sin embargo, en el contexto que a nosotros nos interesa –y que es fundamental para la idea de salud sexual– el *consentimiento* aparece como expresión de una voluntad y autonomía sexual. Habría que tener en cuenta –a propósito– dos cuestiones:

1] Sin negar –como señalan Jaunait y Mantoti– que "el vocabulario moral contemporáneo, que vincula el consentimiento y la sexualidad es, pues, el producto de una historia occidental" (2012), tendríamos que añadir que el *consentimiento sexual* es más difícil de asir en lo cotidiano porque aparece –las más de las veces– como un elemento no explícito. Específicamente: *consentimiento sexual* es definido como la comunicación libre –tanto verbal como no verbal– de un sentimiento de voluntad de participar en la actividad sexual (Susan E. Hickman & Charlene L. Muehlenhard, 1999: 258); es un concepto poco estudiado en los campos de la comunicación sexual y de la coerción sexual (Humphreys, 2010: 420).

2] Que –en definitiva– avanzamos o retrocedemos en función de la lectura que hacemos de lo que el otro manifiesta y que interpretamos en términos de un código de lectura que está definido –según la propuesta de Simon y Gagnon– por los *scripts* sexuales. Como es sabido:

> "La teoría de los *scripts* sexuales surge del construccionismo social y viene siendo desarrollada por John Gagnon y William Simon desde el año 1973. Esta teoría asume que los sujetos viven su sexualidad a partir del uso de ciertos relatos o secuencias que funcionan como escenarios en los cuales los

actos, las relaciones y los significados de la sexualidad se inscriben organizados en historias. Estos escenarios funcionan como guías de orientación o de lectura y permiten a los sujetos situarse y dar sentido sexual a las sensaciones, a las situaciones, a los propósitos y a los estados corporales" (Segovia & Delgado, 2008: 543).

3.2. Definiciones de consentimiento

Hay que destacar –antes que nada– que el *consentimiento* del sujeto a las normas dominantes no es siempre el efecto de una decisión libre que se realiza desde una práctica y desde un hábito corporal; antes bien: el *consentimiento* es una actualización continua de las normas, muchas veces completada de manera inconsciente y tácita.

Un célebre aforismo de Henri Bergson dice: "El ojo ve sólo lo que la mente está preparada para comprender". Podemos decir –en consecuencia– que todos tenemos escotomas; en otras palabras: puntos ciegos que no nos permiten ver ciertas cosas y que –en ocasiones– completamos con lo que creemos que debe estar allí. Por todo lo dicho hasta aquí se impone una pregunta: ¿está asociado el *consentimiento* a un problema de percepción?

En suma: consentimos a lo que pensamos que es. Si revisamos nuestro accionar diario podemos darnos cuenta que no consentimos porque sabemos lo que es, sino a la idea –imaginada, estudiada, soñada, pensada– de lo que construimos como idea. Por más detallista que pueda ser nuestra idea de lo que está por venir, consentimos a una expresión de deseo con una expectativa, con un interés y un conocimiento. Esto es así porque el *consentimiento* debería anteceder a la acción. O sea: no se consiente una relación sexual pensando que se va a encontrar con una disfunción sexual. Se consiente a cómo pensamos que debe ser una relación sexual. A cómo creemos que nos sentimos capacitados para esa relación sexual. Aquí –evidentemente– surge el concepto de *script*; como sostienen Heather Littleton -& col.- los: "Scripts juegan un papel importante en cómo se individualiza, conceptualiza y se pone en práctica las conductas, incluyendo la conducta sexual" (2006: 557).

La pregunta sobre el *consentimiento* nos impulsa a entrar en cuestiones que aún generan dudas, inquietudes y ambigüedades. La medicina sexual necesita rever el concepto de salud que impulsa y reconsiderar que más allá de la importancia crucial para la vida sexual que tiene la farmacología y los avances relacionados con ésta, existe un terreno –el de lo interrelacional– donde aparecen los problemas cotidianos. Este tema es planteado en el trabajo de Emily Impett de la siguiente manera: muchas personas están intentando encontrar "soluciones farmacéuticas" (2008: 908) a lo que –en algunos casos– no es más que un problema de relación. El deseo sexual de la mujer –por ejemplo– está mucho más ligado a sus objetivos en las relaciones, que el deseo sexual de los hombres; así, los intentos para aumentar el deseo sexual de las mujeres a través de la intervención farmacológica pueden ser engañosos. Los resultados de esta investigación destacan la importancia de considerar los aspectos de las relaciones interpersonales. En otros términos: ¿a qué consentimos en una relación? ¿A lo mismo que el otro, siempre a lo mismo que otras veces?

Antes de continuar, veamos entonces lo que David Hall plantea como hipótesis referida al *consentimiento* relacionado con lo sexual:

- las personas no darán permiso específico para todos los comportamientos sexuales individuales en una secuencia de comportamientos;
- las personas darán permiso para algunos comportamientos en algunas ocasiones. Estos comportamientos que se dan permiso son posiblemente, más a menudo, la actividad inicial y las relaciones sexuales.
- la mayoría dará permiso de forma no verbal.
- las mujeres informan que dan más permiso que los hombres (1998).

Como se puede observar, existe una diversidad de situaciones propias de un proceso complejo que incluye diferentes variables. Para nuestro interés definamos *consentimiento* –entonces– como un proceso complejo, dinámico y continuo que realiza una persona para permitirse o permitir una actividad o conducta sexual con otra persona, por otra persona, en relación a otra persona y que se expresa con diferentes recursos verbales, no verbales y que parte de una percepción predeterminada de la actividad o conducta a llevar a cabo.

4. COMPONENTES DEL CONSENTIMIENTO

Aceptemos –a los fines de esta construcción que estamos elaborando– la definición de *consentimiento* que sugerimos; lo que se impondrá –consiguientemente– es la pregunta por los elementos que lo integran. Para consentir una actividad sexual entran en juego: a] la persona que consiente; b] la situación en la que consiente; c] la idea que se tiene de lo que se consiente; d] la percepción sobre la durabilidad del consentimiento dado; e] la coercibilidad que se percibe sobre el consentimiento dado y f] la comunicación que hacemos de ese consentimiento.

Ejemplificando podríamos decir: la persona "a" consiente en tener una actividad sexual "b" en este momento "c" y al hacerlo cree que por las razones "d" ya no puede evitar hacerlo o modificarlo y cómo hago para que el otro se entere qué consiento y cómo el otro lee lo que yo digo.

Ahora bien: no todos estos componentes están siempre presentes en todas las ocasiones; es decir: podemos decidir actividades sexuales sin tanto pensamiento o elaboración. Lo que planteo es que estos elementos juegan su papel, ordenan el *script* sexual que hacemos y –por lo tanto– validan la situación y activan los mecanismos del deseo, de la satisfacción y –avanzo como hipótesis– podrán estar en la base de ciertas problemáticas sexuales y –en consecuencia– de sus potenciales soluciones. En palabras de Fraise podemos afirmar que el consentimiento siempre es «la expresión de un dilema, la emergencia de una deliberación» (2007, 24).

4.1. Criterios para la validez y la manifestación del consentimiento

Nafsika Athanassoulis (2002: 141) advierte que para que el *consentimiento* sea válido es necesario cumplir ciertos requerimientos. Este autor lo explica de la siguiente manera: en primer lugar, los niños pequeños y las personas con discapacidades mentales son considerados incapaces de consentir debido a sus capacidades mentales disminuidas. Esto parece implicar que se requiere de cierto nivel de racionalidad para el *consentimiento*. Sin embargo, no está explícitamente determinado cuál es el nivel de racionalidad; es más: se define, en realidad, por las excepciones anteriores. En segundo lugar, se debe dar el *consentimiento* libremente. Esto descarta los casos de coacción, intimidación, chantaje, explotación y la falta de otras opciones. Así, el *consentimiento* puede ser problemático si hay una gran disparidad en el poder entre las dos partes. En tercer lugar, el *consentimiento* debe ser dado voluntariamente y con conocimiento. En definitiva: para consentir uno debe saber lo que uno está consintiendo, lo que implica ser consciente de las otras opciones, ser conscientes de las consecuencias de su *consentimiento*, etc.

Es síntesis: hay criterios que validan un *consentimiento* y por otro lado ese *consentimiento* debe expresarse de manera que la otra persona comprenda su alcance. Esta cuestión no es menor: hay que comunicar el *consentimiento* y *comprenderlo*.

Normalmente, se insiste en que el *consentimiento* debe tener cuatro características para ser válido: a] ser libre –esto se refiere a la ausencia de coerción–; b] ser claro –la persona que consiente debe hacerse una idea aceptablemente definida de lo que está consintiendo–; c] ser hecho por un sujeto competente –la coerción física, la minoría de edad, estados mentales de confusión o alienación, entre otros, marcan, evidentemente, la invalidez del *consentimiento*, sea esto o no reconocido por los demás–; d] debe tener la condición de manifestación –la sexualidad implica la comunicación, una comunicación que tiene muchas aristas, dimensiones y posibilidades: va de lo verbal a lo no verbal, todo con significados propios y culturales–.

Las investigaciones sobre *consentimiento* –aunque limitadas– tratan de poner en evidencia "cómo los estudiantes universitarios pueden comunicar su consentimiento y las variaciones potenciales por el género, el acto sexual y el estado de relación (Hall, 1998; Jozkowski, 2013; Hust, 2013).

Finalmente, tenemos que recordar que el concepto de autonomía sexual:

es complejo, y hay una tensión inherente entre sus dimensiones positivas y negativas. La dimensión positiva implica respetar la libertad de tomar decisiones con respecto a relaciones sexuales íntimas, considerando que la dimensión negativa supone el reconocimiento y la protección del derecho a rechazar tales relaciones (Wallerstein, 2009).

En suma: la *autonomía sexual* es uno de los pilares donde debe asentarse el desarrollo del *consentimiento sexual* como una promoción efectiva para la vida sexual positiva.

5. Importancia para la vida sexual

> *Não se pensa no passado como propriamente real; ele é vestido, adornado ou enegrecido, censurado, remendado, [...] ficcionalizado, em suma, e guardado numa prateleira - nosso livro, nossa biografia romanceada*
> **John Robert Fowles**

Aceptemos como premisa que la salud sexual es un bien necesario para las personas: esto implica que las personas pueden tomar decisiones sobre su vida sexual de manera que éstas sean positivas y capaces de rechazar aquellas actividades o propuestas que consideren no saludables.

Marie-Ève Lang nos recuerda que "la sexualidad de una persona está construida tanto en relación con su historia personal como en relación con las normas sociales –ella es, entonces, el reflejo de la cultura y de la experiencia del sujeto" (2011: 189). Michel Foucault demostró que la manera en que las mujeres y los hombres habían sido llevados a reconocerse como *sujets désirants* era dependiente de los discursos sociales (1994: 12). Esto tiene una importancia esencial para la vida sexual y, por consiguiente, para considerar la salud sexual. En definitiva: ¿cómo hacemos para encontrar respuestas para comprender qué elementos han constituido el *consentimiento* que genera la situación de queja sexual?

La psicología educacional y cognitiva nos ha enseñado que el conocimiento está regulado por el propio conocimiento, lo que Ann Brown (1978) definió como *metacognición*. Ahora bien: en la sexualidad también ese conocimiento de lo que está por venir se regula por el conocimiento que tenemos o que debemos tener.

Es decir que los seres humanos desarrollamos, de alguna forma, una capacidad de aceptar o rechazar actividades y conductas en función de una concepción propia de la salud sexual; por cierto: esta capacidad no es innata, se trata de algo que se aprende y –en ese proceso– es donde las personas deben adquirir informaciones pero, sobre todo, el desarrollo de lo que se conoce como asertividad sexual. Michael Dunn, Elaine Lloyd y Graham Phelps (1979) defienden que la *asertividad sexual* es "la conciencia de uno mismo como ser sexual y el uso, con poca ansiedad, de un conjunto de habilidades conductuales para obtener satisfacción sexual de uno mismo y de su pareja" (en Santos-Iglesias y Sierra, 2010: 554). La *asertividad sexual* se refiere a la capacidad de las personas para iniciar la actividad sexual, rechazar la actividad sexual no deseada y emplear métodos anticonceptivos desarrollando comportamientos sexuales saludables; se basa en el derecho humano a la autonomía que asume que las personas tienen derecho a elegir sobre su propia experiencia y actividad sexual (AA. VV., 1997). En suma: sostenemos que la base del *consentimiento* está dada por la existencia de la *asertividad sexual*. Así, por ejemplo, los estudios relacionados con la victimización y la coerción sexual no dejan lugar a dudas de que la *asertividad sexual* –en líneas generales– es un factor de protección frente a las experiencias de abuso (Macy et al., 2006: 478).

6. Diferentes tipos de consentimiento

En este punto podemos señalar que existen dos aristas claramente diferentes en la idea de *consentimiento* asociada con la *vida sexual*: la limitación que este concepto tiene como útil social –tanto policial como jurídico en las situaciones de abuso, es decir las situaciones donde el *consentimiento* no existe *ipso facto*–, y la acepción específica para la sexualidad entendida como conducta personal, íntima y potencialmente compartida con otros.

Sobre lo primero –*consentimiento como útil social*–, dos cuestiones se pueden señalar: la edad y las circunstancias. En efecto: podemos decir que los sistemas legales generalmente consideran como un elemento a definir la edad en que una persona puede consentir libremente tener relaciones sexuales. Estas consideraciones son variadas, pero se encuentran acotadas, en la mayoría de los casos, a la época de la adolescencia. Además estas acotaciones no siempre respetan, ni son sincrónicas con la realidad de los adolescentes y preadolescentes. Al ser un tema de mucho interés existen sitios que ponen en evidencia estas comparaciones. Así, en http://www.ageofconsent.com/ageofconsent.htm se puede tener una idea global de las diferencias de edad. En América Latina –por ejemplo– la edad varía entre los 12 y 14 años como el límite legal donde el *consentimiento* puede darse.

Veamos ahora lo de las circunstancias. Es decir: sabemos que el abuso sexual siempre existió. En todas las épocas también ha sido visto –un poco más o un poco menos– como inaceptable. Sin embargo, durante mucho tiempo ciertas situaciones no se han visto como abuso sexual –por ejemplo el abuso dentro del matrimonio–. Esta diferencia es esencial. Cuando una sociedad considera que algo es abuso, el abuso es condenado como cuestión social. Todos sabemos que el abuso sexual tiene une repercusión sobre toda la vida psíquica de las personas que lo han sufrido, pero no todas las personas que lo han sufrido pueden denunciar y mantener la denuncia.

Evidentemente: puesto que el abuso sexual –como hecho público– no está definido por el acto en sí mismo, ni por la agresividad implicada, tendrá que ser especificado por la ausencia de *consentimiento* en un intercambio de carácter sexual. Esta noción de *consentimiento* es, pues, la piedra angular para definirlo. La ausencia de una definición específica del *consentimiento* plantea un dilema que Susan Estrich expresa de la siguiente manera:

> "consiste en lo siguiente: si la ausencia de consentimiento es esencial para el delito de violación (y el sexo legalmente permitido, en sí, admite el ejercicio de fuerza o la lucha física), y si el "no" a veces significa "sí", y si se supone que los varones son agresivos en cualquier caso, ¿cómo va a saber un varón que ha cruzado el límite? ¿y cómo evitar las condenas injustas?" (en Di Corleto, 2010: 62).

Se puede decir que el *consentimiento* es la decisión personal de aceptar una situación cualquiera. El "yo consiento" supone un trípode en relación con mi persona: la autonomía, la libertad y la conciencia. Pero –como hemos señalado– el *consentimiento* de una persona no es una foto; es –antes bien– una película. Así, no es un todo estructurado, cerrado y claro. El ser humano no siempre es lineal en sus decisiones, sino que es habitual que ellas sean fruto de idas y vueltas en su análisis de una situación. Idas y vueltas que están asociadas a su historia, a su información, a su capacidad de percepción y a los estímulos externos que pueden existir. Lo repitamos: no se consiente a la idea de lo desconocido, sino a lo que imaginamos como real. En suma:

> "El consentimiento, corazón de la nueva normalidad sexual, es, de ese modo, la solución y el problema de la nueva normalidad sexual, es, así, a la vez la solución y el problema" (Jacques Marquet, 2011, 34).

7. El consentimiento y su asociación con la clínica

> *Portanto, somos todos romancistas, ou seja, temos o hábito de escrever futuros ficcionais para nós, ainda que hoje tenhamos uma inclinação maior a nos colocarmos num filme. Fazemos uma triagem mental de hipóteses sobre como podemos comportar-nos, sobre o que pode acontecer conosco, e essas hipóteses novelescas ou cinematográficas surtem, amiúde, um efeito muito maior do que costumamos admitir sobre como efetivamente nos portamos, quando o futuro real transforma-se em presente*
> **Martin Fowles**

Según Erwin Haeberle y Rolf Gindorf, la "práctica de la sexología está ampliamente desarrollada en el mundo, incluyendo educación sexual, *counseling* sexual, terapia sexual y, en algunos casos, la promoción de los derechos humanos y sexuales (en Giami, 2013: 371). Pues bien: es en esta complejidad de enfoques, percepciones y actividades donde actúan quienes se dedican al tema de la salud sexual.

Hay que decir que en el ámbito de la sexología gobernó durante mucho tiempo una idea que podría resumirse con la afirmación siguiente:

> Se sostiene la importancia del consentimiento, en general, desde un punto de vista liberal [...]. Las raíces del consentimiento en la tradición liberal pueden encontrarse en los escritos de J. S. Mill y derivan de la importancia de la autonomía y la libre determinación (Athanassoulis, 2002: 141).

De cierto modo, el *consentimiento* era algo que tenía una evidente importancia para éstas y otras consideraciones. Por cierto: ha ocurrido algo semejante con el protocolo de las disfunciones sexuales. Como señala la OMS, una respuesta médica a la salud sexual tiende a identificar –por lo general– la disfunción sexual. Todo esto no deja de ser problemático, pues sugiere problemas individuales; de este modo, la OMS indica que "la Salud Sexual requiere un enfoque positivo y respetuoso a la sexualidad y las relaciones sexuales, así como la posibilidad de experiencias sexuales placenteras y seguras, libres de coerción, discriminación y violencia".

Siguiendo este planteo, el *consentimiento* –como tal– podría ser considerado en profundidad –metafóricamente hablando– en dos dimensiones: 1] lo que en salud se llama *consentimiento informado* y 2] las situaciones donde ese *consentimiento* no fue respetado, es decir: donde hubo algún tipo de abuso.

Sin embargo, mi planteo es que para considerar la salud sexual tenemos que reconocer en el *consentimiento* la piedra angular de la construcción sociocultural que hacemos los seres humanos de nuestra vida sexual y –por lo tanto– podría funcionar como un filtro fundamental para la elaboración de la queja sexual; por ende debería ser considerado en la construcción de una propuesta terapéutica.

8. SUGERENCIAS PARA LA INTERVENCIÓN

Todo, en el ser humano, es influenciado por la sexualidad: la relación con el mundo, la relación con la vida, los vínculos con los demás. Las pulsiones sexuales son pulsiones vitales que animan la existencia y que –aun cuando ellas estén reprimidas o sublimadas– continúan jugando un rol central en la manera en que nosotros ponemos en juego las relaciones con los demás o con nosotros mismos (Marzano, 2012). Esto implica –claramente– una forma de posicionarse en relación a la cuestión de la salud sexual.

Los modelos de intervención sexual que se basan en algoritmos de acción –ya sea, por ejemplo, el antiguo PLISSIT o el ALLOW– subrayan de un modo u otro la importancia que tiene establecer el punto de partida del paciente en relación a su vida sexual. Stanley Althof sostiene que la evaluación psicosexual va más allá de la tradicional evaluación psicológica de examinar al paciente o a la pareja; antes bien: ésta va a preguntar sobre su historia sexual, sus prácticas sexuales actuales, la relación entre calidad e historia, la salud emocional y los factores contextuales; por ejemplo: los niños pequeños, enfermedades crónicas, las preocupaciones financieras, las creencias culturales, etc. (2010: 5). En palabras de Michela Marzano, es necesario tomar conciencia que cuando consentimos:

> cada uno se las arregla como puede, *bricolando* con las cicatrices más o menos marcadas de su pasado, los recuerdos más o menos reprimidos de su infancia, y los modelos más o menos normativos que el estado, la religión, los padres y los cercanos le han dejado (2007: 232).

Traducido a nuestro planteo, habría que responder a la siguiente pregunta: ¿a qué consintió sexualmente? En este sentido, habrá que elaborar un idea de cuál es la expectativa que tenía de la actividad sexual implicada en la consulta, ya que en función de ese *consentimiento* podremos considerar los diferentes problemas generados por su ausencia –violencia y aceptación de una situación de stress postraumático– y los generados por la dificultad de asumir su propio *consentimiento* o trasmitirlo de forma adecuada.

Recordemos que "un factor clave en la relación de parejas es su nivel de satisfacción sexual" (Smits, 2011: 104). La satisfacción sexual se considera un componente importante de la salud sexual, un derecho sexual y un resultado de bienestar sexual según la OMS. Frente a esta necesidad podemos señalar que "la falta de deseo sexual es el problema más común que se presenta en las clínicas de terapia sexual" (Impett, 2008). Nada marca más la presencia del deseo que el *consentimiento* expresado con los criterios ya mencionados de validez. Quizá lo importante sea señalar y tener en cuenta que:

> "En la *cuenta* actitudinal, el consentimiento consiste en cualquier variedad de estados mentales, desde el deseo hasta la aceptación a regañadientes, siempre sostenido por el consentimiento mutuo. Es, sin dudas, una cuestión subjetiva cuya determinación implica el estado de ánimo del agente" (Kazan, 1998).

Anthony Smits sugiere que hay que seguir desarrollándose para alentar una mayor satisfacción sexual en las relaciones íntimas (2011). Así, consejeros y terapeutas en terapia de parejas podrían beneficiarse si prestan atención al género, la edad y otras diferencias que encontramos con respecto a la frecuencia deseada del sexo y su asociación con la satisfacción general. Las intervenciones diseñadas específicamente para mejorar la capacidad de las mujeres para rechazar las insinuaciones sexuales pueden ayudar a reducir el riesgo de victimización sexual (Livingston, 2007). La práctica de la terapia sexual:

> "puede ser considerada como una tentativa de crear nuevos scripts, tanto en el plano cultural, re-categorizando los diversos problemas en términos de disfunciones sexuales, tanto en el plano interpersonal, reeducando la pareja y enseñándoles nuevas técnicas que re-eroticen la relación" (Bozon & Giami, 1999: 72).

El terapeuta –salvo en los casos donde esté llamado a testificar– se va a encontrar con una persona que en el caso de un abuso sexual tiene que hacer un proceso terapéutico por esa violencia que mutiló su *consentimiento*. Este proceso exige una disposición especial para –por ejemplo– a partir de la resiliencia poder reedificar una forma de considerar al otro. En el caso de la vida sexual el terapeuta debe traducir y ayudar a comprender la distancia que puede existir entre los *scripts sexuales* y la *autonomía sexual* de la persona.

9. Algunas cuestiones centrales

Una de las cuestiones más curiosas del *consentimiento* es que siempre se consiente a lo que imaginamos, sospechamos, creemos o soñamos. Ahora bien: el *consentimiento* es a un futuro y se evalúa en pasado. En suma: debemos ayudar a ver esta distorsión temporal en el paciente.

En segundo lugar, hay que tener en cuenta que en el caso de menores y de deficientes mentales la noción de *consentimiento* no es válida para la ley; pero –aún así– debemos ayudar a comprender qué sienten estos sujetos en relación al proceso que condujo a una situación de violencia, qué idea tenían y cómo perciben la situación. Todo esto sin dejar jamás de lado que han sido víctimas. En otras palabras: ayudar a construir una historia del suceso donde ellos puedan poner un significado que los ayude terapéuticamente.

Ahora bien, aún cuando la ley considera que mi *consentimiento* es válido –por ser adulto– debemos revisar la forma en que consentimos y a qué consentimos. Ayudar al paciente a rever esto es también terapéutico.

10. Resumen para la consulta

El *consentimiento* es un proceso complejo que surge de elementos tan dispares como lenguaje no verbal, lenguaje verbal, sistema sociocultural, habilidades interrelacionales, presión de grupos y asertividad, entre otros. En esta lógica creemos que existen dos caras bien manifiestas: la personal y la social. La cara personal del *consentimiento* es la que tiene que ver con el individuo que consiente y que, muchas veces, hace un conjunto de idas y vueltas en su proceso de consentimiento, aunque después se pueda contar como un todo de coherencia. La cara social del *consentimiento* –por su parte– toma una fotografía de un momento concreto y debe, a partir de ello, decidir si ha existido o no. La que más nos interesa aquí –aunque no únicamente– es por supuesto la cara personal porque en la consulta tenemos seres humanos que con sus dudas, con sus inquietudes, con sus experiencias y con sus historias plantean la dificultad frente a lo que viven.

¿Es válido pensar, imaginar y desear todo? ¿Todo es válido para esa excitación? ¿Es esa libertad tan bella, magnífica e deseable? Bien lo señala Michela Marzano: "A diferencia de las creencias, los deseos no son únicamente el fruto de una deliberación racional" (2007: 231). Pero el *consentimiento* sí lo es. Es decir: para fantasear y para jugar sólo importa consentir. Después veremos. Toda terapia debería apuntar a hacer que el paciente pueda recuperar, desarrollar, estimular y generar su capacidad de consentir reconociendo sus *scripts sexuales* y estimulando su *asertividad*.

11. Conclusiones

> *Un hombre se propone la tarea de dibujar el mundo. A lo largo de los años puebla un espacio con imágenes de provincias, de reinos, de montañas, de bahías, de naves, de islas, de peces, de habitaciones, de instrumentos, de astros, de caballos y de personas. Poco antes de morir, descubre que ese paciente laberinto de líneas traza la imagen de su cara.*
> JORGE LUIS BORGES

El *consentimiento* es un *privilegio*; un privilegio conquistado, como bien lo señala Marcela Iacub (2003: 235). Ese privilegio –derecho– surge de algunas consideraciones elementales como la educación sexual, por ejemplo. Por supuesto: entendida ésta como un proceso complejo e integral que se funda en un trípode de conocimientos precisos, desarrollo de habilidades y fortalecimiento de valores (Viola, 2010). Como todo privilegio parece accesible a pocos y susceptible de ser neutralizado por el poder; sin embargo, un sistema que se considere válido debería promover la universalización de un privilegio como éste.

Los derechos sexuales constituyen una apelación sólida a la universalidad porque aluden a un elemento que es común a todos los seres humanos: la sexualidad. Efectivamente: la sexualidad y la salud sexual amplían hoy sus manifestaciones. No podemos negarla y –entonces– más allá de nuestra decisión personal debemos admitir una responsabilidad social y legal.

La violación sigue siendo uno de los crímenes más execrables porque atenta contra la persona en su integralidad, porque se apoya en un sistema de dominación aún vigente y porque la víctima, muchas veces, sigue siendo vista como culpable. Debemos insistir: el *consentimiento* es personal, sólo es válido si uno es capaz de optar –una y otra vez– frente a lo que está viviendo. Esta es la base donde debe situarse el estudio del *consentimiento* tanto a nivel personal, como a nivel jurídico. Es decir: como terapeutas deberíamos aceptar la presunción de veracidad como un criterio. Fomentar la idea del *consentimiento* como un proceso no librará a este mundo del abuso, ni de la dificultad para asumir ciertas situaciones sexuales vividas; pero, estoy seguro, ofrecerá alternativas para ayudar a superar cada una de las dificultades.

La ciencia ha avanzado hoy en salud sexual; tenemos mucho en que apoyarnos para no equivocarnos. No podemos olvidar, ni por un momento, que cuando trabajamos sobre salud sexual estamos trabajando sobre percepciones de lo que es lo bueno, de lo que es lo ideal o de lo que es lo justo. Por ello, preocuparnos y ocuparnos de la capacidad de consentir de nuestros pacientes es hacer una nueva revolución sexual. Porque toda revolución está asociada a la libertad y la libertad sexual –es preciso explicitarlo– no consiste en hacer todo, sino en decidir todo lo que hacemos.

BIBLIOGRAFÍA

ALTHOF. S. E. (2010) What's New in Sex Therapy. Journal of sexual medicine. Nº 143. 7:5–13.
ATHANASSOULIS, N. (2002). The role of consent in sado-masochistic practice. Res Publica 8: 141–155, 2002.
BOZON M. & GIAMI A. (1999). Présentation de l'article de John Gagnon. In: Actes de la recherche en sciences sociales. Vol. 128, juin 1999. Sur la Sexualité. pp. 68-72.
BERES, M. A. (2007). ''Spontaneous'' sexual consent: An analysis of sexual consent literature. Feminism and Psychology, 17(1), 93–108. doi:10.1177/0959353507072914.
COSTE, F.; COSTEY, P. & TANGY, L, (2008). « Consentir: domination, consentement et déni », Tracés. Revue de Sciences humaines [en ligne], 14 | 2008, mis en ligne le 26 janvier 2009. URL : http://traces.revues.org/index365.html
SEGOVIA, JIMENA SILVA, & DELGADO, JAIME BARRIENTOS. (2008). Guiones sexuales de la seducción, el erotismo y los encuentros sexuales en el norte de Chile. Revista Estudos Feministas, 16(2), 539-556. Retrieved April 17, 2014, from http://www.scielo.br/scielo.php?script=sci_arttext&pid=S0104-026X2008000200012&lng=en&tlng=. 10.1590/S0104-026X2008000200012.
FRAISE, G. (2007). Du consentement. Paris. Du Seuil.
FRAISE, G. (2008). Le consentement est-il un argument politiquement pertinent? Conference d´AGORA du 28 avril 2008. Consultada in http://www.agorange.net/page17.html
GIAMI, A. & DE COLOMBY, P. (2003). Sexology as a Profession in France. Archives of Sexual Behavior, Vol. 32, No. 4, August 2003, pp. 371–379.
GIAMI, A. & RUSSO, J. (2013). The diversity of sexologies in Latin America: emergence, development and diversification. International Journal of sexual health, 25:1-12.
GOLUB, M. (2005) Informed Consent. Journal of Aggression, Maltreatment & Trauma, 11:1-2, 101-115.
HALL, D. (1998). Consent for sexual behavior in a college student population. Electronic Journal of Human Sexuality, Vol. 1, August 10 in http://www.ejhs.org/volume1/consent1.htm
HAMMOND, P.D. & OEI, T.P.S. (1982). Social skills training and cognitive restructuring with sexual unassertiveness in women. *Journal of Sex and Marital Therapy, 8*, 297-304.

HICKMAN, S. & MUEHLENHARD, Ch. (1999). "By the semi-mystical appearance of a condom": How young women and men communicate sexual consent in heterosexual situations. The Journal of Sex Research. Volume 36, Issue 3, pps. 258-272

HUMPHREYS, .T.P. & BROUSSEAU, M.M.. (2010). The Sexual Consent Scale–Revised: Development, Reliability, and Preliminary Validity. Journal of sex research, 47(5), 420–428, 2010.

HUST, S. J.T.; GARRIGUES MARETT, E. REN, CH., ADAMS, P. M.; WILLOUGHBY, J. F. ; LEI, M. , RAN, W. & NORMAN, C. (2013): Establishing and Adhering to Sexual Consent: The Association between Reading Magazines and College Students' Sexual Consent Negotiation. Journal of Sex Research, 0(0), 1–11, 2013.

IACUB, M. (2003). Le crime était presque sexuel et autres essais de casuistique juridique. Paris: éditions EPEL.

IMPETT, E. A.; STRACHMAN, A.; FINKEL, E. J. & GABLE, S. L. (2008). Maintaining sexual desire in intimate relationships: The importance of approach goals. Journal of Personality and Social Psychology, 94, 808–823.

JAUNAIT, A. & MATONTI, F. (2012). « L'enjeu du consentement », Raisons politiques, 2012/2 n° 46, p. 5-11. DOI : 10.3917/rai.046.00.

JOZKOWSKI, K. N. & PETERSON, Z. D. (2013): Assessing the Validity and Reliability of the Perceptions of the Consent to Sex Scale, Journal of Sex Research, 1–14, 2013.

KAZAN, P. in FRENCH, S. G.; TEAYS, W. & PURDY, L. M. (eds.)(1998). Violence Against Women: Philosophical Perspective. Cornell University.

LANG, M.-E. (2011). "L´agentivité sexuelle" des adolescents et des jeunes femmes: une définition. Recherches feministes, vol. 24, n° 2, pps. 189-209.

LIVINGSTON, J.A.; TESTA, M. & VANZILE-TAMSEN, C. (2007). The Reciprocal Relationship Between Sexual Victimization and Sexual Assertiveness. Violence Against Women. 2007 March; 13(3): 298–313. Accedido in http://www.ncbi.nlm.nih.gov/pmc/articles/PMC1950281/pdf/nihms24421.pdf

LITTLETON, H. L.; AXSOM, D. & YODER, M. (2006) Priming of Consensual and Nonconsensual Sexual Scripts: An Experimental Test of the Role of Scripts in Rape Attributions. Sex Roles. April 2006, Volume 54, Issue 7-8, pp 557-563

MACY, R. J., NURIUS, P. S., & NORRI S, J. (2006). Responding in their best interests: Contextualizing women coping with acquaintance sexual assault. Violence Against Women, 12 (5), 478-500.

MARQUET, J. (2011). Clés pour comprendre la sexualité contemporaine. La revue nouvelle. Juillet-aout 2011. Pps. 34-43.

MARZANO, M. (2012). Dignité et violence: les paradoxes de la sexualité. Archives de politique criminelle. 2012/1 (n° 34). Pps. 23-30.

MONTEILS-LANG, L. (2008). «Perspectives antiques sur la philosophie du consentement», Tracés. Revue de Sciences humaines [En ligne], 14 | 2008, mis en ligne el 30 mai 2009, consulté el 13 mars 2014. URL : http://traces.revues.org/369 ; DOI : 10.4000/traces.369

MONTEIRO PASCOAL, P.; DE SANTA BÁRBARA NARCISO, I. & MONTEIRO PEREIRA, N. (2013) What is Sexual Satisfaction? Thematic Analysis of Lay People's Definitions. Journal of Sex Research (2013): 1-9.

SANTOS-IGLESIAS, P. & SIERRA J.-C. (2010). El papel de la asertividad sexual en la sexualidad humana: una revisión sistemática. International Journal of Clinical and Health Psychology. 2010, Vol. 10, N° 3, pp. 553-577.

SIERRA, J.-C.; VALLEJO-MEDINA, P. & SANTOS-IGLESIAS, P. (2011). Propiedades psicométricas de la versión española de la Sexual Assertiveness Scale (SAS) anales de psicología 2011, vol. 27, n° 1 (enero), 17-26.

SILVA SEGOVIA, J. & BARRIENTOS DELGADO, J. (2008). Guiones sexuales de la seducción, el erotismo y los encuentros sexuales en el norte de Chile. Estudos Feministas, Florianópolis, 16(2): 440, maio-agosto/2008, pps. 539-556.

SMITH , A.; LYONS, A.; FERRIS, J.; RICHTERS, J.; PITTS, M.; SHELLEY, J. & SIMPSON, J. M. (2011) Sexual and Relationship Satisfaction Among Heterosexual Men and Women: The Importance of Desired Frequency of Sex, Journal of Sex & Marital Therapy, 37:2, 104-115, DOI: 10.1080/0092623X.2011.560531.

VIOLA, F. (2012). La sexua-logie: Une proposition pour étudier la sexualité. Presses académiques francophones.

VIOLA, F. (2012). Eros y psyché. Ensayos sobre sexualidad. Editorial Académica española. Alemania. 2012.

VIOLA, F. (2010). Educación sexual Integral- I. Ley 26150: una ley imprescindible. Buenos Aires. Editorial Akadia.

VIOLA, F. (2009). Sexualidade humana: redundância necessária ou prejudicial? Revista Brasileira de Sexualidade Humana, Vol. 20 (1), 2009, pp. 29-38.

VIOLA, F. (2009). Función sexual, en TOMAS, J. V. & DEZA, H. A. Semiologia médica: la historia clínica. Tucumán: EDUNT.

WALLERSTEIN, S. (2009). 'A drunken consent is still consent'—or Is It? A Critical Analysis of the Law on a Drunken Consent to Sex Following Bree. The Journal of Criminal Law 73 JCL 318–344.

World Health Organization. (2010). Measuring sexual health: Conceptual and practical considerations and related indicators. Geneva, Switzerland: Author. http://whqlibdoc.who.int/hq/2010/who_rhr_10.12_eng.pdf

MODELO APA (AMIGOS-PADRES-AMANTES) PARA LA PROMOCION DE LA SALUD SEXUAL Y REPRODUCTIVA EN EL CARIBE COLOMBIANO

José Manuel González[8]

El interés sobre los aspectos que originan el fracaso conyugal fue el centro de mi actividad profesional, como terapeuta e investigador, durante los primeros 25 años de mi práctica privada (entre el año 1.975 y el 2.000). Pero en los últimos años, el estudio de las parejas armoniosas y felices ha sido el principal objetivo de atención.

Durante este tiempo, en colaboración con el Club Rotario de Barranquilla (del cual he sido presidente) y varios medios de comunicación social (Canal de televisión Telecaribe, periódico El Heraldo, emisora de radio RCN), estuvimos buscando parejas armoniosas y felices para reconocer y exaltar públicamente a aquellos matrimonios que vivían una relación conyugal digna de destacarse.

A través de los diferentes medios de comunicación se le solicitaba a la comunidad que propusieran nombres de parejas felices y armoniosas, que en su mayoría rellenaron un cuestionario y/o fueron entrevistadas para estudiar sus principales características.

Cada año, en el día del amor y la amistad, se realizaba una comida de gala en un centro social importante, a donde invitábamos a las mejores de esas parejas y les entregábamos un diploma donde el Club Rotario de Barranquilla reconocía y exaltaba su armonía conyugal, tratando de estimularlos a continuar viviendo así, para su propia felicidad y para seguir dándole ejemplo a la comunidad.

---

[8] Psicólogo. Magíster en investigación. Candidato Ph. D. Terapeuta sexual y de pareja en el Centro de Psicología y Sexología. Director del grupo de investigación Salud, Cultura y Sexualidad de la Universidad Simón Bolívar. E-mail: gonzalezbarranquilla@gmail.com

El estudio de estas parejas mostraron fundamentalmente que la armonía conyugal se consigue cuando los esposos llegan a comportase como "extraordinarios amigos", "excelentes padres" y "maravillosos amantes" (como lo expresaron textualmente muchas de las 68 parejas estudiadas). Esa conclusión concordaba con lo aprendido durante los años de estudio de mi profesión, las lecturas que al respecto he realizado, las investigaciones que he dirigido (o realizado), las enseñanzas que me han dejado mis pacientes, mis alumnos y mis propios aciertos y fracasos en la vida conyugal.

Este esquema básico, que he llamado el Modelo Amigos-Padres-Amantes (APA) para la Armonía Conyugal (González, 2004a), es el que ahora guía mis investigaciones, mi trabajo terapéutico y los cursos de capacitación o promoción de la salud que dictamos en el Centro de Psicología y Sexología en Colombia.

Este modelo trata de inspirar a los esposos y a esposas a mejorar su vínculo de pareja mostrándoles claves y fórmulas para mejorar sus conocimientos, opiniones, actitudes, motivaciones y acciones cotidianas. Es un buen camino para fortalecer la vida en pareja. Este modelo guía a las personas interesadas en la modificación del paradigma matrimonial para la creación de nuevos hábitos que facilitan la felicidad y armonía conyugal.

Un componente básico del "Modelo Amigos-Padres-Amantes (APA) para la armonía conyugal" es el acróstico elaborado con los 19 elementos más relevantes proporcionados por las 68 parejas armoniosas estudiadas (ver gráfico 1). Estos elementos confirman lo reportado por diferentes investigadores (Britton, 1983; Covey, 1998; Chapman, 1996; Fernández, 2002; Gottman & Silver, 1999; Liberman et. al., 1987; Lyford-Pike, 1997, Rubio, 1984, 1996).

ACROSTICO DEL MODELO AMIGOS-PADRES-AMANTES (APA)

La información proporcionada por las parejas armoniosas estudiadas en el proyecto que desarrollamos con el Club Rotario de Barranquilla permitió elaborar un acróstico con los 19 elementos más relevantes:

Amor expresado adecuadamente.
Maneja los límites con claridad.
Incentiva el juego limpio y la equidad.
Goza los "talentos" de tu pareja.
Oye con mucha atención a tu pareja.
Sé tu mejor amigo(a).

Promueve metas y objetivos personales, conyugales y familiares.
Aclara los valores, los principios y las prioridades.
Disciplina y amor balanceados en la vida cotidiana.
Reconoce tu estilo: autoritario, sobreprotector, evasivo o asertivo.

Elabora normas familiares claras y hazles seguimiento.
Sensibilidad hacia las necesidades específicas de cada hijo.

Alimentación balanceada y ejercicio físico frecuente.
Mantén alejados: temor, vergüenza, ira, culpa y resentimiento.
Asume la responsabilidad de tu propio placer sexual.
No esperes estar siempre "con ganas".
Todo comienza mucho antes de quitarse la ropa.
Expresa tus necesidades, deseos y sentimientos eróticos.
Si hay problemas: no dudes en buscar ayuda profesional.

ASPECTOS BASICOS DEL MODELO APA

1. Extraordinarios amigos:

Amor expresado adecuadamente.

Las parejas armoniosas investigadas expresan adecuadamente sus sentimientos amorosos. Los expertos hablan de palabras, regalos, contacto físico, prestar atención o ejecutar acciones para el bienestar del otro, como medios para expresar el amor (Chapman, 1996). Las parejas armoniosas, por lo general, expresan su amor empleando el medio que la otra persona más valora para que el mensaje sea claramente recibido.

Maneja los límites con claridad.

La mayoría de las parejas armoniosas investigadas reportan que manejan sus límites con claridad, al igual que lo hacen con sus buenos amigos. Toman muchas decisiones en conjunto, pero tienen aspectos completamente separados, como las responsabilidades de cada uno, en que el otro no debe entrometerse. Por ejemplo, el manejo que cada uno hace del dinero para sus gastos personales, o la forma como cada cual colocan la ropa en su closet.

El manejo asertivo, y no agresivo (o pasivo) de las relaciones interpersonales es un aspecto fundamental en estas parejas armoniosas (Liberman, et. al., 1987).

Incentiva el juego limpio y la equidad.

La mayoría de las parejas armoniosas investigadas reportan juego limpio y equidad entre ellos. Son conscientes que el diario convivir le permite a cada uno conocer los sentimientos más íntimos de la otra persona. No acostumbran a aprovecharse de eso. Saben que si se toma ventaja, la otra persona comenzara a ocultar sus verdaderos sentimientos. Muchas veces la falta de confianza entre los cónyuges no es más que el reflejo del temor a que el otro se aproveche de las debilidades (González, 2001).

Las parejas armoniosas saben que la equidad es básica para que la gente se sienta satisfecha con el vínculo de pareja. Gran parte de los divorcios contemporáneos en la cultura caribe colombiana se deben a que la esposa se siente oprimida por las ideas y acciones machistas de su esposo (González, 2003).

Goza los "talentos" de tu pareja.
La mayoría de las parejas armoniosas investigadas reportan que gozan de los talentos de su pareja. Tratan de ver siempre las características positivas de su pareja. Aceptan a su pareja como es, no tratan que la otra persona sea como ellos desean que sea.

Claro que hay algunas acciones que deben modificarse, como manejar el carro en forma imprudente, gastarse el sueldo en bebidas alcohólicas o golpear al otro cada vez que se tiene ira. Pero las cosas que no son graves o peligrosas deberían ser toleradas (González y Medina, 2003).

Las parejas armoniosas se dicen cosas agradables frecuentemente. Elogian la forma de vestir, de actuar, de conversar, de trabajar, etc. Felicitan al otro lo cada vez que hace algo positivo. Le ayudad a sentirse bien y a estar alegre con sus propios talentos (Gottman & Silver, 1999).

Critican en forma adecuada. Cuando uno ofende al criticar lo que se obtiene es que él otro, en vez de mejorar, termina por empeorar (Gottman & Silver, 1999).

Oye con mucha atención a tu pareja.
La mayoría de las parejas armoniosas investigadas reportan que escuchan con mucha atención a su pareja. A veces creemos que conocemos muy bien a la otra persona y realmente no es así. Con el tiempo los seres humanos vamos cambiando nuestros deseos y motivaciones. Las parejas armoniosas saben que un buen amigo siempre nos escucha con atención y por eso realmente sabe lo que deseamos y lo que necesitamos (Covey, 1998).

Sé tu mejor amigo(a).
La mayoría de las parejas armoniosas están conformadas por personas que tratan ser su mejor amiga (¡de sí misma!). Personas que se preocupan por explorar nuevas formas de estar alegre. Tratan de desarrollar cada día sus potencialidades humanas para sentirse una persona realizada. La mayoría de las parejas armoniosas investigadas reportan que cada uno de ellos se trata a sí mismo como si fueran su mejor amiga, o amigo (Fernández, 2002).

2. Excelentes padres:
Promueve metas y objetivos personales, conyugales y familiares.

La mayoría de las parejas armoniosas investigadas reportan que promueven metas y objetivos claros a nivel personal, conyugal y familiar. Actúan como líderes de la familia (Covey, 1998).

Aclara los valores, los principios y las prioridades.
La mayoría de las parejas armoniosas investigadas reportan que tienen claro los valores, principios y prioridades a nivel personal, conyugal y familiar. Fomentan la reflexión sobre estos aspectos (Lyford-Pike, 1997).

Disciplina y amor balanceados en la vida cotidiana.
La mayoría de las parejas armoniosas investigadas reportan que tienen un adecuado equilibrio en el manejo de la disciplina y las expresiones de amor (Lyford-Pike, 1997).

Reconoce tu estilo: autoritario, sobreprotector, evasivo o asertivo.
La mayoría de las parejas armoniosas investigadas tienen claro cuál es su estilo paternal y maternal. Conocen las consecuencias que cada uno de estos estilos trae para el funcionamiento de la pareja y de la familia. Manejan adecuadamente las diferencias que dichos estilos traen en las decisiones cotidianas de la vida conyugal y familiar (González, 2004a).

Elabora normas familiares claras y hazles seguimiento.
La mayoría de las parejas armoniosas investigadas reportan que tienen normas familiares claras y les hacen seguimiento (Lyford-Pike, 1997).

Sensibilidad hacia las necesidades específicas de cada hijo.
La mayoría de las parejas armoniosas investigadas reportan que tienen sensibilidad hacia las necesidades específicas de cada hijo (González 2004a).

3. Maravillosos amantes:
Alimentación balanceada y ejercicio físico frecuente.
La mayoría de las parejas armoniosas investigadas reportan que son personas saludables. Desde la perspectiva corporal, son importantes para ellos la alimentación balanceada, los adecuados periodos de descanso y recreación, el ejercicio físico, los controles médicos periódicos y la ausencia de hábitos negativos, como el fumar (González y Lacera, 2001).

Mantén alejados: pena, vergüenza, temor, ira, culpa y resentimiento.
La mayoría de las parejas armoniosas investigadas reportan que tienen buen control de su ira, por lo general no sienten pena, vergüenza, temor o culpa con sus

vivencias sexuales y saben perdonar. Los aspectos cognitivos y emotivos son básicos en la respuesta sexual humana (González, 2001).

Asume la responsabilidad de tu propio placer sexual.
La mayoría de las parejas armoniosas investigadas reportan que son proactivas en su vida sexual. Por lo general no permiten que las relaciones sexuales se vuelvan monótonas y rutinarias.

No esperes estar siempre "con ganas".
La mayoría de las parejas armoniosas investigadas piensan que es perfectamente razonable satisfacer las necesidades sexuales de la pareja, aunque no se sientan deseos. Cabe la posibilidad que no sientan por el momento el impulso, pero son conscientes que sus sentimientos cambian con rapidez si hacen el intento. La mayoría de las parejas armoniosas reportan que pueden tener relaciones sexuales cuando no tienen ganas y que utilizan adecuadamente sus fantasías sexuales (Britton, 1983).

Todo comienza mucho antes de quitarse la ropa.
La mayoría de las parejas armoniosas investigadas reportan que se preocupan por crear momentos de intimidad para propiciar las relaciones sexuales. Están conscientes que el deseo sexual depende de lo que ocurre durante las horas o días que preceden al encuentro sexual. Procuran crear momentos de intimidad, en vez de permitir que los hijos, el trabajo, los pasatiempos o la vida social obstruyan la cercanía con su pareja.

Expresa tus necesidades, deseos y sentimientos eróticos.
La mayoría de las parejas armoniosas investigadas reportan que expresan sus necesidades, deseos y sentimientos eróticos en forma clara y directa.

Si hay problemas: no dudes en buscar ayuda profesional.
La mayoría de las parejas armoniosas investigadas reportan que no tendrían dudas en consultar a un especialista en caso de vivir trastornos sexuales.

Grafico 1 – Marcadores de lectura con los 3 acrósticos del Modelo APA

La evaluación de un programa en promoción de la salud sexual debe tener en cuenta tres factores: los conocimientos, la motivación y las habilidades conductuales. Para obtener cambios, y lograr que estos se mantengan, es necesario actuar efectivamente sobre esos tres factores (Fisher & Fisher, 1998). Mis alumnos y yo hemos realizado varias investigaciones (Ver González, 2004a, 2004b, 2005, 2006) que muestran que el Modelo APA es útil en terapia sexual y conyugal porque facilita cambios en:

- Conocimientos sobre la relación conyugal.
- Motivación para vivir una gratificante relación conyugal.
- Habilidad para controlar sus propias reacciones (autocontrol), y vivir así una gratificante relación conyugal.
- Habilidad para comunicarse (expresarse y escuchar), y vivir así una gratificante relación conyugal.
- Habilidad para comprender a su pareja (ponerse en el lugar de ella), y vivir así una gratificante relación conyugal
- Ninguno de los participantes señalo en sus comentarios algún efecto negativo de la participación en el programa psicoeducativo sobre el Modelo APA.

Referencias

Barra, Enrique. (2003) **Psicología de la salud**. Santiago de Chile: Editorial Mediterráneo.

Britton, Bryce. (1983) **El músculo del amor**. Bogota: Editorial Planeta.

Covey, Stephen. (1998) **Los 7 hábitos de las familias altamente efectivas**. México: Grijalbo.

Chapman, Gary. (1996) **Los cinco lenguajes del amor**. Miami: Editorial Unilit.

Fernández, Lourdes (2002) **Personalidad y relaciones de pareja**. Ciudad de la Habana. Editorial Félix Varela.

Fisher W & Fisher J. (1998) Understanding and Promoting sexual and reproductive health behavior: **Theory and method**. **Ann Rev Sex Res**, 9:39 – 77.

González, J. M. (2001) Salud Sexual. Amor & Intimidad en armonía. Barranquilla: Editorial Antillas.

González, J. M. (2003) **Educación de la Sexualidad. Para la vida, la convivencia y el amor**. 3ª Edición. Barranquilla: Editorial Antillas.

González, J. M. (2004a) **Modelo Amigos-Padres-Amantes (APA) para la armonía conyugal**. X Jornada Bolivariana de Sexualidad y Desarrollo. Barranquilla: Universidad Simón Bolívar, 11 Septiembre.

González, J. M. (2004b) Amor e intimidad en la mujer del Caribe colombiano. **XI Congreso Colombiano de Psicología**. Neiva: Centro de Convenciones José Eustacio Rivera, 2004.

González, J. M. (2005) Modelo APA. **XIII Congreso Colombiano de Sexología y Educación Sexual**. Barranquilla, 14-16 de octubre 2005.

González, J. M. (2006) Modelo APA. **12ª Jornada Bolivariana de Sexualidad y Desarrollo**. Universidad Simón Bolívar, Barranquilla, 16 de septiembre de 2006.

González, J. M. y Lacera, N. (2001) **Terapia Sexual en el III milenio**. Barranquilla: Editorial Antillas.

González, J. M.; Rosado, M.; Bernal, M. y Marin, J. (2000) **Pobreza, Salud Sexual y Desarrollo**. Bogotá: Plaza & Janes.

Gottman, John & Silver, Nan. (1999) **The seven principles for making marriage work**. New York: Three rivers press.

Liberman, Robert et. al. (1987) **Manual de terapia de pareja**. Bilbao: Editorial Desclee de Brouwer.

Lyford-Pike, Alexander. (1997) **Ternura y firmeza con los hijos**. 2ª edición. Santiago de Chile: Ediciones Universidad Católica de Chile.

PAN AMERICAN HEALTH ORGANIZATION, WORLD HEALTH ORGANIZATION (2000) **Promotion of Sexual Health. Recommendations for Action**. Guatemala: OPS.

Rubio, E. (1984) **Educación Sexual y Retraso Mental**. Bogotá: Comité Regional para Educación Sexual para América Latina y el Caribe.

Rubio, E. (1996) Visión Panorámica de la Sexualidad Humana. En: **Revista Latinoamericana de Sexología**, Vol. 11, 1996, No. 2, Pag. 139-156.

IPSACIÓN, MITO, TABÚ O DESCONOCIMIENTO

José Luis Gutiérrez Serrano[9]

La ipsación o ipsismo comprende toda una serie de actividades eróticas, por lo que se le puede catalogar igualmente como prácticas ipsasorias, las cuales al parecer, son tan antiguas como la humanidad misma, sin embargo son las prácticas que culturalmente han sido más despreciadas, denigradas y minimizadas, por una serie de motivos de índole moral e incluso religioso, que hacen referencia a actividades degradantes, denigrantes, inmorales, impuras, aberrantes, perversas, antinaturales que en algún momento diferentes sociedades en distintos momentos históricos, las han pretendido exterminar, por considerarlas el origen de catastróficos males.

Estas mismas prácticas, vistas desde otra faceta, han acompañado el desarrollo sexual humano desde tiempos inmemoriales, siendo consideradas una de las actividades más benignas, gratificantes, placenteras e inofensivas, resultando su aprendizaje de trascendental importancia tanto para los hombres como para las mujeres en sus diferentes edades. En cada comunidad o sociedad.

Etimología de Términos

La palabra **ipsación o ipsismo** etimológicamente deriva del latín *Ipse,* él mismo, y su superlativo *Ipsissimus*. O también del latín *ipse,* él mismo y *quiroerastia* (del griego *keir,* mano; *erastia,* amor). Son voces útiles. Magnus Hirschfeld (1868-1935) médico psiquiatra alemán, fue el creador de las palabras ipsación y "automonosexualismo" las aplicó a la búsqueda solitaria del orgasmo (acmegénesis), subrayando esta condición. La ipsación se puede realizar con partenaire (galicismo – vocablo francés empleado en castellano - ampliamente

---

[9] Médico, Cirujano y Partero egresado de la Escuela de Medicina de la Universidad Autónoma de Puebla (UAP), México. Diplomados en: Sexología Educativa y Sexología Clínica. Especialidad en: Terapia Psicosexual.

usado en su significado de *compañero [a] en la actividad sexual íntima. Equivale a pareja erótica* heterosexual y homosexual), mutua o complementaria, precoital, transcoital o poscoital, o, también solitaria; así mismo *Ipsación* abarca el autoerotismo solitario, con la única compañía de la propia imaginación (fantasía sexo-erótica). En Azcárraga (1986:141), Flores (1999:142), Ochoa (1998:51) y Quijada (1983:213).

El término **masturbación** ha de interpretarse como un apócope del latín *Manu stuprare*. De *manus* = mano y *stuprare* = profanar, violar, o bien, de *mas* = órgano sexual masculino y *turbatio* = excitación; siendo González S. (2002:541) la que hace la siguiente anotación "...con esta última definición no se considera que las mujeres también pueden gozar con su propio cuerpo en el encuentro con su mismísima identidad sexo erótica." Para Sapetti (1999:107) la palabra masturbación "...quizás provenga del vocablo latino *manus stuprare, algo así como cometer estupro contra uno mismo utilizando las manos."* También se la ha llamado quiromanía, pero esta locución debe dejarse específicamente cuando la masturbación puede ser llamada patológica. En Monroy y Morales (1998:189) y Quijada (1983:286).

La palabra **manustupración** deriva también del latín *manu stuprare,* significa "mancillar a mano", "corromper con la mano", "violar con la mano", "ensuciar a mano"; o *masturbari* que es "mancillar a uno mismo", o *masturbare* de *manus:* manos; *stuprare:* ensuciar, violar; profanar; o bien, de *manus:* mano; *turbare:* alterar, o *mas* (órgano genital masculino) y de *turbatio* (excitación) o del griego *mazdo:* pene; *turba:* alteración. Tal parece que la palabra evolucionó a "manustrupar" o "mastuprar", hasta "masturbar" en el siglo XIX. En sí el origen no ha sido aclarado de forma satisfactoria, ya que diversos autores le otorgan variados orígenes a las palabras manustupración y masturbación. Es factible que la palabra "masturbación" fuera una invención lingüística simultánea. *Mastupration*, como errata por *manustrupration*, se remonta a 1621, y la forma más usual aparece en Onania. El verbo aparece por primera vez en 1580, en la *Enciclopedia* de Diderot y la pluma de Montaigne. En Azcárraga (1986:141), Bantman (1998:79), Comfort (1987:86), Kelly (1999:21), Morris (1989:172), Ochoa (1998:49) y Rowan (2001:49).

Siendo Kelly (1999:22) la que nos aproxima al concepto de masturbación, quien a la vez lo retoma de Pick de Weiss, Susan y Vargas-Trujillo, Elvia. *"Un tipo de actividad sexual mediante la cual se obtiene placer sexual y se puede llegar al orgasmo. Consiste en la frotación de los órganos genitales, principalmente con la mano. Por lo general, está acompañada o se ayuda de fantasías eróticas."*

El término **Autoerotismo**. Fue acuñado por el médico y sexólogo Havelock Ellis en sus *Studies in the Psychology of Sex (Estudios sobre la Psicología del sexo) en 1900*. Haciendo referencia a la *"Espontánea emoción sexual sin estímulos externos".* Se le entiende como la actividad sexual ejercida sobre el propio cuerpo, realizándose mediante el tocamiento (tocarse cualquier parte del cuerpo con fines de erotización, sin incluir los genitales) y la masturbación. Todo tipo de autosatisfacción sexual por cualquier medio que ésta se obtenga –manual, instrumental e incluso objetal- siempre que la relación con el otro quede intencionalmente excluida. En Aguilar (1992:40), Quijada (1983:213) y Villamarzo (1994:104).

Antónimo

El antónimo (lo opuesto a) de autoerotismo, es aloerotismo. También denominado aliofilia o alofilia, del griego *allos,* otro, de o por otro, y *pilón,* amante. Atracción sexual o erotización provocada por otra persona, cualquiera que sea su sexo. Quijada (1983:15).

Me permito poder estructurar mi propia percepción de cómo estarían interactuando los conceptos de masturbación, autoerotismo, fantasía sexo-erótica e ipsación, así mismo la amplia variedad de posibilidades que permiten disfrutar del placer erótico, siendo el erotismo visto por Lagarde (2006:207) como "…la exaltación o inhibición de los impulsos libidinales. Tiene como base el ansia o excitación libidinal puesta de manifiesto en el sistema nervioso, en las membranas mucosas, en la piel y en los más diversos órganos. El erotismo tiene por protagonistas a los sujetos particulares y a los grupos sociales; tiene como espacio al cuerpo vivido, y consistente en acciones y experiencias físicas, intelectuales y emocionales, subjetivas y simbólicas, conscientes e inconscientes, así como formas de percibir y de sentir, tales como la excitación, la necesidad, y el deseo, que pueden conducir o significar por sí mismas goce, alegría, dolor, agresión, horror y, finalmente, pueden generar placer, frustración, o malestar de manera directa o indirecta." Consecutivamente a esto, es la persona quien si lo desea o no, darse la oportunidad de experimentar con toda esa gama de posibilidades y alternativas de forma individual o compartirlo con la díada.

Concepto de Ipsación

A través del siguiente esquema pretendo ejemplificar con cierta amplitud el concepto referido a la ipsación, el cual se puede emplear de manera individual o en pareja para conducirse a través del placer y si se desea o no alcanzar el orgasmo/ eyaculación-emisión femenina, complementado con los recursos de la propia imaginación o fantasía sexo-erótica, la estimulación y todo lo que la creatividad le permita al individuo y a la pareja.

IPSACIÓN

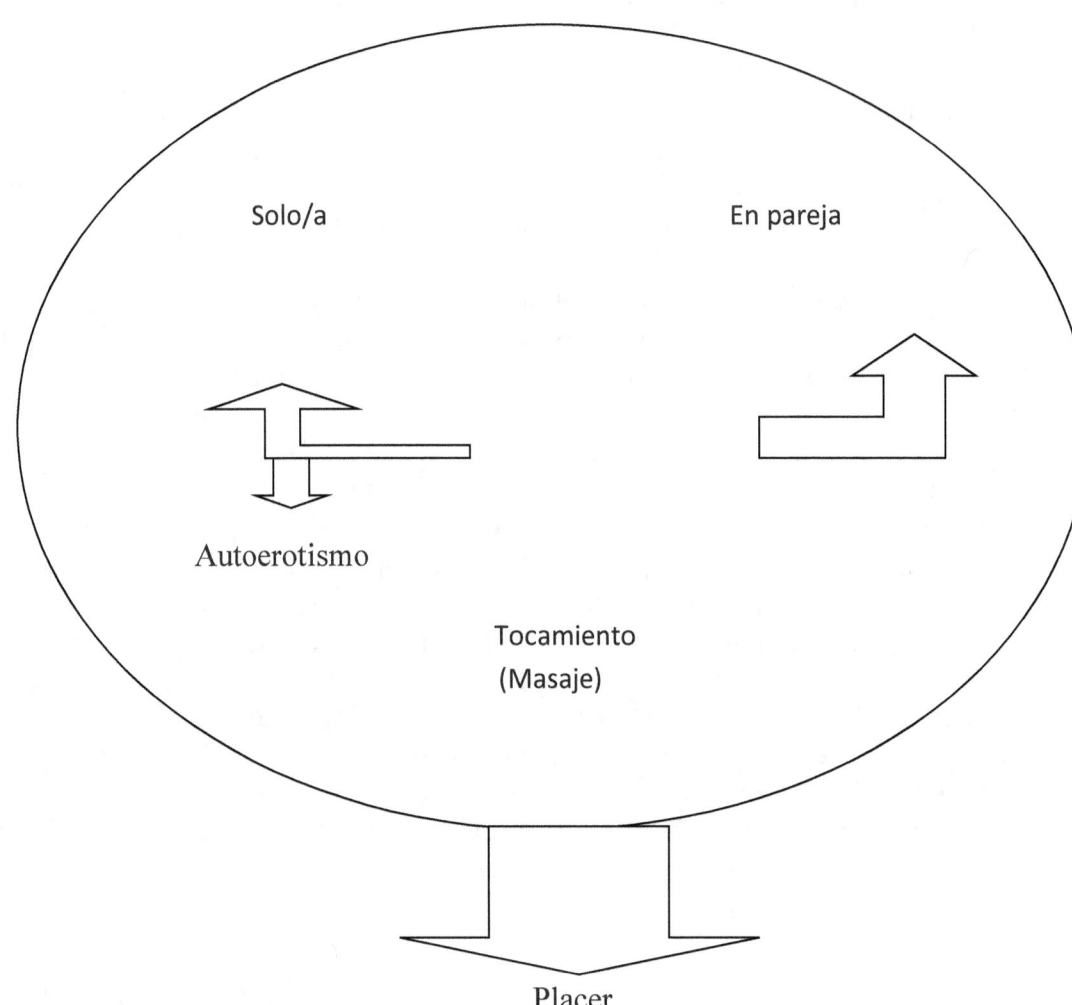

Detallaré a continuación sus componentes.

Masturbación
Referente a cuando la persona de manera directa y exclusiva se toca, acaricia, fricciona, golpetea, masajea, frota u oprime, con o sin lubricante sus propios genitales [pene, escroto, testículos y periné en el caso de los hombres; y vulva, clítoris, vagina y área de Gräfenberg (Ernst Gräfenberg, 1944) en el caso de las mujeres] con su (s) dedo/s, uñas, mano/s, para brindarse placer y erotizarse,

quedándose con la sensación que esto le provoca y si lo desea, alcanzar el orgasmo/eyaculación-emisión femenina (acmé, clímax o sicasmo), se encuentre solo/a o en compañía (sin la intervención directa de la otra u otras personas). Sus alcances son el autoconocimiento a nivel de la respuesta erótica que se percibe en los propios órganos sexuales, siendo una experiencia tanto física como emocional, mediada por el sistema límbico del cerebro (principal órgano sexual). Sus límites están dados por la propia respuesta sexual (erotismo) individual y técnica o técnicas empleadas.

Autoerotismo
Estando la persona sola (o en compañía), se proporciona estímulos placenteros, utilizando su (s) dedo/s, uñas, mano/s, o cualquier otra parte de su propio cuerpo, brindándose caricia/s, masaje/s, pellizcamiento/s, roce /s, fricción/es, en seco o con el empleo de lubricante (s), crema (s), gel (es), aceite (s), loción (es), etc., en cualquier parte de su cuerpo (pechos, muslos, nalgas, ano, etc.). Se puede incluir el empleo de algún artefacto sobre la superficie corporal como un consolador, vibrador, frío o calor; diferentes texturas a través de plumas de aves, lienzos de tela, etc.

El colocar los órganos sexuales o determinada zona erógena, sobre cualquier superficie donde por el contacto y la fricción se produzca placer libidinal. La introducción de cualquier artefacto que semeje o no un pene en las cavidades corporales que despierte la excitación, pudiendo ser olisbos, dildos, pene artificial, vibradores, consoladores, masajeadores, bolas Ben Wa, vegetales, frutos, etc. Si se desea se puede complementar con las percepciones placenteras provenientes de los sentidos: olfativo, auditivo, gustativo y visual.

Se puede recurrir al empleo de material sexualmente explícito. Pudiendo también dirigir la serie de estímulos al área de sus órganos sexuales, con o sin lubricantes, con la especificación de no emplear directamente la/s mano/s (ya que esta práctica correspondería a masturbación). Sí se desea se pueden utilizar las fantasías sexo-eróticas, con el objetivo de proporcionarse placer y/o excitación y, en su caso llegar al orgasmo y/o eyaculación-emisión femenina. Todo lo referido entra en el concepto de autoerotismo.

Sus límites están dados solamente por la creatividad de la persona y su capacidad de respuesta erótica, a la par de sus necesidades individuales. Las semejanzas entre la masturbación y el autoerotismo es el empleo de dedo/s, uñas, mano/s sobre el cuerpo para proporcionarse placer; mientras estén sobre los órganos sexuales es masturbación; al cambiar el área por estimular queda en el entendido de ser autoerotismo.

Masturbación en Pareja

Consiste en que uno de los miembros de la pareja observa a su "partenaire" mientas se está masturbando. Con una doble finalidad, por una parte incrementar la excitación de la persona, mientas está siendo observado/a; por otro lado, permite a la persona percatarse de la (s) técnica (s) utilizada (s) para así poder estimular a la díada en su momento, de una manera adecuada, precisa y satisfactoria; posteriormente se pueden intercambiar los roles. Una variante del procedimiento, es que en el mismo lugar, cada miembro de la pareja se masturba a su propio ritmo. Otra variante de la anterior es que estando frente a frente se observan mientras se masturban, a esta práctica Comfort (1996:69) le denomina "...la contemplación mutua de la automasturbación..."

Conceptualizo así la masturbación en pareja, en base a la etimología de masturbación, siendo inadecuado el decir masturbar a la pareja, es correcto afirmar estimular a la pareja.

Estimulación Erótica a la Pareja

Es la estimulación erótica de una persona a otra con la finalidad de exaltar su excitación, mediante la/s caricia/s, el masaje erótico o magreo y la (s) fricción/es, dirigidos a cualquier parte de su superficie corporal o cavidad y/o parte erógena, utilizando para ello, el dedo, los dedos, la (s) mano/s, o cualquier otra parte del cuerpo, con o sin lubricante. A la par o de forma aislada es posible el empleo de algún aditamento (consolador, vibrador, masajeador, lubricantes, hielo, calor, texturas de telas, etc.), y/o estimulación olfativa, gustativa, auditiva y visual. En el momento deseado, también se pueden intercambiar roles o alternarlos.

Todo ello y sus componentes es una estimulación erótica a la pareja, o como lo manifiesta Sapetti (1999:V:II:2:111) "...juego erótico de estimulación compartida", con la finalidad de que la díada obtenga placer y si lo desea, alcanzar el orgasmo/eyaculación-emisión femenina - basado en la publicación de Komisaruk, Beyer-Flores y Whipple (2008: 35-37)-. Sí el estímulo es dirigido en particular a los órganos sexuales se le denomina estimulación sexual, y también se puede ser más específico, diciendo estimulación digital o manual o instrumental en los órganos sexuales de la pareja, pudiendo ser la díada, heterosexual, homosexual o bisexual. Cada individuo experimentará de manera propia dichos estímulos con el propósito de incrementar su erotismo en el precoito, transcoito o postcoito. Particularmente sí es la mujer quien estimula manualmente al hombre en sus órganos sexuales se le denomina "triborgasmia" (del griego *tribö*, frotar y orgasmo) en Love (1994:428). La masturbación en pareja y estimulación en pareja son componentes de la ipsación.

Fantasía/s Sexo-Erótica/s

La utilización de la/s fantasía/s sexo-erótica/s son parte frecuente del proceso de estimulación a quien se le brinda placer y para el propio. La/s fantasía/s sexo-erótica/s se pueden idear en forma individual o compartirla con la díada, ello dependerá de los acuerdos tenidos entre ambos. Por consiguiente, la utilización de la/s fantasía/s sexo-erótica/s de forma individual y en pareja, son componentes de las prácticas ipsasorias.

En síntesis, la masturbación, el autoerotismo, la masturbación en pareja y la/s fantasía/s sexo-erótica/s son practicadas de manera individual; la estimulación digital o manual en los órganos sexuales de la pareja, la estimulación sexo-erótica y la gran variedad de estímulos dirigidos a la díada y de manera recíproca, así como, la/s fantasía/s en pareja, se engloban todas ellas en el concepto de ipsación. Los límites de la ipsación están dados y serán establecidos de manera individual y por la pareja, y la creatividad vertida por sus integrantes. Al ser tan variadas las series de combinaciones posibles, se hace referencia a prácticas ipsasorias.

La diferencia entre masturbación y autoerotismo, es que en la primera se emplean exclusivamente las manos sobre los propios genitales y muy probablemente se tenga que recurrir a la fantasía sexo-erótica y/o de material sexualmente explícito. En la segunda, el placer erótico tiene su origen y su fin en uno/a mismo/a y se puede o no adicionar la masturbación y la fantasía sexo-erótica. Así mismo, la diferencia entre autoerotismo e ipsación, es que en la primera, la serie de estímulos eróticos son proporcionados a uno/a mismo/a, exclusivamente y se puede o no recurrir a la fantasía sexo-erótica y/o de material sexualmente explícito; por lo que concierne a la segunda, los estímulos se brindan así mismo/a y también son otorgados a la pareja y recibidos por la misma, existiendo interacción entre ambos, incluyendo la presencia o no de fantasía/s sexo-erótica/s y de los estímulos percibidos por los sentidos.

Por consiguiente, la masturbación está dentro del autoerotismo y de manera aislada y en conjunto está (n) dentro de la ipsación, la cual por ende estará encaminada a obtener un mayor placer erótico, con el objetivo de quedarse con la pura sensación gratificante que proporciona el placer erótico y sí se desea llegar al orgasmo y/o eyaculación – emisión femenina. El orgasmo y/o eyaculación – emisión femenina podrá ser alcanzado por uno/a mismo/a o mediante la estimulación recibida de parte de la pareja o por ambos.

Como ya lo he manifestado en mi publicación, pretendo que no se sigan utilizando como sinónimos los conceptos de masturbación, autoerotismo e ipsación. La masturbación y el autoerotismo son incluyentes y complementarios a la masturbación en pareja y a la estimulación en pareja, adicionados por la (s) fantasía/s sexo-erótica/s, pudiendo ser estructurada de manera individual o compartida con la díada.

El concepto de ipsación pretendo darlo a entender como algo más holístico. Por ende, el recurso de la ipsación va más allá de la simple masturbación y del amplísimo concepto de autoerotismo; estos dos elementos que por definición se practican de manera individual y privada, se van a poder compartir con la pareja y de manera recíproca para un mayor conocimiento e identificación del individuo y la díada.

Lo más próximo a esta serie de conceptos es vertido por González S. (2002:541) quien describe que la ipsación "…es una conducta sexual muy usual que ha demostrado ser parte saludable de nuestro desarrollo psicosexual y un ejercicio libre e íntimo de un hecho a amoroso con nosotros mismos y con el otro, puesto que integra los aspectos biológicos con el erotismo y el autoconocimiento de nuestro cuerpo con sus reacciones placenteras sensuales, dentro de una gran diversidad erótica."

Destacando en su concepto el acto amoroso con nosotros/as mismos/as y con la otra persona, como bien lo manifiesta Fromm (1992:63) "…el amor a los demás y el amor a nosotros mismos no son alternativas…" porque es algo que se percibe y al mismo tiempo brinda la oportunidad de poder compartirlo, pues ha dejado de ser algo con connotaciones nefastas, negativas, culposas o pecaminosas, sin distraernos de las ganancias secundarias, resultado de la introyección en las propias sensaciones gratificantes y disfrutar de las experiencias resultantes del erotizar a la pareja y poder percatarse de sus respuestas, como bien nos lo hace notar Pearsall (1992:265), quien comenta que "Resulta útil aprender a concentrarse en lo que sucede en vez de preocuparnos por saber adónde nos conduce". Por su parte Kaplan (2001:112) alude la intervención de la ipsación en la mujer. "El estímulo digital del clítoris, sumado a la distracción procurada por la fantasía, suele producir el orgasmo en pocas semanas. Si no es así, se sugiere el uso de un vibrador."

Es decir, estamos muy interesados/as en saber cómo poder llegar a obtener un orgasmo, pero no fijamos la atención en todo lo que se puede presentar y experimentar en el proceso para alcanzar dicho final. Es aquí donde entra a la perfección la ipsación, en donde, toda la serie de pasos previos, durante y posteriores al denominado orgasmo, clímax, acmé, o como lo refiere Pearsall (1992:148) "sicasmo", siendo éste, "…la experiencia holística a la intimidad mental, emocional y física que se establece con el cónyuge a lo largo del tiempo y que no se limita a la respuesta neurológica que se inicia en un nivel genital." Nos los estamos perdiendo o no los sabemos identificar.

Aquí es donde la persona, independientemente de su actividad profesional, sexo, género y condición socio-económica y cultural, debe conocer de ser posible a profundidad, todo lo referente a las prácticas ipsasorias, o al menos erradicar los falsos conceptos con los cuales, no se ha podido otorgar la suficiente permisibilidad para llevar a cabo algunas de ellas. Tal como nos lo hacen notar Komisaruk, Beyer-Flores y Whipple (2008: 105) "la sexualidad no sólo supone procrear, sino también placer, salud y bienestar físico y mental."

Para el profesional en las áreas de la salud tanto física como mental, dispondrá para sus consultantes todo un arsenal encaminado al disfrute sexual y no exclusivo del intersurso o coito (pene en vagina), que en lo personal no estoy en contra del mismo, por el contrario, resultaría ser el aderezo para ello. Por consiguiente, la ipsación, proporciona una excelente oportunidad educativa, puede conducir a una diversidad de placeres y alcanzar el orgasmo/eyaculación-emisión femenina también intenso (s) y a un grado de sicasmos a través de la fantasía sexo-erótica, siendo una forma de desarrollar la comodidad sexual y la auto-estima sexual, porque llegado el momento, la ipsación no requiere de costos extraordinarios para poder disfrutarla individualmente y con la díada.

PRÁCTICAS IPSASORIAS EN EL TRAYECTO DE LAS EDADES
Inicio de las Prácticas Ipsasorias

Los inicios de la masturbación y ésta como parte de la ipsación, podrían estar en nuestra herencia filogenética animal o en nuestro proceso evolutivo como primates, o secundario al hecho de permanecer en cierto cautiverio y éste resulte estresante o simplemente por la pura curiosidad y el placer que esto brinda. Y que no puede seguirle siendo considerada como algo antinatural ya que en numerosas especies animales lo realizan y en distintas sociedades humanas también.

Las recientes investigaciones sexológicas dejan entre ver que el erotismo está presente desde la vida intrauterina, siendo Kaplan (2000:203) quien externa que: "Es posible que la sexualidad empiece a existir ya antes del nacimiento." Complementando esto con lo mencionado por Prieto (2002:39-40) quien refiere que se ha podido observar "…mediante imágenes ultrasónicas, que los fetos masculinos experimentan erecciones en el seno materno. Por lo tanto, las respuestas genitales involuntarias comienzan incluso antes de nacer. Se piensa también que las niñas tienen lubricación." En estudios ultrasonográficos en fetos, denominados de tercera o cuarta dimensión y doppler color, se ha podido observar también que los productos de la gestación, se llevan los dedos a la boca y lo efectúan por placer sensual, expresando en su rostro manifestaciones de agrado, en ambos sexos; en el entendido que la boca es también una zona erógena. Por ende el placer, el placer sensual y erótico, dentro del contexto de la sexualidad se puede aseverar que se inicia durante la vida fetal y se va a continuar durante la vida extrauterina. Esto nos da una idea de la importancia del placer sexual en la vida humana.

En Recién Nacidos/as

Para aquellos escépticos que no estén de acuerdo en que los fetos dan manifestaciones de actos eróticos, lo que no deja lugar a duda son las expresiones eróticas de niños y niñas, tal como lo expresan Kaplan (1997 y 2000) y Prieto (2002) quienes concuerdan en que la sexualidad inicia inmediatamente después del nacimiento y acompaña al individuo durante toda su vida, determinada por el manejo que le da cada socio-cultura. Consecuentemente las expresiones de la sexualidad son muy diferentes de un grupo a otro. Tan pronto como un bebé puede controlar sus manos, se las llevará a los órganos sexuales porque su roce y tocamiento les proporciona un especial placer, dado que los órganos sexuales están conectados con el centro del placer del cerebro. Dichas sensaciones sexuales primarias las experimentan, muy probablemente, los y las bebés de todas las culturas.

Al aludir que la boca del o la bebé es una zona erógena, la cual va a estar en contacto casi inmediatamente después del parto o la cesárea, al pezón de la madre, el recién nacido(a) tiene otra vía de acceso al placer, tal como nos lo hace saber Freud (citado por Villamarzo. 1994:103) "...por medio de la investigación psicoanalítica nos da derecho a considerar el "chupeteo" como una manifestación sexual y estudiar en ella precisamente caracteres de la actividad sexual infantil." Si por prescripción médica se le indica a la madre que alimente al o la menor cada 3 horas, hasta quedar satisfecho/a, durante 24 horas, se obtiene un contacto de por lo menos 8 veces en ese lapso de tiempo, siendo de por lo menos de 5 a 10 minutos en cada tetada.

Giommi y Perrotta (1997:26) manifiestan que: "Cuando el recién nacido succiona la leche del pecho materno, recibe una sensación agradable, que su cuerpo le transmite mediante la boca. A la alimentación, se adiciona la dicha de sentirse atendido, acariciado, mimado." Del placer oral se le adiciona al pequeño o pequeña toda una serie de estímulos, que va a percibir a través de su piel, la cual le envuelve toda la superficie corporal y en ésta se encuentran también involucrados sus órganos sexuales, generando una serie de agradables respuestas a los estímulos. Kaplan (2000:203) manifiesta que "Los niños muy pequeños parecen experimentar placer y responder sexualmente cuando se les acaricia, y sobre todo al tocar sus genitales. Los bebés suelen sonreír y emitir sonidos de placer cuando se produce algún contacto con su pene o su clítoris durante el baño y el cambio de pañales".

En Lactantes

Los lactantes tienden a repetir aquellas acciones que les brindan placer, y es notorio el hecho que algunos/as no quieran experimentar el destete, teniendo el control de sus extremidades torácicas, se dan a la tarea de buscar el seno de la madre y aproximar la boca al pezón, una nueva experiencia erótica, el tocar con la mano el seno materno y con sus labios el pezón. Prieto (2002:33) es la que mejor describe las experiencias eróticas de los menores, manifestando que: "Los bebés son capaces de tener orgasmos en diferentes situaciones (son poliorgásmicos), y aunque la masturbación deliberada para lograr un orgasmo rara vez comienza antes de que el niño tenga uno o dos años de edad, muchos comienzan más tarde."

Entre el año de edad y los dos años el o la menor está experimentando sensaciones placenteras procedentes de las personas que le manifiestan cariño y ternura, particularmente de la progenitora. El cómo nos podemos percatar que el pequeño o la pequeña está experimentando un orgasmo, con lujo de detalles nos lo hace saber Prieto (2002:58) "...tensión de músculos, convulsiones, erecciones peniles, movimientos rítmicos hasta el clímax y después pierden la erección y vuelven al estado basal. Generalmente la masturbación de los infantes ha sido ignorada en la literatura científica." No solamente ignorada la masturbación, sino negada la sexualidad en ellos, pues lo menores son sinónimo de inocencia, pureza y castidad, exentos de todo pecado, porque mediante el bautizo se les ha eliminado el pecado original. Y como ellos a esas edades son ignorantes de los preceptos socioculturales, continúan disfrutándolo.

Campbell (1976:82) complementa y refuerza dicha acción, aludiendo que: "Por encima del mero placer sensorial, el bebé se procura una activación de sus zonas de placer." El y la menor siguen avanzando en la edad y perfeccionado sus habilidades en base a las experiencias previas y si éstas no les son recriminadas, hacia los tres años de edad, se podrá permitir estimularse hasta el orgasmo, como bien nos lo hace saber Prieto (2002:33). "La estimulación de los genitales es muy marcada, es una masturbación manual enfocada y lo hacen hasta llegar al orgasmo."

Los infantes presentan un ciclo de respuesta sexual muy parecido al que presentan los adultos, por supuesto que los menores no tienen la capacidad de eyacular y en las niñas no se ha podido corroborar que tengan emisión femenina, sí lubricación vaginal. Se puede observar el carácter repetitivo que adquieren con frecuencia de esta/s práctica/s ipsasoria/s y los efectos conductuales que las acompañan, no dejan lugar a dudas: el pene o el clítoris y los labios aumentan de tamaño y turgencia (erección), los movimientos rítmicos de la pelvis, las caricias repetitivas en el cuerpo y sobre todo en los genitales, los cambios en la capacidad sensorial por la concentración en las sensaciones sexuales, los cambios en el ritmo cardiaco y respiratorio, los cuales se incrementan, los cambios en la coloración de la piel –se presenta el eritema o rubor sexual-, el tono muscular y otras manifestaciones que denotan su placer erótico. Desde los 3 años de edad los y las pequeñas, podrán tener ciertos recuerdo de sus experiencias erótica. Siendo Farré (2000:46-47) a manera de sinopsis quien nos externa que "…los niños y niñas se masturban buscando claramente el placer."

En la Infancia Intermedia

Con el incursionar del o la menor en guarderías, pre-escolares, estancias infantiles o sitios similares, les brinda la oportunidad de interactuar con sus grupos de pares, a lo que Prieto (2002:34-35) comenta. "En la infancia intermedia, a menudo el juego sexual está separado por sexos, se muestran sus genitales, se tocan mutuamente y se masturban juntos. Los varones, con más frecuencia que las niñas, se masturban en grupo." Del anterior concepto, desde mi personal interpretación, es que los menores estimulan con las manos los genitales de sus coetáneos, y la "masturbación en grupo", es que cada quien se está autoestimulando sus propios genitales frente a otros niños. Siendo sus primeras experiencias eróticas a nivel grupal e incluso también de forma individual; las manifestaciones de aproximaciones están dadas por contacto directo, sea por querer experimentar la sensación que se percibe al tocar, como el observar la reacción que presenta la otra persona, tienden a besarse a sí mismos/as, a otras niñas o niños, siendo en la mejilla o en la boca, saludan de beso a las maestras, existe el interés por la desnudes.

Lagarde, M. (2006).por su parte manifiesta que: "La niña descubre por diferentes vías el erotismo de su cuerpo y debe olvidarlo, Las prohibiciones, los regaños y los castigos sirven para que aprenda a tocarse sin intencionalidad erótica".

En Escolares

Llegados los seis años de edad, los y las menores muestran según Prieto (2002:35). "Gran interés por el matrimonio, el embarazo, el origen de los bebés, el nacimiento, el sexo opuesto y el papel de cada sexo." De trascendental importancia resulta entonces que reciban respuestas concretas y verídicas de parte de las y los adultos y que ganen su confianza. Para los siete años. (Ibíd. p.36). "Puede haber tocamientos entre niños del mismo sexo. Posiblemente en esta edad se inicie la sensación de culpa por la autoestimulación o por las fantasías sexuales conscientes, debido a las actitudes de los adultos." Lo que concuerda con las encuestas, en base al inicio y recuerdo de la primera masturbación. A los ocho años de edad, "Sus acercamientos corporales con sus coetáneos son a través de tocamientos bruscos, por ejemplo, se pellizcan, se aprietan, etcétera." Para lo cual inventan juegos, o algunos ya existentes (jugar al toro, a los encantados, las cebollitas, etc.), que les permitan dichas aproximaciones entre individuos de su mismo sexo y el complementario. A los nueve años de edad, "…puede haber juegos en los que se besen o se quiten alguna prenda." Situaciones de este tipo llegan a inquietar por desconocimiento a los padres y madres y por consiguiente tienden a recriminar a los y las menores, pero ahora sabemos que si se presenta entre grupo de pares, haya que interpretarlo como algo habitual dentro del proceso de experiencias; de igual manera presentan inquietudes por la menstruación en el caso de las mujeres, sobre todo si han visto que alguna compañera presentó su menarquia, también existe inquietud de parte de los niños por la eyaculación, máxime sí se les presentan la primera polución. "Hay autoexploración pormenorizada de estructuras y funciones. Interés en las niñas por el crecimiento de los pechos, en ocasiones incluso se ven y se comparan. Los niños se siguen relacionando entre ellos con brusquedad, en los baños."

Entre los diez y once años de edad, (Ibíd. p.37) "En la preadolescencia las erecciones peniles suelen ser rápidas y fáciles; los hombres tienen diferentes tipos de estimulación e intereses, hablan sobre desnudos femeninos, pinturas obscenas. Para las niñas los juegos sexuales heterosexuales se dan en la preadolescencia y parten de sus experiencias eróticas de niñas, Ellas se rehúsan a tocar genitales de otras. Los muchachos se bajan los pantalones y se miran los penes, pueden tener erecciones y comparar el largo de los penes entre ellos e incluso la cantidad de semen que se eyacula." Es común que la/s práctica/s ipsasoria/s en ocasiones se efectué en conjunto, sobre todo para los niños, juegan a masturbarse y comparar quien eyacula más lejos, por consiguiente se incrementa la masturbación a esas edades. Algunos niños comparten sus experiencias con los otros. Siendo los chicos más precoces en lo referente al inicio de la masturbación (Ibíd. p.59) "Para el final de la pubertad casi todos los niños han incidido en la masturbación."

Cuando los padres pretenden tocar o acariciar a los jovencitos, estos rechazan dichas aproximaciones y manifestaciones de afecto y lo llevan a los contactos con sus grupos de pares y contactos heterosexuales. Tal como lo externan Masters y Johnson (1995:328) "...los muchachos tienen por lo común poco interés en que los toquen y acaricien...". Contrastando con lo que se presenta en sus coetáneas (Ibíd. p.326). "Las niñas tienden más, por diversas razones, a dejarse tocar y acariciar que a ser ellas quienes lo hagan. Ello resulta en parte del condicionamiento cultural que hace de la pasividad el rol propio de la mujer." A esa actitud de pasividad la mujer le da varias connotaciones: 1) que es el hombre quien está haciendo "algo malo" y no es ella la culpable; 2) el hombre es el que se torna como el agresor; 3) el ser tocada y acariciada es algo que no le da gratificación sensual a la gran mayoría de jovencitas; 4) su excitación emerge al presenciar la reacción que presenta él, al tocarla y acariciarla; 5) ellas se sienten avergonzadas de lo que hacen, con tendencia a la negación de sus actos.

Las niñas prefieren los juegos de: "médicos y enfermeras", "al papá y la mamá", o simplemente, "enséñame y dime qué es". Las niñas pequeñas están particularmente interesadas en el pene de los niños porque es visible y evidente. El objetivo es el conocimiento más que la sensación: explorar las partes sexuales e indagar qué se siente al ser explorada. La autosatisfacción se traduce en algo más determinado y sexual a partir de los siete años de edad aproximadamente y el placer a veces se descubre incidentalmente, tal como nos hace manifiesto Quillian (1997:18) "deslizamos una mano por debajo de la pijama; utilizamos el jabón en la bañera; nos frotamos contra un juguete; montamos a caballo o nos sentamos sobre el brazo de una silla o sillón." Existen también toda una gama de posibilidades para que se "descubra" el autoerotismo, como es el estar sentada sobre una toalla en una silla, al ir sentada en un asiento de auto transitando sobre un camino accidentado, ejercitándose en una bicicleta, etc. Si crecen en sociedades en que la masturbación no es mal vista, las niñas la practican regularmente. En general, probablemente por el mayor control de los adultos sobre las niñas, tienden a masturbarse en menor proporción que los niños.

A las y los pequeños se les debe inculcar que no deben juguetear o exhibir sus órganos sexuales en público. Y que el autoerotismo constituye una importante faceta del desarrollo normal de la sexualidad infantil. Así el pequeño y la pequeña aprenderán a vivir y a comprender la intimidad y la privacidad, a través del ejemplo que reciba de las y los adultos y del respeto que manifiesten por los espacios de aquellos. Es una actitud valiosa permitir que los niños y niñas vivan su sexualidad y su autoerotismo sin connotaciones negativas, explicarles acerca de la intimidad, respetar sus juegos de pares, tener una actitud de respeto a sus manifestaciones, permitir construir seres que se quieran así mismos/as, que se les permita su auto-descubrimiento a través de su desempeño positivo y se constituyan como seres valiosos. Lo cual permitiría que las subsecuentes etapas de su sexualidad las manifiesten acordes con su entorno.

Por su parte Azcárraga (1986:42-43) refiere también que: "En la infancia puede originarse por la presencia de procesos irritativos en los genitales (inflamación, parasitosis), que invitan al niño o la niña a rascarse estos órganos, o bien al descubrimiento accidental de que esta manipulación es agradable, o, por último, pueden ser inducidos por una niñera..." o por la propia madre que los estimula durante los cambios de pañal – al hacerles el aseo de los genitales- , o en el proceso del baño corporal, o para hacerlos dormir, simplemente.

En la Adolescencia

Durante la pubertad y/o adolescencia suele iniciarse la ipsación por el impulso erótico que surge en esa etapa de la vida y que exalta a los/as jóvenes a satisfacer su instinto sexual. Puede ser también ante la presencia de material sexualmente explícito que les estimula, a través de los medios masivos de comunicación (TV, revistas, Internet, etc.), a las excitaciones por caricias, tocamientos, magreos de tipo hétero u homosexuales que se observan en dichos medios.

Muchos muchachos y muchachas descubren por sí solos/as la/s práctica/s ipsasoria/s y otros/as lo aprenden de referencias escuchadas o leídas, por familiares o directamente por amistades. En ocasiones, se le practica en grupo, competitivamente entre adolescentes varones para percatarse de quién eyacula más rápido y/o "llega más lejos". Azcárraga (1986:142) hace referencia a que existen "...dos factores que influyen en la mayor frecuencia de la masturbación en la adolescencia, y que explican que sea más frecuente en el varón que en la mujer. Uno de ellos es el conocimiento para el hombre, de que a diferencia de la mujer, le está permitido por la sociedad satisfacer su instinto sexual antes de llegar al matrimonio, por lo que no siente la obligación de inhibir sus impulsos; a la falta de los medios necesarios para tener coito, comienza a satisfacerlos..." con el ipsismo. "El otro factor consiste que el hombre exige menos requisitos que la mujer para obtener su satisfacción sexual, por lo que es más factible que se conforme con el placer físico que proporciona la masturbación, que una mujer que, además de tener una respuesta sexual más lenta a la excitación, ella exige un fuerte estímulo psíquico y la satisfacción de su esfera sentimental por la persona de su agrado."

Es un hecho que para el hombre sus genitales le están más a su alcance tanto visual como táctil y puede manipularlos un mayor número de veces, estando con o sin ropa cubriendo el área pélvica, con el pretexto de acomodarse la ropa en esa región, durante el acto de la micción; en comparación a la mujer. Influyen en él y la adolescente, un gran interés en sí mismos/as y en su cuerpo, la timidez, la monotonía y la ociosidad, factores con los que se puede contribuir a un ambiente favorable para el inicio de la práctica ipsasoria.

La ipsación cumple diversas funciones entre los y las jóvenes, dado que la práctica de la masturbación mitiga la soledad, es una práctica muy saludable que permite al adolescente ensayar su sexualidad y tener un recurso más cuando decida iniciar su relación en pareja. El ejercicio del autoerotismo entre las y los jóvenes y adultos jóvenes es parte fundamental del sexo seguro, porque evita el embarazo precoz y embarazos no deseados, por consiguiente evita también hija/s o hijo/s no querido/s, ni amado/s; también es una manera más de evitar las Infecciones de Transmisión Sexual (ITS) y/o Enfermedades de Transmisión Sexual (ETS); se puede incluir también entre sus beneficios que evita los celos, el amor no correspondido y la infidelidad entre otros tantos aspectos.

El autoerotismo funciona también como una válvula de escape para el estrés; aumenta la autoconfianza en el desempeño sexual, tanto solo/a como en pareja. Interviene como preparación para incursionar en la propia experiencia del placer y poder obtener satisfactorios orgasmos y/o eyaculaciones – emisiones femeninas. Es una de las formas más directas a través de las cuales él y la joven descubren su propio cuerpo, lo que sienten, dónde y cómo. Esta experiencia les ayuda a lograr una efectiva integración psicocorporal. Es una práctica que tiene que ver con la satisfacción de una necesidad sexual que en él y ella, da salida positiva al impulso sexual. Es una forma inocua de experimentación del erotismo e incrementar y controlar los impulsos eróticos. Por consiguiente la ipsación, es una experiencia holística. En Aguilar y Mayén (1997), Aguirre (1994 y 2003) y Giommi y Perrotta (1997).

En edades posteriores a la adolescencia, pueden actuar como causas: la timidez, la falta de acceso a personas en su misma condición socio-económica, social, cultural e inclusive religiosa, que le limitan a establecer comunicación y relaciones con personas del sexo-género opuesto. En lugares donde se recluta a personal de un solo sexo (reclusorios, campamentos, cuarteles, embarcaciones, etc.), donde la ociosidad y el aislamiento del resto de la sociedad favorecen las prácticas homosexuales e ipsasorias.

Los estados de soltería por libre elección (separación, divorcio, viudez), la falta de recursos económicos o estados de incapacidad física, minusvalía o mental. La incapacidad por parte del o la cónyuge o pareja estable para un coito satisfactorio: La vejez y la viudez, estos dos estados que combinados dificultan generalmente las relaciones con una persona del sexo complementario, de caracteres acordes (edad, atractivo, etcétera); o simplemente por el placer que le brinda a la persona la ipsación, estando solo/a o en compañía. Todos ellos pueden ser factores predisponentes para que dichas personas recurran a la/s práctica/s ipsasoria/s.

Lo que actualmente se sabe de la/s práctica/s ipsasoria/s en las mujeres, está dado en base a las observaciones, encuestas efectuadas y casos clínicos; la ipsación no ha alcanzado el grado con el que se practica en los varones, ni en la proporción de ellas que la practican, ni en la frecuencia con que lo hacen, mucho menos la versatilidad y la creatividad de las mujeres para efectuarla. En el entendimiento de que existe un "menor desarrollo de la <u>energía libidinosa</u> en el sexo femenino". Lo cual, desde mi óptica, esta suscitado por la socio-cultura, específicamente la no permisibilidad de parte de los progenitores y adultos en general, ante la pérdida de la tan preciada "virginidad", tal y como nos lo hace saber Lagarde (2006:205) "Debe de ser virgen porque al serlo asegura que no es de otro –ya que la mujer sólo puede ser de alguien, no puede ser autónoma-, su virginidad es signo de que no tiene dueño."

Resulta ser que las niñas descubren la masturbación al realizar el aseo genital posterior a la micción, en la ducha, en las tinas de hidromasaje, al colocar los genitales en la salida del agua a presión, andando en bicicleta o a caballo, al friccionarse en un asiento, al cruzar las piernas y apretarlas, al frotarse el pubis contra una superficie blanda o dura, al deslizarse sobre el borde de la cama, al contacto y fricción que brinda la ropa interior y los pantalones ajustados, etc. Algunas otras instruidas por amigas, por familiares mujeres que las alientan a experimentar, con o sin actos homosexuales; Las que son exhortadas a masturbarse por su pareja heterosexual o lésbica, las que aprenden después de estar casadas, resultándoles muy gratificante como acto complementario de las cópulas anorgásmicas, incluso orgásmicas o cuando la pareja se encuentra ausente o por estados de enfermedad. La práctica clínica hace pensar que en la mujer favorece el mejor desarrollo de su erotismo vulvar y de todo el erotismo corporal, a la par de su capacidad para el orgasmo también coital.

Para la mujer en etapa post-puberal, las estructuras eróticas que le están a su alcance tanto visual como táctil, son los senos, incluidos aquí las areolas y pezones. Otra zona erótica por excelencia es la región púbica, la cual en la mujer pre-puberal está ausente de vello, posterior a esta etapa se va a ir cubriendo de un fino vello sobre el monte de Venus y en algunas mujeres los labios mayores, con el cual se va a ocultar la hendidura formada por los labios mayores, siempre y cuando la mujer no se lo afeite o depile con fines estéticos o por dar una imagen más juvenil (neotenia). El clítoris, labios menores (en algunas mujeres éstos rebasan a los mayores y toman un tinte más oscuro) y el introito vaginal quedan cubiertos por los labios mayores, los cuales no quedan al alcance de la simple vista, estando la mujer de pie y desnuda, excepto el monte de Venus con bastante panículo adiposo, se requiere de un espejo y que la mujer separe los muslos y los labios mayores y menores (ninfas) para podérselos visualizar por reflejo, sí están al alcance de las manos las estructuras mencionadas. Otra región de alto contenido erótico son las nalgas, las cuales solo pueden ser observadas por reflejo en un espejo estando de perfil o girando forzadamente la cabeza, también mediante la utilización de dos espejos, colocándose la persona entre ellos, al tacto están al alcance y participar como fuente de placer para la ipsación, tanto en mujeres como en hombres.

Ya sabiendo cuales pueden ser los factores predisponentes para el inicio de la ipsación, los individuos estarán en conocimiento de esto y se puedan modificar aspectos, como los observados por Hite (1981:461) quien hace la siguiente anotación: "Muchos de los chicos que tuvieron su primer orgasmo a solas se sintieron alarmados u horrorizados porque nadie les había preparado para tal eventualidad". Parece ser semejante tal acontecimiento a lo que les ocurre a las púberes en su menarquia (primera menstruación) cuando no han sido advertidas sobre lo que les iba a ocurrir. Esto es trascendental, puesto que hace falta mucha información referente al ipsismo, desde mi perspectiva deba ser a todas edades, particularmente los pre-púberes y púberes, y si seguimos un procedimiento educativo de la sexualidad de manera sistematizada y metodológica a futuro será de gran valía para toda la población.

Otros factores o circunstancias que pueden conducir a la masturbación y autoerotismo, sobre todo de manera compulsiva son: algunos padecimientos del sistema nervioso; al igual que algunos trastornos psíquicos, el uso de alcohol y otras drogas; las alteraciones del equilibrio hormonal, por tratamientos hormonales o por trastornos glandulares. Afortunadamente son los menos, Siendo importante el mencionarlos para hacer un adecuado diagnóstico diferencial, si fuese necesario.

Al aludir que la masturbación, el autoerotismo, la masturbación en pareja y la estimulación en pareja son parte integral del denominado "sexo seguro", cabe también mencionar que estas prácticas sean complemento del denominado "sexo protejido", siendo Rowan (2001:202) quien hace la siguiente recomendación "…si los varones adolescentes fueran animados a masturbarse usando condón, se acostumbrarían a esa sensación y no durarían en practicar sexo seguro con sus eventuales parejas; pero primero tienen que ser animados a masturbarse." Siendo parte del componente denominado "erotización del condón", en donde la pareja puede también participar al colocarle el preservativo al hombre, como parte del preámbulo coital o simplemente el estar estimulándole hasta originarle la eyaculación, con el preservativo puesto. De igual manera el compañero puede colocar el preservativo femenino, en un contexto de erotización. Por consiguiente tanto el hombre como la mujer dispondrán de más elementos para incrementar su juego lúdico, con "sexo seguro" y "sexo protegido".

En Mujeres Embarazadas

La mujer durante estando embarazada, los niveles de progesterona se incrementan 10 veces respecto del nivel previo, mientras que la cantidad de estrógeno que se produce en un solo día es equivalente a la cantidad que produce una mujer no embarazada durante 3 años, aunado al incremento de la hormona gonadotropina coriónica, lo que le provoca una serie de cambios en sus pechos y órganos sexuales, haciéndolos más sensibles.

La mujer durante la gestación nota que sus senos comienzan a agrandarse a la par del inicio del embarazo, tornándose sensibles y turgentes, en su totalidad y sobre todo los pezones. El incremento en la sensibilidad de los senos puede hacer que sean un foco de excitación, si ella se los toca o acaricia mientras se está masturbando a la par de poder recurrir a la fantasía; o su pareja sea quien se los acaricie, los bese y succione. Esta estimulación puede dar lugar a la excitación del clítoris y la vagina, que se erigen rápidamente por el incremento del flujo sanguíneo al área pelviana. También la vagina y sus pliegues (labios mayores y menores o ninfas), aumentan ligeramente de tamaño y se hinchan un poco.

Este incremento de tamaño, que normalmente sólo se produce en los momentos de excitación sexual, hace que las terminaciones nerviosas sean más sensibles, y las secreciones vaginales son bastante profusas, por consiguiente la mujer embarazada suele estar preparada para la estimulación del área de Gräfenberg y puede alcanzar el clímax con bastante rapidez si su clítoris es estimulado simultáneamente. Y sí la estimulación se está brindando en otras zonas erógenas (nalgas, muslos, cuello, etc.), culminará en un orgasmo aún más rápido y gratificante. Existen mujeres que llegan a experimentar por primera vez el orgasmo u orgasmos múltiples mientras están embarazadas e incluso hay quienes lo llegan a experimentar durante el parto. En Stoppard (1997 y 2000).

En la Edad Adulta

Los adultos jóvenes y mayores también se dan la oportunidad de seguir disfrutando de los placeres que les proporciona el ipsismo, a estas edades, por lo general la ipsación se realiza imaginando a un/a compañero/a tomado/a de la vida real o ficticio, y estimulándose con la finalidad de lograr una excitación erótica y/u orgasmo/eyaculación-emisión femenina. Esta estimulación la efectúan previamente al intercurso, algunos se dan la oportunidad de practicarlo durante el coito o posterior al mismo.

La gran mayoría de autores modernos dedicados de una u otra forma a la sexualidad (educación sexual, consejería o terapia sexual), manifiestan que la ipsación es algo natural y normal durante la vida adulta, tal y como nos lo describe González, G. (1998:124 y 125), quien se aboca a externar el comportamiento erótico de las personas mayores: "…la masturbación en el adulto es una forma legítima de actividad sexual, independientemente de que se recurra a ella al margen de la vida sexual que se mantiene con la pareja."… "El adulto que recurre a la masturbación a pesar de tener una vida sexual activa con su pareja posiblemente lo hace porque le resulta benéfico cuando su impulso sexual es más intenso que el de su pareja, en un momento dado, o bien puede utilizarla como una válvula de escape para reducir su tensión".

También existe la posibilidad de que la masturbación y el autoerotismo constituya/n una práctica/s habitual/es en esa persona y que le brinde un íntimo placer sexual, autónomo y diferente al experimentado con la díada. O simplemente porque ha tomado la decisión de no compartir una vida adulta en pareja; o sí la tenga y no desee hacer una vida marital; o no tenga pareja en ese momento por separación, viudez, motivos laborales, etc. Brindándose autogratificación en ese estado de soltería o de separación, lo cual es muy válido. Puede suceder que un varón no tenga la posibilidad de tener una pareja debido a su avanzada edad, discapacidad y/o sea soltero por elección.

Conforme avanza en edad la persona, su respuesta sexual también cambia. En los varones, el periodo refractario se va prolongando, lo cual le brinda la oportunidad controlar un poco más sus impulsos eróticos, permitiéndole disfrutar del control eyaculatorio y la no premura para la penetración, de esta manera podrá estimular por más tiempo a su pareja, recreándose en el preludio erótico, las fantasías sexo-eróticas, como un aderezo de la ipsación y el coito.

Climaterio Femenino

Durante la etapa del climaterio, en las mujeres aparecen los cambios tróficos de la piel y mucosas por deficiencias hormonales, Stoppard (1997:80) nos dice que, "La inflamación de los senos con la excitación sexual va siendo menor conforme las mujeres envejecen. A los 50 años, sólo una de cada cinco mujeres registra un incremento del tamaño del seno, similar a cuando era más joven. Por regla general, cuanto más colgantes y flácidos estén los senos, sin importar la edad de la mujer, tanto menos aumentaran de tamaño con la excitación sexual y esto resulta particularmente cierto en las mujeres posmenopáusicas".

Barlow y Wren (2000), manifiestan que durante la etapa de la perimenopausia, el déficit hormonal (estrógenos y progestágenos) les originan variados trastornos, de entre ellos, los físicos, los psicológicos y los de la sexualidad entre otros, como son la disminución de la libido y dispareunia (dolor durante el coito). Se sabe que el practicar regularmente la ipsación y el coito frecuente -aunado su tratamiento hormonal-, mejoran la tonicidad de sus tejidos pélvicos. La capacidad de sentir placer sexual a esta edad, incluso puede ser mayor que en otras etapas de la vida. Para algunas mujeres en la postmenopausia descubren que sienten un mayor deseo sexual que antes, debido a que sus niveles de testosterona no son contrarrestados por la presencia de estrógenos. Además dispondrá de mayor tiempo dedicado a su persona, pues muy probablemente las hijas y los hijos hayan emigrado de casa, al iniciar su vida adulta independiente.

Cuando la mujer ha dejado de estar constituida como una díada, sus deseos sexuales o gustos eróticos, no tienen por qué alterarse, siendo Quilliam (1997:54) quien refiere que en caso de las mujeres posterior a "…una separación, divorcio o viudez, generalmente aumenta la frecuencia de masturbación. Además, la masturbación no implica el riesgo de contagiarse de alguna ITS/ETS o de quedar embarazada."

Por consiguiente, la mujer "sola", es plenamente capaz de proporcionarse los satisfactores que brinda la ipsación en la intimidad, pues se ha observado que la masturbación induce el sueño; alivia los cólicos menstruales; termina con el dolor de espalda (sobre todo en la perimenopausia), el dolor de cabeza, la fatiga y la tensión, e incluso disminuye los dolores del parto.

Por milenios se les ha coartado a las mujeres el disfrute de su sensualidad, erotismo y sexualidad, muy probable a sabiendas de todo el potencial que ellas poseen, pero si ellas se empoderan de esa situación, estarán en la posibilidad de seguir disfrutando de su erotismo.

En la Edad Senil

En nuestra cultura occidental se glorifica la sexualidad de las y los jóvenes y denigra la de las y los adultos seniles. A los varones mayores que continúan teniendo deseo sexual se les otorga el calificativo de "rabos verdes", "viejos verdes", etcétera. Se debe entender que la fuerza sexual no reside únicamente en la potencia, la rapidez con la que se consigue la erección, cantidad de esperma o la distancia a la que un hombre puede lanzar su semen cuando eyacula; la mayoría de los varones de más de cincuenta años requieren que la estimulación genital sea más directa y prolongada para conseguir y mantener la erección, la cual será en general, menos firme que antes y el ángulo de erección cuando esté plenamente erecto también será menor, asimismo el periodo refractario se prolongará sobre todo después de una eyaculación. La cantidad de semen emitida durante el orgasmo disminuirá, y llegará con el paso de la edad a la forma de goteo.

Las mujeres mayores no escapan a las críticas, se les dice que ya no están para *"esas cosas"*, se asume que dichas mujeres pierden todo interés en el erotismo con la menopausia, no cual no es verídico.

Quienes han estudiado a las personas mayores como Roberts y Padgett-Yawn (1999:111) manifiestan que: "Las personas mayores pueden sacar provecho de sus respuestas sexuales más lentas invirtiendo más tiempo en los juegos preliminares y en el acto sexual, de modo que esta actividad se convierta en una experiencia más sensual." Le van a dedicar a su estimulación sexual, más tiempo de calidad, dándose la oportunidad de percibir los cambios tróficos que se han presentado en su piel y mucosas y de las sensaciones que esto les proporciona, de los cambios en la estructura corporal, porque la valía no reside exclusivamente en un cuerpo joven y lozano, sino en el máximo provecho que se obtenga de las gratificantes experiencias; por su parte Victoria (2004:140) retoma de los anteriores investigadores manifestando que: "La autoestimulación puede ser de gran importancia en la vejez. La masturbación permite liberar la tensión sexual a las mujeres y a los hombres sin pareja o con pareja inestable, con el beneficio de mantener la salud de la vulva y la vagina en el caso de las mujeres. En cuanto a los hombres, la masturbación también puede ayudarles a disipar sus miedos sobre la impotencia: si un hombre puede conseguir una erección a través de la masturbación, esto quiere decir que el coito también es posible". Las directrices están dadas, todo depende de la persona que se torne permisible consigo misma/o, para seguir disfrutando de las gratificaciones que brinda la ipsación.

    Al transcurrir del tiempo las personas van perdiendo cierta energía y vitalidad a la par de la presencia de enfermedades catalogadas como crónico-degenerativas, lo que no es impedimento para seguir disfrutando de la sexualidad y particularmente del ipsismo; si es un integrante de la díada quien cursa con alguna enfermedad o limitante física, lo que se puede resolver con una adecuada y oportuna atención médica, para el control de su (s) enfermedad(es), lo cual no debe orillar a la contraparte a que restrinja su erotismo, para ello Chia y col. (2001:210) recomiendan ante el hecho de que si la "…pareja no está disponible o está enferma debes practicar el cultivo en solitario."

    Porque es sabido que en la edad senil, la práctica ipsasoria les ayuda a prevenir la depresión, la frustración y la hostilidad sobre todo cuando están solos/as, como son los estados de viudez, de separación, o de soltería por decisión personal, cuando su pareja cursa con alguna enfermedad crónica degenerativa, o no quiere disfrutar de una relación sexual coital.

    Por consiguiente hombres y mujeres al envejecer se hacen más compatibles porque sus niveles hormonales no son tan dispares. Sí estos individuos mantienen una actividad sexual (mediante la ipsación y la actividad coital o intercurso) son personas más felices y realizadas a la par de conservar un buen estado de salud y que el ejercicio físico incrementa el apetito sexual.

    Ya para concluir: el erotismo es el resultado de la inhibición o exaltación de los impulsos libidinales, conducentes a acciones y experiencias físicas mediante formas de percibir y de sentir, la necesidad, el deseo, la excitación, el orgasmo/eyaculación-emisión femenina, aunadas a las emocionales e intelectuales, simbólicas y subjetivas, inconscientes y conscientes, conjuntamente a la alegría, el disfrute, el goce, fuente de placer y frustración o malestar de manera indirecta o directa. El disponer y emplear artefactos que incrementan el erotismo. La utilización de fragancias, aromatizantes, lociones, cremas, linimentos, inciensos aromáticos, para el ambiente o utilizarlos sobre la superficie del cuerpo para exaltar los sentidos y erotizarse. Disponer del recurso de la fantasía erótica, para incrementar el juego lúdico con uno/a y con la díada. Todo lo anterior más la creatividad personal y en pareja constituyen el conocer un poco más acerca de la ipsación.

BIBLIOGRAFÍA

Aguilar, J. y Mayén, B. (1997). *Hablemos de sexualidad Lecturas*. México: Consejo Nacional de Población (CONAPO) y Fundación Mexicana para la Planeación Familiar A. C. (MexFam).

Aguilar, R. (1992). *Diccionario de la sexualidad*. Tomos 4 y 5. México: Editorial del Valle de México.

Aguirre, E. (1994). *Educación de la sexualidad*. Puebla, México. Ducere.

Aguirre, E. (2003). *Sexualidad y pareja Acerca de los vínculos afectivos, eróticos y sexuales*. Puebla, México. Siena.

Azcárraga, G. (1986). *Sexología básica*. 2ª edición. México: Ediciones Científicas La Prensa Médica Mexicana.

Bantman, B. (1998). *Breve historia del sexo*. España: Paidós

Barlow, D. y Wren, B. (2000). *Menopausia*. México: Ediciones Médicas S. L.

Campbell, H. (1976). *Las áreas del placer*. Madrid, España: Guadarrama

Chia, M., Chia, M., Abrams, D y Abrams, R. (2001). *La pareja multi-orgásmica*. España: Neo Person

Comfort, A. (1987). *Los fabricantes de angustias.* 2ª edición. Barcelona, España: Gedisa.

Comfort, A. (1996). *La alegría del sexo*. Barcelona, España: Grijalbo.

Farré, J. (2000). *Enciclopedia de la sexualidad*. Barcelona, España: Océano.

Flores, A. (1999). *Sexo, Sexualidad y Sexología,* 2ª edición. Argentina: Lumen-Hvmanitas.

Fromm, E. (1992). *El arte de amar*. México: Paidós.

Giommi, R. y Perrotta, M. (1997). *Programa de educación sexual 11-14 años,* 2a edición 3ª reimpresión. León, España. Everest.

Giommi, R. y Perrotta, M. (1997). *Programa de educación sexual 15-18 años,* 1ª edición 3ª reimpresión. León, España. Everest.

González, G. y col. (1998). *El libro de la pareja*. México: Reader's Digest.

González, S. (2002). *Antología de la sexualidad humana*. Tomo I. México: Porrúa.

Gutiérrez, JL. (2010). *Prácticas eróticas y sexuales El devenir de la ipsación*. México. Fomento editorial BUAP.

Hite, S. (1981). *El informe Hite sobre la sexualidad masculina*. España: Plaza & Janés.

Kaplan, H. (1997). *La nueva terapia sexual,* Tomo 1 *Tratamiento activo de las disfunciones sexuales*. 1ª reimpresión. México: Alianza Editorial.

Kaplan, H. (2000). *El sentido del sexo Información, sincera, clara, global y puesta al día.* México: Grijalbo.

Kaplan, H. (2001). *Manual ilustrado de terapia sexual*. Barcelona: Grijalbo.

Kelly, P. (1999). *Salud sexual para todos*. México: Grijalbo.

Komisaruk, B., Beyer-Flores, C. y Whipple, B. (2008). *La ciencia del orgasmo*. España. Paidós.

Lagarde, M. (2006). *Los cautiverios de las mujeres: madresposas, monjas, putas, presas y locas*. 1ª reimpresión, 4ª Edición. México. UNAM.

Love, B. (1994). *Enciclopedia de las prácticas sexuales.* Barcelona: Serres.

Masters, W. y Johnson V. (1995). *El vínculo del placer*. Barcelona: Grijalbo Mondadori.

Monroy, A. y Morales, M (1998). *Salud, sexualidad y adolescencia.* 1ª reimpresión. México: Pax.

Morris, D. (1989). *Comportamiento íntimo*. México: Plaza & Janés.

Ochoa, A. (1998). *Respuestas para vivir una sexualidad inteligente y segura.* 7a reimpresión. México: Selector.

Pearsall, P. (1992). *Super sexo marital.* México: Edivisión.

Prieto, M. (2002). *Sexualidad infantil.* 1ª reimpresión. Puebla, México: Ducere.

Quijada, O. (1983). *Diccionario integrado de sexología*. España: Alambra.

Quilliam, S. (1997). *Tu sexualidad guía para la mujer*. México: Reader's Digest.

Rowan, E. (2001). *Los placeres del autoerotismo*. México: Alamah.

Stoppard, M. (1997). *El libro del seno*. México: Diana.

Stoppard, M. (2000). *Concepción, embarazo y parto.* 6ª edición. Singapur: Javier Vergara Editor.
Victoria, B. (2004). *Sexualidad, amor y envejecimiento.* Puebla, México: BUAP Facultad de Medicina Dirección General de Fomento Editorial.
Villamarzo, P. F. (1994). *Origen infantil de la sexualidad adulta.* Salamanca: Amarú.

Vincularidad en parejas en el mundo virtual

Maura A. Villasanti[10]

MUNDO VIRTUAL

El concepto de la virtualidad es muy antiguo. Cuando los enamorados enviaban cartas epistolares a sus amados, amadas a través de las palomas mensajeras, cuando esperaban las cartas de sus amados, amados; el concepto de virtualidad ya tenía vigencia. Por lo que los amados esperaban ilusoriamente la respuesta, fantaseando ante la espera de las líneas. Por décadas los amigos, los amantes, las familias sostenían sus vínculos a través de cartas epistolares. Como lo ejemplifica la relación sostenida entre Freud y Fliess.

Aparece con intensidad la impronta del tiempo, que rompe con la espera prolongada, que es internet. Internet al alcance de casi todos, a través de una máquina, una tablet y dentro de un aparato tecnológico como el celular. El concepto tiempo cambia en el mundo virtual porque las conexiones son al instante, "on line" y el inicio como el corte pueden ser muy rápidos.

Zygmunt Bauman (2005), plantea que el tiempo en línea de internet es "un tiempo en un momento socio histórico cargado de significaciones; de intolerancia a la incertidumbre, a la duda, a incorporar lo novedoso y poder sostenerlo". (pp. 12 – 20).

En el tiempo On line es necesario analizar qué nivel de tolerancia a la espera hay, que nivel de frustración se maneja, cómo se administra la incertidumbre y la duda. Uno no abofetea la computadora pero tiene la facilidad del delete, del deletear (eliminar) cuando ya no quiere seguir conectado a la persona en cuestión. Esta herramienta es que es una marca de esta época que implica características culturales del siglo XXI. Hay muchos mecanismos típicos de los sistemas

---

[10] *Psicóloga Clínica -* **R.P. 554** *Psicoanalista -* mauravillasanti@gmail.com
Maestría en Terapia de pareja y familia. IUSAM – APDEBA. Argentina

comunicacionales que más allá del modo de uso o del medio siguen igual, lo que ha cambiado ha sido la facilidad en las comunicaciones y el tiempo. Es innegable que es el siglo de la facilidad, del tiempo On line y de la expresión de la libertad. Para el otro no hay nada más identificatorio que saber que del otro lado de la pantalla o del celular está alguien y existe para alguien.

El otro concepto importante de pensar es la conexión en relación al otro, a la comunicación y a la representación.

Según Julio Moreno (2002) "la lógica de la conexión expone que un elemento se podría conectar con otro sin articularse con representaciones propias del psiquismo" (p. 82). Es decir, plantea que en las conexiones las relaciones pueden establecerse sin representación y a diferencia de la asociación, el "otro" es parte de la representación; lo que en todo vínculo amoroso se supondría que existe.

Detrás de la pantalla (celular, tablet, notebook, otros) existe otro, otro para conocerse, para hacer negocios, para amistades, para ocupar el ocio, para hacer parejas, para vincularse. Internet es un shopping de todo y para todo. Es un sistema de comunicación para inclusiones y exclusiones.

Uno de los mecanismos típicos es el Delete (borrar – eliminar). Según Maura Villasanti (2012) "el bloquear y el deletear son sistemas utilizados con facilidad cuando uno no quiere seguir conectado circunstancial o permanentemente a una persona en particular, se considera a estas acciones como una característica de este medio y una marca de época. El deletear y/o bloquear podría significar una intolerancia a trabajar las diferencias, la imposición de la existencia del sujeto ante uno mismo y el efecto de su presencia puede resultar intolerable" (p.20).

Cuando se refiere a imposición desde el concepto de Isidoro Berenstein (2004), "es una acción constituyente, tiene carácter de obligatoriedad porque debe hacer un lugar al otro donde antes no lo había, hacer una marca que aporta un nuevo significado a cada sujeto del vínculo" (p.39). El otro representa un factor con quien se necesita trabajar las diferencias, las disputas, los desacuerdos, los malentendidos. En este contexto el bloqueo suele entenderse como una forma de excluir a la otra persona y/o de posponer la conexión con la misma.

El otro siempre es un obstáculo, obstáculo para trabajar las diferencias, para ver qué reacciones genera en uno, para ver cómo se manejan las incertidumbres y las marcas culturales en cuanto al género y a la pareja. En este sentido el psiquismo es abierto y dinámico, no es sólo intrasubjetivo, está teñido por lo social.

PAREJA

Miguel Spivacov (2005) expone; "entender el concepto de pareja es concebir a la pareja como un sistema relacional donde se distinguen dos órdenes de relaciones: el de las relaciones observables (aspectos conscientes de uno como qué elementos nos gusta de la otra persona, expectativas) como dato empírico y el otro orden de características inconscientes (aquellas características que no entendemos pero nos une a la persona y no sabemos por qué, es común que alguien diga *"le quiero y no sé porqué pero lo quiero"*) para los integrantes de la pareja y que está formado por los ensambles inconscientes" (pp. 46 - 47).

También dentro de este sistema relacional se tienen en cuenta características que definen a la pareja como: Janine Puget e Isidoro Berenstein (1988) proyecto de cotidianeidad, tendencia a la monogamia, proyectos sociales y relaciones sexuales. Si bien algunos de ellos son muy cuestionables sobre su vigencia en la actualidad, no se puede negar que algún proyecto debería existir en una pareja para sostener con un proyecto de duración definida entre ambos.

Sobre la tendencia a la monogamia cada vez es más discutido este tema porque existen múltiples modalidades de relacionamiento entre dos sujetos. Por ello la palabra estabilidad ha dejado de ser una palabra que favorezca la comprensión sobre lo que ocurre en el mundo de dos. No es útil ni efectiva esa palabra puesto que podría una pareja permanecer junta por años con un vínculo deteriorado y a veces hasta inexistente.

Las parejas en relación al mundo virtual, plantean muchos análisis, teorías e interrogantes desafiantes sobre ello.

Sostiene Isidoro Berenstein (2007) "los enamorados on line registran un plus de ansiedad ante el encuentro con ese sujeto que aparecerá allí que no coincidirá con el del chat. En ese sentido podemos hablar de dos tipos de relación: la relación on line, que se asemeja a la relación de objeto, donde la pantalla de la computadora permite establecer un mecanismo de proyección. Del otro lado se sostiene el objeto proyectado en virtud de restarle presencia" (p.30).

La ansiedad, el manejo de la misma y todos los mecanismos de proyección que establecerá la pareja ante el mundo virtual podrían ser analizados desde un caudal de posibilidades.

Una de las posibilidades es si la persona busca un encuentro para pareja, para relaciones de bolsillo, para amistad o para qué. También esta ansiedad está matizada por el nivel de prejuicios que existe sobre parejas y mundo virtual.

En este trabajo se dará prioridad a las parejas que tengan proyectos de duración y de un trabajo vincular entre ambos.

Aquellas parejas que busquen proyectos de duración tendrán que inevitablemente hacer un espacio vincular para ello. En cambio las parejas de bolsillo buscan satisfacción inmediata y pasajera, una vez que esto se pierde, se deja la relación momentánea.

A las relaciones de bolsillo, algunos lo llaman touch and go (tocar y salir), que son relaciones recreativas que buscan un momento agradable y placentero sin dar lugar explícitamente a un compromiso afectivo. Zigmunt Bauman (2002), plantea "como relaciones que se disfrutan momentáneamente sin la necesidad de establecer tiempos ni lugares reglados", son de "bolsillo" (p. 45).

Es necesario interrogarse si en las relaciones de bolsillo existe o no un trabajo vincular.

VÍNCULO

Héctor Krakov (2005) define vínculo; como una "construcción conjunta, generada por el intercambio efectivo entre los miembros que lo componen, que se constituye en un nuevo ámbito de producción de sentido", de novedades que permite recrear lo nuevo y posibilita un espacio "entre dos", en el caso de la pareja. "Se trata, en una pareja", de un contexto de significación diferente del que cada uno de los miembros portaba, y que fuera construido en su momento en las respectivas familias de origen". (p. 15).

El mundo virtual se constituye el día de hoy en una manera de conocer gente, relacionarse que no necesariamente implica un trabajo de vincularse, y es una de las formas de inicio para dar un posible "origen a la fundación de una pareja".

Para que se forme una pareja hay muchos elementos conscientes e inconscientes en juego y el origen es el inicio de un vínculo, no es determinante y no define que haya sido por el mundo virtual.

Hay características en juego que abren a la posibilidad de establecer un espacio psíquico para el mundo de a dos. Estos factores podrían ser; el momento evolutivo, las circunstancias vividas, expectativas, ilusiones, narcisismo, capacidad de renunciamiento y muchos otros factores más para pensar en ello.

Lo que se juegue en el mundo de "a dos" no pasa sólo por conocerse a través de internet, del celular, de los mensajes, pasa por elementos más profundos que se tienen en cuenta. Elementos que se conjugarán de a dos para establecerse en algún proyecto de duración.

Cómo se sostendrá una pareja en el tiempo dependerá de puntos; como ilusiones, la capacidad de desilusionarse, de construir, de la tolerancia a la incertidumbre - duda, a entender que "NO SOMOS UNO", que uno no se "ENCAJA", salvo en el útero materno, sino armando un intercambio sin garantía y con un alto costo de inversión en un mundo de dos.

En referencia a los proyectos de duración en una pareja, es habitual que aparezca la palabra "estabilidad" que sufre en estos momentos varios cuestionamientos, qué es "permanecer en el tiempo"? Somos conscientes que muchas parejas están pegoteados pero no juntos, comparten un techo pero Proyectos Compartidos no existen. Por ende, la palabra estabilidad sufre en el hoy demasiadas preguntas y muchas confrontaciones, como se lo mencionó en párrafos anteriores.

El mundo de la pareja está cargados de espacios de mundos, Janine Puget, Isidoro Berenstein (2001) lo mencionan; intrasubjetivos, intersubjetivos y transubjetivos, que dependerá de cómo se intercambia en los diferentes mundos entre ambos. Dentro de estos mundos habría que analizar el manejo de la pareja en referencia al mundo virtual y al trabajo de vincularse que implica ello.

Esto se ejemplifica muy bien en aquellas parejas que comparten las mismas redes sociales y se pelean, se reconcilian, se comunican a través del mundo público y privado de las redes sociales. Mundo privado como los mensajes en las redes sociales (facebook) y mundo público como el muro.

Tiempo atrás todo esto hubiera sido impensable. O se lo pensaría desde la enfermedad. Hoy se propone una mirada distinta que habrá que pensar si existe un trabajo al vínculo entre las parejas y los efectos que tienen los comentarios, las fotos de los otros sobre uno mismo y la pareja.

Se reporta un cuadro de análisis de Maura Villasanti (2012), IUSAM APDEBA, Argentina.

CARACTERISTICAS DE LA PAREJA	MARCAS DE ÉPOCA	
	SIN INTERNET	CON INTERNET
Cotidianeidad	Al compartir ambos el espacio público, la división público=masculino, privado. La figura paterna está más borrosa y en otros casos más presente.	Ídem
Proyecto social compartido	Al darse la procreación y la crianza en forma conjunta, otros vínculos se comparten más (política, recreación, visitas al médico) y menos cosas (guardería, escolaridad de los hijos)	Ídem. Además se comparte o se debería compartir más con la pareja por las facilidades tecnológicas; mensajes, fotos al instante del lugar en el que se encuentran por ejemplo ante viajes de uno de los miembros de la pareja.
Tendencia monogámica	La fidelidad era un concepto que gozaba de una mínima convención entre los sujetos. No se planteaba diferencias como seducciones por mensajes por internet, envíos de fotos eróticas en celulares, relaciones sexuales a través de la videollamada, etc.	Se discute el concepto de fidelidad virtual. Se plantea la pregunta si la seducción por mensajes por internet o redes sociales se constituye en una infidelidad.

Relaciones sexuales	Mayor prevalencia de relaciones prematrimoniales y juegos intramatrimoniales más variados.	Ídem. Las relaciones sexuales a través de la videollamada puedan ser diferentes, ya que no existe la posibilidad de tocarse el cuerpo. El concepto de relaciones sexuales a través de videollamada está en cuestionamiento.

ANÁLISIS

Según trabajo de Investigación de tesis de Maestría de APDEBA – IUSAM, Argentina (2012), de Maura Villasanti. Se observa cómo algunos cambios se han establecido con la aparición del mundo virtual; en especial a los aspectos de la cotidianeidad y de los proyectos sociales compartidos. Se podría pensar que en referencia a estos puntos la tecnología facilita, acompaña, acerca a las parejas y a las familias si uno puede abrirse a un espacio constructivo para el uso del mismo. Cómo lo muestra el intercambio establecido entre las parejas, al compartir sentimientos, fotos, frases, en lugares diferentes pero conectados afectivamente.

En referencia a la sexualidad; en especial al concepto de fidelidad, la tecnología ha llevado a imponer cuestionamientos en las modalidades de relacionamiento. Qué es ser infiel? Al seducir a través de una video llamada, contactándose en forma sexual desde el uso de la cámara a través de internet, eso es ser fiel o infiel aunque no exista una presencia física directa? La tendencia que existía años atrás, operaba desde el pensamiento en la presencia física directa, ser infiel en la pareja obedecía a un concepto casi muy consensuado, que implicaba tener relaciones sexuales con otras personas que no sea la pareja formal. Con la imposición de la tecnología, en especial el uso de la cámara hace que cambie significativamente, hoy el concepto es muy cuestionado.

Esto refleja que ha sufrido cambios el concepto de fidelidad, que hoy se cuestionan permanentemente. Se podría pensar si existiera un trabajo vincular detrás de la cámara, tendría más relevancia para uno mismo que la misma presencia física. Por ende, uno puede tener una pareja al lado y sin embargo no existe un trabajo del vínculo.

Cuando la otra persona que existe detrás de la cámara, tiene un efecto de presencia muy importante, probablemente alteraría la relación formal que uno tiene. Alteraría porque en muchos casos las parejas canalizan tiempo, energía, pensamiento y deseos que van construyendo con la otra persona que no es la pareja formal aunque no existe un contacto físico directo, la persona virtual tiene una mayor presencia. Amerita explicar que en esta entrega escrita lo virtual es real y esa dicotomía de lo real versus lo virtual está perimida.

En referencia al punto de las relaciones sexuales; hay diferencias importantes de señalar. Una de ellas es el uso de la cámara, es innegable que internet al ser una marca de época ineludible, deje un sello distintivo simbólico y concreto.

Algunos lo plantean como una masturbación compartida, el término masturbación está abocado al tocamiento de uno mismo fantaseando a otro; en el caso de video llamada existe una presencia física indirecta ante la cámara, hay "DOS". Dos que se comunican a través del cuerpo, dos que intercambian gustos, deseos, placeres, enojos.

Otro de los conceptos cuestionados es la monogamia dentro de la virtualidad. Una pareja de la práctica clínica de consultorio decía "*No sé si me pone o no los cuernos porque él tiene relaciones sexuales a través de la cámara con una sueca, pero no la ve en persona*".

Hace años atrás el concepto de la monogamia era más consensuado, implicaba tener relaciones coitales con otra persona fuera de la relación formal. La viñeta clínica nos grafica muy bien la confusión sobre la tendencia a la monogamia llevado al plano de la virtualidad preferentemente.

Finalmente, podemos ver como el trabajo de vincularse va más allá de los canales que uno utiliza para sostener el deseo de la ejecución de los proyectos en la pareja desde un café hasta una casa, un hijo.

La tendencia hace años atrás era pensar que internet era un espacio para fóbicos o personas con problemas sexuales exclusivamente. Hoy podemos pensar que internet no genera patologías es un medio que dependiendo del uso podría favorecer como desfavorecer cualquier relación humana.

Conocerse por internet o sostener el vínculo a través del mundo virtual no determina la relación de a dos, podría ayudar como no, dependerá de cómo la pareja maneje, analice y tome decisiones sobre sus códigos en las redes sociales del mundo virtual; como Facebook, WhatsApp, Viber, Line, otros.

Lo que hace al mundo de la pareja son los proyectos que puedan sostener una pareja desde algo ínfimo como ir al cine hasta un hijo.

REFERENCIAS BIBLIOGRÁFICAS

Lydynia de Moscona, S. (2007). *Infidelidades*. Argentina. Lugar.

Villasanti, Maura, (2012). IUSAM APDEBA, Argentina.

Moguillansky, R. & Seiguer, G. (2005). Nuestra Clínica vincular 2. La construcción del "dato" clínico. De la teoría al observable. (p. 4). *Simposio de la Asociación Psicoanalítica de Buenos Aires (APDEBA)*.

Berenstein, I. (2000). *Psicoanálisis Familiar*. Buenos Aires: Paidos.

Moreno, J. (2002). *Ser Humano. La inconsistencia, los vínculos, la crianza*. Argentina. Libros del Zorzal.

Moreno, J. (2010). *Ser Humano: la inconsistencia, los vínculos, la crianza*, Argentina. Letra Viva.

Puget, J. (2010a, 27 de marzo). *Lo mismo y lo diferente*. Clase de Maestría de Terapia de Pareja y Familia del Instituto Universitario de Salud Mental (IUSAM).

Puget, J. (2006). La Complejidad Vincular: Conceptualizaciones y Abordajes. Obstáculos y dificultades para construir lo común: decidir entre varios. *IX Jornada Anual de la Federación Argentina de Psicoanálisis de las Configuraciones Vinculares (FAPCV)*.

Puget, J. & Berenstein, I. (1988). *Psicoanálisis de la Pareja Matrimonial*. Argentina. Paidos.

Sánchez Escarcega, J. & Oviedo, L. (2005). Vínculos de pareja por internet. *Revista Intercontinental de Educación y Psicología*. México. Universidad Intercontinental.

Spivacov, M. (2005). *Clínica psicoanalítica con parejas*. Argentina. Lugar.

Spivacov, M. (2010, 25 de Setiembre). *Sintonía y validación. Trabajos psíquicos en la relación de pareja*. Clase de Maestría de Terapia de Pareja y Familia del Instituto Universitario de Salud Mental (IUSAM).

LA ESCENA PRIMARIA

Andrés Caro Berta[11]

La "escena primaria" (la escena de la relación sexual entre los padres tal como es captada por el hijo, con las fantasías que genera en él), constituye uno de los elementos determinantes del Complejo de Edipo.

Aquí se consideran algunas formas de trastornos que derivan de la asistencia al coito parental

INTRODUCCIÓN
LAS DISFUNCIONES Y SUS CAUSAS
METODOLOGÍA PSICOANALÍTICA EN LA TERAPIA SEXUAL

Cuando nos encontramos con un paciente que en el presente tiene determinados trastornos en su vida afectiva, sus vínculos sexuales, para trabajar sobre ellos debemos tener en cuenta que nuestro presente es una consecuencia de hechos anteriores. Y, junto con ello, todo lo que generemos en el presente, luego se transformará en un pasado que influirá hacia delante.

Es así que cuando hablamos de disfunciones sexuales debemos tener en cuenta que las mismas no son una causa, sino una consecuencia de hechos y fantasmas anteriores que inciden en el presente.

Por tanto, cuando el paciente consulta por dificultades sexuales, además de asesorarse en equipo, viendo si eso se debe a complicaciones orgánicas que generan tal mal funcionamiento de su sexualidad, debe trabajarse sobre la historia de quien consulta para entender lo que le ocurre en el presente.

Es decir, el terapeuta sexual debe trabajar sobre los tres tiempos. Pasado, presente y futuro. Pasado para entender lo que originariamente ocurrió y luego

---

[11] andres@andrescaroberta.com
www.andrescaroberta.com

derivó en lo que hoy le ocurre; presente para observar cómo es su vida cotidiana y futuro, en la construcción de un mañana liberado de tales circunstancias.

Somos consecuencia de muchas cosas. Más allá de nuestra propia personalidad, pesa sobre nosotros un conjunto de complejidades que nos hacen ser como somos.

Así, brevemente podemos señalar que los condicionamientos hacia nuestra persona comienzan aún antes del nacimiento.

La alegría o no por la noticia del embarazo, la buena o mala relación de nuestra madre para con nosotros en su vientre, el buen, malo o inexistente vínculo entre los padres entre sí, y con los familiares que pesarán más o menos en diversas decisiones a tomar; el nombre elegido (el porqué de su elección y su significado), los deseos y temores de nuestros progenitores entre tantos factores, serán en suma una carga de condicionamientos con la naceremos.

Una vez completado el parto, la forma de darnos la bienvenida a este mundo, el lugar donde habitemos, la familia que conformemos, también incidirán en lo que seremos más adelante.

En nuestro recorrido inicial, durante la primera infancia tendremos nuestros tropiezos en alguna de las etapas de desarrollo psicosexual. Así, según nos vaya en las fases oral, anal, uretral, en el Edipo seremos más adelante.

¿POR QUÉ?

Porque en esos primeros seis años de vida es donde se construye nuestra personalidad.

Así, en el presente, cuando se presente alguna dificultad volveremos a algún tramo de esos iniciales años, por necesidad o por deseo.

El Psicoanálisis plantea que para conocer lo que ocurre en la actualidad se debe recorrer un camino inverso a la historia del paciente, hasta llegar al nudo central del conflicto (como si se tratara de deshojar una cebolla hasta llegar a su corazón). Y eso es descubrir y entender lo que pasaba en los primeros años de vida.

Una vez conocido, la idea no es quedarse en ello. Por el contrario, nos permite comprender lo que nos sucede actualmente, repitiendo inconscientemente situaciones traumáticas anteriores. De esa forma, al tomar conciencia, al descubrir el sentido de lo que le ocurre, la persona se libera de repetir de forma no sabida para así, tener mayor dominio sobre sí mismo.

Entre aquello que permanece más o menos oculto a la conciencia y se presenta en el proceso terapéutico está la situación fantasmagórica de la escena primaria.

LA ESCENA PRIMARIA

Lo que se conoce como "escena primaria u originaria" es, según definición de Laplanche- Pontalis: "La escena de relación sexual entre los padres, observada o supuesta, basándose en ciertos indicios y fantaseada por el niño. Este la interpreta generalmente como un acto de violencia por parte del padre" [1].

Se constituye en uno de los elementos que contribuye a la no superación del Complejo de Edipo y puede generar trastornos no sólo en la sexualidad del sujeto, sino en todo su psiquismo.

LA ESTRUCTURA PSÍQUICA

El psiquísmo se encuentra enmarcado dentro del Edipo, establecido en una situación triangular vivida entre la pareja de padres (o sus sustitutos) y el hijo.

Según Porot: "llega el momento en que el niño al hablar dice 'yo'. Es entonces cuando se constituye definitivamente a sí mismo en persona. Pero esta identificación de sí, esta identidad, no se establece sino a través de una tragedia que es la del Orión mismo de su humanidad. El Yo no puede constituirse más que como persona sexuada, y es el primer problema de las "relaciones objetales" con los padres, que representan los dos sexos, lo que caracteriza esta fase genital o fálica del desarrollo. La sexualización del cuerpo, es decir el problema del pene, es vivido en el interior de un conflicto de identificación o de fijación a las imágenes paternales y materiales (envidia del pene en la niña, temor a perderlo en el niño, imagen fálica de la madre, miedo a la castración por el padre, etc." [2].

A lo que agrega Laplanche: "El Complejo de Edipo no puede reducirse a una situación real, a la influencia ejercida efectivamente sobre el niño por la pareja parental. Su eficacia proviene de que hace intervenir una instancia prohibitiva (prohibición del incesto) que cierra la puerta a la satisfacción naturalmente buscada y une de modo inseparable el deseo y la ley. Hay una relación triangular constituida por el niño, su objeto natural y el representante de la ley" [3].

Ya Freud, en una carta a Wilhelm Fliess de 1897 [4] menciona la palabra Urszanen (escenas primarias) indicando con ello ciertas experiencias infantiles traumáticas que generan fantasías que derivan en neurosis, sin que se hable específicamente del coito parental.

Tres años después en "La interpretación de los sueños" señala Freud sobre las relaciones sexuales de los padres: "Ya he explicado esta angustia, indicando que se trata de una excitación sexual que el niño no es capaz de controlar mediante la comprensión y que sin duda es apartada porque los padres están implicados en ella" Y en relación a la escena primaria: "Es un elemento que raras veces falta en el conjunto de los fantasmas inconscientes que se pueden descubrir en todas las neurosis y prácticamente en todos los niños" [5].

La terapéutica muestra que la escena primaria adquiere, en el desarrollo sexual temprano, una importancia fundamental como generadora de situaciones conflictivas, no sólo en la sexualidad sino también en la globalidad del individuo como tal.

El ser "espectador" de tal escena es vivido angustiosamente por no entender qué está pasando en los primeros años de vida. De igual manera, el interpretar la escena como una forma salvaje de sometimiento de la madre por parte del padre, con acatamiento de la presunta víctima desata sentimientos ambivalentes y confusos hacia el vínculo afectivo con los padres, en particular en su relacionarse sexual.

Por un lado un gran odio, un gran dolor, impotencia, rencor: por el otro, una excitación sexual no querida y la necesidad de compartir de alguna manera dicho acto, lo que conlleva culpa y temor a la castración, a la represión, el castigo, el destierro.

Las fantasías traumáticas surgen del impacto real de la relación sexual de los padres y del agregado subjetivo a la situación observada. El captar sólo fragmentos de lo que está ocurriendo, unido a ello el propio desarrollo libidinal puesto o volcado hacia uno de los padres y rivalizando con el otro, lleva a un rellenado subjetivo de los hechos, el que adquiere independencia del suceso motivador en sí y que se une en el Inconsciente con otros elementos traumáticos, conformando un enramado posterior que afecta a quien lo padece y al entorno.

SE CONFORMA UN TRÍO

En la escena primaria (entendida como una serie de escenas sexuales llevadas a cabo en un escenario – dormitorio, etc., por dos actores – los padres- y un espectador -. El hijo- captadas periódicamente durante la infancia), aparece como consecuencia la teoría del tercero excluido.

Un viejo cuento popular relata las peripecias de un niño que es maltratado por su padre ya que no se duerme y por ello interfiere en el acto sexual que tiene con su esposa. El cuento termina cuando sus padres, en el clímax de la relación gritan "me voy, me voy" y el niño en la oscuridad, atento y aterrado, les ruega que no se vayan, que no lo dejen solo.

En este triángulo de afectos muy profundos, de celos, de disputas y chantajes mutuos, conformado por la pareja de padres y el o los hijos, lo edípico actúa habitualmente en el plano de lo latente; ello permitiría elaborar los vínculos y llegar a la superación del Complejo, llevando al individuo a volcarse a lo externo del hogar de la forma más acorde a sus necesidades, con la información y la experiencia acumuladas en éste.

Pero la captación del comercio sexual parental genera en el niño (espectador- partícipe, estando afuera y adentro) un sentimiento de exclusión, un sentirse en desventaja, marginado, traicionado, inmerso en la búsqueda irracional (y llena de impotencia) de venganza hacia uno de los padres (generalmente el del mismo sexo), y el deseo de liberar, rescatar y apoderarse del otro (en general, el padre de sexo opuesto).

Estos deseos ambivalentes, la situación mezclada de realidades y fantasías, el querer poseer o sentirse poseído por alguno de los padres, el miedo a la temida represión del otro y, finalmente el quedarse marginado y estafado por los dos que no optan por él sino que le hacen jugar el ingrato rol de observador, le genera amor-odio, angustia por impotencia y complejo de castración.

Además, la excitación mal reprimida (como veremos en los ejemplos) puede buscar satisfacerse en forma no económica para sí mismo.

No pocas veces se establece en los hecho un real juego de seducción entre el hijo y uno de los padres con la complacencia más o menos manifiesta del otro, o la búsqueda de contacto sexual por excitación, pero también por curiosidad encontrando como objeto a hermanos, parientes o amigos, proceso que sera iniciado en buena medida por el mal manejo de las relaciones sexuales de sus progenitores.

Pueden surgir también inclinaciones hacia la homosexualidad (entre otras razones, por identificación con el Edipo negativo o por interpretar la relación parental como coito anal, dentro de la teoría sexual infantil), el vínculo sadomasoquista (al respecto, recuérdese que Sacher-Masoch relata su inicio de goce por el castigo infringido contra él, a partir de la observación oculta de una relación sexual cargada de agresividad de una tía con el esposo, luego de la cual, al ser descubierto, pasa violentamente de observador a actor de la misma, recibiendo ahora él mismo la descarga violenta, lo que condicionará sus futuros vínculos [6].

Puede darse también la abstinencia de vínculos sexuales por valorar lo relacionado al tema como algo cruel, pecaminoso, etc.

O generar disfunciones sexuales (impotencia, eyaculaciones a destiempo, vaginismo, frigidez) que son situaciones no resueltas del triángulo edípico.

Señala Freud: "Quiero exponer aquí el caso que me reveló por primera vez esta relación causal. Tenía en tratamiento, a consecuencia de una complicada neurosis, a una señora joven la cual se resistía a reconocer que el origen de su dolencia radicaba en su vida conyugal, objetando que ya de soltera padecía de ataques de angustia y desvanecimientos" La paciente señala: "Por entonces dormía yo en una habitación inmediata a la alcoba de mis padres, los cuales dejaban la puerta abierta y una lamparilla encendida sobre la mesa. De ese modo vi algunas noches que mi padre se pasaba a la cama de mi madre, y escuché luego ruidos que me excitaban mucho. Desde entonces comenzaron a darme los ataques" [7].

Otro tema que conlleva la captación del coito parental, es el de los orígenes del propio espectador. De ahí la denominación de escena primaria u originaria. Esto es de real importancia ya que al ser sentida como una relación sadomasoquista, en la elaboración de la teoría sexual puede establecer que de esa relación de pareja sádica es factible que salgan hijos monstruosos.

Una paciente señalaba, desconectados entre sí, dos recuerdos. Su obligada participación en las relaciones de sus padres a una muy temprana edad, por compartir la misma cama, y el nacimiento de un hermanito que parecía normal, pero que al tiempo se comprobó era enano, y al que, igual que ella, se le infectaba el pecho permanentemente de pus. Buscando lo cronológico, encontramos que ella tenía tres años cuando compartía la cama con los padres y que un año después, nace su hermano.

Ella misma se siente monstruosa, creía cuando chica que su cabeza estaba llena de lombrices que se podrían escapar por los oídos, tiene monstruosos sueños de claro contenido sexual y de violencia, que la perturban y angustian porque entran en contradicción con lo que ella siente que realmente es.

Es central aquí el papel de los progenitores quienes, por desconocimiento o desidia, en los primeros años del niño, al mantenerlo muy cerca de ellos – la misma cama, el mismo cuarto o un cuarto contiguo con las puertas abiertas – se descuidan durante el acto sexual en el entendido que un niño tan pequeño no capta aún lo que ocurre alrededor.

Y luego continúan reforzando la captación de sus coitos en años posteriores, en ese entramado de afectos triangulares formado por él o los hijos y una pareja de padres que practican una relación sexual en la búsqueda (consciente o no) de un observador.

Los ejemplos pueden ser múltiples, porque múltiples son las referencias a la escena primaria en el libre asociar de la consulta.

Veamos cuatro referencias.

CINCO EJEMPLOS
Primero ejemplo

Paciente de 35 años, divorciada por graves dificultades con la pareja, sintiéndose como objeto sexual de su esposo.

Actualmente es modelo, mantiene una relación de amante (aunque no se reconoce como tal) con un hombre casado, con hijos, sintiendo que no puede profundizar en nada, con temor a ser superficial.

En la primera entrevista dice venir a consulta porque se olvida de todo. Señala que hay circunstancias que no desea recordar.

Indica: "Con respecto a las pesadillas, yo sueño mucho, al principio o al final. Hay algo. Veo como un torbellino, un tirabuzón gigante".

(Le pregunto con que lo relaciona con su infancia. Si asocia con algo sexual)

"De tipo violación, no. Y sí. Dos cosas. La primera vez que vi a mis padres. Yo era chica, tres años. El dormitorio donde dormía yo con mi hermana se comunicaba con el de mis padres".

"Yo veía un borde de la cama, yo me desperté y me bajé de la cama y mi viejo tenía relaciones (niega que su madre, también), mi madre se quejaba y no me asomé por miedo".

"Lo comenté con mis hermanos cuando tenía dieciséis años".

"Otra vez, a los siete años. Recién nos habíamos mudado. Estaba todo muy entreverado. Mamá me puso a dormir con ella. Yo, mamá y papá. Yo me desperté con el ruido de ellos. Yo no podía dormir. Jamás se lo conté a nadie. ¡Qué increíble!"

"¡Pensé que papá le daba la tal paliza!"

(Con la paliza, asocia) "A mis tres años corrían los vecinos. Mamá se había encerrado en el fondo y quería ahorcarse del techo. Era con un cinto. Yo no veía dónde quería colgarse. Yo pensaba: ¡¿Cómo va a morirse?!"

(Obsérvese que es la misma edad en que recuerda haber visto a sus padres tener relaciones, mejor dicho, al padre teniéndolas, y la madre, quejándose. Y además, los vínculos con la violencia.

"Mi padre le pegaba y nosotros, veíamos".

"Tengo pesadillas. Rastrillaba la tierra y engancho una lombriz. Y se agrandaba más y más. Y viene mi pareja y la quiere agarrar y me desperté gritando ¡No la toques!"

(Ese "no la toques" permite muchas interpretaciones en cuanto a quién está dirigido. Pero en ese clima de promiscuidad, violencia y sometimiento de la madre – mujer surge la vinculación con el cuadro de angustia generado por una situación en la cual es espectadora y cómplice. Cómplice incluso en la demora en contarlo a sus hermanos, recién trece años después. Lo que nos lleva a la interpretación: "No la toques a mamá. Tócame a mí" o, en caso de tratarse de su pareja "No toques el pene de papá. Es mío").

Segundo ejemplo

Es un paciente de sexo masculino, 25 años, que viene a consultar porque no tiene definida su identidad sexual. Si bien lleva satisfactoria vida sexual con una mujer (según sus palabras), sus fantasías son homosexuales.

Dice: "Durante mi adolescencia sentía a mi madre hacer el amor".

"Cuando me acuesto con mujeres no aparecen fantasías homosexuales, al contrario. Cuando me masturbo, sí. Empecé a masturbarme a los diez años. Tenía fantasías homosexuales. Y aunque no lo creas, con fantasías con mujeres no podía masturbarme. Y yo jugaba el papel de mujer" (Cabe preguntarse qué pasaba en su casa a esa edad).

(En otra sesión habla de la madre) "Mi madre era prostituta. No de la calle. Pero sí. Tenía sus asuntos. Y vivía de eso. Yo vivía en otra casa. Me enteré después. Hay una gran bronca con esa madre de antes. Tengo que matar a la de antes. En todos los casos, soy la mujer".

"Después, se juntó con un tal (aparece el hombre) Yo sentía que el loco la acariciaba y ella pensaba que yo estaba dormido, y esos celos míos con mi madre".

(¿Celos con la madre por querer tener relaciones sexuales con ella, o porque ella le impide tenerlas con el hombre? Aparece aquí una identificación con la madre – mujer de donde derivaría el rol femenino en sus fantasías homosexuales. Ello lo llevaría a la ambivalencia de querer sentirse penetrado y prostituido como el modelo materno, y a la vez ser él, y no los otros, el que posee a su madre).

Dice: "A veces pensás que tu madre es una mujer que después que te tuvo se la cosió. Tengo que matar a esa madre. Siempre tuve suerte con mujeres mayores que yo".

Tercer ejemplo

Paciente femenina de 24 años. Persona tremendamente erotizada, pero que sólo consigue orgasmos si se masturba, así esté con su pareja. No permite la penetración y disfruta en una relación con algo de sadomasoquismo, en tanto sea dirigido por ella y en las que se dé el "masturbar oralmente" al otro, como ella dice, o sea en relaciones bucogenitales.

Sus dificultades sexuales se inician, mejor dicho, se desatan a los siete años, cuando siente una gran curiosidad por ver el miembro masculino de su padre. Su insistencia por observarlo, con una madre presente pero pasiva, desemboca un día en que encontrándose solos el padre y la hija, él saca su miembro, le pide a ella que se lo toque y lo refriega entre sus piernas. La niña se asusta y sale corriendo.

A partir de ahí se establece un acoso permanente del padre, sostenido hasta el presente, y un escapar de parte de ella, constante.

"Una vez mi padre me propuso encerrarme en el ropero para verlos hacer el amor. Yo no decía nada. Él me dominaba. Aunque dice que lo domino yo a él. Los otros días, tuvieron relaciones y yo me excité. Hay veces que siento cosas difíciles de explicar. Ay, no puedo explicar. Como que sintiera impotencia. Ay, como si fueran pensamientos, como cosas grandes, gigantes que vienen hacia mí. Como que las tengo dentro de mí. Me pasa cuando siento rabia, impotencia, angustia" (Esas "cosas grandes" son el pene deseado y temido del padre que le impide una relación sexual completa con su actual pareja, y en anteriores vínculos).

"Cuando los escucho tener relaciones me pasa eso".

"Mi cuarto queda al lado del de ellos, y cuando tienen relaciones, yo escucho todo y me da asco. En algún momento me masturbé porque ellos estaban teniendo relaciones".

Queda claro que, además, la mención de su necesidad en su propio vínculo con la pareja actual, de tener el dominio de la situación está íntimamente vinculado a su temor a lo que puede ocurrir cuando dicho control de su parte no existe.

Su imposibilidad de lograr el orgasmo si no es a través de ella misma, tiene el mismo sentido.

Es quizás, una forma de protegerse de sus fantasmas interiores, o mejor dicho de ese padre internalizado que es una figura que le genera la ambivalencia del deseo y el asco, lo que se vincula también con sus prácticas sadomasoquistas donde el amor y el dolor están presentes.

Cuarto ejemplo

Este es el de una paciente divorciada, con un hijo. Tuvo un matrimonio a los veinte años, de muy corta duración. Mala elección de pareja, según sus palabras. Hace unos meses que recién estableció un nuevo vínculo afectivo.

"Me dicen que soy fría y distante. No estoy dispuesta en cualquier momento (sexualmente), en cualquier circunstancia".

"Encaja con mi manera de ser. A los diecisiete años, el apetito sexual era algo ajeno. Masturbarme, ajeno a mí".

"La primera relación la tuve a los diecisiete años. Estaba ennoviada con un muchacho ocho años mayor que yo. Con anteriores parejas, me chocaron las primeras caricias. Yo, sexualmente participo dando y recibiendo. Pero no tengo orgasmos".

(A través de asociaciones llegamos a un recuerdo infantil: "De chica, de noche, me despertaba, llamaba a gritos y después no me recordaba".

"Los otros días recordaba que el cuarto nuestro (de ella y el hermano, mayor en tres años) estaba enfrente al de ellos y yo me despertaba y me superaba sentir que mis padres estaban teniendo relaciones sexuales. No creo que fuera que no los aceptara como pareja, pero la realidad era demasiado concreta. Incluso me despertaba. No eran muy cuidadosos en las relaciones. En vez de cerrar la puerta, es una forma de aislarse. Hubiera sido conveniente. Mi madre. Ese rechazo que tengo de estar con ella. Esto se fue gestando tiempo atrás".

(En sucesivas consultas comienza a vincular su Edipo no resuelto, sus parejas adolescentes echadas por sus padres, la elección del esposo porque fue la primera pareja que aceptaron, su nula información sexual) "Nunca me hablaron de sexo. Mi madre me enseñó lo de la menstruación, pero cuando le pregunté cómo nacían los niños me dijo 'después te enseño' y nunca más" (para ir llegando luego de varios meses de terapia a ver el mal vínculo que tiene desde la adolescencia con el hermano y con los hombres en general, a pesar de ser muy unida a éste cuando niños).

Un día me señala: "Te voy a contar algo que nunca se lo dije a nadie. Lo digo porque hace tiempo que quiero traerlo a terapia pero no podía. Está relacionado con el despertarme de noche (y las relaciones sexuales de los padres, agregaría yo) Yo tenía diez años. Mi hermano tuvo un contacto conmigo. No pasó nada, pero sí, un contacto sexual que me traumatizó muchísimo. Quise decírselo a mi madre pero no pude; él me sacó la bombacha, yo boca abajo y se acostó arriba de mí y se frotaba. A él lo disculpo. Tenía poco contacto. No tenía amigas. Fue muy traumatizante eso. Fueron años que viví muy agitada con el temor de la noche, dejaba la luz prendida, posición para dormir, puerta cerrada" (Y las vinculaciones con sus parejas se aclaran más) "Con las parejas siempre me falta una entrega total. Si me entrego totalmente estoy muerta, nunca dejé entrar dentro de mí a nadie".

Surge entonces la vinculación con la escena primaria. Una pareja de padres que hace participar a los dos hijos, desde muy pequeños, de sus relaciones sexuales. Ella recuerda que se despierta de noche, de chica, gritando y olvidando el motivo. Más aún, dice: "Después no me recordaba", es decir, perdía noción de sí misma. Aparece también cómo influye en su hermano de trece años, excitado por sus pulsiones sexuales y los coitos de sus padres, sumado a la falta de relacionarse con amigas, lo que deviene en el intento de satisfacerse con su hermana – mujer, preadolescente, que dormía en el mismo cuarto y que también se encontraba trastornada por lo que pasaba en el cuarto de enfrente. Una madre que no supo cumplir un rol materno para con ella, que no le supo enseñar qué es ser mujer, un padre visto muy lejano, una pareja parental que promueve el triángulo y expulsa o impide el ingreso de potenciales parejas de los hijos, todo lo que lleva a la paciente a ser una mujer carente de satisfacción sexual y, en un plano más amplio, de contratar una buena relación de pareja.

Volvemos acá a la teoría del tercero excluido. Los hermanos son avisados, pero excluidos de la relación sexual parental. La madre no le enseña cómo se hacen los niños, con ella fomenta fantasías; su padre otro tanto con el hijo varón; los padres mutuamente se prefieren entre sí y mantienen a la pareja de hermanos desinformados sexualmente y con la prohibición de vincularse hacia fuera de la casa, pero a la vez, los hijos son rehenes de los padres en el traumático rol de espectador a la distancia, mientras en la penumbra, los actores sobre la cama – escenario, intentan llegar al climax de la obra: el orgasmo.

Último ejemplo

Al momento de inicial la terapia, la paciente de cuarenta años es una persona que padece dificultades para lograr una sexualidad plena, impidiendo sistemáticamente a su actual pareja, la penetración, además de vivir en un plano de semi aislamiento del mundo, con sus padres.

Mujer de gran belleza, viste ropa anticuada que le tapa la mayor parte del cuerpo.

Su casa es como un bunker, protegido por una perra ovejera alemán, entrenada para atacar a quienes desconoce.

Ella comenta que su padre, rivaliza con aquellos que intentan acercarse a ella, en tanto su madre, según sus palabras, se muestra callada.

Luego de avanzar en la terapia, la paciente relata sus experiencias de la temprana infancia. Lo hace sin angustiarse, hablando como si se tratara de un hecho ocurrido a otra persona, cuenta sin notar que le afecte.

Narra que una vez que su progenitora la tuvo, le exclamó al esposo que no iban a tener más relaciones sexuales, con términos mucho más claros y agresivos. Eso ella lo ha escuchado reiteradamente en las discusiones entre ambos.

A partir de ahí, la bebé pasó a dormir junto a la mujer en la cama grande, mientras el hombre permanecía en las noches en una cama de una plaza, ubicada en la habitación.

Varias veces, él intentaba mantener un vínculo íntimo con su esposa, pero esta interponía a la niña para impedirlo.

Esta situación permaneció durante toda la niñez de la paciente hasta que un día, el padre sufrió un accidente laboral y se debió llamar a un servicio de emergencia móvil para que lo viera en la casa.

Ante ello, la madre le explicó a la ya adolescente que debía mudarse al comedor y dormir allí porque cuando vinieran el médico y el enfermero iban a pensar mal si los veían a los tres juntos en el dormitorio.

Una vez superado el trance, ella quedó durmiendo fuera de dicha habitación, siendo sustituida por la perra, ovejera alemán, antes mencionada, la que pasó a dormir con la pareja de padres.

Esta persona, si bien con el tiempo reconoció la actitud violenta del padre con posibles pretendientes y su actual oculta pareja, no logró separarse de sus padres, permaneciendo en una doble vida.

APÉNDICE
SACHER – MASOCH Y EL MASOQUISMO

¿Quién fue Lepoldo Sacher – Masoch? Se trató del antagonista del Marqués de Sade. Mientras éste perdura en la fama por sus gustos sexuales de provocar y disfrutar con el dolor ajeno en el vínculo sexual, Masoch quedó en la sombra, al tratarse de alguien que contó su placer de ser castigado, como una forma de excitación erótica.

El austríaco Sacher- Masoch nacido en 1835 en Galitzia, quien siendo un conocido y respetado narrador de cuentos y novelas sobre el folklore, la política, lo mítico, lo erótico, influido por el romanticismo alemán, con novelas como "La Divorciada" (1870) que tuvo gran repercusión en EEUU, condecorado por sus escritos en París, ve desvanecer su fama cuando Kraft- Ebing toma su nombre para designar una perversión.

Así, a los sesenta años, luego de vincularse con varias mujeres, incluidas Wanda (Aurora Rümelin), Anna von Kottowitz ("La Divorciada"), Fanny von Pistor ("La Venus de las Pieles"), la "condesa Zenobia" ("El Emisario") con las que practicó sus gustos sexuales y fueron fuente de inspiración para sus heroínas, muere en el anonimato junto a su obra literaria.

SANTOS Y PECADORES

Es el propio Sacher- Masoch quien permite conocer los orígenes de su conducta, a través de sus escritos.

El vínculo con su madre aparece implícito en el primer ciclo de novelas: "El legado de Caín" donde la Madre Naturaleza, cruel, fría, severa obliga a Caín a sobreponerse a sus castigos para transformarse en un hombre nuevo.

En "La Venus de las Pieles", el personaje Severino, alter-ego del autor, debe recorrer el camino del sometimiento a la mujer para luego poder triunfar sobre ella.

Severino exclama excitado al propio Masoch: "las palabras de Goethe: 'Debes ser el clavo o el martillo' nunca resultan tan justas como aplicadas a las relaciones entre el hombre y la mujer. La señora Venus te lo ha hecho ver incidentalmente en tu sueño. Todo el poder de la mujer reside en la pasión que el hombre puede experimentar por ella, y de la que ella sacará partido si él no se pone en guardia. Sólo puede elegirse entre el papel de esclavo y el de tirano. Si él se abandona, el yugo comenzará a pesar sobre su cabeza y sentirá el escozor del látigo" [1].

Cuando Wanda le pregunta el origen de sus fantasías de ser castigado por una mujer cubierta de pieles, Severino (Sacher - Masoch) rememora: "Sí, ya en la cuna, según me contó después mi madre, me mostraba suprasensual; rechazaba el seno de mi robusta nodriza y debían alimentarme con leche de cabra. De muchachito me mostraba frente a las mujeres de una timidez enigmática, lo que era prueba de un interés inquietante" [2].

En un escrito titulado "Recuerdos de infancia y reflexiones sobre la novela" (Cosas vividas. Renue Bleu. 1888), Sacher - Masoch cuenta: "Desde chico tuve marcada preferencia por la literatura de la crueldad. Esta preferencia iba acompañada por misteriosos estremecimientos y voluptuosidad. Tenía, sin embargo, un alma llena de piedad y no habría matado ni una mosca. Sentado en un rincón oscuro y solitario de la casa de mi tía abuela, devoraba las leyendas de los santos, y la lectura de los tormentos soportados por los mártires me sumía en un estado febril". Luego de relatar el encuentro con una parienta lejana de su padre, "llamémosle Zenobia", a los diez años concretiza sus fantasías de hombres que gozan siendo castigados brutalmente física y moralmente por mujeres cubiertas con pieles. "Este hecho se grabó en mi alma como un hierro al rojo. Entonces no comprendí a esa mujer envuelta en voluptuosas pieles que traicionaba a su marido y luego lo maltrataba, pero odiaba y amaba al mismo tiempo a esa criatura que, por su fuerza y su belleza salvaje parecía creada para poner su pie sobre la nuca de la humanidad. Primero descubrí la misteriosa afinidad entre la crueldad y la voluptuosidad. Después, la enemistad natural entre los sexos; ese odio que, vencido durante algún tiempo por el amor, se revela luego con una fuerza elemental y que transforma en clavo a una de las partes, y en martillo a la otra" [3].

REFERENCIAS BIBLIOGRÁFICAS
(1) Diccionario de Psicoanálisis. J. Laplanche – J.B. Pontalis. Editorial Labor S.A. Barcelona. Pág. 124

(2) Diccionario de Psiquiatría. Antonio Porot. Editorial Labor. S.A. Barcelona. Pág. 407

(3) Obras completas de S. Freud. Editorial Biblioteca Nueva. Tomo IX. Págs. 3365- 6

(4) Ídem (1) Pág. 64

(5) Ídem (1) Pág. 124

(6) "La venus de las pieles" Sacher – Masoch. Rodolfo Alonso Editor. Buenos Aires. Pág. 139. «Recuerdos de infancia y reflexiones sobre la novela».

(7) Ídem (3) Tomo I. Pág. 102 "Historiales clínicos de estudios sobre la histeria"

REFERENCIAS BIBLIOGRÁFICAS
DEL APÉNDICE
(1) "La venus de las pieles" Leopoldo Sacher- Masoch. Rodolfo Alonso Editor. Buenos Aires. 1968. p. 18.

(2) Ídem (1) p.40

(3) Ídem (1) p.139- 142.

TORBELLINOS EMOCIONALES DETRÁS DE LAS DISFUNCIONES

Nereyda Lacera[12]

Luis entra tranquilo a la consulta, saluda y se sienta a darme sus datos personales para la historia clínica. Cuando le pregunto el motivo de su consulta, me mira unos minutos y empieza a llorar, sin musitar una palabra.

Me siento algo incómoda al ver la transformación de ese hombre alto, fornido, de voz gruesa, que en cuestión de segundos se desploma y aparece frágil y vulnerable. ¿Qué se hizo el paciente que entró hace poco?

Luis me cuenta en tono desesperado que no aguanta más y se quiere morir; hasta ha pensado en hacerse daño. Sufre de insomnio mientras su joven esposa duerme de espaldas a él. Ni siquiera discuten, ella se cansó de reclamarle su frialdad sexual y decidió dejar todo así.

Desde hace varios años, este hombre presenta una disfunción eréctil que fue tratada por corto tiempo por un médico general, sin ningún éxito. Al ver que el tratamiento no funcionaba, Luis se angustió más pero la vergüenza de contarle a otro extraño su secreto, le impidió continuar en la búsqueda de una solución.

Bueno, eso es un decir. Claro que Luis buscó ayudas: el brujo del pueblo, el amigo que le regaló una pastillita azul, y el farmaceuta que le aplicó una inyección cuyo nombre no recuerda. Pero nada de eso le sirvió y lo sumió en un profundo dolor y desesperación.

Su mujer se fue distanciando cada día de ese hombre que la dejaba esperando algo que nunca llegaba, a pesar de que los dos se deseaban. No se explica

---

[12] Médica egresada de la Universidad del Norte (Barranquilla)
Especializada en Educación Sexual en la Universidad Santo Tomás (Bogotá)
Certificada en Sexología Clínica por FLASSES - Federación Latinoamericana de Sociedades de Sexología y Educación Sexual – e-mail edusex60@gmail.com

qué pasó y en qué momento su marido la dejó de querer. Ya no quiere saber nada de él y se ha resignado a hablar lo mínimo necesario sobre los asuntos de la casa.

Como Luis, existen muchos hombres que presentan problemas sexuales y se ponen una máscara de aparente felicidad, que sólo se quitan cuando no pueden soportar más la carga de emociones que entristecen sus vidas.

Y no son los hombres los únicos que se sienten atrapados en un torbellino de pensamientos, sentimientos y miedos a raíz de una vida sexual frustrante. Millones de mujeres esconden un problema sexual, sea por vergüenza o por temor al desprecio de sus parejas, y se hunden en el pesimismo hasta agotarse y perder la esperanza de vivir una sexualidad plena.

Los terapeutas sexuales nos enfrentamos a diario con quejas, inquietudes y comentarios acerca de la vida sexual de nuestros pacientes. Nos concentramos en resolver sus problemas pero corremos el riesgo de dejar pasar de largo el universo de emociones que se ocultan detrás de su motivo de consulta.

No pretendo hacer un tratado sicológico de las emociones humanas, pero sí quiero describir algunos casos relevantes de personas que llegan a la consulta pensando que es el último aliento de esperanza para sus desencantos. Y todo eso ocurre detrás de un problema sexual, sea este grave o sencillo.

Nena está triste

Ella se llama Nena; no es su nombre real pero así le llama su esposo desde que se enamoraron hace 14 años. Ha sido la nena perfecta de su marido: lo consiente, le elige a diario la ropa y zapatos que debe ponerse para el trabajo y lo recibe en las noches con cena calientita y mucho amor. ¿Qué más se le puede pedir a este matrimonio?

Resulta que el esposo de Nena viene mostrándose "raro" en los últimos dos años. Se ha vuelto frío, poco cariñoso y cada semana tiene una excusa diferente para llegar tarde. Nena está confundida y no sabe qué hacer.

Ella se ha mostrado complaciente en la cama, aunque a veces no esté de acuerdo con las propuestas "indecorosas" de su esposo, pero como buena esposa accede sin chistar. La mayoría de las ocasiones Nena no disfruta el sexo, casi nunca en realidad; nunca ha podido disfrutar un orgasmo tal como algunas amigas se lo han contado, y alguna vez que se atrevió a compartirlo con el marido, él se disgustó tanto que ella juró que jamás volvería a tocarle ese tema.

La insatisfacción de Nena unida a las ausencias cada vez más injustificadas de su amado, la han sumido en una tristeza profunda que se nota en su rostro. Ya no ríe como antes ni se arregla para salir; "siento que me estoy poniendo vieja y sólo tengo 40 años", me confiesa en la consulta.

La desesperación de Lino

Conocer a Lino, un hombre de 52 años, que aparentaba tener veinte años más, fue una sorpresa para mí. Cuando llegó a la consulta, se mostraba como un caballero bien puesto tanto en su ropa como en sus modales. Con lenguaje amable y respetuoso, empezó a contarme el motivo de su consulta: una disfunción eréctil que apareció sorpresivamente, sin previo aviso, una mañana de navidad.

La primera vez que perdió su erección, tanto él como su esposa se sorprendieron, pero lo tomaron con calma. Ella le comentó entre risas que ya había entrado a la andropausia; él le celebró el comentario pero lo dejó pensativo: "¿será que ya me estoy volviendo viejo?".

Al día siguiente, aprovechando las vacaciones de fin de año, viajó con su mujer a un pueblo cercano de clima cálido. Iban contentos, haciendo planes sobre lo que iban a hacer en esos días de asueto y desconectados de la rutina intensa de trabajo. Nada hacía presagiar que volvería a ocurrir un episodio similar en su sexualidad.

Esa noche, veinticuatro horas después, volvió a pasar. Lino tenía una fuerte erección cuando su esposa le dio un beso apasionado, pero al avanzar unos minutos más de caricias, la erección se perdió como por arte de magia. Sin previo aviso, sin atisbos de que algo siniestro iba a suceder, ¡pum!, su pene se apagó y no quiso volver a levantarse.

Sudor en la frente, manos frías, palpitaciones precordiales y ganas de llorar; unas inmensas ganas de llorar como las que siente un niño cuando le han quitado su juguete más preciado. No quería hacerlo; trataba de escuchar la voz de su esposa que le decía que todo estaba bien, que seguro era el cansancio acumulado o los vinos que había tomado en navidad.

Todo fue en vano. Lino se sentó en el borde de la cama, se tapó su rostro con las manos y empezó a llorar amargamente. Me imagino que era un llanto igual de desesperado y altisonante como el evidenciado en el consultorio, frente a mí.

Rabia y decepción en Catia

En el Caribe colombiano, la cultura machista es quizás más marcada que en el centro del país. Muchas mujeres costeñas, como se les denomina, conservan los patrones de sumisión que aprendieron de sus madres y abuelas. No es raro entonces encontrarse con situaciones asombrosas como la del hombre que muere y, en el sepelio, se llegan a encontrar la esposa y las amantes del difunto, que lo lloran por igual y hasta se brindan gestos de apoyo y solidaridad.

Catia se sale de los parámetros machistas de sus congéneres costeñas. Es una morena de 26 años, ennoviada desde hace once meses con un ingeniero civil, nacido en la misma población que ella. Se conocen desde que eran niños y se aman profundamente.

Cuando Catia llega a la consulta, no disimula la rabia que traducen sus palabras. Se enteró hace poco que su novio sale con otra mujer, menor que él. La traición de quien dice amarla la ha lastimado más porque ella no entiende cómo un eyaculador precoz, que nunca la ha dejado satisfecha en la cama, puede acostarse con otra vieja.

¿O es que con la otra sí funciona bien sexualmente? ¿Por qué nunca quiso buscar ayuda médica a pesar de que ella le insistió hasta el cansancio? ¿O es que, me pregunta Catia, será que es ella la del problema y por eso su amado se buscó a otra?

Me conmueve ver llorando a esta mujer que desahoga su rabia hasta quedar exhausta, mientras le empiezo a hablar para tranquilizarla.

El pecado que angustia a Gilberto

Veo entrar a un hombre de unos 30 años, cubierto con una gabardina negra que deja asomar una corbata, cubierta a su vez por una bufanda. ¿No tendría calor?, me pregunto, ya que no era un día frío ni nada presagiaba que iba a bajar la temperatura.

Gilberto se presenta como un ex-seminarista, experto en teología, que abandonó su vocación religiosa hace dos años porque quiere tener una familia "como Dios manda". En un lenguaje atropellado, casi sin respirar, narra una infancia triste, abandonado por sus padres y criado por los abuelos, quienes no tuvieron el cuidado de amarlo y protegerlo como cualquier pequeño lo necesita.

Sobrevivió prácticamente en la calle, jugando con los amigos y escapándose del colegio cada vez que podía. A los 7 años, uno de los amigos mayores que tenía, lo invitó junto a otros chiquillos a ver una película porno y ese fue, según el análisis que hace Gilberto, el comienzo de una curiosidad morbosa y excesiva por el sexo.

Después de largos años de masturbarse varias veces al día mientras miraba más y más videos xxx, decidió entrar al seminario cuando tenía 18 años. La timidez lo vencía y le impedía conquistar chicas, excepto una prostituta con la que se inició sexualmente bajo los efectos del licor, y aupado por un amigo médico que lo aconsejaba para que venciera el miedo a las mujeres.

Los conceptos religiosos que fue adquiriendo en sus estudios teológicos lo convencieron de que su vida iba por mal camino; se masturbaba y luego lloraba porque sabía que había pecado. Y así continuó su vida de tormentos y expiaciones a solas porque no era capaz de contarlo a nadie, ni siquiera en sus confesiones al cura.

Abandonó su vida religiosa cuando conoció a Carolina, una mujer diez años menor que él. Iniciaron un hermoso noviazgo y pretenden casarse pronto. Pero Gilberto tiene un gran problema que lo obligó a buscar ayuda médica: no ha podido eyacular cuando tiene relaciones con su novia. Ella le propuso masturbarlo para ayudarlo pero él se opone terminantemente porque lo ve como un pecado.

Llora mientras se pregunta: ¿tanto tiempo luchando contra el demonio para abandonar la masturbación y ahora tiene que hacerse la paja para poder complacer a la mujer que ama? ¿Por qué la religión le hizo tanto daño haciéndole creer que el sexo y el deseo son perversos?

El mutismo de Lola

Lola es una chica de 19 años, soltera, que estudia en las noches mientras trabaja de día. Ha estado sola desde los 13 años, cuando se escapó de su casa porque su padrastro abusaba sexualmente de ella. Su madre nunca le creyó y la castigaba por ser una "calumniadora".

Se siente orgullosa de sus logros y tiene claro su proyecto de vida. Tuvo su primer novio a los 15 años y con él tuvo su primera relación sexual a la que califica como "horrible", porque fue dolorosa, de afán y no sintió placer.

En su corta vida, Lola ha tenido más de seis parejos sexuales, pero con ninguno se ha sentido satisfecha. Ese maldito dolor de la primera vez nunca se ha ido de su vida, por más visitas ginecológicas que ha realizado con innumerables exámenes y tratamientos que de nada le han servido.

La chica me cuenta que odia a los hombres cuando están desnudos a punto de acostarse con ella. No entiende esto porque asegura haberse enamorado de algunos de sus ex, pero en el momento de la intimidad, siente que sus vísceras se revuelven por dentro y le quitan de tajo el deseo y la excitación previos. Sin embargo, se queda callada y finge ser la perfecta amante: gime, se retuerce de placer y le hace creer al amante de turno que ha sido el mejor de los polvos.

Lola confiesa que quiere hablar y decirle al otro que no siente nada y que el dolor cuando la penetran es terrible, como si un cuchillo le abriera su vagina, igual a lo que sentía cuando su padrastro la violaba desde muy chiquita. Pero calla y se traga sus quejas, sus miedos y sus penas físicas y emocionales. Concluye diciendo que nadie le creería.

Rosa y su fastidio

No es fastidio al sexo, me aseguró Rosa cuando empezó a hablar. Es simplemente fastidio a mi marido; a su olor, a sus besos, a todo lo que él significa. Ya no lo quiero como antes y lo peor de todo es que él no lo acepta.

Esta mujer de 52 años, casada desde hace veinte con Alirio, tenía una vida sexual buena hasta que él empezó a masturbarse para lograr la eyaculación; de otra manera no podía tener su orgasmo. Esto se dio hace un par de años pero nunca quiso consultar al médico por más que su esposa se lo pidiera.

La insatisfacción de Rosa la volvió cansona, tal como ella lo reconoce. No hubo poder humano que motivara a su marido a buscar ayuda para su eyaculación tardía. Los argumentos de ella, tales como su frustración de que él no llegara, los sentimientos de culpa pensando que quizás ella era la del problema, el cansancio y dolor vaginal que sentía por esos coitos eternos, no fueron suficientes para que Alirio se convenciera de que era urgente un apoyo especializado.

Con el tiempo, el hombre fue fallando en sus erecciones y la situación se agudizó porque ya ni siquiera lograba la penetración. Entonces él empezó a pedirle a su mujer que lo masturbara "para ver si así se recuperaba". Esto fue el comienzo de la debacle emocional de Rosa quien se decía: "qué tal este hombre, nunca buscó ayuda y ahora quiere que yo lo complazca mientras yo quedo cada vez más frustrada".

Rosa perdió el encanto por ese hombre que la hacía estremecer en su juventud. Lo miraba masturbarse sin éxito y eso la enojaba. Entró en una especie de carrusel de sentimientos de decepción, ira y fastidio hacia ese hombre egoísta que sólo pensaba en su propio placer.

Ya le molesta en extremo que se le acerque, lo rechaza abiertamente cuando quiere besarla y quiere huir en las noches cuando sabe que tiene que dormir al lado de un esposo que le fastidia.

REFLEXIONES

Los terapeutas sexuales tenemos la posibilidad de reconocer al paciente como un individuo que requiere ayuda para el problema sexual que le aqueja, pero también podemos ir más allá de su lenguaje verbal. Si comunicarse en la cotidianidad es un gesto de sapiencia, descubrir las emociones y sentimientos que hay detrás de las palabras o gestos de un paciente, será entonces un gesto supremo de sabiduría.

Como bien lo dice Maturana: "el ser humano puede realizar una mirada sobre su emocionar, puede reflexionar porque tiene el lenguaje. Todo vivir humano ocurre en conversaciones y es en ese espacio donde se crea la realidad en que vivimos".

En la consulta escuchamos al paciente, intentamos comprender las angustias y miedos más profundos que le acompañan, y finalmente, lo conducimos sutilmente al camino de la esperanza y del amor propio.

Alguien me decía que los terapeutas sexuales somos "curadores del amor", porque no solo sanamos – o por lo menos, lo intentamos – las disfunciones sexuales, sino que también ayudamos a resolver crisis existenciales y conflictos de pareja. ¡Qué hermosa pero compleja misión tenemos!

El espacio terapéutico, incluyendo el lugar de consulta, el ambiente que propiciemos y la actitud de empatía que se logre con el paciente, son fundamentales para llegar más allá de lo que esa persona nos narra. El respeto, la tolerancia y el saber escuchar van más allá del reconocimiento que nosotros le hacemos al otro haciéndole ver que su historia nos interesa.

Pienso que esto es fácil, si nos atrevemos a desafiar los tiempos y estilos de atención que los sistemas de salud modernos nos imponen. Una consulta que nos permita conocer las emociones del paciente y recrearnos en sus ojos, en sus manos, en fin, en su lenguaje que posiblemente nos grita: ¡ayúdeme, necesito de usted!

Como afirma Chóliz (2005): "Si queremos conocer la emoción del otro, debemos mirar sus acciones; si queremos conocer las acciones del otro, debemos mirar su emoción. Estas miradas solo son posibles en la medida en que no prejuzguemos lo que vamos a ver antes de mirar, y ese es un acto de sabiduría".

La medicalización de la sexología, si bien ha traído conocimientos biológicos de las disfunciones y ha aportado elementos terapéuticos que antes no existían (medicamentos, cirugías, etc.), le ha restado importancia a aspectos tan importantes de las personas como sus pensamientos, sentimientos, temores y necesidades, que contribuyen a alterar una vida sexual gratificante.

Es válido reconocer la utilidad de las diversas alternativas de terapias existentes que tienen como objetivo lograr el bienestar personal y de la pareja. Pero, si no se ofrece una consulta cálida, en la que la otra persona pueda sentirse apoyada y comprendida, no tendrán valor las teorías sicológicas y se convertirán en letra muerta.

Algunas veces se necesitarán intervenciones estructuradas para solventar los torbellinos emocionales que se ocultan detrás de las disfunciones sexuales. Pero, otras veces, con solo escuchar y ayudar a reconocer, permitir y expresar las emociones, contribuiremos a que el paciente se alivie y aprenda a regularlas.

Calidez, afecto, sonrisas, y por qué no, ayudar a reír a nuestros pacientes, servirán para que se validen nuevamente como personas que merecen una sexualidad gratificante y un nuevo despertar en sus vidas.

BIBLIOGRAFIA
Chóliz, M. Psicología de la emoción: el proceso emocional. (2005). www.uv.es/=chóliz
Giraldo, O. Nuestras sexualidades. (2002). Cali: Ed. Litocencoa.
Maturana, H. El sentido de lo humano. (2007). Chile: Ed. J. C. Saez.
Rojas, E. El amor inteligente. Corazón y cabeza: claves para construir una pareja feliz. (1997). Madrid: Ed. Planeta.
Yela, C. El amor desde la psicología social: ni tan libres, ni tan racionales. (2000). Madrid: Ed. Pirámide.

TADALAFILO: ¿Sólo un proerectógeno?

Magdalena Joubanoba[13]

INTRODUCCIÓN
DISFUNCIÓN ERÉCTIL: PROBLEMA DE SALUD PÚBLICA

La importancia de las disfunciones sexuales en especial la disfunción eréctil ha cambiado en los últimos años, no porque antes no existiera, pero sin duda se ha hecho más frecuente, por varios motivos, entre otros:

> Aumento de la expectativa de vida
> Envejecimiento de la población
> Menos tabú que antes
> Desarrollo de la medicina sexual
> **Indicador de salud general en la población masculina**

De ahí la importancia de un tratamiento efectivo para esta disfunción. Y que en definitiva lo que hace es mejorar la calidad de vida, no sólo del hombre sino de la pareja.

Todo el avance de la ciencia ha influido en la creación y el desarrollo de fármacos cada vez menos invasivos, poniendo de manifiesto que las disfunciones sexuales, en especial la Disfunción Eréctil constituyen un problema de salud pública.

Definición

La disfunción eréctil (DE) se define como la incapacidad persistente o recurrente para conseguir o mantener la erección peneana hasta el final de la actividad sexual.

---

[13] Trabajo presentado en el Simposio Urufarma del VIII Congreso Uruguayo de Sexología I Congreso de FUSEX.

Frecuencia

En el estudio EDEM (Epidemiología de la Disfunción Eréctil Masculina[14]) la prevalencia de Disfunción Eréctil (DE) aumenta con la edad: 14 % de 40-49 años y 49% en sujetos de 60 a 70 años. Un promedio de **30 % en hombres de 40 a 70 años.**

En otros estudios se plantea que la DE puede afectar hasta **52 % de los hombres entre las edades de 40 y 70 años**[15]. *Esta incidencia está aumentando a una tasa astronómica, con una incidencia esperada de más de 600.000 nuevos casos por año*[16].

ETIOLOGÍA

Entre las causas más comúnmente encontradas, están 3 grandes grupos:

Factores orgánicos:
- Enfermedades cardiovasculares (CV): Enf. obstructivas arteriales y veno oclusivas
- Enfermedades neurológicas
- Enfermedades anatómicas
- Enfermedades endocrinológicas, entre otras

Factores psicogénicos

Factores mixtos

A pesar de la multiplicidad de causas que pueden originar la DE siempre hay que pensar que en el fondo existe una disfunción endotelial.

DE = DE
Disfunción Eréctil = Disfunción Endotelial

ERECCIÓN

Uno de los componentes más importantes responsables de la erección peneana es el **cuerpo cavernoso que está recubierto por el ENDOTELIO.**

En el mecanismo de la erección intervienen factores neurales, endocrinos y paracrinos.

---

[14] Resultados sobre la epidemiología de la disfunción eréctil. J Urorogy 2001; 166: 569-575. Resultados del estudio EDEM.

[15] Raheem AA, Kell P. Patient preference and satisfaction in erectile dysfunction therapy: a comparison of the three phosphodiesterase-5 inhibitors sildenafil, vardenafil and tadalafil. Patient Prefer Adherence. 2009;3:99104.

[16] Coward RM, Carson CC. Tadalafil in the treatment of erectile dysfunction. Ther Clin Risk Manag. 2008;4(6):131530.

La característica principal de la erección es la relajación de la musculatura lisa de los Cuerpos Cavernosos (CC) por estimulación del Óxido Nítrico (ON), mediador de esta relajación.

Cuando el flujo sanguíneo es normal el pene permanece en estado de reposo. Al incrementarse el flujo sanguíneo el pene comienza a erectarse. En la siguiente figura, en cortes sagitales se puede observar los 2 CC y el Cuerpo Esponjoso (CE) en flacidez y en erección con las arterias y venas dorsales.

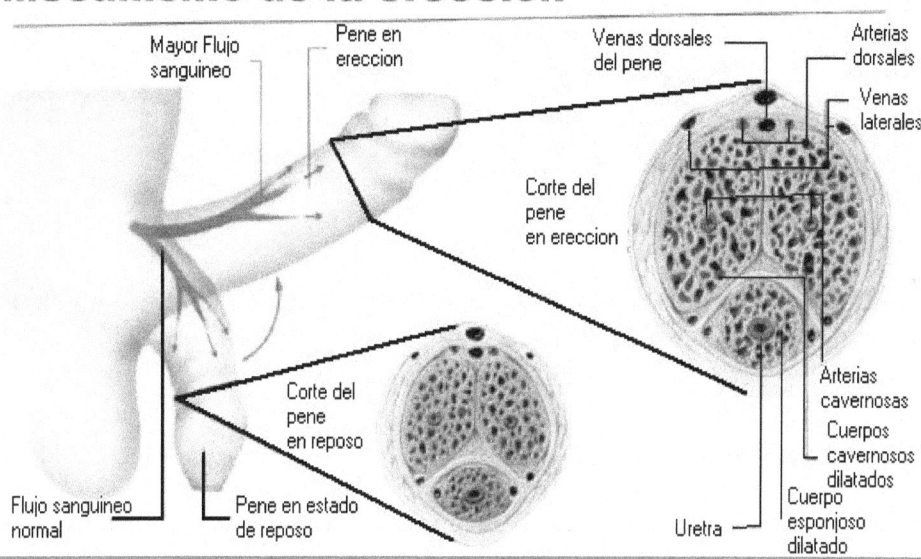

Figura 1

En la siguiente figura podemos observar también un pene en reposo y un pene en erección desde el punto de vista vascular: observen que en erección las arterias cavernosas se dilatan de forma tal de formar un verdadero sinusoide.

Hay aumento del volumen de sangre en los espacios lacunares, que causa compresión de las venas que atraviesan la albugínea, se produce un aumento progresivo del volumen y la presión de los CC. La presión intracorpórea se incrementa, y se estabiliza a un nivel próximo al de la Presión Arterial Sistólica, lo que determina la tumescencia y la rigidez del pene.

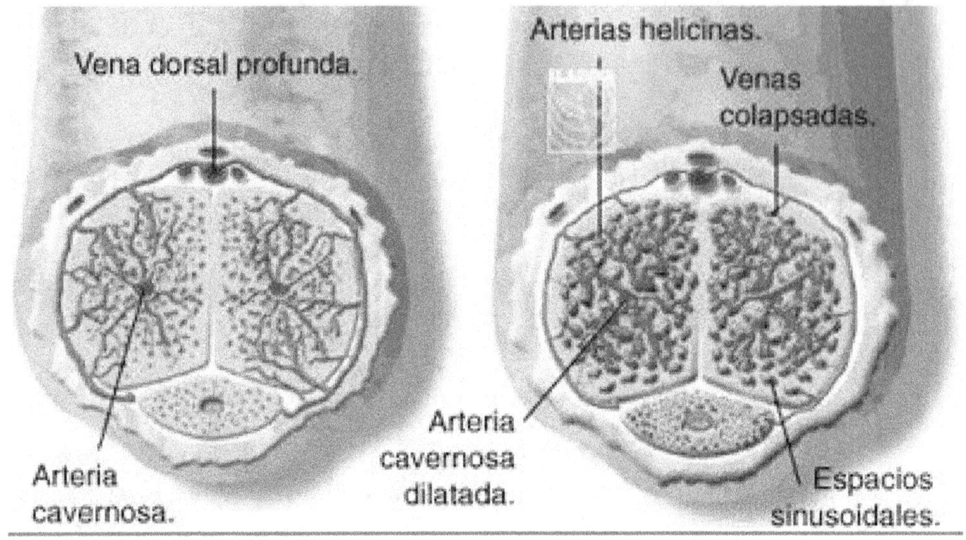

Figura 2

En otra figura podemos observar el mismo fenómeno pero más detallado en dónde se muestra los sinusoides cavernosos en estado de flacidez y erección

Durante la erección los sinusoides al dilatarse con sangre comprimen las venas contra la túnica albugínea produciendo el fenómeno de la veno oclusión que contribuye con la erección.

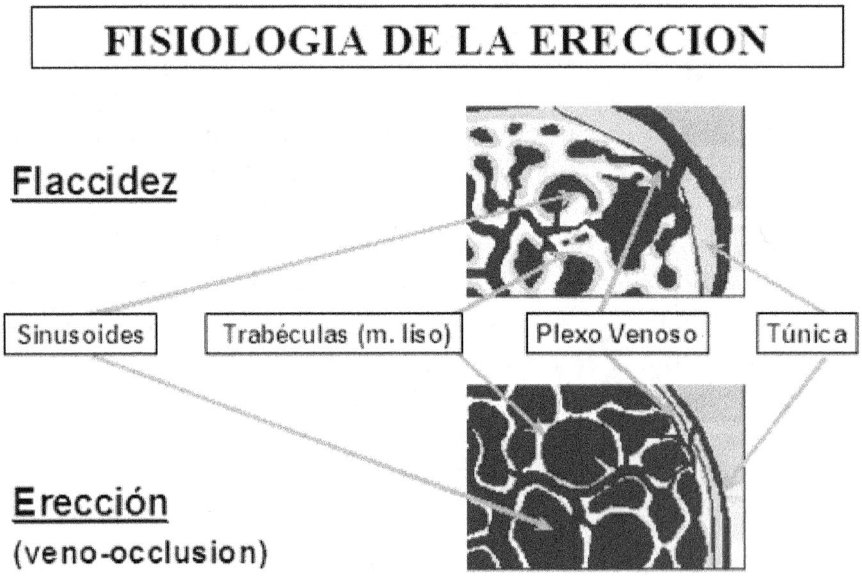

Figura 3

ENDOTELIO

Para que se produzca una erección normal es necesaria la presencia de un endotelio normal.

- El endotelio hace referencia a una capa unicelular de células endoteliales (CEs) que recubre vasos sanguíneos (arteriales y venosos), vasos linfáticos, cavidades cardiacas y cuerpos cavernosos, y cámara anterior del ojo.
- El endotelio constituye una estructura única en el organismo humano que hace veinte años se consideraba como un recubrimiento pasivo que permitía el paso de células y moléculas al interior de los tejidos vecinos. En las últimas dos décadas se ha estudiado la CE de humanos.
- Actualmente el endotelio por su localización estratégica y su funcionamiento complejo y multifacético se considera actualmente como un órgano vital para el organismo animal.
- Interviene en procesos de salud y enfermedad.
- La célula endotelial sintetiza, almacena y libera diferentes moléculas que cumplen funciones autocrinas, paracrinas y endocrinas.
- El recubrimiento endotelial ostenta diferentes receptores que le permiten captar señales físicas, químicas, hormonales e inmunológicas que lo integran en el complejo psiconeuro-inmuno-endocrino del humano

El endotelio libera sustancias:

- **ON**
- **Endotelina**
- **Prostaglandina E (PgE)** y
- **Factor transformador de crecimiento b-1 (TGF-b-1)**, entre otras

Control
- **Tono**
- **Función metabólica**
- **Crecimiento de las células musculares lisas y del intersticio lo que regula la síntesis proteica del tejido conectivo**

Funciones del Endotelio [17]

El endotelio participa así de la:

---

[17] Furchgott RF, Zawasdzki JV. The obligatory role of endothelial cells in the relaxation of arterial smooth muscle by acerylcholine. Nature 1980;288:373-6.
Moncada S, Palmer RM, Higgs EA. Nitric oxide: Physiology, pathophysiology, and pharmacology. Pharmacol Rev 1991;43:109-142.
Yanagisawa M, Kurihara H, Kimura S, Goto K, Masaki T. A novel peptide vasoconstrictor, endothelin, is produced by vascular endothelium and modulates smooth muscle Ca2+ chanels. J Hypertens (Supl):1988;6:188-191.

• **Regulación del tono vascular** sintetizando y liberando sustancias vasodilatadoras como **óxido nítrico**. Por otra parte sintetizan también compuestos vasoconstrictores como **endotelina 1, tromboxano A2, prostaglandina F2 alfa** y anión superóxido.

De allí su importancia actual en la patogenia de la ateroesclerosis, la hipertensión arterial y los trastornos hemodinámicos de la sepsis.

Esta función determina aspectos como la reacción de los vasos sanguíneos ante las variaciones del flujo y el control de la resistencia vascular, por lo que es uno de los contribuyentes principales en el mantenimiento de la tensión arterial.

• **Fisiología y fisiopatología de la inmunidad y la citotoxicidad.** De la relación de las células endoteliales con las células inmunitarias, polimorfonucleares y macrófagos, surge la explicación a patologías sistémicas como las enfermedades del tejido conectivo, las vasculitis y la sepsis. El endotelio participa en la función de defensa del organismo ayudando a que los neutrófilos y los macrófagos lo traspasen respondiendo a la fuente quimiotáctica tisular.

• **Fisiología y fisiopatología de la coagulación y fibrinólisis.** La relación de plaquetas, endotelio y factores de coagulación tiende a mantener la fluidez de la sangre a través del equilibrio homeostático que conocemos como Hemostasia. El desequilibrio en uno u otro sentido producirá hemorragia o trombosis.

En numerosos trabajos científicos se ha puesto de manifiesto el importante papel que desempeña el endotelio en la conservación del equilibrio de la función del lecho vascular.

El endotelio sano no es poroso, no es adherente y es elástico.

Las modificaciones que se producen en el endotelio por la acción de diferentes factores conducen a una alteración en sus diversas funciones, y pueden resultar en la formación de placas ateromatosas.

La **disfunción endotelial** desempeña un papel importante en la génesis de la placa de ateroma, así como también en la progresión rápida del proceso aterosclerótico. En la figura 4 se muestra una arteria normal y una con una placa de ateroma:

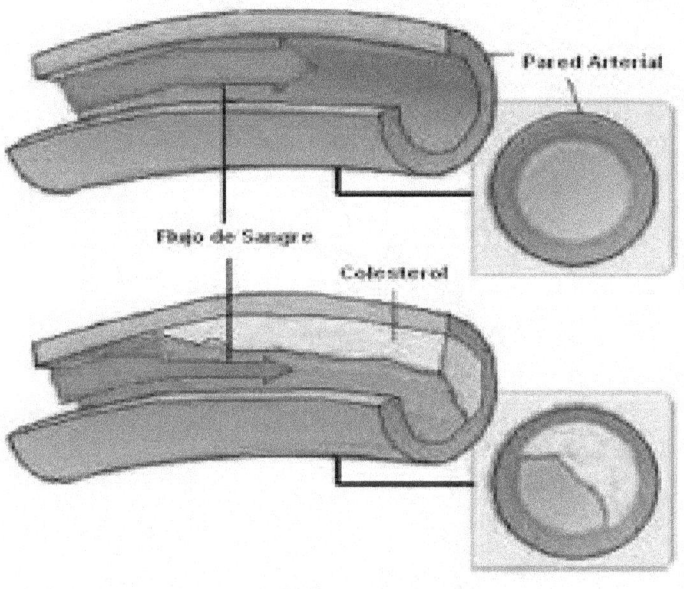

Figura 4

La disfunción endotelial precede a la aparición de la placa ateromatosa y se halla presente en individuos con factores de riesgo cardiovascular como la:
hipertensión arterial,
la diabetes,
la dislipemia.

En suma
SÍNDROME METABÓLICO

Estas observaciones han estimulado el interés por desarrollar técnicas que permitan **identificar y cuantificar la Disfunción Endotelial**, así como también establecer su relación con la enfermedad cardiovascular y, fundamentalmente, establecer el valor pronóstico de la DE tanto en individuos en apariencia sanos como en aquellos con factores de riesgo y/o enfermedad vascular establecida. Se podría decir que gran parte de las patologías reside en la enfermedad del endotelio. **Un endotelio enfermo: es permeable, adhesivo y no es elástico.**

OXIDO NITRICO (ON)

El **ON** es liberado por las **terminaciones nerviosas** (estimulación de los nervios no adrenérgicos y no colinérgicos en el plexo parasimpático pelviano) y del **endotelio vascular** (por las células endoteliales vasculares y sinusoideas) de los cuerpos cavernosos; difunde en las células de músculo liso y es el principal NT que participa en este proceso.

Sitios de acción de neurona parasimpática (sistema autónomo) y del Sistema No Adrenérgico No Colinérgico (NANC)

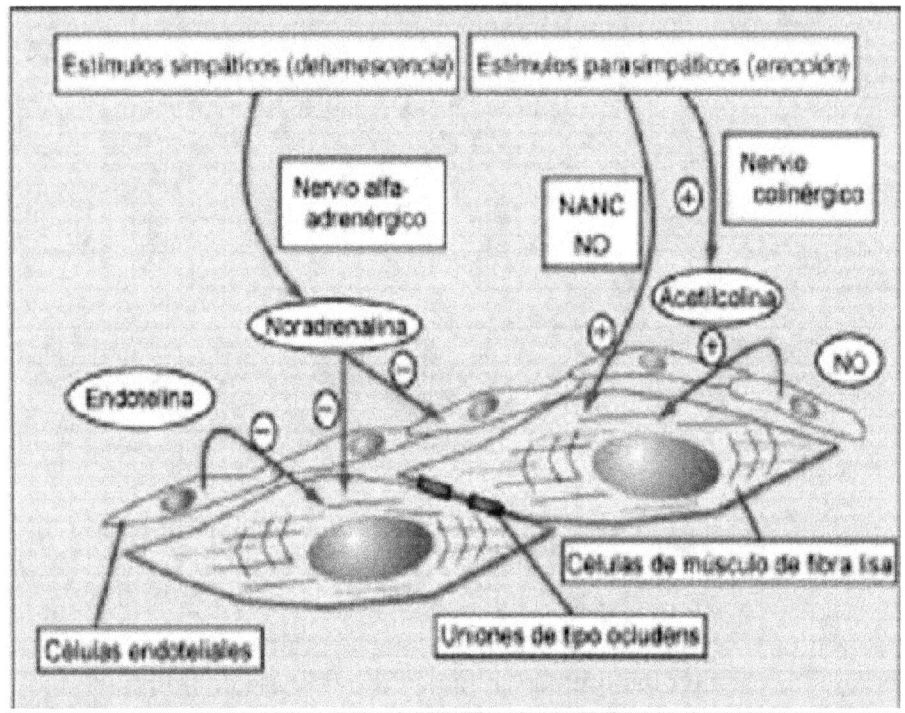

Figura 5

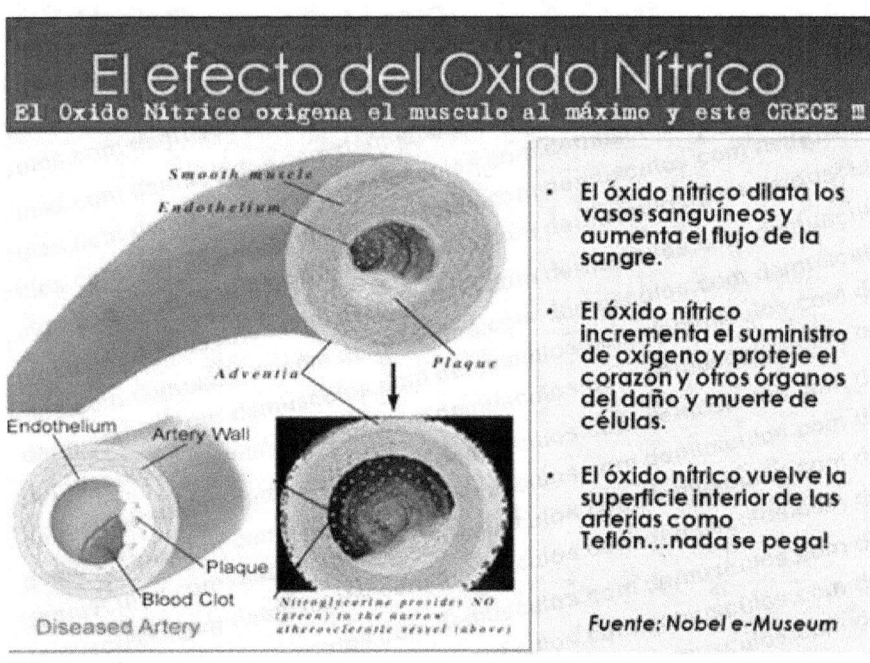

Figura 6

En el músculo liso se origina la activación de las principales vías moleculares: el ON (a partir de la Sintasa del ON) activa la enzima GUANILATO CICLASA, que aumenta las concentraciones de GUANOSIN MONOFOSFATO CÍCLICO (GMPc) obtenida del GUANOSIN TRIFOSFATO (GTP), y el PIV aumenta las concentraciones de MONOFOSFATO DE ADENOSINA CÍCLICO (AMPc) derivada del TRIFOSFATO DE ADENOSINA (ATP) por medio de la enzima ADENIL CICLASA (AC).

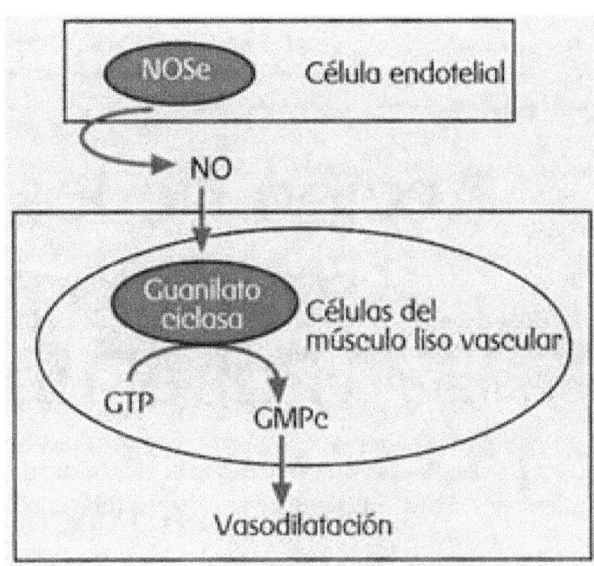

Figura 7

Cuando el estímulo sexual causa la liberación local de ON, la inhibición de PDE5 aumenta los niveles de GMPc en el CC y produce relajación del músculo liso y el influjo de sangre al cuerpo cavernoso y **ERECCIÓN.**

La producción de GMPc puede ser comprometida por la enzima de **PDE 5**, que funciona esencialmente como un mecanismo protector al descomponer GMPc e impedir que el pene permanezca permanentemente erecto. Las erecciones requieren un equilibrio entre **PDE-5 y GMPc**; **sin un nivel alto de GMPc, las erecciones ni pueden lograrse ni mantenerse.**

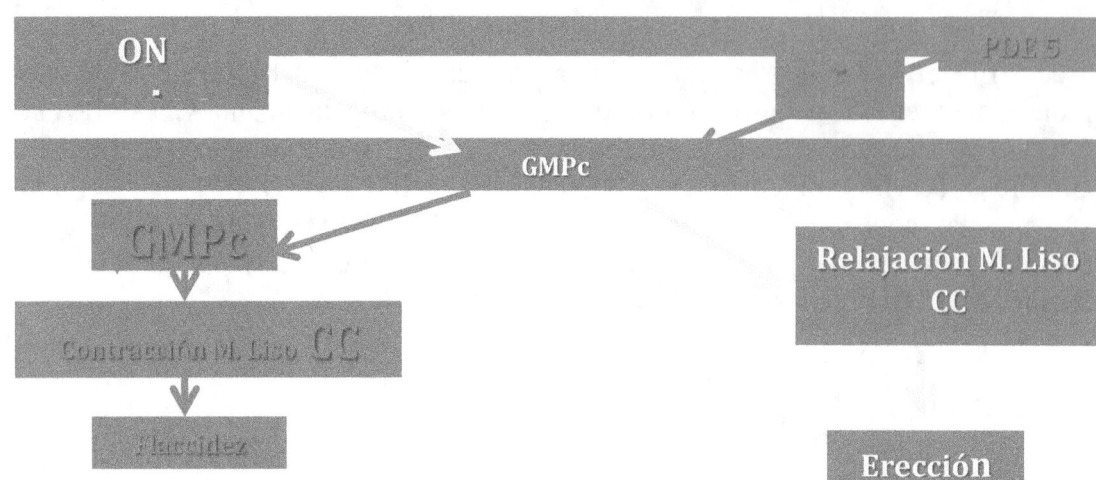

Figura 8

Las lesiones endoteliales imposibilitan un equilibrio adecuado de estos mensajeros y son responsables de:
- Reducción del flujo de sangre con un aporte deficiente de oxígeno a los tejidos, lo que determina una disminución de las concentraciones de **ON**, así como un incremento de los valores de **endotelina.**
- **Endotelina 1 causa vasoconstricción**, lo que determina hipovascularización, y ocasiona **hipotrofia del músculo liso cavernosos** por sobre - expresión de colágeno.
- A ello se añade la **incapacidad de las venas peneanas de mantenerse ocluidas** durante la erección, lo que causa evacuación sanguínea precoz (detumescencia) y la incapacidad del tejido sinusoidal para distenderse.

El resultado final es la **imposibilidad de lograr una erección adecuada.**

Ambos, GMPc y AMPc, provocan la activación de una proteína kinasa específica que abre los canales de potasio (K) y una hiperpolarización de la membrana de las células musculares, con el consiguiente secuestro del calcio (Ca) intracelular dentro del retículo endoplásmico y un bloqueo de la entrada de Ca por la inhibición sus canales.

El balance de todos los factores neuroendocrinos determina la intensidad de mensajeros celulares que, a su vez, dependen del nivel de **Calcio citoplasmático.**

En la figura 9 se puede observar el comportamiento del Calcio (Ca) en el músculo liso durante la contracción (flaccidez). El Ca cruza los canales sin restricción y la célula tiene Ca en su interior.

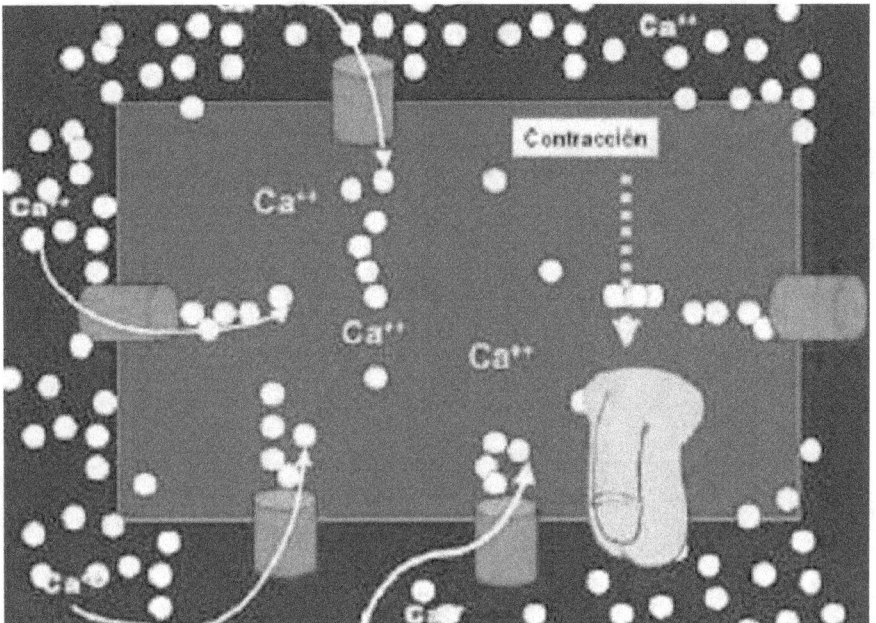

Figura 9
Comportamiento del Ca en el músculo liso durante la relajación (erección). El Ca no puede cruzar los canales y queda secuestrado dentro del reticulo endoplásmico.

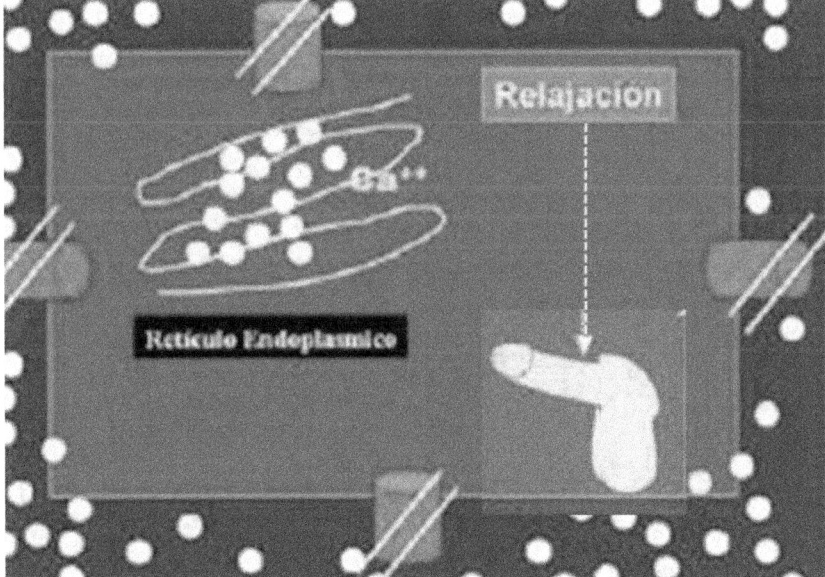

Figura 10
Aquí el Comportamiento del potasio (K) en el músculo liso durante la contracción (flaccidez). El K cruza los canales sin restricción y la célula se carga positivamente en su interior.

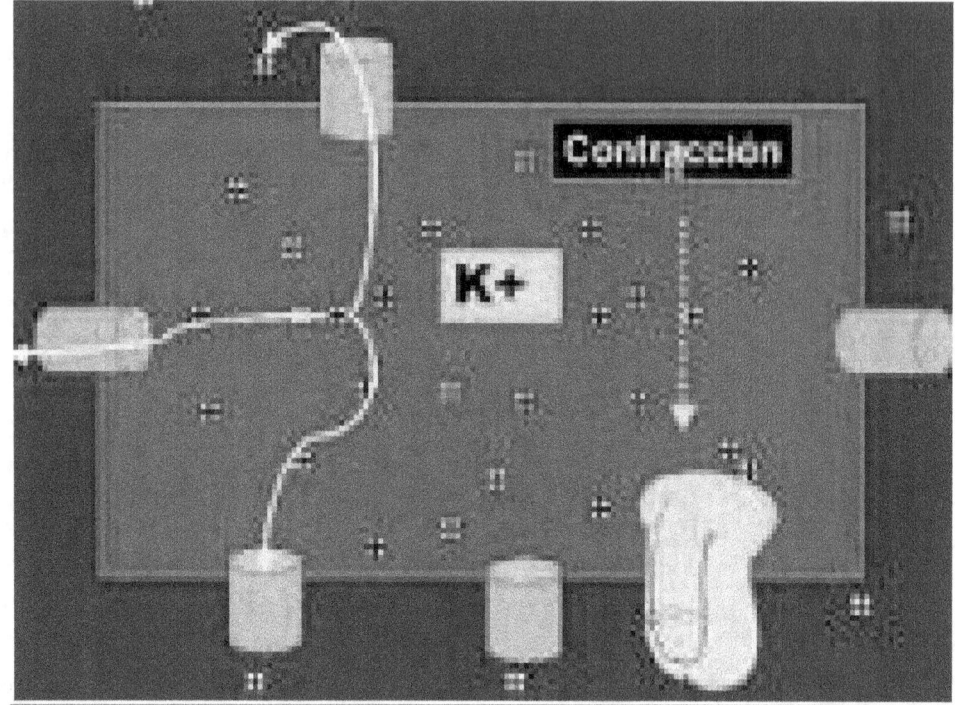

Figura 11

Comportamiento del K en el músculo liso durante la relajación (erección). El K cruza los canales de la célula y ésta se carga negativamente en su interior.

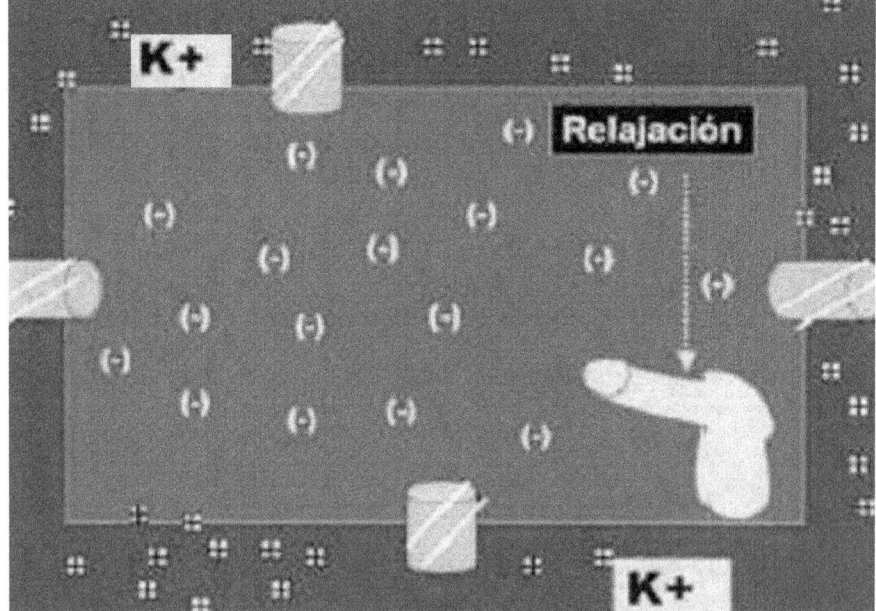

Figura 12

INHIBIDORES DE LA 5 FOSFODIESTERASA (PDEs)

Las fosfodiesterasas (PDEs) son las enzimas que hidrolizan los nucleótidos cíclicos (AMPc y GMPc).

Existen varias familias de PDEs.

Actualmente son de considerable interés terapéutico en una variedad amplia de enfermedades, por sus acciones vasodilatadoras, broncodilatadoras y antiinflamatorias, no sólo la PDE 5, sino también la PDE4, la PDE1, PDE3 y PDE7 quizás también sean de interés como metas terapéuticas[18]. Hablamos no sólo de enfermedades ateroscleróticas, sino también patologías pulmonares y aún aquellas que afectan la esfera cognitiva (Alzheimer). Esto último, por supuesto requiere de más investigaciones[19].

Existen dos mecanismos fundamentales para aumentar los niveles de GMPc dentro de las células cavernosas de músculo liso:

- Aumento de ON (no ha sido clínicamente efectivo) Les aviso para aquellos que anden buscando ON para tomar: lamento informarles que no tiene sustento científico.
- **Disminución de la degradación de GMPc.**

El último ha contribuido a la revolución del tratamiento de disfunción eréctil.

TADALAFILO

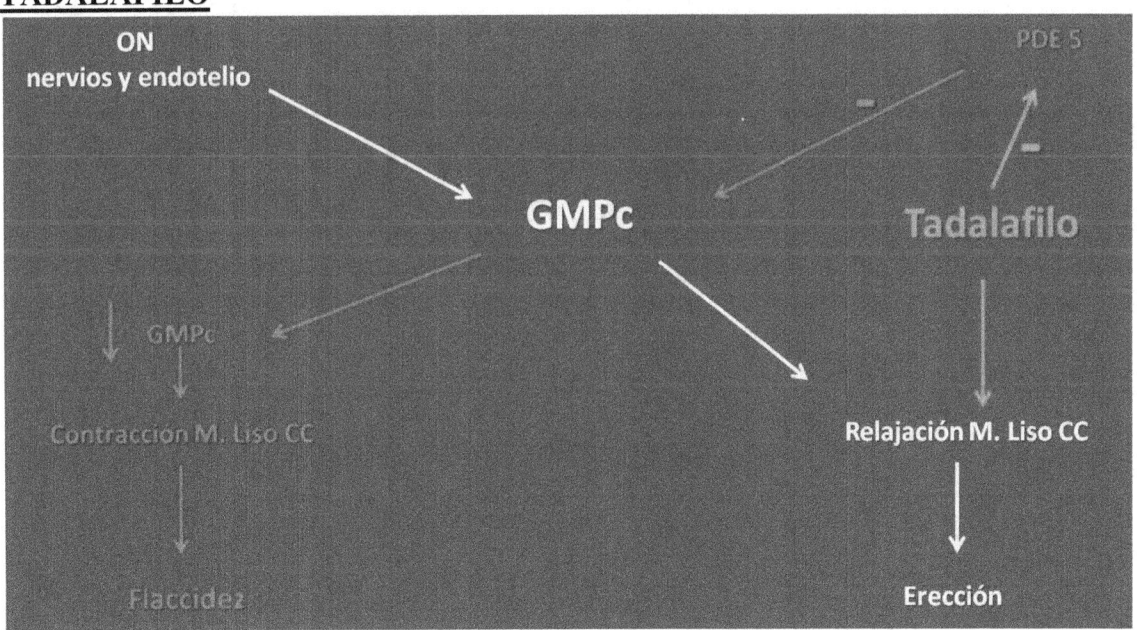

Figura 13

---

[18] Halpin DMG. ABCD of the phosphodiesterase family: interaction and differential activity in COPD. Int J Chron Obstruct Pulmon Dis. 2008;3(4):54361.

[19] Bender AT, Beavo JA. Cyclic nucleotide phosphodiesterases: molecular regulation to clinical use. Psychopharmacology. 2009;202(1-3):41943.

Vasodilatador para la DE de acción rápida y prolongada. Inhibidor potente, reversible y con alta selectividad de la PDE 5, enzima responsable de la degradación de GMPc en los CC aumentando y prolongando la erección. Carece de efecto en ausencia de estímulo sexual. Inicio de acción rápido, aprox. 16 min. Pico plasmático a las 2 hs vida media 17, 5 hs. Manteniendo su erección entre 24 a 36 hs.

Es unas 10 000 veces más potente sobre la PDE5 que sobre otras fosfodiesterasas, como la PDE3, que se encuentra sobre todo en el corazón y los vasos sanguíneos; o la PDE7, que se encuentra en la retina, por lo que es capaz de mantener la función eréctil sin producir efectos secundarios importantes debido a la inhibición de otras fosfodiesterasas[20].

PDE5 es la enzima intracelular que cataliza el deterioro de GMPc. Esta molécula puede ser inhibida por los inhibidores orales de PDE5, como el el tadalafilo y otros, los cuales refuerzan el efecto del ON e inhiben la fosfodiesterasa del tipo 5 (PDE5), responsable de la degradación de GMPc en el cuerpo cavernoso.

Tadalafilo tiene una estructura química diferente del sildenafil.

Contraindicaciones

Menores de 18 años. Tratamiento concomitante con nitratos, nitritos o dadores de óxido nítrico o con antagonistas alfa adrenérgicos. Cardiopatía, intolerancia a la galactos o malabsorción de glucosa-galactosa.

Precauciones

Arritmias, hipotensión o hipertensión arterial de difícil control, angina inestable o angor durante el coito, IC clase II de la NYHA., Antecedentes de IAM o ACV 6 meses previos. Mayores de 65 años. IR e IH severa. Predisposición al priapismo (anemia falciforme, mieloma múltiple, leucemia. Malformaciones penianas (angulación, fibrosis, enfermedad de Peyronie). Retinitis pigmentaria.

Efectos secundarios

Cefalea, dispepsia. Mareos, rubor, congestión nasal, mialgias, hipotensión arterial. Raras: alteraciones visuales, pérdida de la audición temporal o permanente, frecuentemente unilateral, tinnitus, vértigo, mareos.

Interacciones

Aumenta la concentración plasmática de fármacos metabolizados por vía del citocromo P450 CYP3A4 (Macrólidos, Ketoconazol, itraconazol, jugo natural de pomelo, ácido valproico, amodarona, quinolonas, verapamilo, diltiazem, ISRS). Puede potenciar el efecto de antihipertensivos, nitratos, nitritos y dadores de óxido nítrico.

---

[20] Farmaruario. Edición N° 22 2012.

Posología

Se recomiendan 20 mg tomados antes de la actividad sexual, independientemente de las comidas o el contenido de grasa de esta.

Puede tomarse desde 30 minutos y hasta 12 hs antes de la actividad sexual, con lo que se obtienen concentraciones plasmáticas máximas de tadalafilo alrededor de las 2 horas.

La eficacia de tadalafilo puede durar hasta 36 horas después de la administración.

La vida media de tadalafilo es 17,5 horas en los hombres jóvenes y quizás sea hasta 22,5 horas en los ancianos. Esta farmacocinética da al tadalafilo la ventaja de permitir la espontaneidad en el sexo, y le da a la pareja una ventana abierta para la relación con éxito.

El tratamiento concomitante con nitratos está contraindicado debido a la sumación de efectos vasodilatadores. No se deben utilizar en varones con enfermedades cardíacas para los que la actividad sexual está desaconsejada, así como haber sufrido infarto de miocardio en los 90 días previos, pacientes con angina inestable o angina producida durante la actividad sexual, pacientes con insuficiencia cardíaca correspondiente a la clase II o más graves de la clasificación de la *New York Heart Association* (NYHA) en los seis meses anteriores, pacientes con arritmias incontroladas o que hubieran sufrido un ACV en los 6 meses previos.

Se metaboliza mediante las isoenzimas CYP3A4 del citocromo P450 y, por lo tanto, puede ocasionar interacciones con fármacos que inhiben o inducen este sistema enzimático o son metabolizados por él (eritromicina, claritromicina, o itraconazol).

Característica[21]	Tadalafilo (Cialis)	Sildenafil (Viagra)
Dosis usual antes de actividad sexual	10 o 20 mg 20 min	50 a 100 mg 1 hora
Dosis usual diaria	5 mg/día	
Inicio de acción	16 min	15 a 27 min
Duración de la acción	36 hs	8 hs
Pico máximo de concentración	2 hs	
Vida media	18 hs	3 a 4 hs
Interacción con alimentos	Sin efecto	Comida grasa retrasa
Efectos secundarios	Cefalea, rubor, congestión nasal, dispepsia, dolor de espalda, sin efecto visual	Cefalea, rubor, congestión nasal, dispepsia, trastornos visuales
Interacciones farmacológicas	Nitratos	Nitratos

---

[21] En la tabla no se comparó con el Vardenafil (el otro inhibidor de la PDE 5).

Las reacciones adversas comunicadas con tadalafilo son transitorias, en general leves o moderadas, cefaleas, (14,5%), mareos (2,3%), dispepsia (12,3%), sofocos (4,1%), congestión nasal (4,3%), dolor de espalda (6,5%), mialgia (5,7%), edema palpebral e hiperemia conjuntival.

Tadalafilo es mucho menos activo contra el isoenzima PDE6 que el sildenafil y, en consecuencia, la incidencia de efectos colaterales visuales asociados con inhibición PDE6 en las células del fotorreceptor se reduce enormemente (tadalafilo de <0,1% y con sildenafil de 3%).

Diferentes estudios revelan que es el tratamento preferido o mejor aceptado por los pacientes y sus compañeras, las que informaron «más relajadas, más satisfactorias y más duraderas las experiencias sexuales con tadalafilo en comparación con el sildenafil».

Hipertrofia Prostática Benigna (HPB) y Tadalafilo

Teniendo en cuenta la alta prevalencia y la sugerida relación fisiopatológica entre Síntomas del Tracto Urinario Iinferior (STUI) y DE en los hombres mayores de 50 años parece imperativo que el tratamiento terapéutico de estas dos entidades (DE y STUI) por parte del equipo de profesionales que cuidan de la salud se realice desde un punto de vista integral.

Recientemente han aparecido evidencias científicas que parecen demostrar que el tratamiento de la DE mejora la STUI, como efecto colateral altamente beneficioso.

Estos resultados han sido confirmados en estudios controlados con placebo[22]

Un primer ensayo, con 281 hombres con STUI moderados o graves fueron aleatorizados para recibir tadalafilo (5 mg durante 6 semanas seguido de un aumento de la dosis a 20 mg 6 semanas más) o de placebo.

Score Internacional de Síntomas Prostáticos (IPSS) mejoró significativamente con tadalafilo 5 mg a las 6 semanas aunque la mejora fue aún más marcado en la semana 12 con la dosis de 20 mg.

Tadalafil 5 mg de o Tamsulosina 0,4 mg una vez al día dio como resultado en mejoras significativas y similares versus placebo en los síntomas STUI/ HPB tan temprano como 1 semana y durante todo el periodo de tratamiento de 12 semanas.

Además, tadalafil y tamsulosina igualmente mejoraron síntomas a través de 12 semanas[23].

---

[22] Sairam K, Kulinskaya E, McNicholas T, et al. Sildenafil influences lower urinary tract symptoms. BJU Int 2002; 90: 836-9.
Mulhall JP, Guhring P, Parker M, et al. Assessment of the impact of sildenafil citrate on lower urinary tract symptoms in men with erectile dysfunction. J Sex Med 2006; 3: 662-7.
Roehrborn CG, McVary KT, Kaminetsky JC, et al. The efficacy and safety of tadalafil administered once a day for lower urinary tract symptoms (LUTS) in men with benign prostatic hyperplasia (BPH). J Urol 2006; 175:527.

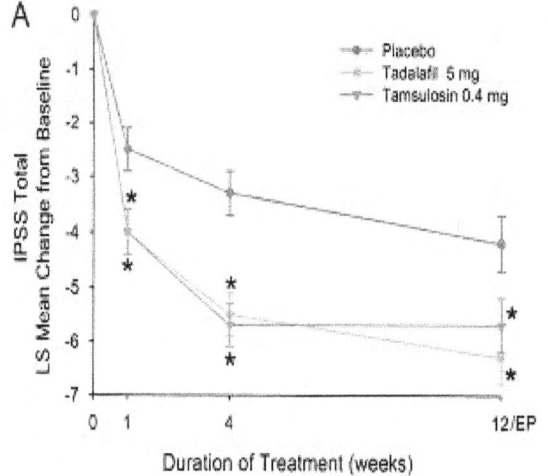

Figura 14 [24]

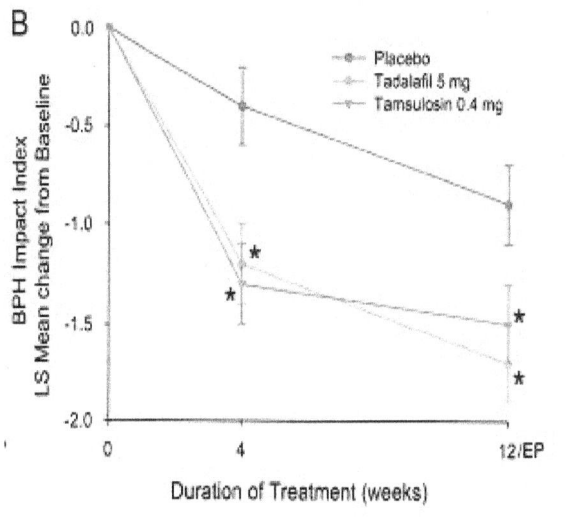

Figura 15 [25]

[23] Monotheraphy with Tadalafil or Tamsulosin similarly improved Lower Urinary Tract Symptoms suggestive of Benign Prostatic Hyperplasia in an Internatioanl, randomised, parallel, plcebo controlled clinical trial. Eur Urol (2012) Matthias Oelke; Francois Giuliano, Vicenzo Mirone, Ley xu, David Cox, Lars Voltrup.

[24] Oelke M, et al. Monotherapy with Tadalfil or Tamsulosin Simillarly Improved Lower Urinary Tract Simptoms Suggestive of Fenign Prosstatic Hiperplasia in an Internancioal, Randomised, Parallel, Placebo_Controlled Clinical.

[25] Oelke M, et al. Monotherapy with Tadalfil or Tamsulosin Simillarly Improved Lower Urinary Tract Simptoms Suggestive of Fenign Prosstatic Hiperplasia in an Internancioal, Randomised, Parallel, Placebo_Controlled Clinical

En suma:
El Tadalafilo es Sólo un proerectógeno?
O además un
- Fármaco para prevenir la ateroesclerosis?

- Fármaco para el tratamiento de la Hipertrofia Prostática Benigna

REFERENCIAS

Resultados sobre la epidemiología de la disfunción eréctil. J Urorogy 2001; 166: 569-575. Resultados del estudio EDEM.

Raheem AA, Kell P. Patient preference and satisfaction in erectile dysfunction therapy: a comparison of the three phosphodiesterase-5 inhibitors sildenafil, vardenafil and tadalafil. Patient Prefer Adherence. 2009;3:99104.

Coward RM, Carson CC. Tadalafil in the treatment of erectile dysfunction. Ther Clin Risk Manag. 2008;4(6):131530.

Furchgott RF, Zawasdzki JV. The obligatory role of endothelial cells in the relaxation of arterial smooth muscle by acerylcholine. Nature 1980;288:373-6.

Moncada S, Palmer RM, Higgs EA. Nitric oxide: Physiology, pathophysiology, and pharmacology. Pharmacol Rev 1991;43:109-142.

Yanagisawa M, Kurihara H, Kimura S, Goto K, Masaki T. A novel peptide vasoconstrictor, endothelin, is produced by vascular endothelium and modulates smooth muscle Ca2+ chanels. J Hypertens (Supl):1988;6:188-191.

Halpin DMG. ABCD of the phosphodiesterase family: interaction and differential activity in COPD. Int J Chron Obstruct Pulmon Dis. 2008;3(4):54361.

Bender AT, Beavo JA. Cyclic nucleotide phosphodiesterases: molecular regulation to clinical use. Psychopharmacology. 2009;202(1-3):41943.

Farmaruario. Edición N° 22 2012.

Sairam K, Kulinskaya E, McNicholas T, et al. Sildenafil influences lower urinary tract symptoms. BJU Int 2002; 90: 836-9.

Mulhall JP, Guhring P, Parker M, et al. Assessment of the impact of sildenafil citrate on lower urinary tract symptoms in men with erectile dysfunction. J Sex Med 2006; 3: 662-7.

Roehrborn CG, McVary KT, Kaminetsky JC, et al. The efficacy and safety of tadalafil administered once a day for lower urinary tract symptoms (LUTS) in men with benign prostatic hyperplasia (BPH). J Urol 2006; 175:527.

Matthias Oelke; Francois Giuliano, Vicenzo Mirone, Ley xu, David Cox, Lars Voltrup Monotheraphy with Tadalafil or Tamsulosin similarly improved Lower Urinary Tract Symptoms suggestive of Benign Prostatic Hyperplasia in an Internatioanl, randomised, parallel, plcebo controlled clinical trial. Eur Urol (2012).

Oelke M, et al. Monotherapy with Tadalfil or Tamsulosin Simillarly Improved Lower Urinary Tract Simptoms Suggestive of Fenign Prosstatic Hiperplasia in an Internancioal, Randomised, Parallel, Placebo_Controlled Clinical.

Oelke M, et al. Monotherapy with Tadalfil or Tamsulosin Simillarly Improved Lower Urinary Tract Simptoms Suggestive of Fenign Prosstatic Hiperplasia in an Internancioal, Randomised, Parallel, Placebo_Controlled Clinical.

El Espejo de la Sexualidad en la Sociedad

Stuart Oblitas Ramírez[26]

Los grandes cambios socioeconómicos y los progresos científicos que se vienen dando en la actualidad, han venido transformado las concepciones y paradigmas en las diferentes culturas y sociedades latinoamericanas, provocando distintos cambios en las actitudes y comportamientos sexuales de las personas. Sin embargo, a pesar de todos estos avances, aun mantenemos en nuestro inconsciente, huellas emocionales cargadas de culpabilidad y represión que fueron generadas por creencias religiosas de tipo anti: antisexuales, antieróticas, antiplacer, y antihumanistas.

A todo esto le agregamos también otros factores que influyeron y/o determinaron durante muchos años el comportamiento del ser humano, como por ejemplo, la conducta machista, la educación de doble moral (represiva para las mujeres y permisiva para los varones), el mensaje puritano, conservador y evitativo, o el mensaje culpabilizador, que condenaba al individuo de manera integral como ser humano, generándole sentimientos de culpa y estados emocionales al borde del abismo.

Todos estos factores se mantuvieron vigentes en muchos países del mundo occidental hasta casi la llegada del siglo XXI, sin embargo, aún muchos de ellos, se encuentran presentes en diferentes comunidades de los pueblos hispanos.

Por muchos años, el ser humano estuvo oculto, perdido en su propio laberinto, guardado en su propio armario emocional, intentando rescatar y expresar lo que humanamente fuera digno y permitido por una sociedad que no tenía piedad en apuntar con el dedo a todo comportamiento sexual liberal, y cuando digo liberal, no me refiero a la libertad que agrede y usurpa los derechos de los demás, todo lo

---

[26] Psicólogo/Psicoterapeuta - C.Ps.P. 7380 – Lima, Perú

contrario, hablo de la libertad con uno mismo, de la libertad de opinar y mostrar su propio espejo, su propio yo, su yo sexual.

Mucha gente se ha preguntado o cuestionado alguna vez sobre su crecimiento personal, pero quizás, muy pocas veces lo haya hecho con respecto al desarrollo y evolución de sus actitudes sexuales, sobre sus esquemas y paradigmas, sobre su sexualidad y la de los demás, y la manera cómo el mundo ha ido cambiando e influyendo en el comportamiento del ser humano. Quizás muchos aún no lo hayan hecho por vergüenza, o porque quizás no le dieron la debida importancia, y es por eso, que aún la visión que tenemos del sexo mantiene esas huellas digitales, esas tintas indelebles de esquemas y paradigmas anti todo, que nos llevaron a ocultar ese otro lado de nuestra humanidad como seres sexuales.

La sociedad ha ido cambiando, y cada uno de nosotros ha ido variando sus actitudes de alguna manera frente a todos estos acontecimientos sociales, pero si no has sido capaz de observar este cambio, esa transición mental, emocional y actitudinal, entonces aún no has sido capaz de hacerte consciente y además responsable de la influencia de estos factores en tu comportamiento sexual.

Esta liberación sexual en los últimos años ha ido creciendo a pasos gigantes, teniendo en consideración la evolución del ser humano en cuanto a su visión del mundo que le rodea, un mundo en donde se abren abanicos de posibilidades para ser como uno quiere ser, para construir su propia identidad basándose en esa transición desde lo "no debo hacerlo" o "no debo ser" hasta lo "puedo hacerlo" o "quiero ser" que marcan la pauta de la nueva ruta que hoy toma la sexualidad en el mundo.

A pesar de la aparición de elementos nocivos en esta liberación sexual, el ser humano se ha visto en la necesidad de construir nuevos caminos, de abrir espacios de diálogo para conocer y reconocer que estamos viviendo una distinta etapa psicosexual, es decir, una etapa en donde esos cambios sexuales están influyendo en la psicología individual y colectiva de tantas sociedades.

Ahora, a pesar de que aún existe y existirán actitudes represivas y vergonzosas frente a la sexualidad, es más común escuchar hablar a la gente de poses sexuales, de homosexualidad y bisexualidad, de matrimonios del mismo sexo, de sexo oral, de sexo anal, de tríos, de divorcios, de no casarse y no tener hijos, temas que hace muchísimos años atrás jamás se hubieran hablado o se hubieran hecho a escondidas, entre cuatro paredes y con la pareja, pero con la idea de haber sido juzgado y criticado de liberal, de vergonzoso, o de depravado.

Pero, ¿dónde y cuándo comenzaron este cambios? quizás en las últimas tres décadas se fueron dando con mayor notoriedad, cuando algunas enfermedades como la aparición del SIDA con sus implicancias psicológicas y sociales contribuyó a tomar conciencia de que había que enfrentar este tsunami sexual, que se avecinaba de manera cautelosa al inicio para luego dar paso a una realidad en donde el ser humano indefectiblemente sufriría cambios en su comportamiento sexual.

La migración poblacional hacia las capitales de países latinoamericanos, como en el caso del Perú, donde los migrantes de tantas regiones han desplazado sus pasos hacia la búsqueda de nuevos horizontes laborales, de nuevos estilos de vida para sacar adelante a sus respectivas familias, ha generado sustanciales cambios en ese intercambio cultural entre la gente de las diferentes regiones del país y las diferentes ciudades, que con sus características particulares han derivado en comportamientos que hoy en día es necesario abordar si es que no se quiere caer en la desigualdad social y en el sexismo tan marcado, que fue practicado durante tantos años, y aún en muchos lugares, sigue existiendo en detrimento del ser humano y de esa sociedad que clama justicia e igualdad.

Debemos tener en cuenta que no hay avance social si no hay avances individuales, y viceversa, no habrán avances individuales, si no hay avances sociales, porque una cosa es avanzar y progresar económicamente y otra muy distinta es avanzar sin brújula comportamental, sin un sentido de vida que integre tu desarrollo profesional y tu desarrollo psicosexual, que conecte tus emociones y tus conductas, como ser sexual, como ser erótico, como ser con sentimientos, y también como ser con creencias y paradigmas respecto a la vida y a sí mismo como individuo sexual.

La tecnología, así como el desarrollo económico de los países latinoamericanos, ha traído consigo una serie de posibilidades para mejorar la calidad de vida de las personas, sin embargo, hay aún muchos obstáculos que tenemos que superar, y son precisamente estas experiencias vivenciales que han marcado nuestra pauta de conducta en diferentes ámbitos de la vida, como es el caso de la sexualidad, desde la niñez hasta la etapa adulta, y que se relaciona con la forma en que la vivimos y la expresamos con nosotros mismos y con los demás. Si estas experiencias, que marcaron la pauta del comportamiento sexual de nuestros antepasados nos acompañaran hasta la actualidad, ningún avance tecnológico ni económico servirá para modificar y moldear un nuevo comportamiento que optimice nuestros recursos y alcance con seguridad estilos de vida sexuales saludables, como en el caso de las parejas con problemas sexuales (el cual tocaremos más adelante), que no tienen una idea clara de cómo solucionarlas, o los matrimonios que enfrentan dificultades en las diferentes etapas del desarrollo de sus hijos, y en donde negarles una información pertinente les aleje de toda posibilidad de desarrollar una educación sexual que les brinde la oportunidad de decidir responsablemente su futuro.

Hoy en día, las familias, al menos en el sector urbano, ya no son tan numerosas como antes, el número de hijos para muchas parejas se convirtió en una carga difícil, la mujer salió de casa para emprender un camino en su desarrollo personal y profesional, ambos empezaron a tener muchas responsabilidades y crecimientos laborales que los distanciaron no solo de la crianza y educación de sus hijos, sino también de poder compartir tiempo con ellos, y darles estilos de vida dignos que ellos necesitan para prepararlos en lo que será su vida adulta, como seres sexuales. Es por eso que la educación sexual se hace imprescindible desde tan pequeños, para garantizar personas más empoderadas, con mejor autoestima, y más seguras de sí mismas.

Y como no educar para la sexualidad, si tomamos en cuenta los altos índices de divorcio, donde cada vez hay más parejas y matrimonios con dificultades de comunicación, de infidelidad y violencia intrafamiliar, donde el crecimiento y empoderamiento de la mujer modificó su tolerancia por la intolerancia a muchos áreas del comportamiento masculino y también ella se masculinizó para dar paso a luchas de poder por demostrar quién es el más fuerte de los dos dentro del matrimonio.

Si no contamos con la educación como herramienta para manejar el comportamiento sexual de las personas, entonces habrá probablemente distintas dificultades para corregir conductas tempranas en los niños y así evitar que estas sufran modificaciones que trastornen su comportamiento sexual cuando se va haciendo adulto, y con las consecuencias que ello conllevaría si esperamos y urgimos de grandes cambios no solo en nuestro país, sino también en muchas sociedades latinoamericanas.

Todos estos fenómenos han cambiado el papel reproductivo de la mujer, hay más personas con menos necesidades de llegar al matrimonio, optando por una convivencia como una oportunidad de conocerse mejor sin tanto compromiso legal, incluso vemos cómo se han reducido los actos sexuales reproductivos, dejando de lado la sexualidad orientada solo a la procreación de hijos, para dar paso a los actos sexuales recreativos, en donde se incluyen las sensaciones, el erotismo, los deseos y fantasías sexuales, así como las necesidades de cada individuo.

Nadie duda que el sexo ocupa una parte importante de la vida de nuestra especie, está presente de forma directa o indirecta en todas nuestras actividades, porque el hombre es la única especie que habla y razona, pero también es una de las pocas que mantiene una sexualidad constante, incluso desde antes de la pubertad. Por eso es que nos preguntamos con tanta curiosidad ¿Qué es el sexo? ¿Qué es ser hombre y qué es ser mujer? ¿Por qué ocurre la infidelidad? ¿Por qué existe el machismo? ¿Por qué nos gustan determinadas personas y otras no? ¿Por qué condenamos la violencia sexual, el aborto o el incesto? ¿Cómo se forma la homosexualidad? ¿Por qué la menopausia en la mujer?, etc.

La sexología tiene un papel fundamental en toda sociedad, un rol que tiene como misión educar y formar individuos sanos mental y emocionalmente, principalmente por todos estos fenómenos demográficos y socioeconómicos que nos conducen a un replanteamiento del papel de la sexualidad en la vida de cada ser humano.

Si analizamos el caso de la mujer y su desempeño en la sociedad, vamos a encontrar distintos cambios que en su sexualidad ha venido experimentando, por ejemplo, su labor ya no solo como madre sino como profesional y como persona laboral, su posicionamiento en las empresas, en partidos políticos, en proyectos sociales, etc; llegando a ocupar importantes cargos ejecutivos, ha definido su nueva personalidad, su posición frente a la vida, que le han servido no solo para reconocer sus derechos como persona sino también para hacer ejercicio de ellos y hacerlos respetar. Toda mujer que hoy goza de salud mental, es en parte a un proceso de reflexión y preparación que ha venido teniendo en su vida para adquirir herramientas que la empoderen y que la desliguen de toda relación dependiente y subordinada que condicionaba su crecimiento y desarrollo, que ubicaba sus derechos por debajo de los derechos de los demás. Este crecimiento y desarrollo de una nueva personalidad y actitud frente a la sociedad y a cada una de sus áreas de vida, hizo que cada vez más mujeres se atrevieran a pronunciarse para salir de ese estado represivo cargado de culpas que durante tanto tiempo prohibieron su expresión sexual de manera espontánea y natural.

Pero a pesar de los avances que la mujer ha experimentado, aún hay mucho por trabajar, porque todavía se mantienen en muchas de ellas, sentimientos de culpa, vergüenzas frente a su propia sexualidad, a pesar de su crecimiento profesional, el sexo todavía es una parte que no ha ido a la misma velocidad que sus otras áreas, ya que a pesar de su avance percibo aún muchísimas concepciones negativas sobre la sexualidad, muchos sentimientos de vergüenza incluso hasta para hablar de ella, de su cuerpo, de su clítoris, de su vulva y vagina, de sus senos y de sus relaciones sexuales, como si cada uno de estos elementos fueran prohibidos y es que se mantienen ligados a concepciones como "el sexo malo", "el sexo pecado", "el sexo demoníaco", etc.

En el inconsciente de muchas personas el concepto de sexo está aún asociado con vergüenza, con tabú, como algo prohibido del que no se debe hablar, solo expresarse durante el acto sexual y entre cuatro paredes, a escondidas y en voz baja para que nadie nos tilde de depravados o de ninfómanas. Nada más lejano de la realidad, el que la gente intente apartar o negar su propia sexualidad como si se tratara de un mosquito que pica y no nos dejara en paz. Negar o reprimir, esconder y avergonzarse, culparse y aún peor, condenarse por expresar los deseos sexuales, por tomar la iniciativa y despojarse de toda inhibición, sería una práctica demasiada irresponsable y nociva para el equilibrio psicológico y emocional de las personas.

Desde niños, desde que somos pequeños ya manifestamos muchas experiencias y sensaciones corporales, desde la etapa oral hasta la fálica, desde el momento en que los niños se "enamoran" de la madre y las niñas del padre, desde el momento en que empiezan a sobarse sus genitales con sus manos o con algún objeto de manera inocente y espontánea, es en esos momentos cuando el ser humano entra en contacto con su realidad sexual, con su erotismo, con sus sensaciones y sobre todo, con su cuerpo, su vehículo de tantas expresiones para comunicar lo que siente y lo que piensa. Tantas veces al niño se le consideró un ser asexual y se le castigó por tocarse los genitales, por explorarlos o por hablar de ellos, porque se pensaba que el pasar por alto estas conductas tarde o temprano terminarían corrompiendo su erotismo y sus deseos sexuales ya sea en la pubertad o en la adolescencia. Nada más irracional y lejano de la realidad.

Considero que el doble mensaje o el mensaje disonante entre lo que se dice y lo que se hace, termina por quebrar la posibilidad de la autorrealización sexual del individuo, se extingue el intento de la socialización de los conceptos ligados al sexo, y se ejecutan las emociones y sensaciones ligadas a ellas.

Algunas instituciones tienen hasta ahora bastante influencia en la posición y actitud de las personas en torno al sexo y la sexualidad, en la manera cómo la viven y la expresan y como no, también tienen bastante influencia en las dificultades sexuales que muchas veces presentan durante el transcurso de sus vidas, en sus relaciones interpersonales y en su intimidad cuando conforman una relación de pareja. La religión, la escuela, la familia, las instituciones de salud, las leyes y autoridades, etc; todas tienen su posición frente a la educación sexual de las personas, a la expresión de sus sensaciones y sentimientos, pero lamentablemente muchas de ellas optan por el castigo y la culpa o la represión, limitando o ignorando la misma naturaleza humana por desinformación o vergüenza, o quizás también por esa absurda actitud arrogante de creer que se tiene siempre la verdad absoluta, de que todo es dado para todos por igual, sin tomar en cuenta la subjetividad e individualidad de cada persona, de sus necesidades y experiencias, de sus expectativas y deseos, que lo hacen un ser distinto a cualquier otra especie sobre la tierra.

Por el contrario, la televisión (programas de concursos con alto contenido erótico), la literatura y revistas de moda, la música y la publicidad en general, constantemente nos bombardean con distintos mensajes sexuales, como los casos de la publicidad de cervezas, cigarrillos, o la simple estación veraniega, que sirven de excusa para exponernos a conductas voyeristas, donde vemos cuerpos semidesnudos, fomentando la creencia que para pasarla bien hay que emplear y desatar el nudo de los prejuicios sexuales para ser feliz y tener prestigio social, o en todo caso, para reforzar nuestra propia virilidad y masculinidad.

Tomemos en cuenta que cada uno de nosotros fue descubriéndose a sí mismo, algunos tardaron más en conocerse que otros, otros fueron mucho más rápido en su exploración y descubrimiento de sus necesidades sexuales, y es porque cada uno de nosotros buscaba formar sus propios valores y definir su propia identidad sexual, pero muchas veces sin una brújula que marcará la pauta de cómo hacerlo, tal parece que el instinto fue nuestra única herramienta para lograrlo.

Por otro lado, la juventud de hoy ha cambiado en cuanto a sus primeras experiencias sexuales, a diferencia de antes que uno se iniciaba por lo general pagando a una prostituta por un servicio sexual, ahora los jóvenes, que cada vez empiezan sus relaciones sexuales a más temprana edad, se inician teniendo relaciones con una enamorada, o con una amiga o peor aún, con alguien que recién conocen, que se gustaron mutuamente y que sin mediar una relación de pareja ni amical, se fueron a la cama para tener relaciones, y en muchas ocasiones, sin una protección adecuada para evitar riesgos que atenten contra su salud sexual.

Por lo general, los jóvenes necesitan descargar su energía, porque de ello reafirman también su yo sexual, pero en muchas sociedades les prohibieron esa actividad dándoles una información de cómo podían evitar y/o postergar sus relaciones sexuales, es decir, el sexo orientado a la prevención de riesgos, a asociar el sexo con peligro, con riesgos, en lugar de darles herramientas para empoderarse y saber cómo disfrutar de su sexualidad de manera responsable, de disfrutar de su placer y erotismo sin culpas ni condenas, y de aceptar su cuerpo en pro de una autoestima digna, seguro/a de sí mismo/a que le ayudase a madurar.

Las relaciones sexuales prematrimoniales, la exploración sexual con personas que poco conocen, el uso de métodos anticonceptivos, las relaciones sexuales entre amigos, el fuerte impulso sexual, la autoafirmación de la masculinidad (en el caso del varón) etc; son factores que han ido cambiando la visión y el comportamiento sexual de los jóvenes en diferentes sociedades. Como no hablarles de sexo a los jóvenes, cómo no guiarlos en su despertar a la sexualidad, entonces, cómo no dirigir la educación sexual también hacia las emociones y creencias, en vez de dirigir la atención solo a los riesgos y contagios.

La educación sexual debería incluir los aspectos positivos de la sexualidad, el erotismo y el cuerpo, y no solo hablar de los aspectos negativos que de alguna manera siguen sembrando dudas y temores en aquellos que están empezando a conocer sus propias necesidades y cambios. Sin información pertinente, con prejuicios bien definidos, con tabúes que socavan la realidad (para muchos, cruda), con rechazos hacia el propio cuerpo, con mensajes dobles hacia uno mismo y hacia los demás; seguiremos teniendo dudas sobre algo que es nuestro (sexualidad) y que solo depende de nosotros elegir cómo vivirla.

La dominación masculina, la subordinación y pasividad femenina, su papel como madre y esposa, la catastrófica situación de ser soltera para la mujer, el sexo en el matrimonio, el sexo con amor, la represión de las fantasías sexuales, la iniciativa sexual del hombre pero no para la mujer, la aprobación del deseo sexual en el hombre y la inhibición del deseo sexual en la mujer, la poligamia masculina y la monogamia femenina, el orgasmo fingido de la mujer, y el hombre proveedor de orgasmos múltiples, el hombre independiente y la mujer dependiente económica y sentimentalmente, sobre todo para tomar decisiones sobre sus propios intereses, o el hombre poco atractivo vs la mujer de la que se esperaba fuera bella y con ciertas características bastante agradables para el varón como signo de virilidad; siguen siendo aspectos culturales que sirvieron de modelo para muchas generaciones sobre cómo debía ser y expresarse la conducta de hombres y mujeres dentro de una sociedad.

El hombre experto y la mujer inexperta, el macho que seduce a la hembra y la hembra que vuelve loco al macho, son comportamientos que siguen influyendo en las creencias y paradigmas de la gente según su origen y su procedencia.

Este papel que le tocó asumir a la mujer influyó de manera determinante en el comportamiento sexual no solo de la mujer, sino también la del varón, porque ellas adoptaron como propias esas expectativas que la sociedad tenía de ellas, y por lo tanto, los hijos también adoptaron esos paradigmas que durante años se han resistido a cambiar en diferentes partes del mundo, creando sociedades desiguales, donde los derechos solo eran para los varones y no para las mujeres, donde se defendían los criterios masculinos más no los femeninos, porque además ellas asumían su rol calladamente por temor a represalias sociales y culturales.

En el caso del varón la sociedad le tenía reservada muchas expectativas y roles que desempeñar con total eficacia, por ejemplo: ser fuerte, ser proveedor, ser cumplidor con todas las mujeres y en cada una de sus relaciones sexuales, tener varias mujeres, ser competitivo, ser siempre ganador, no ser débil, no perder ninguna oportunidad que se le presente, casarse con una mujer digna y si es posible virgen, ser exitoso, ser un sabelotodo, sobre todo en temas de sexo, medir su virilidad y su capacidad sexual por el tamaño de su pene y el número de orgasmos proporcionados a su compañera, por tener muchas erecciones y mantenerlo erecto durante todo el acto sexual con su compañera, y que tenga la capacidad de contener o controlar su eyaculación el tiempo necesario para poder satisfacer a su pareja, que tenía que asumir el papel activo y no pasivo en la relación, que todo lo concentrara en el coito y los genitales pero no en todo el mapa corporal, que reprimiera sus sentimientos como la ternura y la sensibilidad, por el contrario, se esperaba que fuera fuerte y valiente y muchas veces hasta indiferente con el dolor de los demás, etc.

Estos papeles sexuales tradicionales que les asignaron la cultura y las sociedades occidentales para el hombre y para la mujer fueron marcando el territorio al que debía pisar ambos sexos, y en el cual creaba una total desigualdad frente al entorno inmediato, como es en el caso de la familia, en donde de pequeños madres y padres establecen marcadamente estos estilos de comportamiento que deberán tener según su sexo, en donde por lo general, la hija mujer tenía muchos más roles y responsabilidades que los hijos varones que solo debían atender actividades físicas o que tuviera que ver con el uso de la fuerza. Por supuesto y como era de esperarse, estos comportamientos fueron generalizándose luego a otras esferas de vida, produciéndose la inequidad en el género.

Algunos de estos patrones de conducta felizmente con el tiempo han ido desapareciendo, y a pesar del avance de la mujer en lo profesional y laboral, la realidad también nos refleja que en muchos lugares, poblaciones y regiones de cada país estas asignaciones se mantienen vigentes a pesar de las actividades de sensibilización que cada país se preocupa en trabajar para que hombres y mujeres,

mujeres y hombres, sostengan relaciones interpersonales sanas, justas y sobre todo, tolerantes.

La doble moral tan dañina y tan injusta que fomentó la desigualdad y la subordinación, ha ido cambiando afortunadamente en los últimos años, para dar paso a relaciones más igualitarias y honestas que definitivamente influirán positivamente en la vida de pareja.

Ambos sexos se han enfrentado a una sociedad que sometía a uno y exigía al otro, cada uno actuaba desde lo que la misma cultura les exigía, sin tomar en consideración su propia subjetividad, sus necesidades personales, y las diferencias e igualdades que hay entre ambos sexos. Cómo darse cuenta y hacerse conscientes de que más allá de las expectativas sociales, había una persona (Ud.) que tenía la necesidad de crecer, de avanzar y tomar en cuenta sus deseos personales, y no siempre complaciendo lo que la cultura exigía para corresponder en la construcción de nuestra propia identidad, como varones y como mujeres.

La sexología tiene un lugar importante en cada una de las sociedades en la formación del nuevo individuo, en la transformación de la desigualdad a la igualdad, en el cambio cognitivo de esquemas irracionales y llenos de prejuicios, por esquemas racionales que nos brinden la posibilidad de llevar una sexualidad acorde con nuestras emociones, con nuestros sentimientos, con nuestra propia identidad, sin usurpar ni violar los derechos de otras personas. La generalización de estereotipos para todas las personas, nos quita identidad y nos vuelve esclavos de patrones de conductas de las cuales debemos practicar sin poder cuestionar. El eslabón más difícil de superar en esta situación es que no nos demos cuenta del problema sexual que tenemos, de la vergüenza para pedir ayuda, de los mitos y prejuicios de creer que el hombre todo lo sabe, etc.

Diferencias culturales

Nuestra cultura occidental es heterogénea, tiene diferentes clases sociales, distintas razas, en cada uno de los países o regiones, y como tal, existen distintos comportamientos sexuales que caracterizan y distinguen de las demás. Pero ser de la misma raza o ser parte de una misma clase social, no necesariamente homogeniza la conducta sexual de las personas, ya que la sexualidad cada uno la vive no por su genética y composición biológica solamente, sino también por sus experiencias en cada una de las etapas del desarrollo personal, y de sus paradigmas que estarán determinados precisamente por el avance de la tecnología, como lo es el internet e incluso la televisión por cable.

Todos estos factores influyen en el comportamiento sexual, como lo dijo hace algunos años los estudios de kinsey, según los cuales en las mujeres de menor educación la excitación sexual es menor y sus orgasmos son menos frecuentes, y el juego sexual de la pareja es menos diversificado en las clases inferiores. Se podría decir entonces, que a menor educación o nivel socioeconómico, el erotismo, el goce sexual, la sensualidad, y las demás zonas erógenas del cuerpo (no genitales), disminuirían la capacidad de expresar y gozar mejor de su sexualidad, minimizando el juego erótico y concentrándose totalmente en los genitales (coito) y los resultados del desempeño sexual, sobre todo en el varón que toma en cuenta si su pareja llegó al orgasmo y el número de estos en un solo encuentro sexual.

La intimidad en la pareja es importante, pero lamentablemente muchos lo han entendido como el momento en que una pareja está copulando, sin embargo, la intimidad está también relacionada a los momentos en que la pareja explora otras áreas de su relación como el salir de compras, darse un beso y un abrazo en plena calle, salir a caminar y compartir espacios lúdicos para la satisfacción de expectativas en ambos miembros de la pareja. Si la pareja esta tan concentrada en los resultados del acto sexual, en que el pene se pare y dure todo el acto sexual erecto, o la mujer se sienta preocupada si podrá lubricar o estar a la altura de lo que él espera, entonces la sexualidad en ambos estará viéndose afectada por sostener la intimidad entre ambos en una cama de hotel, al libre albedrío, pero sin una dirección ni guía que les permita conocer y reconocer otros estilos de vivir la vida en pareja y disfrutar del sexo.

Según Kinsey (1948, 1953) hombres y mujeres de las clases bajas solían tener más relaciones premaritales que las clases media y alta de la población blanca, pero en las clases bajas se ponían mucho énfasis en la doble moral. Y otro dato importante que menciona este estudio es que la relación que se establecía entre los sexos era competitiva, explotadora, y por lo tanto, también entre las esposas poco gratificantes. También Kinsey encontró que la masturbación era más frecuente y de mayor aceptación en las clases de más alto nivel educativo. En las clases bajas se le consideraba una anormalidad o un infantilismo. Correlativamente en este estudio se encontró que la frecuencia de las relaciones premaritales aumenta en los hombres en la medida en que su nivel de vida es más bajo.

Estos estudios descubrieron las diferencias que existen también entre grupos sociales en diferentes culturas, que el comportamiento sexual tiene una fuerte resonancia según el nivel educativo y el nivel socioeconómico de las personas, y como los grupos en determinadas regiones y países expresan y manifiestan su conducta sexual en diferentes circunstancias: durante el acto sexual, en las relaciones sociales, entre compañeros laborales, entre padres e hijos, sobre todo cuantos estos empiezan a crecer y hacer preguntas relacionadas con su crecimiento y desarrollo. La educación sexual orienta y le da a la persona un horizonte más claro sobre su cuerpo, sus sensaciones, sus percepciones de lo que le pasa y le sucede a los demás, le dicta una pauta de las relaciones que construye con las personas de su cultura y niveles socioeconómicos como también de otros estratos sociales y distintas culturas.

Durante años la sexualidad ha sido considerada como algo pecaminoso, algo vergonzoso del cual jamás se debía hablar en casa ni tampoco en los colegios, solo la educación sexual se limitaba a hablar de la anatomía de los cuerpos, y diferenciaba la genética en ambos como cromosomas X y Y. Además se brindaba la información por separado, para que los chicos no supieran el "asunto" de las chicas y las chicas tampoco la de los chicos. Esto generaba una curiosidad por saber y descubrir qué era lo que les decían a las chicas que ellos no pudieran saber siendo varones, generando los comentarios malintencionados y sexistas ya desde etapas iniciales en el colegio. Si queremos llegar a la igualdad de los géneros no podemos dividir a los chicos y chicas u orientar la información "solo para chicos" y "solo para chicas", ni tampoco andar jugando a los famosos "¿Quiénes son mejores: los hombres o las mujeres"" o "¿quiénes son más fuertes: los hombres o las mujeres?" frases tan famosas que desde las fiestas infantiles los mismos animadores hacen a los niños/as y que no hacen más que generar desde pequeños esa percepción involuntaria e inconsciente que uno debe ser más fuerte y mejor que el otro.

El papel de los padres, el rol del educador y también del profesional en sexología, son imprescindibles para la formación sexual de toda persona como ser biopsicosocial, que piensa y siente, y actúa en función de sus esquemas de vida. Debemos reconocer que todos los seres humanos, desde edades tempranas y sin importar su procedencia, son seres sexuales y sexuados. Por lo tanto la sexualidad humana debe ser objeto de investigación científica, tal como lo dijo Freud hace algunos años.

Luego vinieron Masters y Johnson con su estudio de la respuesta sexual humana y los problemas sexuales que se presentaban en el hombre y en la mujer. Estos estudios revolucionaron no solo la sexología mundial, sino que constituyeron un avance importante para la humanidad, cambiando paradigmas y creencias sobre la sexualidad masculina y femenina, ya que permitieron dar a conocer aspectos relacionados a los ciclos y fases durante el acto sexual y poder comprender mejor los trastornos que se presentaban en cada una de esas fases durante las relaciones sexuales. Hasta ahora sus métodos vienen utilizándose para el tratamiento de las disfunciones sexuales en ambos sexos con gran eficacia, porque permiten reconocer las causas de estos trastornos, poder abordarlos hasta que la persona pueda superarlos.

Los trastornos sexuales han sido otra área de la sexualidad que trajo diversos problemas en la pareja, inconvenientes que resultaron en conflictos, separaciones y hasta divorcios, a pesar de que muchas personas no creían que el sexo fuera tan importante, al final, este tipo de trastornos o disfunciones sexuales, terminó afectando otras áreas de la pareja y disolviendo determinantemente el vínculo entre ambos. ¿Cómo el sexo, no siendo tan importante para muchas personas, resulta siendo un elemento determinante para el vínculo de la pareja cuando existen dificultades entre ambos para consumar el acto sexual? El discurso de muchas gente sería el siguiente: "el sexo no es tan importante o no es lo más importante en la pareja, pero cuando este comienza a fallar nos damos cuenta que tiene una función importantísima en la relación como vía de crecimiento y desarrollo para ambos". Si ambos comienzan a perturbarse psicológicamente porque él presenta problemas para tener o mantener la erección, o tenga dificultades para controlar la emisión de la eyaculación, o ella tenga dolor al momento de que él intenta penetrarla, o que ella no logra conseguir sus orgasmos aunque esté excitada, ambos no sabrán qué hacer ni a dónde acudir para superar el problema.

La terapia sexual ha sido una estrategia bastante útil para las personas que tienen dificultades en su respuesta sexual, para poder resolver todos los inconvenientes sexuales, sea que tengan una etiología basada en aspectos orgánicos (no aprendidos) o en aspectos psicológicos (aprendidos) que se han mantenido sin resolver durante tantos años. Pero el mayor obstáculo que han tenido los sexólogos para intervenir en los trastornos sexuales, es que, habiendo aún tanta represión, vergüenza y actitudes conservadoras, las personas no han sido consciente o no han querido reconocer que se encontraban ante un problema sexual, ya que como en el caso del varón, por su exceso de preocupación sobre asuntos sexuales y su rendimiento, y según su actitud machista, él no podía jamás permitirse tener un problema con su pene ni con su desempeño sexual con su pareja, y en el caso de la mujer, su escasa preocupación por el sexo, debido al mensaje a la mujer de esconder sus deseos sexuales y sensaciones, optó por actitudes más pasivas e indiferentes frente a sus problemas sexuales, porque no era algo que para ella debería preocuparle tanto si el mensaje social para ellas era: "el sexo no es lo más importante", entonces no podíamos esperar una actitud proactiva y más participativa en la solución de algún problema sexual que ambos tuvieran.

El desarrollo de la sexología contemporánea como ciencia ha sido prácticamente un acontecimiento importante que marcó una nueva etapa y una nueva pauta en todas las sociedades de cada una de las regiones de los países latinoamericanos, pauta que sirvió de enlace entre las expectativas de las personas y el comportamiento adquirido como expresión de sus propios deseos y necesidades sexuales. No debemos dejar de mencionar la labor que realizó Kinsey sobre sus investigaciones sobre la sexualidad humana sus aportes que sirvieron de legado para distintas investigaciones en el campo de la sexualidad. Los pueblos, las naciones, las sociedades necesitan de estudios e investigaciones que expliquen y miren a la sexualidad como un elemento a ser estudiado en sus distintas manifestaciones de acuerdo al lugar y al grupo que la habita.

Uno de los aspectos importantes para el desarrollo de las sociedades es precisamente el uso de la investigación en materia sexual, sobre todo para darle una visión realista a la sexualidad. Es por tal razón que debemos incentivar y estimular la investigación, esta nos seguirá proporcionando datos que nos ayudarán a entender mejor el comportamiento actual del ser humano, y como éste reacciona a diferentes aspectos que se vienen presentando en la actualidad, como el crecimiento económico, la lucha por la igualdad de los derechos de la mujer, la migración de determinados grupos hacia las capitales de los países, el empoderamiento de la mujer y su desarrollo profesional, la decisión por parte de la mujer de tener un solo hijo o no tenerlos, el matrimonio entre homosexuales, el uso de las redes sociales, el avance de la tecnología y el impacto que todos estos factores tienen y tendrán a través de los años en el comportamiento sexual, etc.

Según las investigaciones que se sigan haciendo, los nuevos hallazgos servirán para orientar la educación sexual a cultivar actitudes más proactivas y seguras con respecto al propio cuerpo, al sexo, a los genitales, en las relaciones sexuales, el encuentro sexual con uno mismo (autoerotismo); desterrar prejuicios y sentimientos de culpa, que durante años han sido objeto de represión, rechazo y castigo.

¿Mantener nuestros valores o transformarlos? Un verdadero dilema para muchos, pero si buscamos la ética sexual y personal será necesario que pongamos en tela de juicio muchas de nuestras creencias que nos han dividido como si fuéramos dos seres en uno, en donde una parte se guarda y esconde de la sociedad por temor a las sanciones, y la otra parte se expresa naturalmente en solitario mientras nadie le vea. ¿Doble personalidad? Por supuesto que no, se trata de una doble moral, de una que va en dirección al castigo y la sanción (sexualidad femenina), y la otra que van en dirección hacia el permiso y la aprobación (sexualidad masculina).

El espejo de la sexualidad en nuestra sociedad se ha ido liberando de los lazos biológicos y reproductivos hasta ir construyendo los lazos de las necesidades personales, la autoafirmación y la autorrealización sexual. El espejo donde se miraba la sexualidad estuvo por mucho tiempo empañado, lleno de prejuicios y tabúes que sin fundamentos científicos, fueron dejando campos minados en la mente inconsciente de la gente que no hacía más que actuar, guiados por sus propios temores, evitando a ser severamente castigados o expulsados tal cual Adán del paraíso. Y si bien aún se mantienen en la actualidad y en muchas culturas varios de esos tabúes y prejuicios, no se puede desfallecer y quedarnos a la mitad del camino (invalidando todo lo hecho anteriormente) por el contrario, a través de la sexología, podemos orientar toda nuestra experiencia y voluntad en la formación y constitución de una sexualidad orientada también al placer, al goce erótico, al disfrute de su propio cuerpo y al reconocimiento de sus sensaciones más íntimas.

En los últimos años definitivamente han habido cambios en la vivencia de la sexualidad, y estos se han venido observando en toda Latinoamérica, y en el Perú, no ha sido la excepción. Pero aun somos un país bastante conservador, inminentemente católico, un país que poco a poco se va posicionando económicamente en América Latina, que va saliendo del subdesarrollo y la pobreza, pero que en materia de educación aún deja enormes huecos y aberturas que se llenan de experiencias negativas y traumáticas que dejan como cadáveres emocionales a muchas personas, incapaces de poder enfrentar y solucionar situaciones difíciles, quedando atrapados en su propio laberinto emocional y psicológico, sin una ruta, sin un camino definido y claro de cómo poder salir de ahí.

El crecimiento económico debe ir de la mano de un crecimiento social, el desarrollo y las exportaciones de un país deben también ir de la mano con el desarrollo y madurez del carácter, de la personalidad y la autoestima de todo individuo. No hacemos nada si generamos más recursos y más trabajo, y seguimos teniendo una población mentalmente débil y prejuiciosa, intolerante y escasa de recursos personales para salir de nuestras experiencias negativas (conductas condicionadas) como lo llamamos los Psicólogos.

Un país tiene que trabajar de la mano con profesionales de la salud, capaces de enfrentar los problemas mentales y emocionales de una población que urge de una salud psicológica que influya en su buen comportamiento, en el manejo y en el control de sus emociones, como requisito indispensable para poder disfrutar de la sexualidad sin tabúes y sin prejuicios que condenen su Yo Sexual como ser sexuado. A menos educación, seguramente habrá más probabilidades de extorsionar y/o rezagar nuestro yo sexual y nuestra capacidad de sentir placer y disfrutar libremente de nuestra intimidad. Una pobre educación trae como resultado también una pobre educación sexual, y una pobre educación sexual, trae como consecuencias una población con muchos factores de riesgo, y así es imposible avanzar hacia una ética sexual de las personas, que reconozcan y ejerzan sus derechos como personas.

Sin embargo, aún queda mucho por trabajar, ya que en nuestra mente han quedado programados muchos paradigmas negativos hacia el sexo y en general hacia la sexualidad, también han quedado grabados en el inconsciente de la gente comportamientos y actitudes negativas hacia todo aquello que estuviera relacionado con el sexo, como algo que se debía hacer o hablar en silencio y en secreto, y estos mismos comportamientos se fueron transmitiendo de generación en generación, de cultura a cultura, expandiéndose informaciones que endemoniaron al sexo, a nuestro propio cuerpo, a nuestras sensaciones eróticas, a nuestro propio autoerotismo, y a nuestras fantasías sexuales.

Estos programas mentales que existen en nuestra mente inconsciente, que funcionan como chips empotrados en nuestra memoria por todo aquello que vimos, escuchamos y repetimos en nuestra infancia, han influido dramáticamente en las personas que no han podido disfrutar libremente de su sexualidad y de su propio placer.

La sexología tiene como objetivo el estudio de la sexualidad humana y sus manifestaciones, y abarca todos los aspectos de la sexualidad: el desarrollo sexual, los mecanismos de las relaciones eróticas, el comportamiento sexual y emocional, incluyendo los aspectos fisiológicos, psicológicos y socioculturales. Pero la Sexología también es el estudio de la sexualidad de grupos especiales, tales como los niños discapacitados y las personas de la tercera edad, también estudios de patologías sexuales como las disfunciones sexuales, la adicción al sexo, la violencia sexual y todo tipo de prácticas marginales, así como también el estudio de las parafilias y perversiones sexuales.

Y si vamos más allá, la Sexología como ciencia, también se ocupa de temas específicos como: el aborto, los métodos anticonceptivos, el abuso y la violencia sexual, la salud sexual y la salud reproductiva o los derechos sexuales.

El alcance de la Sexología debe tener como meta el estudio de todas las características y hechos sexuales, así como comprender y explicar la sexualidad, que busque determinar si el comportamiento sexual manifiesto, en un determinado contexto, es apropiado o no, si se encuentra en los estándares normales del comportamiento o forme parte de los trastornos sexuales que afectan la relación y principalmente la sexualidad de la pareja.

Los actores de la Sexología, es decir, los sexólogos, debemos tener en cuenta de la importancia de nuestro rol y hacer importantes contribuciones con la sociedad, para comprender los cambios que se han venido dando en los últimos años, como también los comportamientos y paradigmas que se incrustaron en la psique de las personas, como hechos absolutos sin tomar en consideración las necesidades y fantasías de la gente. Los investigadores de la Sexología han ido completando el espectro multidimensional de la sexualidad, en sus vertientes biológica, psicológica y social.

Por tal razón, la sexología nos permitirá cumplir eficazmente con el propósito fundamental de ayudar a otras personas a formar su propia personalidad, su propia identidad sexual, desterrando mitos y adquiriendo habilidades para poder regular nuestros impulsos y compartir libremente con otras personas nuestros deseos y fantasías.

Un aspecto vital para el desarrollo de los pueblos es la búsqueda de la equidad de género, y para eso debemos eliminar o al menos disminuir todo vestigio de prejuicios que los hombres tienen de las mujeres y las mujeres tienen de los hombres. Si no promovemos la igual y la equidad seguiremos soportando maltratos físicos y psicológicos a la mujer, o una publicidad que muestra patrones de conducta que ya no corresponden en la actualidad como el exponer a la mujer como objeto sexual, sumisa y subordinada al hombre. Si esta imagen se refuerza constantemente como ha venido sucediendo en los últimos años, entonces seguiremos reclamando y condenando los maltratos de todo tipo, principalmente la verbal y física, cuando es la misma publicidad la que nos da el poder (en el caso de los varones) a decidir, a tomar acciones, a ser jefe de familia y exitoso profesional, a tener mujeres que estén siempre dispuestas a la orden masculina, para tomas decisiones, que por lo general están por debajo de sus derechos como mujer y como persona.

En cuanto al varón hay muchas expectativas sobre él y es la misma sociedad la que lo lleva a cumplir con todas esas demandas, y si no, tendrá que someterse a la crítica y condena por parte de los demás, por no alcanzar los niveles de vida esperados. Esto desgasta, no hay hombre que pueda cumplir a cabalidad con todas esas demandas sin pasarle factura luego, a nivel económico, a nivel sexual, y también a nivel mental y psicológico, por ejemplo aquellos hombres que piensan que su mujer es de su propiedad, y que solo él puede decirle que o cual deberá ser su comportamiento o qué es lo que deberá dejar de hacer.

La educación sexual podrá influir en aquellas percepciones, en aquellos comportamientos y actitudes que el hombre tiene para dar paso a un nuevo hombre, o mejor dicho a una nueva masculinidad, en donde el hombre aprenda a manifestar sus sentimientos como la ternura, el temor, la empatía, dándole mayor importancia a la pareja, al sentimiento del amor. Y en cuanto a la sexualidad, y a las relaciones sexuales específicamente, un hombre que deje de lado el concentrarse en los resultados y más bien, pueda concentrarse y darle validez a la experiencia, que pueda disfrutar del proceso, de su placer y reconocer otras área de su cuerpo como erógenas, y no solamente su pene como única fuente de placer. Un hombre que disfrute de toda la secuencia de su respuesta sexual y no solo al orgasmo o a cuantos orgasmos tuvo su pareja, en definitiva un hombre que ponga más atención en el juego sexual que tanto espera y disfruta la mujer, que no es él el único capaz de dirigir el acto sexual, que no será siempre el experto que conoce de pe a pa todo lo relacionado al sexo, cayendo en la arrogancia de creer que no deba aprender nada, solo porque es hombre.

Un hombre que comprenda que también puede fallar durante las relaciones sexuales, que alguna vez su pene no se le pare o que no pueda controlar su eyaculación y termine eyaculando rápido, o que no se desespere si su pareja no llegó en ese momento al orgasmo, para no tener que hacer tragedias ni catástrofes por no haberle "cumplido" a la mujer en el campo sexual, para no tener que volver a pasar de nuevo y repetidamente por esa experiencia debido a la instalación de la ansiedad.

Un hombre que habrá aprendido que el contacto físico entre un hombre y una mujer no necesariamente debe terminar en una relación coital, sea o no sea su pareja, y que su pene no es el único medio para proporcionar placer y orgasmo a la mujer, pudiendo descentralizar sus habilidades en otras áreas de su cuerpo para proporcionarle sensaciones a su pareja. Cuánto más lo concentre en su pene más presión y más ansiedad habrá por tenerlo y mantenerlo erecto, creando un terror a perder la erección o no poder conseguirla desde un inicio.

El futuro de la sexualidad en nuestra cultura se verá con optimismo siempre y cuando no nos olvidemos la importancia que tienen la educación para la sexualidad, que ésta empiece desde casa, en donde los padres puedan conversar con sus hijos y hablarles de temas que antes ocultaron por miedo y vergüenza a reacciones negativas de sus hijos pequeños. La educación sexual es un elemento que es y seguirá siendo tan útil para la formación integral del ser humano, para su desarrollo y evolución como ser sexuado, para consolidar conceptos funcionales en su mente y que le ayuden a ser más asertivo frente a cualquier experiencia inesperada que le pueda suceder y que aprenda a tener mejor control de la situación.

La sexología ayudará también en la consolidación para la liberación femenina, formando actitudes positivas sobre la y su propia sexualidad, tomando en cuenta su autoestima, independiente de las actitudes y comportamientos que tenga el hombre con ellas, y así ir paso a paso recorriendo el camino hacia el progreso de la igualdad de los sexos, reconociendo y aceptando con flexibilidad nuestras diferencias y celebrando con satisfacción nuestras semejanzas, sin competencias absurdas que nos llevan a actitudes de discriminación y superioridad que en nada ayudan para el respeto mutuo como seres humanos que somos, como parte importante de una sociedad, una cultura, un país, que espera mayor reciprocidad, y más tolerancia de las diferencias entre ambos sexos.

La Sexología tiene una misión y un rol importantísimo en toda sociedad y por ende en cada país, en la formación que brinde primero a los padres dándoles herramientas en el campo de la sexualidad para que luego ellos mismos puedan hacer la réplica en sus respectivos hogares, y de esta manera hacerse cargo y además responsables de la formación del comportamiento sexual de sus hijos, que de ello dependerá el logro de tener un hijo sano psicológicamente, un hijo capaz de reconocer los factores de riesgo que en todo sociedad existen para que sepa cómo actuar eficazmente en dichos acontecimientos. Si los padres llegan a tomar conciencia de la importancia de una educación para la sexualidad, así como las autoridades de cada lugar tomen también conciencia e interés en desarrollar políticas adecuadas para el establecimiento de la educación sexual en cada país, en cada región, para que las sociedades se beneficien de tener en el futuro ciudadanos dignos y responsables no solo con ellos mismos, sino también con su sociedad, con su prójimo.

El respeto entre los seres humanos solo se podrá alcanzar cuando sepamos ser flexibles con nuestras diferencias, y para eso se necesita reconocer esas características que nos distinguen y no crear desde pequeños esas actitudes competitivas de quiénes son mejores o más fuertes, si al fin y al cabo todo queremos la igualdad como personas, como individuos, sin discriminaciones sexistas, de género o de orientación sexual.

Que la sexología sea un medio para bridar muchas más aportaciones a la sociedad, con investigaciones serias que complementen esos espacios aún no satisfechos en el comportamiento humano, que llegue a estudiar y comprender aún mejor la conducta en determinadas sociedades, que logre explicar sus actitudes de acuerdo a ciertos acontecimientos que influyen definitivamente en su propia percepción de sí mismo y la de los demás. La Sexología es una ciencia que deberá crear estrategias para el desarrollo y conocimiento de nuestras emociones y sensaciones, de las relaciones amorosas vinculándolas con el placer, haciendo de las personas seres más flexibles y con mayor tolerancia a la variabilidad de la conducta sexual (siempre y cuando no se usurpen ni se invadan los derechos de los demás) para reconocernos como seres humanos iguales en derechos y en oportunidades, y de esta manera, el espejo de la sexualidad en la sociedad no se empañe de desigualdades e intolerancias, ni de prejuicios ni discriminaciones que afecten el sano desarrollo de una sociedad y de naciones que a gritos esperan un cambio radical en donde recuperemos de una vez por todas nuestra dignidad como seres humanos, y vecinos de un mismo planeta.

EL USO DEL PRESERVATIVO DESDE UNA PERSPECTIVA DE GÉNERO

Fabiana Gómez Córdoba[27]

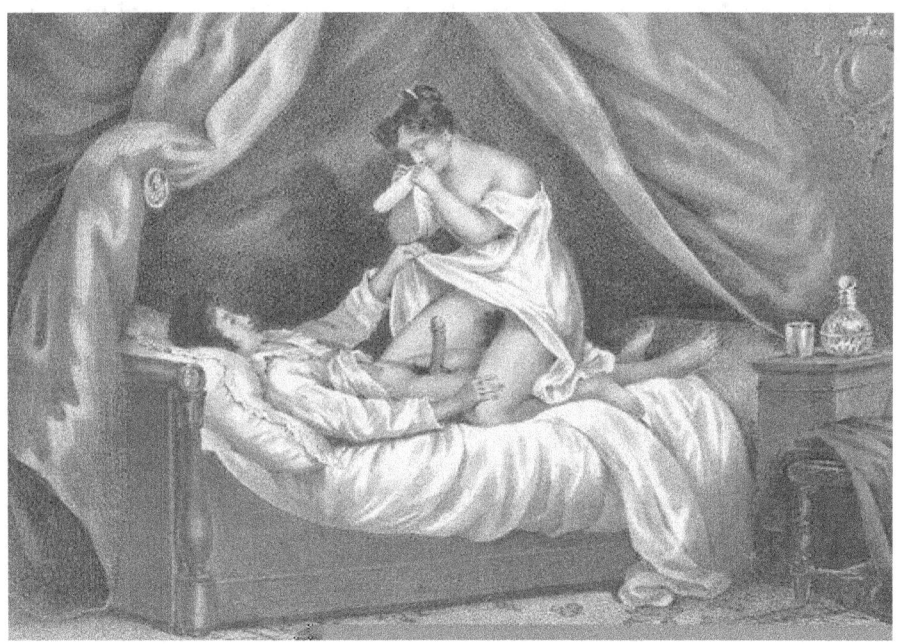

"La amante cautelosa" de Octave Tassaert (1800-1874)

Cuando hablamos de SALUD SEXUAL hacemos referencia básicamente a dos cuestiones:

---

[27] Prof. De Psicología, Filosofía y Pedagogía / Sexóloga Educativa / Esp. en Educación Sexual Integral / Dipl. en Género y DDHH - E-mail: fabianagomez67@hotmail.com

- La prevención de aspectos no deseados vinculados a la sexualidad. Por ejemplo: las ITS (infecciones de trasmisión sexual) y los embarazos no programados.
- La promoción de aspectos positivos vinculados a la sexualidad: Como el afecto, la comunicación asertiva, la toma de decisiones informadas/reflexionadas y también EL PLACER.

Esto significa que para estar sano no basta con "no estar enfermo"; es igualmente importante el disfrute pleno, sensual y emocionalmente placentero de la sexualidad. ¡SENTIR BIENESTAR!

Cuando decidimos usar preservativos también es importante esta doble finalidad: La de prevenir las ITS y/o embarazos no programados y la de promover la búsqueda de placer.

Sin embargo muchas parejas y particularmente muchos varones, afirman..., creen..., SIENTEN...que el uso del preservativo disminuye la sensibilidad, que resta placer, "no se siente lo mismo" suelen afirmar y, posteriormente, no lo usan exponiéndose así a riesgos para su salud sexual y reproductiva y la de su pareja.

Pero... ¿Por qué ocurre esto? ¿Es cierto que disminuye el placer?

Imaginemos la siguiente situación:

Una pareja comparte caricias, besos y mimos en la intimidad, previamente han acordado usar preservativos, sienten mucha pasión; ambos desean profundamente sentir la fusión de sus cuerpos pero..., antes de hacerlo, ÉL: se separa bruscamente de su pareja, se pone de espalda a ella, agarra un preservativo, trata de abrir el sobre hasta que, pasados unos segundos, decide hacerlo con los dientes; saca el condón, intenta colocárselo; está nervioso y apurado; finalmente logra colocarse correctamente el preservativo. ¡Bravo!

¿Pero...? ...y mientras ocurría todo esto...¿qué pasó con ELLA? ¿Qué sentirá cuando, luego de esos instantes en los que estuvo sola, literalmente puesta al margen, inmediatamente después llega el momento de la penetración? Y esto que ella siente (o deja de sentir), ¿cómo repercutirá en el placer de él? Seguramente que cada uno y una de ustedes tendrá sus propias respuestas...; y posiblemente esas respuestas estén originadas en vivencias...

Hay varias cuestiones para analizar aquí:

Socialmente el uso del preservativo es un tema de dominio masculino.

El miedo al qué dirán, los prejuicios y la vergüenza hacen, por ejemplo, que las mujeres no nos detengamos en la góndola de los preservativos para mirar relajadamente que variedades ofrecen las diferentes marcas; que no los compremos y por supuesto, que no los coloquemos.

Las relaciones de pareja están construidas inequitativamente.

Recuerdo que cuando yo era adolescente, una profesora de Formación Ética nos decía que "el hombre propone y la mujer dispone"- curriculum oculto de la educación sexual... - Con esa frase nos quería enseñar que la mujer es la responsable de que ambos decidan tener relaciones sexuales (algo parecido a echarle la culpa a Eva de que Adán se comiera la manzana...); y como la mujer es la responsable, le corresponde asumir las posibles consecuencias: "si le gustó lo dulce, que se aguante lo salado". Lamentablemente, aunque ya pasaron algunas décadas desde mi adolescencia, aún continúa vigente esa mirada social. Pero lo más grave tal vez sea que, a pesar de que responsabilizamos a la mujer, ella no tiene poder de decisión acerca del uso del preservativo como método de protección tanto de embarazos como de enfermedades de trasmisión sexual. En el mejor de los casos, las mujeres dialogamos y pedimos o proponemos a nuestras parejas, usar condones; pero la decisión la tienen ellos.

Muchas mujeres no ejercen el derecho a no tener relaciones sexuales si su pareja se niega a usar preservativos.

En lugar de eso, especialmente cuando se trata de una pareja estable, optan por algún otro método anticonceptivo que muchas veces tiene consecuencias negativas sobre su salud además de no protegerlas de las ITS.

Las mujeres somos educadas desde una perspectiva reproductiva de la sexualidad. El placer continúa siendo tabú; mayoritariamente por educación familiar y/o religiosa tenemos profundamente vedados la exploración, los juegos sexuales, los juguetes eróticos y hasta la posibilidad de tener la iniciativa.

En estos contextos de inequidad, y por lo tanto desfavorables, es comprensible la dificultad para incorporar placenteramente preservativos.

Entonces: ¿Es posible tener relaciones sexuales seguras y placenteras al mismo tiempo?

SÍ, es posible.

Tal vez podríamos empezar por asumir que hombres y mujeres tenemos iguales derechos.

El ir a una farmacia a comprar condones no habla de nuestra moral si no de nuestra salud.

Por otra parte, existe mucha variedad para elegir:

*Finos y extra finos para mayor sensibilidad.

*Extra lubricados. Son ideales para mujeres con alguna dificultad para lubricar naturalmente, por ejemplo mujeres que atraviesan la menopausia.

*Con espermicida. Brindan protección extra en relación a la prevención de embarazos.

*Con tachas / Texturados. Para jugar con las sensaciones.

*Ultra resistentes. Son más gruesos y se pueden usar en las relaciones donde la fricción es más fuerte, por ejemplo relaciones anales.

*Retardantes. Retrasan el momento de la eyaculación.

*Saborizados. Están pensados para el sexo oral. Los hay sabor frutilla, menta, cereza, ¡chocolate!

*Sin latex. Hechos con poli-isopreno, pueden usarlos especialmente hombres y mujeres alérgicos al latex.

*Con colores de camisetas de fútbol, para apostar a una goleada histórica!

Y muchas variedades más con las que podemos inventar juegos eróticos con nuestra pareja; además se pueden combinar con geles, y accesorios incluidos en los "kits" que las distintas marcas de preservativos ofrecen y que se venden en cualquier farmacia de barrio.

Ir a la farmacia a comprar condones habla de nuestra salud, no de nuestra moral.

También es posible hacer que el momento de colocarse el preservativo no implique un corte en el juego sexual. Las mujeres PODEMOS participar en esa situación y ponerle el preservativo a nuestra pareja, ya sea con las manos o con la boca.

Cuidar nuestra salud sexual y reproductiva es nuestro derecho.

Si querés tener relaciones sexuales sin riesgo y NO usar preservativos, recordá que:

- Es necesario que utilices algún método anticonceptivo a menos que quieras quedar embarazada. Para decidir cual, es muy importante que consultes a tu ginecólogo/a.

- Ambos deben realizase estudios médicos para tener la certeza de que no poseen ninguna ITS.

- Tener pareja estable no es suficiente; es imprescindible aprender a comunicarnos asertivamente y que nuestra relación de pareja sea sólida, con mutua confianza y fidelidad.

Si no tenés pareja estable, con una muy buena comunicación y mutua fidelidad (o si no te sentís totalmente segura de su fidelidad); si alguno de los dos no puede o no quiere ir al médico a realizarse los estudios pertinentes; o si no podés, o no querés, usar otro método anticonceptivo; entonces tenés que usar preservativos SIEMPRE.

Ya no hay excusas; ahora sabés que los preservativos son una barrera para las ITS, no para el placer.

LEYES, PRÁCTICAS, TEORIAS Y SEXOSOFÍAS

Silvia Aguirre[28]

Introducción

En nuestra sociedad occidental y cristiana y fundamentalmente en nuestro país, los cambios que se han producido a partir de la segunda mitad del siglo XX hasta la fecha en materia de sexualidad humana son notorios.

Aller Atucha (1991), definía los elementos constituyentes de lo que él denominó el sexo oficial como matrimonial, heterosexual, monogámico y reproductivo y consideró que éstos tuvieron una importante impronta en nuestro medio para los grandes sectores sociales, excluyendo a las élites que cómo él afirma, siempre han contado con privilegios y han podido vivir la sexualidad de un modo más libre.

Justamente esas características de heterosexualidad, monogamia, matrimonialidad y reproductivad, son las que han sido puestas en tensión por las prácticas y las leyes en nuestro país.

Por mi parte, considero que ese sexo oficial estaba además fundamentado en un paradigma patriarcal que establecía una diferencia de derechos entre varones y mujeres y que es éste un punto esencial en el análisis del lugar del cual estamos partiendo y en el qué nos encontramos en la actualidad.

Hasta mediados del siglo pasado el sexo oficial se imponía con pocos cuestionamientos, al menos demasiado explícitos.

Sobre todo para las mujeres era un imperativo acceder a la sexualidad una vez que se hubiesen casado. La sexualidad esperada era heterosexual, existiendo una gran discriminación hacia otras posibilidades de elecciones sexuales y de identidades diversas.

---

[28] Docente de la Maestría en Salud Sexual y Reproductiva de la Universidad Nacional de Córdoba – e-mail sn_aguirre@hotmail.com
www.programasexosentido.com.ar

Desde las leyes y la religión, el matrimonio era para toda la vida y sobre todo para los parámetros religiosos que tenían una llegada importante a los fieles, el sexo debía ser básicamente para la reproducción.

Todavía no existían las píldoras anticonceptivas y la función de la mujer estaba reservada prioritariamente para la casa y el cuidado de los hijos, viéndose su rol en el entorno doméstico, adoctrinándolas en la necesidad de cumplir con el propósito de su vida que era impuesto como la maternidad y con una gran desigualdad en relación a los derechos del varón.

También las teorías científicas y psicológicas sostenía un sesgo machista en relación a la concepción de la mujer y los roles y lugares que ésta debían ocupar, patologizando conductas por el hecho de salirse de lo normado.

Con los cambios sociales y científicos que se producen a partir de los años 60, comunidades hippies, mayo francés, surgimiento de la píldora anticonceptiva, mayor conciencia femenina en relación a sus derechos, cambios económicos que favorecieron la salida de la mujer del espacio doméstico, etc, el paradigma del sexo oficial comienza a perder potencia y capacidad de acción sobre la conducta de las personas.

Es remarcable el escaso periodo del cual estamos hablando, y en dónde se han producido verdaderas modificaciones que han repercutido notablemente sobre la sociedad argentina.

1- MODIFICACIONES LEGALES

Los cambios en materia legal en nuestro país han sido un avance hacia una sociedad más equitativa sobre todo en los últimos años.

Leyes tales como:

- Ley Nacional 25584 Acciones Contra Alumnas Embarazadas de 2002. Que garantiza el derecho a la educación de las jóvenes que estén embarazadas.
- Ley 25.673 Programa Nacional de Salud Sexual y Procreación Responsable de 2003 que reconoce a la salud sexual como parte integral de la salud de las personas.
- Ley 26150 Programa Nacional De Educación Sexual Integral de 2006 que establece la obligatoriedad en todo el sistema educativo desde el jardín hasta el ciclo terciario del dictado de la Educación Sexual para todos los componentes del sistema educativo argentino.
- Ley 26.485 Ley de protección integral para prevenir, sancionar y erradicar la violencia contra las mujeres en los ámbitos en que desarrollen sus relaciones interpersonales de 2009.
- Ley 26.618 de Matrimonio Igualitario de 2010. Que permite el matrimonio entre personas del mismo sexo reconociendo los mismos derechos que para los heterosexuales.

- Ley 26743 de Derecho a la Identidad de Género de 2012 que garantiza la posibilidad de que las personas puedan modificar su identidad de género de acuerdo a la autopercepción de las mismas y en la cual el estado debe proporcionar las modificaciones necesarias para que esto sea efectivo.
- El fallo de la Corte sobre aborto no punible.del 2012 que posibilita que se aplique el artículo 86 del código penal en los casos para los cuáles estaba previsto y que no era cumplido.

Estas son algunas de las herramientas legales con las cuáles se cuenta desde hace poco tiempo y que implican un avance concreto y un reconocimiento de la salud sexual como un derecho humano fundamental.

De todos modos, es claro que esta nueva normativa genera aún muchas resistencias de los sectores conservadores los cuáles siguen ansiando el regreso de las premisas del sexo oficial.

Prueba de ello son las dificultades que han tenido aquellas personas que han querido cumplir con la ley del aborto no punible o de los intentos de bloquear la aplicación de la misma, cosa que en nuestra provincia por ejemplo, hasta ahora han conseguido por medio de presentaciones legales de organizaciones que se autodenominan pro vida.

En relación al nuevo código civil que facilitaría el trámite del divorcio en lo aparente, seguiría considerando el inicio de la vida con la concepción y no aceptaría las nuevas formas de concepción propuestas en el borrador, como lo referido al alquiler de vientres por ejemplo con lo cual podemos ver que no todos son avances.

2- PRACTICAS
Salud Sexual

En relación a las prácticas sexuales y a la vida sexual en general de nuestro país, debemos considerar que la posibilidad de la separación efectiva entre sexo placentero y sexo reproductivo en la práctica no está garantizada, sobre todo para los sectores de menores recursos económicos, en los cuáles, las mujeres dependen de que el estado les suministre la anticoncepción y que la misma no sea interrumpida, cosa que ocurre con cierta frecuencia.

Para los sectores medios y altos esto no representa una dificultad ya que pueden proveerse ellas mismas sin tener que esperar a ser asistidas y las normas de consultas médicas que están extendidas ayudan a que se utilicen métodos anticonceptivos seguros en un porcentaje considerable sobre todo en aquellos casos de mayores niveles educativos (Otero, Velazquez).

De todos modos el porcentaje de utilización de MAC sigue siendo mejorable, ya que en promedio un 50% de las mujeres con vida sexual activa en etapa reproductiva son usuarias.

Sabemos además que el número de abortos en nuestro país se encuentra entre los 400 y los 500 mil, práctica a la que se recurre en muchos casos por falta de utilización o mala utilización de MAC, lo cual podría relacionarse en parte al menos, con falta o mala educación sexual.

Por otro lado el aborto en tanto derecho de la mujer, en nuestro país sigue en debate y los numerosos proyectos de ley que se han presentado desde el oficialismo y desde la oposición no han prosperado, con el resultado que, cómo vimos, es una práctica muy frecuente a la cual, las mujeres de clase media pueden acceder con seguridad porque van a los consultorios de profesionales o porque pueden conseguir el misoprostol. Para las mujeres de clase baja, sigue siendo la principal causa de muerte materna.(Lesbianas y Feministas por la Descriminalización del Aborto).

Más allá de que la ley prevea la separación de la sexualidad reproductiva y la sexualidad placentera, parecería que en todo caso, su preocupación es garantizar en mayor medida la anticoncepción y no así el derecho a una sexualidad placentera ya que no hay menciones directas a la misma y si bien se habla de brindar información y asistencia el cuidado del placer sexual como derecho humano básico no está explícitamente aludido en la lay, así como también es raro encontrar dentro de la consulta médica preguntas específicas que sondeen sobre la conformidad con la vida sexual de los y las pacientes.

La sexualidad placentera parece seguir siendo un tema incómodo que se evita conscientemente, o se esconde detrás de la excusa de la falta de tiempo de los y las profesionales.

Esta situación parece agudizarse cuando las consultas se realizan en la actividad pública, dónde la temática referida al placer sexual tiene menos presencia que en el ámbito del consultorio particular.

De la misma manera opera otro de los mandatos sociales en materia de sexualidad, que es el referido a qué tipo de personas tienen derecho a la sexualidad, formando de este modo un reducido grupo de personas incluidas que son aquellas jóvenes, que responden a los estándares de belleza prefijados y con acceso a cierto nivel socio cultural.

De este modo, las personas que no responden al estereotipo físico esperado, los adultos mayores, las personas en situación de discapacidad. pareciera que carecen del derecho al pleno goce sexual y esta premisa se encuentra sumamente extendida y naturalizada con lo cual, es mucho más difícil de ser cuestionada.

Veamos ahora algo de lo que ocurre en los consultorios sexológicos:

Las consultas más frecuentes están relacionadas con la falta de deseo, en personas de diversas situaciones de pareja y de variadas edades. En algunos casos relacionados con conflictos de pareja que comienzan a manifestarse a través de la sexualidad, y que en muchos casos se encaminan hacia una separación, en otros vinculados con conflictos individuales de tipo fóbico, en otros con problemas de stress o de depresiones mayoritariamente.

También suele presentarse una disminución del deseo como consecuencia de una sexualidad poco satisfactoria en otros aspectos tales como la excitación y el orgasmo que en la repetición de experiencias frustrantes termina por no desear tenerlos y adquiere una pauta de evitación.

La terapia de pareja está indisolublemente unida a la terapia sexológica ya que en un número llamativo de casos el síntoma sexual aparece ligado a conflictos de otra índole.

Debemos tener presente la gran cantidad de rupturas de parejas y que lo que puede observarse es que van a darse cada vez con mayor frecuencia (Meler, 2013).

El hecho de que en nuestra sociedad en la pareja humana se espera que se encuentren satisfechas las necesidades sexuales conjuntamente con las necesidades de apego, es un tema conflictivo ya que puede ocurrir que el deseo disminuya pero el apego persista y esto genera situaciones difíciles de resolver ya que además para la mayoría sigue primando la exigencia de monogamia.

Es difícil que el deseo y el apego se mantengan inalterables con el paso del tiempo en la misma relación. El deseo suele abandonar antes el vínculo y este es un argumento frecuente de encontrar en las separaciones. Lo quiero o la quiero, pero ya no lo/ la deseo.

Requerimiento para repensar y cuestionar socialmente si se pretenden otros resultados.

Otro motivo de consulta recurrente es el referido a la disfunción eréctil masculina y en menor medida la eyaculación precoz.

En estos casos puede observarse un imperativo presente en casi todos los casos y que es el referido a la imposibilidad de pensar un encuentro sexual que no incluya penetración y que requiera de este modo un pene en erección y con la exigencia de que esa erección sea duradera.

Tener totalmente asociado sexualidad con penetración y que sea éste el momento mágico y culmine del encuentro sexual trae aparejado una serie de dificultades, ya que la exigencia de la erección actúa contra la misma posibilidad de obtenerla.

El varón siente la gran presión de tener un pene en erección por mucho tiempo y la mujer la urgencia de tener un orgasmo con penetración. Ambas exigencias en sí mismas, son contrarias al fin buscado.

Conocemos de la dificultad de una mujer para llegar al orgasmo con la sola penetración ya que generalmente no constituye ésta, un estímulo adecuado sobre su clítoris.

Ese esquematismo estrecho de la sexualidad legitimada sólo a través del coito está vinculada con un paradigma reproductivo y no con uno placentero. Se exige que la sexualidad placentera pase por el modo reproductivo.

Ese prejuicio opera tanto en varones como en mujeres y ambos se vuelven presas de una forma limitada y sobreexigente de conseguir placer.

Hay que agregarle a esta exigencia la también frecuente consulta por la necesidad de obtener un orgasmo simultáneo para completar el cuadro de presiones.

Las órdenes sobre la sexualidad no hacen más que acotarla y perjudicarla pero socialmente los mandatos están muy presentes.

En estos casos generalmente el poder ampliar el marco de lo considerado deseable sirve, al menos en parte, para destrabar el conflicto y que la pareja pueda encontrar un nuevo modo de gratificarse.

Para esto se comienza con la prohibición del sexo coital y la búsqueda de otras maneras en las cuáles la creatividad y la fantasía tienen el rol central.

Otra consulta es la relativa a la dificultad para encontrar una pareja estable. Se consiguen fácilmente relaciones pasajeras con contactos sexuales, pero los vínculos con mayor intimidad afectiva escasean y también aquellos que puedan ser un proyecto conjunto.

De esta situación suelen quejarse más las mujeres que rondan los 30 a 40 años, que tienen cierto desarrollo profesional ya logrado y que esperan en esa etapa formar una pareja estable con la cuál tener un proyecto de hijos.

Los varones que están en esa franja e tarea parecen no tener los mismos intereses y se observa que están buscando encuentros sexuales sin compromiso (Meler, 2013).

Esta situación resulta un motivo de frustración para las mujeres que en muchos casos siguen intentando responder al mandato de mujer igual a madre y sienten que si no lo consiguen, su vida pierde gran parte de su sentido.

Este es otro de los mandatos productos del paradigma patriarcal que afectan fuertemente a las mujeres para las cuáles la maternidad si bien es posible de ser postergada mientras se estudia y se consolida la carrera profesional, sigue teniendo carácter de imperativo, con menor fuerza, pero vigente (Meler, 2013).

En los sectores populares es fácil advertir la vitalidad del mandato de la maternidad unido a la falta de un proyecto personal de modo que la única posibilidad de esperanzas y de tener algo propio se experimenta en el hecho de tener un hijo y esto desde edades muy tempranas, con lo cual muchas adolescentes dejan sus estudios y, el círculo de pobreza se reproduce y la vulnerabilidad de estas jóvenes crece al mismo tiempo que van aumentando el número de hijos.

Disociar el ser mujer del ser madre, sigue siendo una asignatura pendiente.

Educación

Si bien la ley de Educación Sexual Integral contempla numerosos aspectos que son valiosos, ha habido ausencias, que siguen dejando en claro un sesgo sexofóbico como es el caso de la falta de mención al placer sexual y la imposibilidad de pensar que algo al respecto pueda ser transmitido. Del placer sexual no se habla y menos se educa.

La implementación de esta ley sigue siendo costosa por variados obstáculos entre ellos la formación de los docentes en esta área, los cuáles cuándo no reciben la educación necesaria, pueden transformarse en meros reproductores del paradigma sexofóbico y patriarcal.

Prevención de la Violencia de Género.

Considero que este es uno de los temas sobre los cuáles se está trabajando para el logro de una mayor concientización que permita la erradicación de este flagelo, y estimo que es necesario una reflexión más profunda y extendida sobre los principios machistas, la redefinición de roles y una mayor atención sobre la equidad de género. En nuestro país, cada 36 horas, una mujer muere por violencia de género.

Es imprescindible el trabajo a nivel de conciencia social cuestionando los lugares tradicionales de varones y mujeres en nuestra cultura, en todos los sectores a los que pueda accederse con un mensaje y con acciones concretas en esa línea.

Matrimonio igualitario.

Es indudable que ha representado un progreso en el camino hacia un logro de mayor equidad entre las personas, al dar una posibilidad de acceso a un derecho.

Es parte de un proceso que hay que celebrar.

Identidad de género.

Si bien la ley significa una evolución del estado de las cosas en relación a lo que veníamos sosteniendo ya que el poder tener un documento que acredite el nombre y la identidad autopercibida constituyen un ampliación de derechos, falta mucho todavía, ya que parte de la ley no se encuentra reglamentada, el derecho al acceso a la salud con todos los aspectos a considerar en las personas trans se encuentra en sus albores, lo mismo que el derecho a un trabajo libre de discriminación.

3- TEORIAS

Desarrollar y actualizar las teorías con las cuáles contamos es una necesidad reconocible, en función de los cambios legales y sociales de los últimos tiempos.

Teorías que se adecuen a la complejidad y al movimiento que estamos atravesando y de los cuáles puedan dar cuenta.

El psicoanálisis que goza de prestigio en nuestro medio, está desarrollando de la mano de teóricos y teóricas aspectos que lo enriquecen poniendo en tensión puntos centrales de la teoría (Meler, 2013).

El campo sexológico requiere de un trabajo mayor en lo referente a sus teorías que en muchos casos están basadas en lógicas binarias que no dan cuenta de lo diverso, repitiendo estereotipos de género (Habelstam, 2008).

Los cambios sociales y de relación entre los géneros requiere repensar las nuevas formas de vincularse y las variantes al momento de elaborar los proyectos de vida, las construcciones de pareja y las elecciones en relación a la maternidad y la paternidad.

Considero que hay aportes valiosísimos en este momento desde el campo de los estudios de género y de la diversidad con lógicas más abarcativas y desarrollos que se adentran en cuestionamientos esenciales al paradigma patriarcal y que significan una gran evolución en el plano de la equidad.

4-SEXOSOFÍAS

Por último quisiera referirme a un aspecto que creo esencial para la evolución de nuestras prácticas y que es el autocuestionamiento, la reflexión sobre nuestros propios marcos de creencias y el avance o no de los mismos.

Hemos nacido dentro de un paradigma patriarcal, en una sociedad sexofóbica.

Cuántos de los mandatos que devienen de ellos hemos podido superar realmente?

Cuántos y cuáles son los que seguimos repitiendo por falta de cuestionamiento o por miedo a cambiar de marco conceptual?

Por ejemplo:

Les preguntamos a los ancianos si disfrutan de alguna forma de sexualidad?

Consideramos que las personas en situación de discapacidad tienen derecho al placer y a prácticas anticonceptivas?

Nos preocupamos por el tipo de vínculo afectivo que pueden tener las personas trans?

Cuántas veces seguimos sosteniendo la inferioridad femenina, la necesidad de las mujeres de tener un hombre que las proteja, la realización de la mujer en su función materna, la equiparación de lo femenino con la locura?

Cuántas veces repetimos chistes machistas que refuerzan los estereotipos?

Cuál es nuestra acción concreta frente a la violencia de género tanto física como psíquica?

A quienes consideramos personas de derechos en relación a la sexualidad y al placer sexual?

Cuál es nuestra propia realidad sexual, cuál es nuestro grado de conformidad y cuánta apertura nos permitimos en nuestra vida?

Hasta dónde estamos dispuestos a cuestionarnos en relación a nuestras prácticas y nuestra vida?

Recordemos que podemos no tener obligación de curar, pero si de no enfermar a nuestros pacientes con criterios que no atiendan a la diversidad, a la equidad, y a la inclusión.

BIBLIOGRAFÍA.

AGUIRRE, Silvia. "El Placer de las Mujeres". **Revista del Consejo Provincial de la Mujer de Córdoba**. Agosto 2013. N 8.

ALLER ATUCHA, Luis: **Pedagogía de la Sexualidad Humana.** 1° ed. 1991 - Buenos Aires, Galerna, 2° ed, 1995.

ALZATE, Heli: **Sexualidad Humana**. Ed. Temis, 1987.

BURIN, Mabel: **Estudios sobre la subjetividad femenina**. Buenos Aires, 1987.

DALMASSO, María Teresa: **Figuras de Mujer.** CEA, 2000.

FERNANDEZ, Josefina. **Cuerpos desobedientes**. Ed Hasa, 2004.

GREEN Shelley, FLEMONS, Douglas: **Manual de terapia breve**. Ed. Paidós, 2009.

HABELSTAM, Judith: **Masculinidad femenina**. España. 1° ed. Egales. 2008.

HELIEN, Adrian, PIOTTO, Alba: **Cuerpos Equivocados**. Buenos Aires: Ed. Paidós, 1° Ed. 2012.

KAPLAN, Helen: **Disfunciones sexuales**. Grijalbo, 1987.

LAMAS, Marta: Cuerpo: **Diferencia sexual y género**. Ed Taurus, 2002.

LESBIANAS Y FEMINISTAS POR LA DESCRIMINALIZACIÓN DEL ABORTO. "**Todo lo que querés saber sobre cómo hacerse un aborto con pastillas**" Ed. Madres de Plaza de Mayo, 2012.

MELER, Irene: **Recomenzar: amor y poder después del divorcio**. Buenos Aires: Ed. Paidós, 2013.

OTERO, Hernan y VELAZQUEZ, Guillermo: **Poblaciones argentinas: Estudios de Demografía Diferencial**. Publicación n 8, 1997.
http://www.tdx.cat/bitstream/handle/10803/4965/eml3de3.pdf;jsessionid=1A43E35DFA09D93245129BBD1FE29371.tdx2?sequence=3

VIOLENCIA CONTRA LA MUJER: IMPACTO EN LA SEXUALIDAD Y SALUD SEXUAL Un enfoque social y psicoterapéutico

María del Carmen Domínguez Marzo[29]

---

[29] Su título de Psicóloga Clínica lo obtuvo en la Universidad de Guayaquil. 1990. Acreditada como Sexóloga por Asociación Latinoamericana de Psicólogos Sexólogos- Alapsisex. 2000; Acreditada en USA, como Master en Sciences – Psychology.
Dedicatoria:

A todas las mujeres que me dieron la oportunidad a través de la psicoterapia de llegar a sus vidas; aquellas que depositaron sus confianzas y develizaron sus miedos, vergüenzas y dolores, los que cambiaron por confianza, autonomía, valor y esperanza, poniendo en práctica sus derechos y cumplieron sus sueños y se revaloraron mirando un cielo de manera distinta, sin edad en el tiempo. Descubriendo resiliencias y a través de ellas reconstruir sus vidas en medio del dolor, rompiendo barreras, y traumatias experiencias de violencia doméstica. Superado el dolor ganando seguridad, ejerciendo sus derechos, y a vivir su sexualidad y el placer sin culpa.

Aquellas jóvenes y adultas quienes asistieron a los talleres y cursos de la "Escuela del Amor para el Alma y la Vida" de mi autoría a través de UTESO (Milagro 1.998-1.999).

A mi madre Carmela Marzo, mi abuela, y mis tías por ensenarme a perseverar y a tener la osadía de enfrentarme sin miedo a los vientos y volar tal cometa con vientos en contra.

A mí querido amigo Psic. Oswaldo Rodríguez Jr. por permitirme ser parte de este equipo de publicación. Y ayudar a volar a esta cometa.

A mis maestras de ideología y lucha, que me dieron la oportunidad de tomar esta tarea de luchar por los derechos humanos de nosotras las féminas humanas ecuatorianas, a través de la Fundación María Guare (ONG) de Guayaquil (1993-96) que mantuvo su lucha en contra de la violencia a la mujer, promoviendo los derechos humanos de la mujer y la familia. Y me dio la oportunidad de ser la primera Psicóloga en el primer espacio legal de la Primera Comisaria del Ecuador; a la que fuera Dinamu, (Quito 1994-1996) quienes promovieron la enseñanza en Género, Violencia y Sexualidad. Para lograr cambios de comportamientos y en las leyes de la sociedad ecuatoriana.

Al Dr. Rodolfo Rodríguez Castelo, fundador y Presidente de la Sociedad Ecuatoriana de Sexología y Educación Sexual, SESEX (1994), hoy en reestructuración por nuevas normas del Estado (2014), por invitarme a ser una miembro fundadora, elegida dos veces Secretaria Nacional del

PROLOGO

La idea de escribir acerca de esta temática, se debe a mi desempeño de hace más de dos décadas en la atención a la salud mental y sexual de la mujer ecuatoriana. Hoy en atención a la mujer latinoamericana en una Clínica de Salud Mental en Philadelphia Estados Unidos. Muchas de ellas (8 de cada 10 casos de mujeres en las consultas) han experimentado estrés postraumáticos agudos o crónicos por causa de violencia domestica y/o abuso sexual en el pasado por su pareja.

La lucha por los derechos de las/os humanas/os iniciados por las feministas, por lograr cambios de comportamientos y políticas que beneficien a la mujer en el plano de sus derechos y de igualdad dentro de la sociedad, continúa. En las consultas aun se observa que muchas mujeres aun viven en riesgo de ser victimadas. No existe clase social ni edad para la violencia y aun se golpea; el hombre continua educando a la mujer través de los golpes; existen las leyes pero no pueden evitar que una de cada diez mujeres sean víctimas de agresión, acoso, abuso sexual, de explotación y hasta de morir en manos de su pareja; ha habido cambios en las leyes y en las Constituciones y aun se está en la lucha de acceso igualitario al varón, compartiendo trabajo y salarios dignos. Aun la mujer lucha al manejo de sus propias decisiones, libre de la violencia de la que ha sido victimizada en todos los ámbitos desde la intimidad de la alcoba, a los lugares públicos. En el sistema de justicia, las leyes también maltratan a la mujer, cuando se culpabiliza a la víctima de un abuso físico o sexual como la provocadora. En las empresas públicas y privadas en busca de servicios o proveyendo servicios también se maltrata. Todo lo referido causa un impacto en la funcionalidad de la mujer, en su sexualidad y en su salud sexual.

La violencia domestica es un crimen y un grave problema de salud así lo determinaron desde que en 1985 los organismos internacionales (ONU, reunión de Nairobi, Consejo de Europa, OEA, entre otros) incluyeron en sus agendas el tema de la violencia doméstica y se han elaborado procedimientos, manuales de prevención y de atención para tratar la violencia en el hogar y sus efectos en las mujeres.

De las estadísticas publicadas en los primeros 6 meses durante mi desempeño profesional como psicóloga clínica del DAT en una Comisaria en la gobernación del Guayas (Boletín Estadístico Nr.2.Cuadro 14, Fundación María Guare, 1994) sobre violencia domestica y delitos sexuales en la Primera Comisaria de la Mujer en Guayaquil, las denuncias por agresiones sicológicas (2.840) alcanzaron el 86% de los casos denunciados los cuales se manifestaron como insultos (44%), desvalorización (32%), acoso psicológico (19%), Celos (3%) otros

---

Directorio (1994-96) (2004-2005). Y ser parte de la ardua tarea de abrir caminos a la concientización de los/ las ecuatorianos/as a sus derechos sexuales y reproductivos.

A Hispanic Community Counseling Services, por darme la oportunidad de trabajar en su staff clínico y dar asistencia a mujeres latino americanas con historias de sobrevivencia de violencia.

(2%). En la consulta yo escuchaba "prefiero que me pegue a que me insulte y llame no por mi nombre, sino %@%".

Las heridas psicológicas ocasionan severas lesiones físicas, de tal manera que una mujer sometida a una diaria tensión tendrá repercusiones en su salud mental, física y sexual como la tiene un niño o un hombre bajo las mismas circunstancias.

Se ha comprobado que el distrés (sufrimiento psicológico) provoca en el sujeto modificaciones bioquímicas que son perceptibles en los análisis de laboratorio. Así, bajo un sufrimiento psicológico, una mujer se va a enfermar de los nervios, tendrá cambios en su carácter, tener pesadillas, pasar insomnio, estar híper alerta y/o agresiva. Será más propensa a un ataque al corazón y/o sufrir un derrame cerebral, será diagnosticada con depresión, ansiedad, bipolar, estrés postraumático. La Dra. María Antonieta Azcarate Mengual en su libro "trastorno del Stress Postraumático. Daño Cerebral Secundario a la Violencia" dice sobre el trauma (distres) psicológico "provoca una serie de alteraciones estructurales cerebrales, así como también de su función, afectando además a otros sistemas como el endocrino y al sistema inmune." (Profesionales con pocos conocimientos de los signos y síntomas de una mujer víctima de violencia las diagnostican con severas patologías psiquiátricas siendo nuevamente maltratada.

En la consulta en pareja la queja no cambia y aunque hoy la mujer goza de mas libertad y algunos privilegios dentro del contexto de lo domestico, sus costumbres, culturas, religión, muchas veces mantienen en secreto "lo privado" el maltrato. La violencia domestica por muchos años ha prevalecido dentro del marco de las relaciones de pareja y familia. Son muchas las mujeres que después de haber vivido algún tipo severo de violencia nunca recibieron o no terminaron un tratamiento psicoterapéutico. Esto afecta su funcionalidad en su rol en su desempeño como mujer, en la cotidianidad del hogar en su desempeño como ente social dentro de la sociedad o en su productividad laboral. Su inteligencia emocional es afectada. Esta vulnerabilidad que afecta a sus destrezas sociales y laborales la empobrece y debilita la sustentabilidad económica de un país.

La mujer en este contexto es disminuida en su sexualidad: baja autoestima, inhibida su capacidad de expresión de dar y recibir amor, sentir placer y mantener contacto íntimo. Esto afecta su desempeño como madre (negligencia) y pareja, su relación sexual es susceptible de sufrir alguna disfunción sexual. En mi experiencia como profesional a través de la consulta inicialmente un elevado porcentaje de mujeres evitaban hablar sobre su cuerpo, tenían poco conocimiento del orgasmo, y se abochornaban si tomaban iniciativa en caso de sentir deseo, porque en sociedades machistas es el hombre quien debe iniciar el cortejo o será acusada de infidelidad.

Tenemos Leyes de Educación de la Sexualidad que se aplican para los hijos en las escuelas y colegios secundarios, pero no se continúan en las Universidades, en muchos países ni se puede aun aplicar esta ley. Los sexólogos y expertos de la educación de la sexualidad hablamos de sus derechos reproductivos, a cuantos hijos tener y del derecho al placer, lo erótico, etc., pero ¿qué placer podría tener una mujer con traumas? cuando lo primero sería hacer conciencia del tratamiento para disfrutar del amor y del erotismo.

Nos hace falta educar al adulto y deshacernos de viejos modelos de educación para que tomen conciencia de su salud integral. `Especialmente me refiero con las mujeres que se encuentran en los niveles de menos poder y pobreza.

> *"Nos han ensenado a tener miedo a la libertad; miedo a tomar decisiones, miedo a la soledad.*
> *El miedo a la soledad es un gran impedimento en la construcción de la autonomía"*
> *Marcela Lagarde*

1-Concepto de Género

Se lo entiende como un proceso en la construcción socio- cultural de ser hombre y ser mujer. Desempeño de un papel determinado con conceptos sociales de las funciones, de los comportamientos, atributos con valores y practicas basado en el sexo. Las diferencias del hombre y la mujer están sujetas a lo que cada sociedad considera apropiado. Esto favorece a desigualdades.

La WAS y OPS publicaron el documento "Promoción de la Salud Sexual" (Mayo 2000) y, en conceptos relacionados con la sexualidad dice de el género: "tal como ha existido de manera histórica, transculturalmente, y en las sociedades contemporáneas, refleja y perpetúa las relaciones particulares de poder entre el hombre y la mujer".

1.1 IDENTIDAD DE GÉNERO

Se define la identidad de género al grado que cada persona se identifica como femenina o masculina, alguna combinación de ambos en su social desempeño. Según cómo percibe su propio sexo y genero, determina su singularidad y pertenencia.

1.2. VIOLENCIA DE GÉNERO

Realmente el término de violencia no es algo nuevo, pero sí lo es como violencia de Género, -según se definió por la Asamblea General de las Naciones Unidas, es "cualquier acto de violencia que resulte, o pueda resultar en daño físico, sexual o daño psicológico y sufrimiento para las mujeres, incluyendo las amenazas de tales actos, coerción o privaciones arbitrarias de libertad, que ocurran en público o en privado".

La violencia contra las mujeres es tanto un problema de salud pública como de violación de los derechos humanos. (Tomado del Paquete sobre violencia de Género de IPPF Por Lynn Steven, traducción: Angela Saillant).

En el documento "Violencia de Género: Un problema de derechos humanos" de la Sexta Conferencia Regional sobre la Integración de la Mujer en el Desarrollo Económico y Social de América Latina y EL Caribe (Argentina, 1994) En el Cap. II pag.9 recoge: "Se reconoció que la violencia de género en el hogar constituye una flagrante transgresión de los principios consagrados en la Declaración Universal de los Derechos Humanos.

2- La violencia

La raíz etimológica del *téri-nirio* violencia remite al concepto de fuerza (J. Corsi).

Tal como lo encontramos en un diccionario: Los romanos la llamaban *vis*, *vires* a esa fuerza, al vigor que permite que la voluntad de uno se imponga sobre la de otro (Wikipedia).

Analizando estas dos aproximaciones el concepto de fuerza violencia se refiere a un comportamiento deliberado (para lograr un fin) que provoca o puede provocar daños físicos y/o psicológicos. El concepto violencia lleva la acción de un poder, nos referimos a la violencia física, verbal, psicológica, económica, política, de género, social. Las sociedades presentan formas de violencia que repercuten en todas las relaciones humanas. La violencia puede ser aprendida o imitada.

Acerca de la violencia, en el Informe sobre el Desarrollo Mundial 1993 del Banco Mundial se calculaba que las mujeres entre 15 y 44 años de edad pierden una cantidad significativa de años de vida saludables (DHYL) a causa de las violaciones y la violencia doméstica, lo cual puede estar relacionado con la inequidad de género y el comportamiento irresponsable.

2.1 Violencia domestica

"La **violencia doméstica** o **violencia intrafamiliar** es un concepto utilizado para referirse a «la violencia ejercida en el terreno de la convivencia familiar o asimilada, por parte de uno de los miembros contra otros, contra alguno de los demás o contra todos ellos" (Wikipedía).

El termino de violencia domestica refiere toda forma de abuso que tienen como escenario la convivencia familiar. Y quienes tienen o han tenido un vínculo afectivo de convivencia o de relación sin compartir necesariamente la misma casa.

Cuando se hablo de violencia domestica por primera vez, puso en dudas si la familia como una institución social, seria funcional y correspondería a los valores asignados de cada uno de sus miembros, procurando protección, donde se supone la garantía del desempeño de roles, donde se suponía proporcionaría seguridad y afecto. Siendo justamente el hombre quien siempre figuraba como cabeza de familia, aunque los componentes en la familia han cambiado y hay otras características de la familia también. Pero para el desequilibrio de ese poder hoy hay leyes de protección, que sancionan, pero también provee terapias que incluyen al agresor.

La violencia doméstica es un crimen, y un problema social de gran magnitud, tanto por su alta frecuencia como por la gravedad de los hechos, situaciones y negativas consecuencias para las víctimas directas u otros miembros de la familia; los hijos por ejemplo, actores multiplicadores de la violencia o futuras víctimas que perpetúan la cadena de victimización.

Los grupos más vulnerables son las mujeres y los niños. No existe privilegios de edad todas son vulnerables.

"En el Informe sobre el Desarrollo Mundial 1993 del Banco Mundial, estudios muestran que las sobrevivientes de violaciones presentan índices altos de trastornos por estrés postraumático persistente y constituyen el grupo más numeroso diagnosticado con este trastorno."

"Las víctimas de la violación son nueve veces más propensas que aquellas que no son víctimas, a cometer suicidio y a sufrir de depresión grave. Además, entre 50 y 60 por ciento de las víctimas sufren de disfunción sexual, incluido el temor al acto sexual y problemas de excitación sexual. Un estudio basado en los registros de la Maternidad de Lima, Perú, reveló que 90 por ciento de las madres jóvenes, entre 12 y 16 años de edad, habían quedado embarazada como consecuencia de una violación. En Costa Rica, una organización que trabaja con madres adolescentes señaló que 95 por ciento de las jóvenes embarazadas que acudían en busca de apoyo menores de 15 años, habían sido víctimas de incesto" (**16 Promoción de la Salud Sexual recomendaciones para la acción**).

2-2 EXPERIENCIA EN UNA COMISARIA DE LA MUJER Y LA FAMILIA EN GUAYAQUIL

A finales de 1993 me enrole en el voluntariado de una Fundación cuyo objetivo era visibilizar la violencia en contra de la mujer, ofrecerles servicios de orientación legal y psicológica.

Durante las consultas con parejas, las mujeres revelaban terror a hablar frente al esposo, y cuando solicitaba que su pareja esperara, el hombre la miraba con tanta intensidad, demandando dominio que era casi imposible continuar con la sesión. Y de hecho debía hacerlo con la mujer a solas. Así conocí lo que en el

Séptimo Congreso de las Naciones Unidas sobre Prevención del Delito y Tratamiento del Delincuente señalaran que la violencia domestica se encontraba en lo constituía una gran proporción de la "cifra oscura" no había estadísticas de su magnitud.

Desde la consulta me enfoque más en la salud de la mujer, escuchaba en los motivos de consulta intimidades de la alcoba; develizaban su intimidad con vergüenza y miedo, los mitos con respecto al conocer su cuerpo y la omisión a sus derechos; miedo a ser juzgadas, y a ser ridiculizadas. Aquellas que fingían el orgasmo porque decían "no sentir nada" Durante mi desempeño como psicóloga clínica en el DAT de la comisaria de la Mujer (Abril 19 1994- Diciembre 19 de 1996) las denuncias por violencia física reflejaban en la mayoría de los casos heridas gravísimas, en el rostro, cuerpo, brazos, piernas, barriga, cabeza, genitales que causaban con sus puños, patadas, objetos como palos, correas, piedras, cuchillo, armas de fuego, en otros reflejaban verdaderas patologías sexuales del varón para consumar el coito a la fuerza usando guineo y botellas.

Un caso que me llamo la atención, en que el hombre ato a la mujer a la cama porque se negó a tener relaciones sexuales pero, entro a su caballo para ella lo hiciera con su caballo. Muchas de estas heridas causaron lesiones físicas y psicológicas que marcarían la vida de sus víctimas, y algunas en que perdieron sus vidas.

La violencia doméstica se la define como un patrón de conductas abusivas que incluyen un amplio rango de maltrato físico, sexual y psicológico, usado por una persona en una relación íntima contra otra, para poder ganar o mantener el abuso de poder, control y autoridad sobre esa persona(Walker, 1999). Se distinguen tres tipos de maltrato, físico, psicológico y sexual, aunque estos tipos suelen estar interrelacionados, presentándose generalmente de forma combinada.

Los elementos mínimos que debe reunir un comportamiento para caracterizarlo de violencia doméstica incluyen: desde un empujón (que muchas veces las mujeres minimizan permitiendo futuras agresiones mayores) o sea físicas; sexual (hacer coito en contra de su voluntad) y psicológica (desde un insulto, no proporcionarte seguridad, juego de palabras, no llamarte por tu nombre y reemplazarlo por un insulto, etc.); En los caso de agresión deben haber sido ocasionados ser la pareja, novio, ex novio, pareja de hecho, esposo, practicada por la/el cónyuge o ex-cónyuge, pareja de hecho, ex-pareja, novio o ex novio, o por cualquier otro miembro de la unidad familiar, lazo de consanguinidad, familiar; el agresor está en una situación de dominio permanente, en los casos en que la víctima es la mujer, en el caso de la violencia psicológica, que ésta se presente de forma reiterada o habitual."

Los mitos y creencias que reafirmaban la violencia o contribuían en ella. De voluntaria pase a la acción como socia miembra de la Fundación; recuerdo el caso de una bella y exitosa mujer oftalmóloga, cuyo caso presente a organizaciones de mujeres en EE.UU y Canadá, a pedido de su abogada, ella perdió su ojo por una golpiza que le dio su esposo. Tardo muchísimos años en que se le hiciera justicia, en aquella época no teníamos el respaldo de una Ley en defensa de la mujer contra los abusos de su esposo, es más, ella no podía denunciarlo tenía que ser por medio de un Abogado. Hoy, la mujer tiene ese privilegio de poder hacer la denuncia en contra de su pareja o esposo, existe una Ley en contra de la Violencia a la Mujer y la Familia, que la protege y junto con la creación de las Comisarias de la Mujer, que se lograron gracias a un convenio con el Ministerio de Gobierno en 1994. Este ha sido un merito de la Fundación María Guare, de su Presidenta, y a las organizaciones de mujeres; el 1 de Diciembre de 1994 el Sr. Presidente de la Republica dio su aprobación al ejecútese a la Ley que entraría en vigor desde Enero de 1995; así, se empezó a sancionar al agresor, y a darle la oportunidad de modificar comportamientos agresivos.

Pese a los vaticinios de que este espacio legal para la mujer fracasaría y nadie llegaría a denunciar la violencia intrafamiliar. Las Comisarias han seguido brindando servicios y protección a la mujer víctima de abuso físico, sexual y psicológico.

El éxito se debió al cambio físico de las oficinas de la Comisaria, que remodelamos gracias a la contribución altruista de un arquitecto, que realzo la dignidad con colores en el ambiente, para crear paz, buen trato, empatía; la protección de la Policía a la víctima; la perseverancia de la Presidenta de Fundación María Guare Abg. Anunciata Valdez, y al equipo preparado para las Comisaria. Las imágenes del primer personal nominado para el DAT ante la gobernación del Guayas: La Dra. Vizñay (dpto. Medico); TS. Marilyn Villafuerte (dpto. trabajo social), mi persona Sic. Cl. María del Carmen Domínguez (dpto. Psicología) y el Sr. Fotógrafo. Quienes en equipo con la Primera Comisaria Abg. Carmen Troncoso F. trabajamos los seis primeros meses sin relevo.

La fundación María Guare a través de su 1 y 2 Boletín de Estadísticas con el auspicio de Unifem presento en números las "cifras oscura" no visibilizadas de la violencia intrafamiliar.

2.3-Diagnósticos y tratamiento

La mujer no era diagnosticada, simplemente se colectaban sus quejas, los signos y síntomas que presentaban las victimas -denunciantes, y eran asistidas inicialmente en situación de crisis, luego se extendería hasta 4 sesiones y las demás debían continuar con la psicoterapia individual que había establecido realizarse dentro del marco de la psicoterapia breve. Se incorporaron los servicios de terapias de grupo en la sede de la Fundación.

Solo los casos de deterioros muy graves y que requerían medicina, eran derivados al hospital psiquiátrico y en caso de heridas a las Clínicas con las que teníamos convenio. También incremente un programa Sexológico Educativo y Motivacional tanto para la mujer que decidía seguir sola, como para mujeres que deseaban mantenerse con su pareja, ellos también asistían. Condicionado a que ellos durante el tiempo de tratamiento y educación no podían estar juntos.

En la "Escuela Motivacional", llamada así para identificar el periodo de recuperación de sus síntomas de tristeza, ansiedad y estrés postraumático todo era emergente, con 2 meses de duración (8 sesiones), aquí se estimulaba a las víctimas a tomar conciencia de sus derechos, de su autoestima, aprender a manejar su sexualidad a tener conocimiento de su cuerpo, a desarrollar su capacidad de conocer cuando está en peligro de ser agredida que debía hacer y adónde acudir, también se les enseño el circulo de la violencia. Al final se les entrego un diploma de estímulo. Los Dr. Sexólogos G. Zambrano y Y. Amén colaboraron en esta experiencia de recuperación.

Como parte del tratamiento y con más colaboradoras psicólogas, trabajadoras sociales y medicas, después de 6 meses trabajamos en grupos con la familia. Durante los dos años que colabore en esta institución los resultados obtenidos de los casos que siguieron el tratamiento de 4 meses: un 59% de las mujeres volvieron con sus maridos en ambos hubo cambios de actitudes: ella busco estudiar y el permitió que trabajara sin descuidar a sus hijos. El compartía el trabajo domestico, ellos eran más considerados. Iban una vez cada dos meses a conversar de sus sexualidades y socializaban en grupo, en a sede de la Fundación. Aquellas personas que tenían problemas de artritis u otras complicaciones de columna, decían tener buenos resultados aplicando las enseñanzas de terapia sexuales impartidas por el Dr. Amen posiciones que permitían tener un coito sin dolor. Sin embargo la violencia no había sido erradicada totalmente, pero parecían haber incorporado la cultura de conversar y pedirse perdón. Las mujeres que decidicron mantenerse solas también buscaron trabajar y desertaron (15%) a las terapias.

Otro grupo un (20 %) no volvieron con sus maridos pero porque ellos no perdonaron haber sido denunciados y apresados, ellas se mantuvieron con sus hijos/as, y terminaron el tratamiento formaron un grupo de auto ayuda G.AM.A (grupo de auto ayuda de mujeres agredidas)y se envolvieron en grupos feministas; el 2 % con un nivel educativo más alto entraron a estudiar el 4% volvieron a ser agredidas, debieron abandonar sus viviendas y buscar ayuda con sus padres u otros familiares.

Debido a las secuelas que la violencia domestica deja en las víctimas y a la no obligatoriedad de que sigan un tratamiento, muchas mujeres viven altamente irritables, estallidos eventuales de iras, ansiosas o deprimidas, con insomnio y baja autoestima. Quejándose y siempre estresadas bajo los síntomas del estrés postraumático crónico, y síntomas neuróticos.

Pero, en cuanto a su sexualidad, mujeres que antes dijeron "no sentir nada" y que fingían el orgasmo y que no sabían que era hasta que lo aprendieron durante el tratamiento, dijeron haber experimentaron placer. No tengo estadísticas. Pero al parecer cuando toman conciencia de sus derechos y se sienten aceptadas y protegidas, reaccionan más positivamente y son más funcionales.

- LA SALUD

De acuerdo a la Organización Mundial de la salud en su constitución aprobada en 1948: "salud es un estado de completo bienestar físico, mental y social, y no solamente la ausencia de enfermedad o dolencia"

Según el Dr. Andrés Flores Colombino, cada sociedad tiene su propia definición o entendimiento de lo que se comprende por salud, por ello necesario analizar lo que cada uno entendemos lo que representa "subjetivamente" la salud y "saludable"

- CONCEPTO DE SALUD SEXUAL

"La salud sexual es la experiencia del proceso permanente de consecución de bienestar físico, psicológico y sociocultural relacionado con la sexualidad." Promoción de la Salud Sexual, WAS y OPS

- SEXUALIDAD

Conceptos

La sexualidad es integradora se manifiesta en todo lo que somos en todos los aspectos de nuestras vidas como entes bio -psico-socio económicos, político, cultural, religiosos, nuestro rol; y en cada actividades desempeñando y relacionándonos con otros. Incluye el sexo y capacidad reproductiva.

"Si bien la sexualidad puede abarcar todos estos aspectos, no es necesario que se experimenten ni se expresen todos. Sin embargo, en resumen, la sexualidad se experiencia y se expresa en todo lo que somos, sentimos, pensamos y hacemos." - Promoción de la Salud Sexual WAS y OPS.

"La sexualidad es parte integral de la personalidad de todo ser humano. Su desarrollo total depende de la satisfacción de necesidades básicas como deseo de contacto, intimidad, expresión emocional, placer cariño y amor".

"Por medio de la interacción entre individuo y las estructuras sociales es que la sexualidad se construye y su desarrollo total es esencial para el bienestar individual, interpersonal y social (Protti y Rodrigues Jr.).

- SALUD SEXUAL

"La salud sexual se observa en las expresiones libres y responsables de las capacidades sexuales que propician un bienestar armonioso personal y social, enriqueciendo de esta manera la vida individual y social. No se trata simplemente de la ausencia de disfunción o enfermedad o de ambos. Para que la salud sexual se logre es necesario que los derechos sexuales de las personas se reconozcan y se garanticen" - Promoción de la Salud Sexual- WAS y OPS.

3 - Experiencia en EE.UU trabajando con mujeres sobreviviente de violencia doméstica en una Clínica de Salud Mental

Desde 2008 trabajo en una clínica de Salud Mental en la ciudad de Philadelphia, la clínica tiene una población de atención de casos a 6.500 pacientes entre las dos clínicas.

Los casos que manejo en un 65 % corresponden en su mayoría a mujeres adultas de 50 a 70 años y un 22% son mujeres de entre 20 a 30 años de edad, siendo la población minoritaria la de hombres 2%. 13 -16, y 11% de 38 a 67. Todos los casos presentan algún tipo de trauma. Las modalidades psicoterapéuticas son individual, colateral familiar, familiar/ pareja y grupo. Los grupos son dos: condiciones médicas y de autoestima. En cuanto a la atención psicoterapéutica a mujeres en el 80 % son sobrevivientes de violencia domestica incluyendo violación en la infancia y/o adolescencia; un 2 % dijo que nunca asistió o recibió tratamiento por salud mental sin embargo siempre fueron tratadas por problemas de depresión, ansiedad, pánico, bipolaridad, ira, trastornos del sueño, pesadillas., y presentaron por lo menos un atentados suicida. Entre los hombres han tenido ideaciones suicidas pero nunca un plan o lo intentaron. Sus diagnósticos médicos son diferentes, sobrevivientes de cáncer, osteoartritis, problemas de alta presión, diagnosticados con PTSD o estrés postraumático y ansiedad desorden.

La mayoría tiene algunas condiciones médicas tales como diabetes, asma, HIV, VPH, tumores cerebrales, problemas crónicos del dolor, artritis, problemas de hipertensión, sobrevivientes de cáncer, problemas cardiacos, problemas cognoscitivos, en varón problemas de próstata. Y en la mujer joven problemas con los ovarios.

En mujeres: fibromialgia, menopáusicas quirúrgica, HIV, Hepatitis "C" problemas de la menopausia, uso de substancias, alcohol.

En cuanto a su sexualidad y dificultades en la salud sexual:

Mujeres y hombres dicen no haber hablado de su sexualidad o nunca se les ha preguntado al momento de la prescripción de un medicamento acerca si llevan una vida sexual activa, si su deseo sexual a disminuido después del uso de medicina psicotrópicas o durante su uso; ocurre igual con las mujeres, tuve un caso de una paciente-cliente de 72 años americano-dominicana. Se enamoró y su novio tenía 10 años menos, era activa sexualmente pero no experimentaba placer y ella quería lograr orgasmo, confeso desde hacía 22 años que no sentía nada y dijo este era el hombre de su vida y quería sentir placer con él; le explique los cambios que ocurren a su edad y si no ha estado activa sexualmente esa era una de las causas del dolor del cual ella en otras sesiones se había quejado, recomendé hablara con su doctor primario, y él le dijo que ya estaba vieja para esas cosas".

Entre las jóvenes ha habido quejas del deseo sexual y de la frecuencia sexual.

Entre parejas lo problemas se han dado por violencia psicológica, el temor a ser sancionado y apresado los conduce a ser más sutiles para maltratar.

Respecto a sus quejas en la intimidad están faltas del cortejo, mejorar estrategias en caso de eyaculador precoz.

Dentro de la Terapias Grupales: en la Condición Medicas, se educa al paciente, haciendo le concientizar cuáles son sus síntomas que caracterizan a su diagnostico, en orden a que tenga un mejor control de las recaídas, hablamos del impacto de sus condiciones en su humor y en su vida sexual activa, el manejo del estrés.

En los grupos de autoestima también se educa en la prevención de violencia, en el amor, elevar la autoestima en la educación de la sexualidad y también se desarrollan las habilidades con arte o manualidad que les ayude a concentrarse, a mejorar su concentración en comenzar algo y terminarlo, evaluamos la memoria. Pero sobre todo se socializa, pues es un espacio para romper el aislamiento y recuperar el interés a otras actividades. Las mujeres con estrés postraumáticos tienen muchos miedos, dificultad para concentrarse, trastornos del sueno, y presentan síntomas de evitación.

A través de este espacio se reconstruye la confianza, se rescata la cultura y se liberan de culpas. Utilizo material de apoyo *power point*, videos y películas.

4 - RESULTADOS

Una paciente mujer después de 3 anos logro reducir memorias y emociones intrusives. Ella estudio, e hizo su diplomado en Psicología y está trabajando (PTSD, Diagnosticada Como BP.

Paciente sobreviviente de cáncer pasaba periodos encerrado e irritable, fue motivado para un cambio de pensamiento y actitudes (TC) estilo de vida, supero la mayoría de sus síntomas, viene cada mes, está trabajando, se caso y tiene unas gemelas.

Las mujeres en el grupo han mejorado su autoestima y manejan mejor sus síntomas.

BIBLIOGRAFIA

Azcarate Mengual María Antonia. "Trastorno del Stress Postraumático. Daño Cerebral Secundario a la Violencia". Editorial Díaz de Santos S.A. 1ª. Ed.1ª. imp. (9/ 2007). (Ref. Página 2).

Corsi, Jorge. "Violencia hacia la Mujer en el Contexto domestico", Documentación de Apoyo Fundación Mujeres.1994 PDF. tiva.es/artículos/www.corsi.com.ar.pdf. (Ref. Página 5. Raíz etimológica).

Corsi, Jorge. "Violencia Familiar" Una Mirada interdisciplinaria sobre un grave problema social. Editorial Paidos SAICF. 1a edicion 1994. 7ma reimpresion 2008.

DSM –IV TR- Diagnostico and Statistical, Manual of Mental Disorders. Fourth Edition. Text Revision. American Psychiatric Association (Ref. PTSD).

Fundación María Guare- Comisara de la Mujer y la Familia, Guayaquil. Boletín Estadístico Nr. 2 "Violencia Domestica y Delitos Sexuales." Julio-Septiembre, 1994. Auspicio de UNIFEM.

Fundación María Guare- Comisara de la Mujer y la Familia, Guayaquil. Boletín Estadístico Nr. 3 "Violencia Domestica y Delitos Sexuales" Octubre- Diciembre 1.994. Auspicio UNIFEM

Lagarde, Marcela, Dra. (de Talleres Casandra México); mensaje pagina .Nro. 3 tomado de los Taller "Clave Feministas para la Autoestima", Seminarios recibidos en Quito-Ecuador, patrocinados por DINAMU (Junio 22, 1996).

Lynn Steven traducción: Angela Saillant. "Paquete sobre Violencia de Género de IPPF". Tomado de documentación impartida en Taller sobre Genero organizado por Aprofe y IPPF, Mayo 13-15 de 1997 Guayaquil- Ecuador. (Pagina Nro.4 1.2.Violencia de Genero).

Naciones Unidas. Comisión Económica para la América Latina y el Caribe-CEPAL. Sexta Conferencia Regional sobre Investigación de la Mujer en el Desarrollo Económico y Social de América Latina y del Caribe. Mar de Plata y Argentina 1994.- Violencia de Género: un problema de Derechos Humanos." (Pagina Nro.4).

Naciones Unidas. INSTRAW. "The Development of Thought of Gender and Women in Development (WID): Towards a New Paradigm.'' Editores: Blumberg, Rae L. y Knudson, Barbara. En: Gen der Training Portafolio. Santo Domingo, 1993.

NILSA M, BURGOS ORTIZ;SARA SHARRAT, Lcda. M. TREJOS C M. BN"LA MUJER EN AMERICA LATINA PERSPECTIVA SOCIALES Y PSICOLOGIAS"

OPS-WAS, Guatemala 2000. Promoción de la Salud Sexual. Recomendaciones para la acción. Organización Panamericana para la Salud. (Conceptos básicos; Identidad de Género, Violencia de género; Salud Sexual).

Protti, Fátima y Rodrígues Jr., Oswaldo M. Vaginismo ¡Quien Calla, No Siempre Otorga! Sao Paulo, Ed. Biblioteca 24x7, 1ª Edicion-2008 (Cap.2 Sexo vs. Sexualidad, pag.23).

Rodríguez Castelo Rodolfo. "Sexus". Guayaquil, 1ª Edición-2010 (Ref. Pag.66).

Revista Terapia Sexual Clínica-Pesquisa e Aspectos Psicossociais, Articulo: 1 "La sexualidad del paciente psicótico". Volumen X (2), 2007.

Wikipedia.org. La violencia etimología de la raíz violencia.

Como vivimos nuestra Sexualidad las Mujeres Mayores en el siglo XXI

Teresita Blanco Lanzillotti

Que la edad viene acompañada de cambios biológicos fisiológicos y frecuentemente con patologías orgánicas es indiscutible, pero es innegable que la mujer mayor es muy sensible a las influencias culturales, a los conflictos de pareja y otras condicionantes que modulan su vida sexual.

Los conceptos equívocos que se manejan a nivel popular y a menudo a nivel de los profesionales de la salud, se interponen en el camino de las mujeres mayores para que disfruten de una vida sexual sana y placentera. El objetivo de este trabajo es, a través del planteo de los grandes avances de la Sexología, la Medicina Sexual, las Neurociencias y la Neuroimagen y otras especialidades y ciencias afines, sumado a la experiencia en consultorio atesorada de los relatos recibidos de pacientes y mujeres mayores de nuestro entorno, acercarles a mujeres y varones, una mirada objetiva que habilite a ambos a disfrutar de una vida sexual más gratificante, que mejore su calidad de vida y su salud psicofísica.

Introducción

La Respuesta Sexual a toda edad, se construye en base a la compleja interacción de múltiples factores

Factores Biológicos Fisiológicos y Patológicos.
Factores Psicológicos
Factores. Vivenciales y Condiciones personales
Factores Vinculares
Factores Sociales y Culturales. Contexto social, cultural, económico
Factores Biológicos Fisiológicos y Patológicos.
Factores Biológicos Fisiológicos

Hay una Innegable realidad... Los años pasan.y aunque no afectan igual a todas las mujeres... hay cambios reales... Cambios hormonales, Envejecimiento tisular progresivo e inexorable y Cambios fisiológicos que no deben ser vividos como Patologías sino como algo natural y aceptados como tales.

Estos cambios son variables de una mujer a otra, según la salud física y emocional de cada una, la educación recibida, la personalidad de cada mujer, sus creencias religiosas, su realidad socioeconómica cultural, su lugar en el mundo y de las situaciones de pareja, familiares, sociales, que le toque vivir y su adaptación a las mismas.

Cambios Físicos Los cambios físicos siempre presentes, aunque en distinto grado, causados por alteraciones de piel y faneras, por la pérdida de elasticidad y humedad de la piel se van formando y profundizando las arrugas. Hay caída del cabello que se torna frágil y más fino y canas.

Disminuye la masa muscular (Sarcopenia) lo cual se asocia con: hipotonía, fatigabilidad, deterioro funcional, inhabilidad física y aumento del riesgo de caídas.

Hay Obesidad localizada por redistribución de tejido adiposo, por aumento de la grasa visceral o intraabdominal, que sumada a la hipotonía muscular y la reducción progresiva de la masa ósea por osteoporosis, determinan la baja estatura. En general cambia la forma corporal y hay un deterioro de imagen e inhabilidad física.

Estos cambios físicos y funcionales, pueden generar en la mujer mayor, un **conflicto con su imagen corporal que puede afectar su autoestima y ser uno de los factores de Depresión.**

En nuestra Sociedad que sobrevalora la juventud, las Adultas Mayores nos podemos sentir a veces discriminadas o marginadas, enfrentadas a una moda sólo para mujeres cada vez más jóvenes y delgadas.

Los cambios físicos más o menos importantes no nos afectan igual a todas y, según como se sienta cada una elige cuidarse con regímenes alimentarios, ejercicio físico, cirugías, botox, etc. O aceptarlos con otra filosofía. **Es un tema de actitud individual**.

También es real que no todas las mujeres envejecemos igual, que hay mujeres cuya belleza se mantiene a pesar del paso de los años. Jane Fonda con 75 años fue elegida una de las 10 mujeres más lindas 2013, Raquel Welch con 72, Sofía Loren 78 años, Tina Turner, 73, y otras mujeres ya septuagenarias siguen siendo mujeres muy sexys.

Carmen Dell'Orefice es una supermodelo en actividad, de 82 años que se ha asociado con un diseñador australiano. Como ella dice "lo importante es amar lo que se hace". Aparece en You Tube derrochando "charme" y sensualidad... muy sexy.

Porque lo "sexy" que una mujer a cualquier edad pueda ser no es puramente físico, vale recordar lo que escribía García Márquez en "El dulce sabor de una Mujer Exquisita".

"Una mujer hermosa no es la más joven, ni la más flaca, ni la que tiene el cutis más terso o el cabello más llamativo; es aquélla que con tan sólo una franca y abierta sonrisa, con una simple caricia y un buen consejo puede alegrarte la vida".

Un hombre exquisito es aquel que valora a una mujer así....Que se siente orgulloso de tenerla como compañera....Que sabe tocarla como un músico virtuosísimo toca su amado instrumento...

Cambios Genitales - Sexuales –En este tema hay una aparente discrepancia L@s ginecólog@s plantean una "inevitable pérdida del interés sexual y de la capacidad sexual "y describen a la vagina post menopáusica como corta, menos elástica, con sequedad vaginal que provocaría dispareunia y las colposcopias confirman una severa atrofia epitelial.

Las Adultas Mayores Sexualmente Activas manifiestan que sienten deseo, tienen fantasías, incluso sueños eróticos, se excitan y tienen buena lubricación, algunas de ellas mejor que en otras etapas de su vida y alcanzan sin problema al orgasmo. Algunas refieren ser multiorgásmicas. Hace unos días me llamó muy feliz una paciente para comentarme que había soñado que estaba en la cama con Kevin Kostner, después de haber mantenido placenteras relaciones sexuales con él. Cuando se despertó, sintió que tenía lubricación vaginal. Ella hace un año tiene a su esposo internado y me había confesado "en sexo ya ni pienso".

La explicación puede estar en que mientras los ginecólogos examinan a la mujer en condiciones basales y reciben el relato de pacientes que en su mayoría ya no mantienen una vida sexual activa, o nunca tuvieron una vida sexual placentera, **las mujeres mayores sexualmente activas relatan sus experiencias durante la excitación en la relación sexual o con sus fantasías.**

El hecho de que la dispareunia, es una queja muy frecuente también en mujeres jóvenes, pre menopáusicas, nos induce a plantear que el placer femenino depende de otros factores no solo hormonales **ni se deteriora por los cambios de la edad.**

Muchas mujeres mayores se inhiben de hablar de su vida sexual con su ginecólog@. Much@s ginecólog@s no pregunta por la vida sexual a las pacientes.

Es real que disminuyen de tamaño los ovarios que segregan menos andrógenos, que los genitales externos son menos turgentes, que las trompas de Falopio se hacen filiformes, que el útero reduce su tamaño, que hay cambios en el endometrio y la mucosa del cuello uterino. Epitelio vaginal más fino. Las contracciones uterinas son más débiles, a veces dolorosas durante el orgasmo. Hay un debilitamiento de musculatura vaginal y perineal y puede haber un prolapso por disfunción del piso pelviano.

Factores patológicos.
Hay patologías que aparecen o se agravan con la edad y afectan la respuesta sexual en la medida en que están presentes. **Y hay adultas mayores aceptablemente sanas, primordialmente con buena salud psíquica, o con patologías que no influyen demasiado en su vida sexual.**

En la respuesta sexual de una mujer de cualquier edad pueden influir importantes factores Biológicos Patológicos. Más frecuentes en la Adulta Mayor, llevan al Deterioro de Calidad de vida y limitan la vida sexual: patologías físicas invalidantes, limitantes.

Después de los 65 años aumentan progresivamente la incidencia de fracturas, en especial fractura de cadera. Los accidentes cerebrovasculares (stroke) a veces con importantes secuelas. Enfermedades cardiovasculares, Hipertensión Arterial, Dislipidemia. Síndrome metabólico. La arterioesclerosis de las arterias iliohipogástricas y pudendas[30]. Sindrome de Insuficiencia Vascular Clitoridiana y Vaginal, pueden dar disfunción de la excitación.

Diabetes que actúa por un doble mecanismo vascular y neurológico y la hiperinsulinemia frecuente en adultas mayores. Enfermedades malignas y otras.

Con el avance de la edad aumenta la posibilidad de un deterioro severo de las funciones cognitivas y memoria: demencia, Alzheimer, que destruyen la vida sexual de la mujer y su pareja. Patologías Neurológicos – Daño medular, Enfermedades del S.N.C. o periférico.

A lo que se agregan los correspondientes tratamientos médicos, quirúrgicos, radiantes imposibles de detallar y que deterioran la vida sexual en mayor o menos medida.

Trastornos ginecológicos y urogenitales por Patología de Piso de Pelvis tienen importante impacto en la sexualidad de la mujer mayor.

Depresión
Se destaca por su alta prevalencia e importancia el rol de la Depresión, en las mujeres mayores, frecuentemente no diagnosticada y por tanto no medicada, o la depresión enmascarada por otra sintomatología orgánica que en general ni siquiera se sospecha.

La depresión es una enfermedad orgánica y sistémica. No es un simple trastorno del humor.

<u>**Enfermedad Orgánica**</u> **que produce cambios funcionales y estructurales en las redes neurales en las zonas del cerebro que tienen que ver con los sistemas de alarma – stress y de recompensa.**

Afecta las capacidades adaptativas del cerebro, dando alteraciones profundas en los circuitos neuronales del sistema límbico o <u>cerebro emocional</u> o zonas

---

[30] Resultados sobre la epidemiología de la disfunción eréctil. J Urorogy 2001; 166: 569-575. Resultados del estudio EDEM.

subcorticales: tálamo, hipotálamo, hipocampo, amígdala cerebral, núcleo accumbens, septum y sustancia gris periacueductal y zonas corticales: corteza prefrontal media y orbital.

En las zonas afectadas provoca una marcada disminución del número de sinapsis y neuronas y profunda alteración de la capacidad plástica celular y molecular de las neuronas. **Es decir, neurotoxicidad y disminución de la neurogénesis.**

En ella se ven cambios neurobiológicos mayores que involucran 3 grandes sistemas en el cerebro:
- ❖ 1) el eje HHA (hipotálamo-hipófiso-adrenal) y el sistema CRH, (hormona liberadora de corticotrofina)
- ❖ 2) el hipocampo, y
- ❖ 3) el sistema noradrenérgico.

Enfermedad Sistémica heterogénea, que involucra un conjunto de neurotransmisores diferentes, neurohormonas y vías neuronales, por lo que es factor de Riesgo en patología cardiovascular, endócrina (favoreciendo la aparición de enfermedades como diabetes o hipotiroidismo); inmunológica, (favoreciendo la aparición de tumores malignos. La depresión es un factor que no tratado adecuadamente puede provocar diferentes formas de trastornos cognitivos. **E inducir al suicidio.**

Tiene un rol preponderante en las disfunciones sexuales femeninas y masculinas y reviste gran importancia pues impacta en la paciente y su pareja, la familia, la sociedad y los sistemas de salud.

Los síntomas de la enfermedad depresiva son la última expresión de las alteraciones que se producen en los distintos niveles fisiopatológicos causantes de la depresión, que van desde las alteraciones moleculares, pasando por la disregulación de la neurotransmisión neuroendocrinológica y neuroinmune, hasta las manifestaciones afectivas, cognitivas y conductuales de la enfermedad.

Depresión es... Síntomas Somáticos, Psicológicos, Cognitivos y Disfunciones Sexuales.

Relación Depresión y Sexualidad Femenina

Actualmente, los sentimientos se traducen en imágenes **Los estudios presentados con RMF muestran una clara coincidencia de zonas afectadas por la depresión y las correspondientes al deseo sexual femenino.** Estas zonas son las que integran el Sistema límbico o Cerebro Emocional.

Los avances en neuroimagen han señalado al córtex cingulado anterior de la corteza prefrontal, que modula la respuesta emocional, como una de las áreas cerebrales alteradas en la depresión, además de la amígdala, el núcleo estriado y el tálamo.

Hay marcada disminución del n° de neuronas en zonas específicas corteza orbito-frontal, ventromedial y cingulada del cerebro, en la corteza prefrontal y el eje límbico- hipotálamo-hipófisis.

Las investigaciones de Giraldi MD., Salonia MD & col Muestran en la RMF múltiples áreas cerebrales activadas por estímulos eróticos visuales en un grupo de mujeres heterosexuales. Las áreas activadas incluye lóbulos temporales anteriores, amígdala derecha, hipotálamo, Corteza témporo-parietal bilateral, núcleo caudado derecho, girus cingulado anterior y Corteza prefrontal dorso lateral derecha.

La depresión se asocia con bajo interés sexual, falta de energía, baja autoestima. La reducción de la actividad dopaminérgica produce disminución de las capacidades hedónicas del cerebro dando incapacidad de experimentar placer.

La hiperactividad CRH reduce la actividad sexual

En el sistema noradrenérgico hay hiper-respuesta: aumenta la actividad Simpática y disminuye la Parasimpática. La actividad parasimpática desencadena la cascada de reacciones bioquímicas que dan la vasodilatación en la zona genital influyendo en la Lubricación, Calor Vaginal e Ingurgitación o Erección Clitoridiana.

La depresión deteriora el equilibrio de los neurotransmisores Aumenta la Serotonina disminuye Dopamina y Noradrenalina Habitualmente La dopamina actúa como facilitador de la función sexual **La serotonina inhibe el deseo sexual y orgasmo.**

Múltiples causa confluyen para determinar Depresión de la Adulta Mayor: Cambios Físicos y de Salud, Genitales y Sexuales, Cambios Psicológicos y Vinculares, Grandes Pérdidas y Deterioro de Calidad de vida. Las enfermedades orgánicas actúan como precipitantes en mujeres con vulnerabilidad psicobiológica preexistente Enfermedades Neurológicas: Parkinson, Alzheimer, AVE. Desórdenes endocrino metabólicos: I. Adrenal, Hipo/hipertiroidismo, Neoplasias. Medicación: C.V., benzodiacepinas, algunos antimicrobianos, hormonas, etc.

Los antidepresivos pueden afectar negativamente la función sexual.El 50% de las mujeres con depresión mayor sufren **inhibición de deseo - excitación y dificultades de alcanzar el orgasmo** Tratamientos farmacológicos que estimulan la actividad de la serotonina disminuyen el deseo sexual, mientras que los tratamientos que inhiben la acción de la serotonina aumentan deseo sexual.

Patología de Piso de Pelvis y Trastornos ginecológicos y urogenitales

Disfunción de Piso De Pelvis (abordada hoy en forma integral por la perineología), altera en forma variable sus 3 funciones: sostén, esfinteriana y sexual.

Se manifiesta por: Prolapso genital, Incontinencia urinaria de stress, de urgencia o mixta e Incompetencia del esfínter anal. **En la esfera sexual por Trastornos del orgasmo.**

Los músculos del piso pelviano: bulbo cavernoso, isquiocavernoso, transverso del perineo, diafragma urogenital, intervienen en la respuesta sexual humana, y en la prevención de los trastornos urinarios.

Las contracciones voluntarias del Elevador del ano y el diafragma pelviano: bulbocavernoso e isquiocavernoso, aumentan excitación y orgasmo. El Bulboesponjoso e isquiocavernoso son responsables de las contracciones orgásmicas rítmicas e involuntarias.

La penetración vaginal, desencadena el reflejo vaginoelevador y vaginopuborectal que se contraen por estimulación del clítoris.

La Disfunción del Elevador del Ano provoca dolor pelviano, dispareunia, menor sensación vaginal y orgasmo menos intenso (3). La hipotonía causa anorgasmia e incontinencia urinaria.

El Piso de pelvis sufre por: Desgarros en el período expulsivo del trabajo de parto, Episiotomías agresivas, Falta de rehabilitación post partos y Cirugías de vulva y vagina. Hipoestrogenismo.

<u>Síntomas del Tracto Urinario Inferior</u>: polaquiuria, dolor pélvico y genital, nicturia e incontinencia de stress, se asocian: con Deseo Sexual Inhibido, dispareunia, dificultad del orgasmo y menor placer sexual. **Hay deterioro de calidad de vida asociado a problemas vinculares e insatisfacción sexual y emocional. Aumenta la frecuencia en mujeres de más de 65 años.**

<u>Incontinencia Urinaria</u> con o sin prolapso pélvico tiene gran impacto emocional, vergüenza, depresión temor, culpa, baja autoestima. La Incontinencia Urinaria más el prolapso afectan profundamente la Calidad de Vida de la mujer por sus consecuencias: Físicas Limita la vida activa, ejercicio y favorece el sedentarismo Consecuencias Sociales, limita la vida social, salidas con amig@s, reuniones, viajes, etc. Psicológicas: sentimientos de culpa, temor, vergüenza, afecta la autoestima y puede llegar a aislarse y deprimirse.

En la esfera Sexual, la mujer evita la intimidad y las relaciones sexuales. Afecta Deseo Sexual y puede sumarse dispareunia, climacturia. Toda su vida sexual puede verse arruinada por su Incontinencia Urinaria.

Fortalecer el suelo pélvico mejora la intensidad y calidad del orgasmo en mujeres y varones y mejora la incontinencia urinaria.

Más allá de la presencia o ausencia de causas orgánicas, los factores psicológicos vivenciales, vinculares y socioculturales afectan significativamente deseo excitación sexual.

Factores Psicológicos

Hay factores psicológicos que afectan negativamente no solo la vida sexual, sino toda la vida y su relacionamiento con el entorno una mujer mayor, el stress y la ansiedad. Hay factores estresantes, enfermedad y muertes de la pareja, de amig@s y familiares muy frecuente en esta edad que hacen que muchas mujeres se sientan tristes llegar a deprimirla.

Trastornos Mentales y de Personalidad, a menudo están asociados a dificultades en intimidad y deseo sexual.

Las mujeres que tienen lo que se dice "buen humor" tienen una mirada positiva de la vida, tratan de encontrar siempre lo bueno y buscan la ocasión de encontrar diversión y alegría. Las mujeres mayores que tienen una actitud feliz y satisfecha hacia su vida, son personas simpáticas, con un trato social agradable que tienen mayores posibilidades de establecer un nuevo vínculo afectivo erótico después de su viudez, que puede ser muy disfrutable para ambos.

Factores Vivenciales

Debemos reconocer que hay historias de vida y características personales innegables que condicionan la respuesta sexual de varones y mujeres independientemente de la edad.

Historia sexual y Nivel de erotismo

Es importante la historia de vida sexual de cada mujer, sus experiencias y cuál ha sido su vínculo con el placer, como ha vivido el placer en sus múltiples vertientes, principalmente el placer sexual.

Las mujeres que disfrutaron una sexualidad feliz, placentera, ahora Adultas Mayores liberadas de trabajo, horarios y obligaciones varias, con sus hij@s que ya crecieron y "vaciaron el nido", con más tiempo para ellas y su pareja, pueden seguir disfrutando una buena vida sexual, muchas veces de mejor calidad.

Las mujeres que no tuvieron vida sexual feliz, en general víctimas de una educación rígida y represora, que vivieron su sexualidad con culpa y/o sólo con fines reproductivos, que frecuentemente soportaron una mala relación matrimonial, infidelidades y frustraciones, usaron y siguen usando la Menopausia y la Edad como pretexto para finalizar con la obligación matrimonial de mantener una vida sexual, ni deseada ni gratificante.

Carmen – 68 años.

Consulta por anorgasmia desde hace 5 meses. Convivió 30 años con Gina a quien admiraba y con quien mantenía una excelente relación. Con ella la vida Sexual fue muy placentera los primeros 15 años. Después Carmen mantuvo relaciones c/otras mujeres. Pero desde que Gina murió, hace 5 meses, ella no puede llegar al orgasmo con Beatriz, quien es su amante desde hace 5 años. Siente deseo, disfruta mucho y se lubrica muy bien, pero la desespera no alcanzar el orgasmo y consulta.

En las entrevistas surgen problemas en el vínculo, que ella no había percibido antes. Comienza a verle defectos. Decide planteárselo a Beatriz y rompe la relación.

Luego de 2 semanas tiene oportunidad de coincidir en una reunión con Alicia que siempre "le gustó". Pasan juntas un fin de semana y tienen relaciones subintrantes, muy apasionadas. Logra múltiples orgasmos.

Por un tiempo oscila entre ambas relaciones. Con ambas muy buenas Relaciones Sexuales. Sin embargo hay algo de Beatriz que no puede perdonar.

Actualmente se siente bien, muy feliz solo con Alicia. Pero aun piensa y extraña a Beatriz. Ante la insistencia de Beatriz de no terminar el vínculo, a veces siguen manteniendo relaciones sexuales.

Carmen relata una historia afectivo erótica muy rica e intensa. Su inicio sexual a los 12 años en un "bolichón" con una prostituta que le enseñó a dar placer sexual a otra mujer. Incontables vínculos en su historia siempre con mujeres. A los 23 años quiso probar con un varón de su edad. Deseaba mucho tener hijos, quedó embarazada y la madre la obligó a casarse. Tuvo 2 hij@s ya adultos que no viven con ella. Aún casada sigue con otras relaciones homosexuales. Se divorcia a los dos años.

En las características personales destacan las habilidades sociales de cada mujer, su asertividad, inteligencia, el dominio de las habilidades de comunicación y disponer de destrezas sociales adecuadas para mantener o mejorar la relación con otras personas. Entablan mejores vínculos quienes conocen sus propios sentimientos, saben expresar su afecto y su interés asertivamente.

Entablan mejores vínculos sociales las mujeres con buena autoestima, satisfechas y seguras de sí mismas, con objetivos claros, que a esta edad saben lo que quieren y esencialmente lo que no quieren y saben trasmitirlo hábilmente.

El deterioro de las habilidades de comunicación puede afectar las relaciones interpersonales El aislamiento social y la irritabilidad también pueden contribuir a la disminución de la capacidad para iniciar y mantener nuevas relaciones íntimas.

El interés en continuar la vida sexual activa sumada a la capacidad, experiencia e interés en seguir seduciendo, posibilita a las mujeres mayores a mantener buen vínculo afectivo erótico con sus parejas y a viudas y/o divorciadas a entablar nuevos vínculos.

Muchas mujeres mayores, viudas que inician una nueva relación afectivo - erótica y se permiten disfrutarla, habitualmente se sorprenden de sentir renacer su deseo excitación con una intensidad insospechada y tienen muy buena respuesta sexual. A veces mejor que en otras etapas de su vida.

Las Habilidades sexuales de mujeres y varones en esta etapa de la vida son imprescindibles para seguir disfrutando del placer cuando ya está presente algún grado de disfunción. El erotismo, la sensualidad y saber cómo conducirse en la intimidad es fundamental. Saber excitar a una mujer independientemente de su edad y despertar su deseo es una destreza indispensable que todo varón debiera conocer.

Cesar y Cristina

Cesar tiene 80 años, viudo hace 5 meses, muy deprimido, se muda a Montevideo donde tiene solo dos matrimonios amigos, dejando todas sus amistades y su trabajo en Bs As. Invita a cenar a la viuda de uno de sus amigos, con quien se encontraban a veces en Bs As.

Cristina tiene 69 años, hace 2 años enviudó y desde entonces no pensó en tener otra relación. Es una mujer aún atractiva, educada, culta, que ha viajado mucho, alegre y optimista. Pasan una agradable velada y a los pocos días él la llama desde el exterior para encontrarse nuevamente a cenar. Allí la invita a viajar juntos a Europa. El ya no se siente deprimido. Inician una buena relación, logran ser muy buenos amigos y acompañarse mutuamente, comparten historias, amenas charlas, gustos por buenos espectáculos, buenos restaurants, vacaciones y viajan juntos. Ambos viven muy bien sin convivencia. Tienen muy buena relación afectiva sexual, muy placentera para ambos, a pesar de que él fue prostatectomizado y tiene una disfunción eréctil muy severa, dice experimentar con ella mucho placer y llega casi siempre al orgasmo.

Placer sexual no es solo erección y penetración.
Factores Vinculares

Las mujeres no son solo objeto de deseo, son seres deseantes que desean o dejan de desear a "alguien" por múltiples razones, pero no pierden la capacidad de sentir deseo, tener fantasías y excitarse, salvo que se interpongan determinados factores o circunstancias, fundamentalmente las desavenencias en la pareja.

Los Conflictos de Pareja explícitos o subyacentes generan Disfunciones sexuales.

Existe una importante relación entre Deseo – Excitación en la mujer y la calidad del vínculo afectivo sexual con la pareja. Las mujeres son más sensibles a los conflictos en la relación por lo que influye:

1) La Calidad del vínculo afectivo: amor, ira, odio, historias de frustraciones, por expectativas no cumplidas, muchas veces porque no fueron comunicadas explícitamente. Si existe una buena o mala relación interpersonal. Si hay en la pareja buena o mala comunicación de afectos y/o de conflictos. Pareja indiferente o con humor depresivo o irritable.

2) Infidelidades – La Infidelidad, que es una forma de maltrato, lesiona la autoestima y cuando es reiterada, a veces habitual, va generando desconfianza,

incomunicación, ira, odio y obviamente muy mala relación interpersonal y anula la vida sexual. Depresión que destruye el deseo sexual Cuantas mujeres ahora mayores vieron por esta causa, arruinadas sus vidas al no divorciarse por razones económicas o sociales? Cuantas no fueron felices y lo aceptaron porque "las infidelidades son cosa de hombres"? Cuantas a su vez fueron infieles?

3) Violencia de género – no solo física sino emocional, social, cultural, económica, que puede ir del acoso psicológico al homicidio. La desvalorización permanente, insultos, vejaciones, amenazas, golpes: la violencia doméstica está más extendida que se conoce, lesiona la autoestima y aniquila el deseo sexual.

4) Rutina que ha deteriorado la relación

5) Falta de un vínculo Soledad: separación, divorcio, viudez.

La Infelicidad conyugal crónica es causa de depresión y disfunciones sexuales que conduce al distanciamiento progresivo de ambos.

Aun en parejas con buena relación previa la Disfunción Sexual del varón va generando disfunción de la mujer. Por vergüenza, angustia anticipatoria y porque cada vez lo siente "como rendir un examen", el varón evita la relación sexual. En esa situación si no hay buena comunicación entre ellos, comienzan en ella las sospechas y los celos y ambos van perdiendo el deseo y distanciándose física y emocionalmente.

Diferentes niveles de deseo dan insatisfacción sexual

Alto porcentaje de varones con Disfunción Eréctil consultan a instancias de sus esposas mayores de 65 y 70 años que manifiestan seguir teniendo deseo sexual.

La habilidad de ellas en el manejo de esta situación es muy importante como vemos en estas historias:

María y Pedro – 48 años de casados

Pedro 77ª. Consulta presionado por María

Pedro presenta D.E desde hace 4 años, progresiva. Actualmente severa. Fumador intenso x 50 años. HPA de 12 años Diabetes II desde hace 4 años mal controlado. Depresión .Ansiedad. Angustia anticipatoria. Medicado con: Losartán, Digoxina, Amiodarona, Clonazepam. Lleva una vida activa. Vive y trabaja en su establecimiento rural.

María 76 a. – deseo – excitación y orgasmo presentes. Como Pedro ni se le acerca, ella toma la iniciativa. Usa ropa interior sexy, trata de seducirlo... como no lo logra, se muestra ansiosa. Pide... Exige... se enoja. Pasa del mal humor al reproche "va al campo para no venir a casa", "para no estar conmigo" Conflictos en la pareja. Ella frustrada. El presionado, se refugia en el campo.

Las discusiones entre ellos gravan la disfunción de él
Gabriela y Wenceslao

Wenceslao –consulta a los 75 años. Viudo.

Wenceslao consulta por D. Eréctil severa desde hace 4 a. post 4 RTU En 1944 la guerra lo separó de Gabriela, su novia. Huyó a Montevideo, se casó. Tuvo 2 hij@s. Dice que Nunca fue feliz. Después de 50 años de matrimonio Ya viudo hizo varios viajes a su país de origen buscándola, la ubica 10 hs antes de tomar un vuelo a MVD. La llama y ella (75a) también viuda (sin hijos) lo invita a su casa Ella toma la iniciativa sexual. El no tiene erección, se siente muy mal. Con felatio ella logra hacerle sentir placer y llegar al orgasmo" Nunca pensé que una mujer pudiera hacer eso por mí" Ella sin problema se excita normalmente, tiene buena lubricación y orgasmo. El vuelve a MVD consulta urólogo que me lo envía. Disfunción Eréctil severa. No respondió a Sildenafil. Ni ICC. Ambos siguen viajando para encontrarse hasta que deciden vivir en Uruguay. Conviven en buena relación. A pesar de la oposición de los hijos de él.

Logran brindarse placer sexual mutuamente. A los 82 años seguían juntos y felices. Supe después que él falleció a los 84 a.

El gran desafío es Desfalizar o desgenitalizar el placer sexual para que ambos disfruten.

Sexualidad placentera no es solo Relación Sexual.

Placer Sexual no es solo Erección – Penetración La erección es sólo un fenómeno reflejo neuro-mio-vascular.

Placer Sexual" es una hermosa experiencia, emergente de una compleja interacción de factores emocionales, vinculares, sociales y psicológicos.

Sexualidad es dar y recibir demostraciones de afecto, ternura contacto físico, intimidad, caricias, besos, abrazos. Besarse con pasión también fuera de la Relación Sexual. Comunicación asertiva de emociones y sentimientos Hablar de sus Relaciones Sexuales, de sus fantasías. Incluso de sus problemas e insatisfacción sexual. Tener gestos románticos, poder decir "te amo" "te quiero". Erotizar la vida cotidiana. Jugar. Compartir. Divertirse juntos.

Es importante acrecentar el erotismo, combatir la rutina. Promover cambios sexuales En las personas mayores es imprescindible darse mutuamente mayor tiempo y estímulo **No hay mujeres "frías" hay mujeres mal estimuladas.** Las parejas pueden consentir en conductas alternativas, o complementarias que acrecienten el placer de ambos. Si ambos lo desean recurrir a ayudas sexuales, juguetes, películas, lecturas eróticas.

Es frecuente la dificultad en los primeros encuentros sexuales entre adult@s mayores.

En nuevos vínculos, el o los primeros intentos de encuentro sexual pueden no ser lo esperado, a veces frustrante si no se mira con naturalidad y sin dramatismo. Es muy frecuente que el varón mayor de 60 o 65 años, tenga algún grado de disfunción eréctil que se acentúa con el stress de la situación, con el temor al desempeño, la autoexigencia de "cumplir bien". La asertividad de ella para manejar la situación y sus habilidades sexuales son muy **importantes** para ambos.

Factores Culturales. Sistema de Creencia Valores Mitos Mandatos Sociales
Cuando tenemos una relación erótica con alguien no estamos solos los dos. Pesa sobre ambos nuestra cultura, nuestra educación, nuestra historia personal y familiar, las culpas religiosas, tabúes y los temores sobre lo que es conveniente o inconveniente, lo que gustará o no a la otra persona. Todo lo aprendido que nos cercena la libertad individual.

Los Viejos Mitos Populares, que imperaron en el siglo pasado, los mandatos sociales, los rígidos estereotipos de género han tenido un fuerte impacto en la conducta de las Mujeres Mayores. La educación que se recibía nos hablaba de Adultas Mayores Asexuadas ya que la Menopausia se consideraba el fin de la vida Sexual de la mujer y lo peor es que ella así lo creía.

Mientras se asignaba al varón el derecho al placer sexual, se le asignaba a la mujer solo una sexualidad reproductiva. Se la educó a ser sexualmente pasiva, solo objeto de deseo "las señoras no gozan" y ser objeto del placer del varón. La Sexualidad socialmente aceptada para las mujeres ahora septuagenarias o más, era solo intramatrimonial, heterosexual y reproductiva.

Cuando la mujer quedaba sola por divorcio o viudez (o aun en algunos casos queda sola) se le negaba (o aún se le niega) el derecho al placer y vida afectiva. Muchas mujeres decían con orgullo ser de "Mujer de un solo hombre" autenticándolo en el uso de los 2 anillos en el caso de las viudas. Si buscaba (o busca) otra pareja se tilda de "viuda alegre" o "vieja loca", por lo cual muchas no se animan o animaban por temor al "qué dirán", a ser mal vistas. En muchas sociedades sigue existiendo una sanción social y familiar a la viuda y/o divorciada. Hubo y hay aún una desvalorización social dramática.

Es tan nocivo el mito de la anciana asexuada como el mito de la "viuda alegre".

Factores Sociales
Hay un alarmante Envejecimiento de la población mundial Much@s ancian@s, están solos por la muerte de sus parejas En Uruguay cada vez hay más personas mayores de 65 años con amplio predominio femenino. En ese rango hay casi 100.000 mujeres más que hombres.

Esto disminuye la posibilidad de que un alto porcentaje de mujeres mayores puedan establecer nuevas relaciones afectivo-sexuales.

Aunque las nuevas tecnologías en el caso de mujeres mayores que se manejan bien con ellas, permiten acceder a los múltiples sitios de "encuentros"

desde Facebook a otras redes específicas "MeetMe," Inter-Chat", "Chirpme","Twoo".

Con la viudez llega la soledad y el aislamiento social, hay mujeres mayores que viven solas, sin pareja, sin amig@s o poc@s amig@s, a veces sin hijos porque han emigrado y tienen muy escasa interacción social. .Son presa fácil para la depresión.

Hay otras mujeres mayores, viudas o divorciadas, que mantienen una vida social y cultural muy activa, que tienen o no una pareja, o algún vínculo afectivo – erótico. Según varias condicionantes como el nivel socioeconómico cultural, ideas religiosas, familiares, personales, muchas prefieren relaciones sin matrimonio ni convivencia, otras se casan o conviven sin casarse. Son decisiones personales o de cada pareja o relación.

Internación en residenciales de ancianos La vida sexual en esta situación es difícil. Las normas represivas en muchos residenciales no favorecen vínculos eróticos

Ana y Vicente – ambos mayores de 65 años se conocieron en el residencial donde estaban internados. Allí tienen prohibido cerrar la puerta de la habitación cuando están juntos. Para besarse y acariciarse debían hacerlo a escondidas o esperar que nadie los viera. Para evitar su relación la administración los separó derivándolos a diferentes casas de la misma empresa.

Nosotr@s , Familia e hij@s

La familia, fundamentalmente hijos e hijas, frecuentemente se oponen a que la madre pueda tener una nueva relación. Por lealtad al padre fallecido o divorciado, por celos, egoísmo, desconfianza a que a la nueva persona lo motive el interés económico, temor a perder patrimonio (que no es de ellos) la gran mayoría de l@s hij@s genera problemas.

No asumen que la viuda necesita compañía, afecto y placer sexual. Un nuevo vínculo le puede devolver la alegría de vivir y evita la soledad en que quedan muchas mujeres y les mejoraría la calidad de vida.

No valoran la ventaja que puede ser que su madre tenga una nueva relación afectiva, o una buena compañía lo que debiera tranquilizar a sus hij@s ya que para ellos debiera representar una preocupación menos.

Mirta. 65 a.

Viuda hace 5 años. Vino hace varios años a una sola entrevista

Juan fue su 1° y único novio. Buen esposo, buen amante, buen compañero, trabajaban juntos en la empresa de ambos, buen padre. Buen empresario. Juan fallece en forma brusca.

Mirta queda destruida y a cargo de todo. Nunca más pensó en un hombre Pero….Ella es una mujer atractiva, simpática, alegre, divertida. Hace una semanas un colega comienza a "cortejarla" Ella siente que se excita, que cuando él le toma la mano o la acaricia, ella siente que se lubrica.

Consulta muy preocupada por si después de tanto tiempo "eso es normal". En seguida se convenció de que si lo es .Sigue muy feliz con esa relación. Se casan en algo más de 1 año a pesar de la oposición de l@s hij@s de ambos. Les llevó a ambos varios años lograr que los hijos aceptaran o toleraran la situación.

En varios casos constatamos que con el tiempo, la relación es más fácilmente aceptada por los hijos varones de ambos. La situación es más complicada con la hija mujer del viudo o divorciado.

Que nos dicen las investigaciones?

Hay varias Investigaciones de Laumann y su equipo que presentan la prevalencia de actividad sexual, los comportamientos, y problemas en una muestra nacional de probabilidad de 3.005 adultos estadounidenses (1,550 mujeres y 1,455 hombres) 57 a 85 años de edad, y se describe la asociación de estas variables con la edad y estado de salud.

70% de mujeres sexualmente activas Reportaron por lo menos 1 trastorno sexual.

El 53% entre los encuestados que tenían 65 a 74 años de edad, y 26% entre los encuestados que eran 75 a 85 años de edad); las mujeres fueron significativamente menos propensas que los hombres en todas las edades para informar de la actividad sexual.

Los problemas sexuales en las personas mayores no son una consecuencia inevitable del envejecimiento, sino que son respuestas a la presencia de factores de estrés en múltiples ámbitos de la vida. El mecanismo que relaciona el estrés y la vida con problemas sexuales es probable que sea una mala salud mental y la insatisfacción con la relación.

Los resultados apuntan a la necesidad de los médicos que tratan a los adultos mayores que experimentan problemas sexuales a tener en cuenta no sólo su salud física, sino también su salud y su satisfacción con su relación íntima psicosocial.

Investigaciones de Nils Beckman

Estudio en Universidad de Goteborg, Suecia y publicado en el British Medical Journal. En total, 1.500 personas, heterosexuales, fueron interrogadas sobre su vida sexual.

Se procesaron los resultados de entrevistas a septuagenarios en distintas épocas: 1971-72, 1976-77, 1992-93 y 2000-2001.

Entre 1971 y 2001, aumentó el número de septuagenari@s que tiene vida sexual activa Pasó del 38 al 56% para las mujeres casadas o en pareja, y del 0,8 al 12% para las mujeres no casadas Las Relaciones Sexuales fueron más frecuentes: al menos una vez por semana para el 9% y 26% en las ♀ con vida sexual activa.

Entre 1971 y 2001, mayor proporción de ♀ (52% frente al 35%) dice tener muy buenas relaciones sexuales. Más mujeres dicen haber tenido orgasmos (83% de las sexualmente activas en 2001 frente al 59% en 1971), Dicen no haber tenido uno nunca (6% frente al 41%). **Muchas más mujeres dicen estar satisfechas con su vida sexual.**

"Las actitudes de hoy son de una mentalidad más abierta y positiva, al menos en los mismos ancianos," dijo Nils Beckman, quien sostuvo que los cambios reflejan el cambio de actitudes acerca del sexo en las sociedades occidentales durante la última mitad del siglo.

Los españoles son sexualmente activos con más de 65 años

Un nuevo estudio, publicado 'The Journal of Sexual Medicine', analiza los factores que influyen en la actividad sexual de las personas mayores en España (Abril 2012).

Ya en 2006, un estudio que se hizo público durante el XXVI Congreso de la Sociedad Española de Medicina de Familia y Comunitaria (SEMFYC) mostró que el 60% de las personas mayores de 65 años decía tener relaciones sexuales con una frecuencia media de cuatro veces al mes.

En aquel trabajo, realizado en más de un centenar de personas por médicos de familia de Cataluña, la mayoría reconocía que aunque sus relaciones habían sufrido cambios a causa de la edad, no por ello eran menos satisfactorias. Asimismo, los datos coinciden con los de una encuesta realizada en EE UU y publicada en la revista 'The New England Journal of Medicine' en 2008.

Salud sexual y adult@ mayor

Otro índice de actividad sexual en adult@s mayores es **el aumento de las infecciones de transmisión sexual** en este grupo etario. Un estudio transversal mostró que más del 80% de las personas de 50-90 años son sexualmente activas y que los casos de muchas de las ITS se han más que duplicado en este grupo etario durante los últimos 10 años.

Ventajas de nuestra edad

Las mujeres mayores de 65, septuagenarias y más que vivimos hoy, somos una generación privilegiada. Mujeres que transitamos las décadas de mayores cambios culturales de toda la historia, que sin duda nos han favorecido.

El sexo ya no es tan tabú para un buen porcentaje de las uruguayas que se animan a vivir su sexualidad con menos conflictos y culpas. Cada vez las mujeres mayores se permiten más libertad personal y sexual.

En la consulta y en conversaciones de la vida diaria, amigas, grupos de colegas, veo muchas mujeres mayores. Es importante que las septuagenarias actualmente podemos hablar de sexualidad.

Viudas que encuentran un nuevo vínculo y se permiten disfrutarlo, habitualmente se sorprenden de sentir renacer su deseo, se excitan, con una intensidad insospechada y tienen muy buena respuesta sexual. A veces mejor que en otras etapas de su vida.

La mujer madura es actualmente más segura de sí misma. Aprendió a valorar su sensualidad, cultiva una personalidad más sexy. Liberadas de viejas represiones se permiten una vida sexual placentera, fantasías y lecturas eróticas. Han tenido gran éxito "Las Sombras de Grey" Saben amarse a sí mismas, saben cuál es su atractivo y saben seducir.

También las parejas homosexuales y bisexuales pueden vivir su intimidad con menos prejuicios.

La vida nos fue enseñando, enriqueciendo, con los años…fuimos atesorando experiencias, sentimientos, sensaciones, y habilidades sociales y sexuales… y fuimos cambiando…

Recorrimos un largo camino en que fuimos aprendiendo a conocer y aceptar nuestro cuerpo, nuestra forma de ser, nuestra sexualidad. Conocemos el lenguaje de nuestra piel, de todos nuestros sentidos y aprendimos a dejarles expresarse y buscar nuestro placer y el de nuestra pareja.

Podemos disfrutar de los últimos amantes a la antigua…aggiornados a nuestra realidad…los que fueron educados para ser "caballeros", los que aun regalan flores y tienen actitudes seductoras Con ellos/ellas podemos compartir historias y recuerdos. Ellos también fueron perfeccionándose y saben cómo seducir y ser buenos amantes.

Para muchas mujeres mayores, es la edad del reencuentro con antiguos amores, sueños pendientes y se reviven historias que la vida dejó por el camino.

A esta edad, somos conscientes de lo importante que es asumir la adultez mayor con naturalidad y con alegría de haber llegado a ella e intentar disfrutarla en las mejores condiciones de salud, física, psíquica, social y sexual.

Conclusions

Los avances científicos, las investigaciones y los testimonios de adultas mayores, nos confirman que las mujeres pueden seguir disfrutando plenamente de su vida sexual.

Que la capacidad de disfrutar de la afectividad y de la sexualidad, dura toda la vida pues la vejez no disminuye la libido, ni la lubricación, ni la capacidad orgásmica en las mujeres que tienen buena salud física, emocional y sexual. Y es un elemento que enriquece la existencia y mejora calidad de vida.

Las mujeres mayores son capaces de tener relaciones afectivas eróticas y de sentir placer. Incluso muchas relatan de una mejoría en sus vivencias sexuales. Y mejor calidad de su respuesta.

También vemos mujeres con una disminución gradual de los intereses sexuales con frecuencia vinculados a disfunciones de la pareja y a la actitud de la pareja ante su disfunción, o por falta de pareja, o por patologías orgánicas limitantes, entre las que se destaca la depresión.

Mujeres Mayores sin patologías orgánicas, Psíquicamente sanas, Sin tabúes ni prejuicios pueden disfrutar de una Sexualidad Placentera.

Referencias Consultadas y Recomendadas

Althof Stanley E. & al Psychological and Interpersonal Dimensions of Sexual Function and Dysfuntion Depression and Sexual Function - Sexual Medicine 2nd International Consultation on Sexual Dysfunctions 2004.

Basson R. Women's sexual desire–disordered or misunderstood? J Sex Marital Ther. 2002; 28 Suppl 1:17-28.

Bason R. MD & al Assesssment and Management of Women Sexual Dysfunctions - Sexual Medicine – J.Sex.Med 2005; 2: 291- 300.

Basson R, Leiblum S, Brotto L, Derogatis L, Fourcroy J, Fugl-Meyer K, et al. Revised definitions of women's sexual dysfunction. J Sex Med. 2004;1:40-8.

Basson R, Berman J, Burnett A, Derogatis L, Ferguson D, Fourcroy J, et al. Report on the international consensus development conference on female sexual dysfunction: definitions and classifications. J Urology. 2000;163:888-93.

Berman J. R. MD, Leventhal–Alexandre, J. Relationship between Female Urology and Sexual Medicine – Course AUA Annual Meeting S. Francisco 2004.

Berman J.R. MD. Berman L.A MD, Kanaly K.A.MD Sind.de Insuficiencia Vascular Clitoridiana y Vaginal, E.A.U. Update Series 1 (2003) 172. 173.

Blanco Lanzillotti, T. M.D. Depresión y Sexualidad Femenina – ReLAMS Revista Latinoamericana De Medicina Sexual –V.1. N°1. 23-2.

Bocchino S. Depresión: una enfermedad sistemática. Presentación Desayunos de Trabajo 2011 en la Sociedad de Psiquiatría Biológica del Uruguay. 2011; marzo 19. Acceso en 23 febrero 2012. Disponible en http://www.spbu.com.uy

Ferreira R. MD. - Infecciones de transmisión sexual y conductas sexuales de riesgo Resumen y comentario Intramed 23 Jul.20 12.

Giraldi MD., Salonia MD & al Physiology of Women's Sexual Function Committee 22 - 3° International Consultation on Sexual Medicine. París 2009.

Goldstein I, Goldstein AT, Guay A, Kim N. 055PG: medical and surgical management of FSD: Update 2011. Allied Healthcare Professional Course. AUA; 2011.

Goldstein I, Goldstein AT, Kellog-Spadt S, Sutherland SE. Sexual medicine: management of female sexual dysfunction. AUA. Course. 2013.

Laumann E. O., Waite L.J. Center University of Chicago Sexual Dysfunctions among older adults: prevalence and risk factors SMSNA 2007 Winter Meeting Chicago Abstracts V5.P7. J. Sexual Medicine 2008.

Laumann EO, Waite LJ. Sexual dysfunction among older adults: prevalence and risk factors from a nationally representative U.S. probability sample of men and women 57-85 years of age- J Sex Med. 2008 Oct;5(10):2300-11.

Lindau, S.T., Schumm L.P., M.A. Laumann, E.O, Levinson W., Colm A. O'Muircheartaigh, Linda J. Waite. A Study of Sexuality and Health among Older Adults in the United States N Engl J Med. 2007 August 23; 357(8): 762–774.

Lista Varela A. MD. – Ciencia de la Depresión – Psicolibros Waslala. Uruguay Mayo 2008.

Lue T .F, R Bason, R.Rosen & al. Sexual Medicine – Sexual Dysfunctions in Men and Women 2nd. Consultation on Sexual Dysfunctions. Paris 2003.

McCabe M, Althof SE, Assalian P, Chevret-Measson M, Leiblum SR, Simonelli C, Wylie K. Psychological and interpersonal dimensions of sexual function and dysfunction. J Sex Med. 2010;7(1 pt 2):327-336.

Montorsi F, Bason R, Adaikan. G, Becher E, Clayton, A; Giuliano, F. Sexual Medicine Sexual Dysfunctions in Men and Women 3rd. Consultation on Sexual Medicine. Paris. 2009.

Tessler Lindau. S. M.D., M.A.P.P., L. Philip Schumm, M.A., Edward O. Laumann, Ph.D., Wendy Levinson, M.D.,Colm A. O'Muircheartaigh, Ph.D., and Linda J. Waite, Ph.D. A Study of Sexuality and Health among Older Adults in the United States N Engl J Med. 2007 August 23; 357(8): 762–774.

Yang JC, Park K, Eun SJ, Lee MS, Yoon JS, Shin IS, Kim YK, Chung TW, Kang HK, Jeong GW. Assessment of cerebrocortical areas associated with sexual arousal in depressive women using functional MR imaging. J Sex Med 2008;5:602-609.

Zandio, M. Ferrín, M.J. Neurobiología de la depresión Cuesta Anales Del Sistema Sanitario De Navarra.

LA PAREJA EN SU LABERINTO

JUAN JOSÉ MOLES A.[31]

Dentro de las diferentes metas que las personas pautamos en el transcurrir de nuestra vida, el establecimiento de una relación de pareja es sin duda una de las más prioritarias. La familia ha representado a lo largo de la historia uno de los valores sociales más arraigados independientemente de las diversas culturas y obviamente el paso previo y necesario para la constitución de esta familia es la relación de pareja. Siendo un hecho innegable la necesidad afectiva del ser humano así como lo importante que para él resulta la gratificación erótica, se entiende entonces como el encuentro de la pareja ideal supone en teoría la compensación de estos dos aspectos tan vitales para su salud emocional y por el contrario, en caso de discordia y conflicto, la afección en la misma.

En un sentido general el término *discordia* tiene que ver con oposición, con desavenencia de voluntades referidas a opiniones. En el caso que ocupa el presente capítulo, tiene que ver con los integrantes de una pareja.

Se hace necesario crear el marco de referencia de lo que se entenderá por pareja. Son varias las variables que hoy en día se debiesen tomar en cuenta para una conceptualización de este término, y que sin duda, siglos atrás no habrían tenido el mismo tipo de relevancia, la pareja de hoy es muy diferente a la de antes y por ese necesita su propia caracterización. En este orden de ideas, Moles (2007), conjuntamente con Calderón y Pérez, definen pareja como *"Relación de convivencia entre dos personas, unidas por un vínculo afectivo y que motivadas por atracción, expectativas y compromisos interpersonales, comparten distintos espacios sociales, familiares y de intimidad".*

---

[31] Ph. D.; DIRECTOR CIPPSV; PAST PRESIDENT ALAMOC / Dirección Electrónica juanjose159@ hotmail.com

En un rápido recuento histórico, las relaciones de pareja han tenido tres grandes épocas que han marcado su *modus vivendi,* estas suelen denominarse Período Agrícola, Revolución Industrial y Revolución Sexual. Esta última, en la que se enmarca la pareja contemporánea, arranca desde la década de los 50's del siglo pasado hasta la actualidad.

Originariamente la pareja fue creada como una necesidad de sobrevivencia entre los seres humanos, es por ello que estableció un fin corporativo, vale decir, es una situación de conveniencia en donde ambas partes tratan de obtener un beneficio práctico por medio del otro (a). La pareja fue entonces concebida bajo una verdadera racionalidad, aunque posiblemente no se tuviera conciencia de ello. A lo largo de los siglos la pareja ha subsistido en este entendido. La atracción sexual y la afectividad estaban supeditadas a la reproducción y la conservación de la especie. En un nivel microsocial, a la conservación de la familia.

Obviamente la pareja heterosexual cumplía requisitos que no los tenía en sí misma la pareja homosexual, ello fundamentalmente en cuanto a la meta reproductiva. Es así que la primera se instaura socialmente como la adecuada y plausible, independientemente de los goces sexuales que se obtuviesen con la segunda. La pareja heterosexual debía entonces resultar atractiva para su permanencia en el tiempo, y esto fue posibles por variables de tipo biológicas, psicológicas y sociales propias del macho y de la hembra.

Al respecto de lo anterior, Tripp (1975) afirma:

> *"Una situación sexual se convierte en estimulante y plena de significado cuando existe cierta tensión entre compañeros que tal vez se admiran mutuamente; o incluso sin admiración mutua, un determinado interés erótico puede muy bien edificarse sobre una nota de algo ajeno, exótico, o de antagonismo entre una pareja que realiza el acto sexual para reducir su distancia, para tender un puente entre ellos, al mismo tiempo que exploran y saborean lo exótico. La atracción sexual deriva claramente de un cierto grado de tensión y distancia entre los dos miembros de la pareja"* (p.64).

La afirmación anterior implica la necesidad de elaborar y afianzar diversos roles que sean diferenciales entre el hombre y la mujer, que permitan la distancia óptima para que las gratificaciones sexuales sean reforzantes en el tiempo. Pareciese entonces que lo opuesto, vale decir, la absoluta afinidad entre ambas partes, el hombre y la mujer, si bien pudiese fomentar un agradable clima afectivo, disminuiría el componente erótico, necesario este para la atracción sexual.

Con estos antecedentes señalados se llega a la denominada Revolución *Sexual. El denominado matrimonio contemporáneo suele delimitarse a partir de* la década de los cincuenta del pasado siglo XX. Para ese momento se habían suavizado las pautas rígidas del matrimonio victoriano aunque seguía manteniéndose la conveniencia social, de tal manera que el esposo era el jefe de familia y proveedor económico que asumía la autoridad en cuanto a la dirección y estilo de vida de la familia; sin embargo la afectividad estaba presente en la vida de la pareja e inclusive el componente sexual se había erotizado un tanto; sin duda los avances tecnológicos tales como el cine y posteriormente la televisión habían ampliado las posibilidades de comunicación social por lo que aspectos como la moda, la música y los bailes propiciaban mayor intimidad sexual. La inserción de la mujer al campo laboral, la importancia dada a la sexualidad desde un escenario científico, la creación de la pastilla anticonceptiva como método seguro de control de natalidad y el advenimiento del feminismo como modelo social opositor al machismo fueron variables macrosociales que mucho contribuyeron.

En las décadas posteriores a los cincuenta, sentadas ya las bases de una visión mucho más erótica de la mujer y de la relación intersexual, los paradigmas de convenimiento social que habían signado la institucionalización del matrimonio sufrieron un cambio revolucionario. Dicho en términos sociológicos, el matrimonio contemporáneo no tiene una función instrumental, sino que se basa en los sentimientos y emociones que comparten los miembros de la pareja que viven su vida como compañeros. Tal y como expresa Dominian (1996):

> *"Este compañerismo hombre-mujer es igualitario, y da importancia sobretodo a la comunicación, al apoyo y cuidado mutuos, a los sentimientos, a la compañía y la sexualidad. Lo importante no es ya el cumplimiento de los roles sociales, sino que lo fundamental es la calidad de la relación. Dicho en otras palabras, lo que importa es el amor"* (p.19).

Cuan beneficioso ha sido para las parejas actuales este cambio motivacional respecto al matrimonio y la convivencia, es algo complejo, pues si bien por un lado se observa una intimidad mucho mayor, que genera igualmente mejor sentido de pertenencia a la relación, si igualmente observamos una mejor sexualidad en cuanto a mayor involucración de ambas partes, si bien es cierto que la comunicación en la pareja es más asertiva, no por ello el matrimonio de hoy está exento de dificultades, por el contrario, llama poderosamente la atención como históricamente hay una importante asociación entre el crecimiento del matrimonio entre compañeros y el aumento de la tasa de divorcios; de igual manera se observa un incremento en la tasa de infidelidad de ambos sexos; los índices de violencia de género han llegado sin duda a cifras alarmantes.

Pareciese entonces que aquella distancia óptima de la cual se hizo referencia anteriormente, no ha encontrado en el amor el equilibrio esperado. Al respecto Reibstein y Richards (1993) afirman:

> *"El conflicto que la pareja tiene que resolver se da entre el ideal del matrimonio de compañeros como una relación en la*

> *que todo se comparte y una vida autónoma como individuo. Por supuesto, este conflicto es muy antiguo, pero se ha vuelto mucho más agudo con el surgimiento del ideal del matrimonio íntimo y amoroso"* (p. 60)

EL SENTIDO DE LA IDENTIDAD

Dada la capacidad sexual que caracteriza al ser humano, en la medida en que va neurológicamente madurando y psicológicamente aprendiendo, sus necesidades biológicas innatas van ampliándose a otras más complejas; sin duda la necesidad de conocimiento es una de las más importantes. En ese conocimiento entra el que se tenga de sí mismo, tanto a nivel general, personal y ciudadano, como lo relativo a su condición sexual, hombre-mujer, condición de genero, masculino- femenino y por supuesto su identidad como individualidad. Es por ello que las preguntas filosóficas referentes al *¿Quién soy yo? ¿De donde vengo? ¿Hacia donde voy?* orientan el norte de la vida de cualquier hombre o mujer y la falta de respuesta a cualquiera de ellas es fuente de desasosiego y malestar.

La construcción de la identidad es condición fundamental para el desarrollo de la personalidad y, en buena parte, es la síntesis de identificaciones que durante los primeros años de vida y hasta finales de la adolescencia, la persona va realizando. Dada la importancia que tiene la identidad para el adecuado ajuste personal de un hombre o una mujer, se entiende entonces como un desajuste de este orden altera e incluso desestabiliza a la persona. Y es así que vale entonces la pena comprender como la denominada identidad sexual e identidad de género pudiesen ser hoy en día fuente de desestabilización.

Respecto a la identidad masculina tradicional dentro de un marco de socialización del género, existe un modelo que ha sido transmitido generacionalmente y que tiene que ver con el hecho de que un hombre tiene que mostrarse fuerte, seguro de sí mismo, competidor pero siempre con actitud de ganador. Así pues, tal como apunta Corsi (1995*):*

> *"La identidad masculina se construye sobre la base de dos procesos psicológicos simultáneos y complementarios: el híper desarrollo de yo exterior (hacer, lograr, actuar) y la represión de la esfera emocional. Para poder mantener el equilibrio de ambos procesos, el hombre necesita ejercer un permanente autocontrol para regular la exteriorización de sentimientos tales como el dolor, la tristeza, el placer, el temor y el amor"* (p.15).

Desde una perspectiva cognitiva-conductual, esta construcción de identidad, implica el reforzamiento de creencias relacionadas con el "mito del ganador", en el sentido que la valía personal se centra en el éxito, por lo que un fracaso pasa a repercutir en la autoestima del sujeto. El pensamiento lógico y racional debe privar en la resolución de cualquier situación sobre aspectos de tipo emocional y sentimental. Conductas encauzadas en pedir ayuda o tratar de apoyarse en otros, muestra signos de debilidad, vulnerabilidad e incompetencia. El éxito masculino en las relaciones con las mujeres está asociado a la subordinación de ellas a través del poder que implica el control de la relación.

La identidad de la mujer, desde el condicionamiento de género, es diametralmente opuesta y se fundamenta mayormente en la expresividad emocional y afectiva. Desde su presunta condición de "sexo débil" se le ha reforzado su éxito como persona muy en función de la valoración recibida por el hombre tanto afectiva como eróticamente. Desde esta perspectiva cognitiva-conductual, las creencias relacionadas con el fracaso no tienen que ver tanto con la ejecución de una determinada actividad, meta o proyecto sino que la misma no sea reconocida, dicho en otros términos, no es tanto el ganar sino el reconocimiento afectivo de lo que se hace. Muy diferente a los hombres, la mujer busca y le agrada la ayuda recibida, es por ello que la comunicación entre mujeres se centra más en compartir sentimientos que en encontrar una solución rápidamente.

Posiblemente el núcleo emocional de la identidad masculina y femenina implica en el primer caso la necesidad de admiración, mientras que en el segundo la de sentirse necesitada. Al respecto de lo expresado, Sordo (2006) afirma:

"Pareciera ser muy relevante para la identidad femenina el cuidado de los tiempos, el entender las cosas de a poco, el poder cultivar, decorar o cambiar ciertas situaciones dentro de la vida para ir disfrutando de ella en las etapas y en los procesos que se van viviendo; en cambio, para los hombres es mucho más lógico el disfrutar sólo cuando estos objetivos están siendo logrados. Por eso también es que para los hombres es mucho más importante el estar sometido a una cesantía o una impotencia, ya que los objetivos que dan el trabajo y la potencia sexual desaparecen y con ellos la identidad masculina pierde el norte" (p.48, 49).

Desde una perspectiva biologicista, Allan y Barbara Pease (2007), acotan:

"El cerebro de la mujer y del hombre no ha evolucionado idénticamente y por eso muestran diferentes puntos fuertes, talentos y habilidades. Los hombres, cuya tarea principal era la caza, necesitaban que ciertas áreas encefálicas desarrollasen el sentido de la orientación y la habilidad para crear utensilios que les permitiesen dar en un blanco a larga distancia. Los hombres no necesitaban destacar en el arte de la conversación ni ser sensibles a las emociones de los demás y,

por esta razón, nunca desarrollaron su área encefálica relacionada con las habilidades interpersonales.

Por el contrario, las mujeres necesitaban tener aptitudes para orientarse en las distancias cortas, una visión periférica para controlar los alrededores, habilidad para realizar diferentes actividades al mismo tiempo, así como facultad comunicativa. Como consecuencia de estas necesidades, el cerebro femenino y masculino desarrolló zonas específicas que se encargaban de cada habilidad" (p.58, 59).

La intimidad es un estado de proximidad emocional entre dos personas en la cual, ante la premisa de la ausencia de manipulación y la presencia de una comunicación honesta, se genera un espacio de interactuación exclusivo entre ambas partes, en donde la confianza y la confidencialidad son los principales factores. La obtención de una adecuada intimidad está en correlación con la posibilidad de lograr una buena empatía. Empatizar implica, psicológicamente, la capacidad cognitiva de percibir en un contexto común lo que la otra parte puede sentir. El punto en cuestión sería la facilidad de empatizar de acuerdo a elementos comunes en cuanto a identidad se refiere, o por el contrario, la dificultad de empatía si en algún momento hay disonancia cognitiva respecto a la construcción y manejo de la identidad psicológica. De ser así, quedaría claro como en la medida en que hombres y mujeres están coherentes en el manejo de su identidad, la posibilidad de empatía aumenta, de igual manera ocurriría lo contrario, de ser así la intimidad no lograría obtenerse a cabalidad por lo que conductas de competencia tendrían cabida.

LA SEXUALIDAD EN LA PAREJA ACTUAL

Al hablar de sexualidad, se entiende la misma como *"el conjunto de respuestas y comportamientos a través de los cuales el individuo manifiesta y busca satisfacer su necesidad, estado de privación, sexual"* (Moles, 2007).

El placer sexual, como proceso fisiológico de deseo, excitación y orgasmo, se nutre en buena parte de los elementos psicológicos que tienen lugar en las acciones perceptivamente interpretadas con motivación sexual, a esto se le conoce como erotismo y en ello intervienen los órganos sensoriales, de allí el término sensualidad, placer de los sentidos.

La revolución sexual, apoyada por todo el avance tecnológico en los medios masivos de comunicación, ha puesto una carga importante de erotismo en los mensajes sensoriales que se envían. La sexualidad, en esta época, ha tomado desde una perspectiva social, una amplitud desconocida en épocas no muy lejanas.

Se supone entonces que ante esta permisividad social de expresividad sexual, unido esto a toda la información que de ella se ha ido adquiriendo científicamente e informándose por los diversos medios, institucionales o comerciales, las parejas constituidas tienen todos los elementos para un completo disfrute sexual. Paradójicamente no ocurre siempre así, por el contrario, la rutina y desmotivación sexual es una de las variables que más frecuentemente se encuentra en la práctica clínica de parejas en conflicto.

En el concepto emitido de sexualidad, se hace referencia a "respuestas y comportamientos", esto, desde la perspectiva de la psicología conductual, implica que en el primer caso se hace alusión a reacciones reflejas y en el segundo caso a acciones voluntarias.

Es importante el conocimiento del aprendizaje conductual porque ello conduce, siguiendo los lineamientos del condicionamiento clásico, condicionamiento operante y aprendizaje por observación, a discernir la paradoja en que la pareja de hoy se encuentra inmersa desde el punto de vista sexual.

La ley de la conducta refleja denominada "saciedad del estímulo" explica como un estímulo que se repite a la misma intensidad pierde capacidad de provocación de una determinada respuesta refleja. De igual manera, el condicionamiento clásico demuestra cómo por medio de apareamientos de estímulos, uno de ellos, originalmente neutral en cuanto a provocar una determinada reacción, se condiciona a provocar aquella similar a la que originariamente provoca el estímulo con el que se apareó. Más aún, el contracondicionamiento conlleva la posibilidad de que un estímulo provoque una respuesta antagónica a la que provocaba, al aparearse con otro que efectivamente lo haga. Por su parte el aprendizaje instrumental y todo lo relativo al reforzamiento, tanto positivo como negativo, es contundente al demostrar el efecto del mismo en el incremento de conductas de acercamiento o de evitación y escape, según sea el caso respectivo.

Al incorporar, en el caso de la pareja constituida, la sexualidad como parte de la expresión amorosa, se supone que la primera no solo satisfará necesidades biológicas, de igual manera lo hará con otras necesidades de contenido psicológico, en tal caso el componente de intimidad pasará a tener un role preponderante. Es así que en la medida en que efectivamente se cumpla, la satisfacción proveniente de la sexualidad alcanzará una fuerza motivacional importante. Por el contrario, si producto del conflicto relacional de la pareja, la competencia comunicacional conspira para el logro de la intimidad, no será suficiente el ingrediente biológico de la necesidad sexual y en tal caso podrá entrar en un proceso de descondicionamiento. La ley de saciedad afianzará las conductas de evitación y escape, en lo concerniente a encuentros sexuales, reforzados negativamente, por el alivio de encarar una sexualidad poco satisfactoria, con el agravante de la frustración emocional, dado por los mensajes difundidos en una sociedad que refuerza ampliamente la erotización.

Vale la pena recordar lo que la Organización Mundial de la Salud opina respecto a salud sexual, de acuerdo a la misma es *"la integración de los aspectos somáticos, emocionales, intelectuales y sociales del ser humano sexual, en formas que sean enriquecedoras y que realcen la personalidad, la comunicación y el amor"*. (Citado por Álvarez-Gayou, 1996, p.82). Esta definición ubica la salud sexual como factor de crecimiento personal, de sentimiento de bienestar hacia uno mismo, de adecuada comunicación con otros y de la posibilidad de hacerlo de acuerdo a un grado de empatía y respeto que propicie la intimidad. Lamentablemente una situación de conflicto no resuelta, atentaría inexorablemente sobre la fisiología sexual, y en ciertos casos propiciaría una fisiopatología. Por supuesto, lo anterior no descarta la presencia en determinadas disfunciones sexuales, de aspectos de orden médico relacionados estos con trastornos neurológicos, neuroquímicos, endocrinos o vasculares, los cuales pueden darse independientemente de la funcionalidad erótica de la persona con su pareja.

La pareja de hoy tiene en la sexualidad una importante aliada, dado todos los cambios sociales acontecidos que han dado al traste antiguos y obsoletos tabúes, pero puede ser también un poderoso antagonista si, producto de estos mismos cambios, la pareja no logra clarificar muy bien sus objetivos y resguardarse de una contaminación que los conflictos en los roles que han decidido como pareja constituida ejercer. La infidelidad, en el contexto de la pareja constituida, es un fenómeno que la revolución sexual ha visto incrementado notoriamente tanto por hombres como mujeres. Nunca se había valorado más la monogamia en la relación amorosa como en la actualidad, sin embargo, nunca como ahora se había infringido más este valor.

En síntesis de lo expuesto, El término disonancia, en un sentido inicial, tiene que ver con el efecto producido por dos o más tonos, que no se mezclan o fusionan, caracterizado por aspereza o falta de unidad y, generalmente, por una sensación de desagrado. Por otro lado, al hacer referencia a la denominada cognición, se utiliza el término para designar todos los procesos que implica la acción de conocer. Relacionando ambos vocablos, se habla de la *disonancia cognitiva*, vale decir la tensión o desarmonía interna del sistema de ideas, creencias y actitudes que percibe una persona al mantener al mismo tiempo dos pensamientos que están en conflicto, o por un comportamiento que entra en conflicto con sus creencias. Es decir, el término se refiere a la percepción de incompatibilidad de dos cogniciones simultáneas. *La disonancia cognitiva es un proceso psicológico que se ha implantado en la relación de pareja actual*.

La atracción sexual, el romanticismo y el amor son aspectos que componen la relación de pareja de hoy, en cuanto a variables que deben estar fundidas e integradas, no obstante se ha visto que no necesariamente es así, tanto en los componentes en sí mismo, como la manera en que hombres y mujeres lo perciben, lo vivencian y lo expresan. Pareciese entonces que no es la implementación del amor como base motivacional de las relaciones de pareja, la causa del conflicto subyacente. Por el contrario, el amor es, en líneas generales, un sentimiento de buena voluntad dirigido hacia otra persona, y, la buena voluntad nunca es *Per se* un obstáculo para cualquier tipo de relación. La disonancia cognitiva que se llegue a desarrollar, está mayormente en la unificación de variables con una dinámica psicofisiológica diferente, como lo es la atracción sexual y el amor, pero que socialmente se intenta tipificar dentro del romanticismo.

Este aprendizaje sociocultural puede enfrentarse con la fisiología del hombre y de la mujer en cuanto a que, tanto neuroanatómicamente como a nivel endocrino, hay diferencias sustanciales, y por ende en los procesos psicológicos derivados. La discordia de pareja es precisamente su resultante. Es la situación de conflicto entre intereses contradictorios y antagónicos propiciados por un condicionamiento social, que por un lado ensalza la implementación de un amor total en la relación de pareja, para paralelamente otorgar reforzamientos positivos a los logros de género obtenidos de manera individual e independiente.

PAREJAS EN TERAPIA

En las cinco décadas que lleva la denominada revolución sexual, diversos han sido los procedimientos y técnicas que se han implementado en la búsqueda de soluciones a los conflictos relacionados con la vida en pareja. La Terapia de Conducta Conyugal, la Terapia de Pareja centrada en la Emoción, la Terapia Conyugal Cognitivo-Conductual y la Terapia Sistémica, son posiblemente los modelos terapéuticos más utilizados, sin duda, en relación a su eficacia. Cada enfoque mencionado, bajo su propia perspectiva clínica, busca mejorar las relaciones de pareja, minimizando los conflictos existentes y logrando acuerdos realmente oportunos y funcionales.

- ♦ La Terapia de Conducta Conyugal, orienta a las parejas a la adquisición de habilidades y al conocimiento de sus interacciones y de los cambios que deben planificarse para un mejor desenvolvimiento. Fundamentada en los principios del aprendizaje operante, sostiene una serie de postulados inherentes a las metas a lograr en la terapia de pareja. Moles (2007) afirma cómo el principio de reciprocidad demarca la cantidad y gama de acciones placenteras que un miembro de la pareja recibe, la cual es proporcional a la cantidad de acciones placenteras que otorga. En base a ello, el aumento de la satisfacción en las parejas se producirá cuando se mejoren las habilidades de comunicación entre los miembros, incrementando los reforzamientos positivos y disminuyendo los controles aversivos y las conductas de evitación-escape derivadas y mantenidas por reforzamiento negativo. Los procedimientos de contratos de contingencia, técnicas de expresión asertiva, procedimientos de observación de conductas con modelamiento guiado y reforzamiento, la desensibilización sistemática a situaciones generadoras de ansiedad y conflicto en pareja, son fuertemente utilizados por este enfoque terapéutico.

- ♦ La Terapia Cognitivo-Conductual, relaciona la dificultad para conseguir las habilidades necesarias con las cogniciones disfuncionales producto de esquemas cognitivos muy sedimentados. Se trata entonces de confrontar dichas cogniciones como paso previo al desarrollo de los comportamientos funcionales en la relación. En la terapia cognitivo conductual, al intervenir componentes cognitivos distorsionados, se trata de detectar y reestructurar las atribuciones, expectativas, creencias irracionales, etc.; se procede a modificarlas, eliminando atribuciones a motivos o intenciones ocultos, moderando o cambiando las expectativas, los estándares aprendidos, para adaptarlos a las posibilidades de pareja. Las técnicas que se emplean son la reestructuración cognitiva, el diálogo socrático, la contrastación científica de hipótesis. El análisis lógico se utiliza para poner las expectativas en su sitio; para modificar las suposiciones y los estándares se utiliza el diálogo socrático, en el que se evalúa las consecuencias de vivir con esos estándares. Complementariamente a lo expuesto, la utilización de técnicas conductuales, como las expuestas en la sección anterior, definen el procedimiento a seguir.

♦ La Terapia centrada en la Emoción, busca la concientización de aquellos elementos emocionales que aparecen y controlan las acciones inmersas en una comunicación de pareja, impidiendo dar curso a conductas más racionales y asertivas. Partiendo de la importancia de las teorías del apego desarrollada por Bolwy, la terapia centrada en la emoción parte de la premisa de que los miembros de la pareja tienen problema de apego, aprendidos en la familia de origen, por tanto son previos al problema de pareja como tal y están en las causas de los conflictos que surgen en la cotidianidad de la relación. Se entiende entonces que la presencia de estos estados afectivos disfuncionales, de los cuales la persona trata de protegerse evitando dar sensación de debilidad o incluso intentando parecer fuerte ante la pareja, generan una actitud defensiva, ya sea esta evasiva y/o agresiva hacia la otra parte con las consiguientes reacciones. El objetivo terapéutico en la terapia enfocad en la emoción consiste en romper el círculo vicioso. La forma de romperlo es conseguir que afloren sus emociones primarias, de tal forma que, cuando se establecen las emociones subyacentes al conflicto de pareja, se facilite la aceptación de la persona por parte de la pareja, se cambien las atribuciones del problema y se desvíe la atención de las discusiones, cortando el doble ciclo de reacciones negativas al introducir un elemento de aceptación.

♦ La Terapia Sistémica es un modelo de psicoterapia que se aplica para el tratamiento de trastornos y alteraciones concebidos como expresión de interacciones, estilos relacionales y patrones comunicacionales de un grupo social comprendido como un sistema. La intervención sistémica de parejas considera que los vínculos conyugales también presentan las características de un sistema. Más que el psiquismo humano o el aspecto personal de cada uno de los integrantes de la pareja, plantea el paso del individuo al sistema, utilizando la interacción como elemento de trabajo y comunicación. Al hablar de Terapia Sistémica, se hace necesario hacer referencia a la Teoría General de Sistemas, según la cual un sistema es un conjunto de elementos en interacción dinámica en el que el estado de cada elemento está determinado por el estado de cada uno de los demás que lo configuran, de esta manera un sistema puede ser "cerrado o abierto", dependiendo del flujo de información con su entorno. Según la Teoría General de los Sistemas cualquier cambio en un miembro del sistema afectará a los demás; de esta manera se piensa en la totalidad y no en la sumatoria. La intervención sistémica abocada a los problemas y conflictos de la pareja, se plantea no tanto el funcionamiento de cada individuo en particular, sino las maneras en que cada uno de ellos demanda la atención del otro.

Tal y como se comentó, toda terapia de pareja, más allá del modelo teórico que siga y las estrategias, procedimientos y técnicas que se desprendan, tiene como meta central el lograr acuerdos entre las partes. Más allá del rumbo que la pareja siga, lo terapéutico es que lo haga funcionalmente, vale decir, con conductas que reporten beneficio con el menor gasto emocional y costo social posible. En este orden de ideas el terapeuta asume en determinado momento el rol de mediador entre las partes. Marcelo Justiniano (2002) acota respecto a los procesos de mediación, que los mismos generan algunas de las siguientes consecuencias:

1. Conocimientos que aumentan la simplicidad o complejidad de los esquemas de acción (observación, descripción y argumentación).
2. Cada agregado comunicacional es un factor multiplicador que extiende la posibilidad de generar más conocimiento y, por ende, simplicidad o complejidad.
3. Al estar cada hipótesis relacionada con su precedente, expande las ideas en forma global.
4. Facilita la aparición de convergencias o divergencias, a modo progresivo entre las partes, por el nuevo aprendizaje generado.
5. Opera en la génesis de nuevas posibilidades.

A modo de síntesis, la facilitación interpersonal promueve una manera de pensar que privilegia lo relacional entre los humanos, como medio y como fin de su crecimiento y desenvolvimiento. Más allá de los conflictos, ofrece la alternativa de un puente entre las partes al formular hipótesis, plantear alternativas de negociación y mantener un seguimiento de ellas en cuanto a los comportamientos futuros que la pareja se prodigue. Sin embargo, y sin negar de ninguna manera su importancia, las recaídas que muchas parejas deben afrontar, así como las recurrencias de ellas con nuevas parejas, en aquellos casos que previamente se ha cancelado el vínculo, muestran, sin duda, que la situación de discordia y conflicto en la pareja actual está lejos de extinguirse.

La pareja romántica contemporánea se constituyó sobre 4 pilares socioculturales:

- La heterosexualidad como modelo de relación sana.
- La conformación de familia como objetivo prioritario.
- La exclusividad sexual de la pareja
- La dinámica del binomio macho productor-hembra doméstica.

En el transcurrir de las últimas 5 décadas estos pilares han ido conductualmente dando paso a otros, tal es el caso de la aceptación de la diversidad sexual en la pareja, la ampliación de objetivos más allá de los reproductivos, la aceptación de fórmulas más abiertas de sexualidad que contrarresten los índices de infidelidad así como una complementariedad de roles en la pareja más allá del género. No obstante desde una perspectiva cognitiva mucho queda aún en cuanto a creencias, actitudes y valores tradicionales de la pareja, y quizás como señalan los biologicistas, las diferencias entre el hombre y la mujer posiblemente es la mejor garantía para que muchos de estos roles tradicionales continúen. De ser así la pareja desde una perspectiva cognitiva enfrentada a lo conductual quedaría inmersa en su propio laberinto.

BIBLIOGRAFIA CONSULTADA
Álvarez- Gayou, J. L. Sexualidad en la Pareja. (1966). México. Editorial Manual Moderno.
Carter Steven. Sokol Julia. Lo que realmente pasa en la alcoba. (1990). Javier Vergara Editor.
Corsi, Jorge. Violencia masculina en la pareja. (1995). Buenos Aires. Editorial Paidós.
Dominian, Jack. Matrimonio. (1996). Buenos Aires. Editorial Paidós.
Moles, Juan José. Desde la Psicología Clínica. (2010). Caracas. Edición Independiente.
Moles, Juan José. Asesoramiento Clínico (2002) Edición Independiente.
Pease, Allan y Barbara. Por qué los hombres no escuchan y las mujeres no entienden los mapas. (2007). Barcelona. Amat Editorial.
Real. Terrence. ¿Cómo puedo entenderte? (2003). Editorial Urano.
Reibstein, J. Richards, M. Acuerdos Sexuales. (1993) Buenos Aires. Javier Vergara Editor.
Soler Jaume. Conaglia. M. Mercè. Juntos pero no atados.(2005). Amat Editorial.
Tripp, C. A. La cuestión homosexual. (1975) Madrid. Editorial Eda.

Rol de género y su influencia en las disfunciones sexuales en hombres

Magdalena Rivera Becker[32]

Diversos factores se han descrito como implicados en la generación de las disfunciones sexuales en hombres, entre los cuales existen elementos biológicos, psicológicos, de pareja y culturales. Dentro de estos últimos se encuentran los relacionados al rol de género y como éste es interpretado. Este artículo pretende analizar la influencia de cómo se vive la masculinidad en las disfunciones sexuales y la terapia de estas en los hombres.

Los estudios de género comenzaron analizando el cómo las inequidades en este ámbito afectaban a las mujeres. Sin embargo, en los últimos años se ha ampliado el rango de acción estudiando lo que sucede con los hombres, surgiendo los estudios de las masculinidades. Si bien puede considerarse que los hombres, en una sociedad donde gozan de privilegios, no tendrían mayores dificultades debido a su situación de poder en que están, las investigaciones han mostrado que ellos también son afectados por los mandatos de género.

Para comenzar este análisis es relevante definir el concepto de género, con el estaremos refiriéndonos a "la construcción social que cada cultura realiza sobre la diferencia sexual" (Aguayo, Sadler, Obach, y Kimelman, 2013, p.15). El género "se constituye en una realidad objetiva y subjetiva en la vida de los sujetos. Esta realidad no requiere justificación para tener existencia en la vida social pues se mantiene por estructuras sociales y culturales así como por ideologías inscritas en los cuerpos y en las mentes de las personas" (Vásquez del Aguila, 2013, p.818).

---

[32] Médico Cirujano, USACH. Postitulo en Psicoterapia Sexual, Universidad de Chile. Magíster(c) en Psicología Clínica, Universidad de Chile. Diplomada en Educación Médica, PUC. Vicepresidente de la Sociedad Chilena de Sexología y Educación Sexual. Miembro del Comité de Sexólogos Jóvenes de la FLASSES Miembro de la Youth Initiative de la WAS. Docente Universidad Diego Portales. e-mail: magdalenariverabecker@gmail.com

La identidad de género se actúa en sentimientos y acciones en la vida diaria. Estas acciones "no son libremente escogidas por cada sujeto, sino que derivan de guiones culturales que definen como se debe ver, oír, mover, sentir, mover un hombre o una mujer" (Benavente, y Vergara, 2006, p.29). Es decir existen reglas sobre cuál es el rango de acción de un hombre y como este debe ser para ser considerado como tal, lo que va a influir en diversos ámbitos de su vida y uno de los más afectados es la sexualidad. Se configurara entonces un guión sexual que será la guía en relación a las conductas y experiencias de cómo se debe vivir la sexualidad, el que se aprende en forma cultural (Gagnon, 1990 citado en WAS, 2006).

También utilizaremos el concepto de masculinidades que se refiere a "cómo los hombres son socializados y a los discursos y prácticas que se asocian con las diferentes formas de ser hombre" (Aguayo, Sadler, Obach, y Kimelman, 2013, p.15). Además las diferencias de género no sólo son cualitativas sino que se establecen en forma jerárquica. En nuestra cultura lo masculino es mayormente valorado que lo femenino e incentiva a los hombres a cierto modelo de masculinidad denominado "Masculinidad Hegemónica" (Conell, 1997 citado por Aguayo, Sadler, Obach, y Kimelman, 2013), dentro de la que, un hombre para ser considerado como tal debe presentar ciertas características. Es decir debe seguir cierto modelo de ser hombre para ser valorado como tal teniendo que "probar que es hombre" y no caer en lo "femenino", que es de menor categoría. Sin embargo, al ser el género un proceso social, este "no es algo dado ni acabado sino que necesita de tiempo para su conformación a lo largo del ciclo de vida de los sujetos, en la que los resultados pueden ser diferentes y diferir de los modelos hegemónicos o dominantes" (Vásquez del Aguila, 2013, p.818).

Los modelos de la masculinidad no son algo fácil de transgredir ya que ponen al hombre en una posición fuera de los límites establecidos, lo que genera una sanción social además de un rechazo a estas conductas produciendo presión para que vuelva a situarse en el marco de lo normado culturalmente (Benavente, M. y Vergara, C. 2006). Esto hace que los cambios en lo que implica el ser un hombre y actuar como tal sean un proceso lento (Benavente, M. y Vergara, C. 2006). Asimismo el costo social que conlleva el salirse de los límites de los guiones de la masculinidad va a provocar que, incluso en casos de no estar cómodo o de acuerdo con el papel asignado, los hombres continúen comportándose e identificándose con éste. Esto va a posibilitar que, aún cuando el guión masculino hegemónico no sea totalmente concordante con cómo quiere un hombre vivir su vida sexual, continúe manteniendo acciones coherentes con este, con el fin de no traspasar los límites de la masculinidad para evitar la sanción social.

Por lo anteriormente descrito es que cobra importancia considerar el incorporar en la atención sexológica el análisis de la construcción de la masculinidad. El cómo vive su rol de género un hombre al se atiende por alguna dificultad en su vida sexual va a ser relevante tanto en la generación de disfunciones sexuales como en la forma en que estas sean vividas y la manera en que se enfrente la terapia.

Vasquez del Aguila (2013) a través de sus investigaciones y revisión de la literatura sobre la sexualidad y masculinidades en hombres latinoamericanos plantea que:

Existen cinco mecanismos principales en el proceso de hacerse hombre:
1) el rechazo del mundo femenino y actitudes consideradas femeninas,
2) el rechazo de la homosexualidad pasiva y un manejo adecuado de la homofobia y el homoerotismo,
3) el desempeño sexual heterosexual y alardeo sobre estas performances,
4) la toma de riesgos y los gestos de violencia, y
5) la incorporación de valores morales (p.830).

Dentro del rol de género masculino, uno de los elementos centrales de su construcción es la sexualidad donde existen mandatos tales como ser "viriles, capaces de conquistar y de mantener relaciones sexuales con penetración" (Aguayo, Sadler, Obach, y Kimelman, 2013, p.25), convirtiéndose el desempeño sexual en algo fundamental e la construcción de la identidad masculina (Aguayo, Sadler, Obach, y Kimelman, 2013). Para Benavente y Vergara (2006) la virilidad se asociaría, en forma cultural, a lo que viene en forma innata con el ser hombre dentro de lo que estarían incluidas la potencia sexual, el ser activo sexualmente pudiendo tener diversas mujeres, la capacidad de penetrar y el ser fuerte físicamente.

En el estudio de Benevante y Vergara, realizado en Chile, encontraron que en los relatos de los hombres de sectores más populares está internalizado el concepto de que la sexualidad masculina sin control y que se desborda es un aspecto constitutivo del ser hombre (Benavente, M. y Vergara, C. 2006). Existiendo discursos desde los padres y los grupos de pares que refuerzan la idea de que el hombre tiene instintos sexuales irrefrenables que debe satisfacer con una mujer (Benavente, M. y Vergara, C. 2006). A esto se suma en Chile una deficiente educación sexual formal, que ha tenido por años dificultades en el logro de la implementación de programas, y que, cuando existe no necesariamente incluye un análisis crítico de la construcción de género. Esto va a dejar, en la mayoría de los casos, como único espacio de educación los espacios informales que tienden a reproducir la masculinidad hegemónica.

La sexualidad va a jugar un rol central en la construcción de la masculinidad, lo que hace que la manera como el hombre vive su rol de género va a ser un elemento cultural muy relevante en su vida sexual. Esta centralidad de la sexualidad en la construcción de la masculinidad va a generar que una disfunción sexual en un hombre va a ser vivida en muchas ocasiones no sólo como una dificultad para el placer sino que un atentado contra su propia identidad, teniendo un impacto mucho mayor en su vida que solo el derivado de las dificultades en la actividad sexual misma. Es decir no solo se tiene una disfunción sexual sino que "se falla como hombre", lo que aumenta percepción de gravedad del problema y dificulta el enfrentarlo, ya sea conversando con la pareja, con amigos o buscando ayuda profesional. Es algo de lo cual avergonzarse por lo que no se desea hablar de eso. En los grupos de hombres donde rigen estos mandatos de la masculinidad hegemónica cuando se habla de sexualidad solo es posible hacerlo sobre logros y conquistas y no sobre dificultades y miedos. Además es frecuente que las instancias en las cuales poder conversar de temas íntimos con otros hombres muchas veces no existan, como lo han mostrado investigaciones que informan que los espacios sociales entre ellos son de escasa intimidad y no se suele hablar de las experiencias personales (Dolguin, 2000; Flood, 2008 citado en Vásquez del Aguila, 2013). Esto lleva a que las dificultades en la vida sexual pasen a ser vividas como un secreto y algo que solo a ellos les pasa por lo diferente que es a los relatos escuchados.

Los roles de género son diversos en cada cultura por lo que es importante considerar la realidad en la que estamos insertos, en este caso la latinoamericana y más específicamente la chilena. En Latinoamérica él patriarcado como estructura no solo recoge la herencia europea, sino que también se mezcla con la que viene de los pueblos originarios (Gargallo, 2014). Además tenemos nuestra propia historia política y social diferente a la Europea y Estadounidense donde suelen generarse la mayoría de los estudios sobre disfunciones y terapia sexual que usamos como referencia. Por estos motivos es significativo hacer una reflexión sobre las masculinidades desde nuestro contexto Latinoamericano, incluyendo las diversas formas de ser hombre en nuestra realidad local. También hay que considerar que incluso dentro de un mismo país las identidades masculinas van a variar influyendo aspectos de clase social, etnia y urbanidad o ruralidad, donde en las clases sociales más bajas y en el campo se mantiene en mayo medida en machismo tradicional (Hernández, 2008). Se produciría también que, al haber inmigración hacia la ciudad habría un desfase entre hombres y mujeres, manteniendo ellos patrones de masculinidad hegemónica mientras que ellas pasarían a ocupar posiciones en las que podrían comenzar a negociar (Hernández, 2008).

Existen diversos mandatos sobre lo que debe ser un hombre y uno de principales el ser fuerte (Luco, 2001), mientras que la "la coartación afectiva y el exagerado predominio de la racionalidad parecen ser secuelas del mandato a ser fuerte, de la lógica del vivir defendiéndose." (Luco, 2001, p.87). El mismo autor plantea que esta necesidad de ser fuerte va a interferir en la intimidad ya que el encuentro sexual, una de las mayores y escasas posibilidades de los seres humanos de comunicación íntima y profunda, de expresión de sentimientos y de entrega de sí, es así transformado por la obsesión de la debilidad, en el terreno preferido para ponerse a prueba, demostrar fuerza y competir con otros hombres, desvirtuándolo, pervirtiéndolo, banalizándolo (Luco, 2001, p.88).

Es decir el espacio de encuentro con otro se convierte en un lugar de prueba y competencia, que lleva a la necesidad de rendir y "ser bueno en la cama". La ansiedad de desempeño (Flores, 2000) es una de las causas ampliamente descritas de disfunciones sexuales en hombres, principalmente disfunción eréctil. Si bien en la génesis de está están implicadas características psicológicas personales, claramente existe también un componente cultural relevante en relación a los mandatos de cómo debe ser un hombre en la cama. El mandato de que un "verdadero hombre" debe demostrar su hombría y "rendir", genera que el encuentro sexual pase a ser una "prueba de masculinidad" generando ansiedad al respecto.

Este miedo a fallar va a afectar en forma negativa la experiencia sexual como describe Luco ya que:

> Si se teme tanto esa desgracia, se debe estar muy atento a controlar todas las circunstancias que podrían desencadenarla, y es así como expectante al fracaso temido, se extravían los placeres sencillos de las emociones y la sensualidad corporal y se transforma el encuentro sexual en un episodio donde los genitales son los principales protagonistas, y la penetración la situación más ansiosamente buscada para no correr los riesgos de la pérdida y el fracaso tantas veces imaginado. Se ha transformado así el hacer el amor en una carrera contra el fracaso, donde el principal placer es el cumplimiento del logro, dentro del cual se incluye además el orgasmo femenino, trofeo no siempre accesible con este estilo (Luco, 2001, p.89).

En el informe Hite, que si bien se corresponde a otra cultura y otra época es relevante al haber podido acceder en forma cualitativa a la sexualidad de gran cantidad de hombres, presenta un relato interesante de cómo el hacerlo bien se puede convertir en una presión significativa para ellos:

Aunque me gusta el coito, psicológicamente, para mí es un trabajo; no es un placer. Un trabajo agradable, desde luego, pero un trabajo al fin. El orgasmo que experimento es siempre el mismo y termina muy pronto, por lo que no es realmente una sensación extremada que espere con ilusión. Y la extremada presión para
1) lograr la erección,
2) mantener la erección,
3) hacerlo exactamente como le gusta a mi pareja (sin necesidad de que me lo diga),
4) durar más de diez o quince minutos sin eyaculación prematura (…) es demasiado, demasiado para hacerlo bien todas y cada una de las veces (Hite, 2002, p.373).

Esta narración muestra como la presión de rendimiento convierte la actividad sexual en un trabajo a consecuencia de los mandatos de una masculinidad hegemónica en la que el hombre es el responsable principal de que el coito "sea exitoso". A esto se suman dos mandatos relevantes que no debe transgredir un verdadero hombre: el homoerotismo y la pasividad (Vásquez del Aguila, 2013), los que van a limitar las posibilidades eróticas incluso en vínculos heterosexuales. La posibilidad de tomar un rol más pasivo, aun cuando sea con una mujer, puede resultar amenazante para algunos hombres. Por otro lado la exploración de la zona anal como posibilidad de estímulo es algo impensable para quienes tienen presente este guión de la masculinidad.

Entonces esta necesidad de rendir en la actividad sexual no solo va a incidir en forma negativa al generar una mayor presión y por lo tanto contribuir a la ansiedad de rendimiento y ser un factor que puede generar una disfunción eréctil, sino que va a disminuir el disfrute en general del encuentro erótico. Se va a perder una parte importante de las posibilidades de placer haciendo menos interesante la vida sexual, lo que puede incidir en la generación de una disminución del deseo sexual.

El deseo sexual en hombres va a estar también influenciado por los discursos sobre cómo debe ser el rol de estos en los encuentros sexuales. En Chile existe un dicho "el hombre cuando puede la mujer cuando quiere", el cual ejemplifica esa idea de un hombre siempre dispuesto a un encuentro sexual independiente de las condiciones en que este se dé, teniendo que aceptar todas las propuestas o posibilidades. Desde la sexología es sabido que no debería considerarse una disfunción la falta de deseo sexual cuando las condiciones no son las más adecuadas, ya que, como plantea Flores "es normal que ante una pareja sucia, desaseada o a quien no se ama, o que plantea una relación conflictiva y destructiva para uno o ambos miembros de la pareja, el deseo desaparezca" (2000, p.19). Sin embargo existen muchos hombres que, por los relatos asociados a la masculinidad, van a considerar que la falta de deseo en esas condiciones no es algo adecuado y que "están fallando". Esto debido a los guiones que plantean que "los hombres deben mostrarse siempre interesados, siempre dispuestos, siempre activos para iniciar un encuentro sexual, aunque muchas veces los deseos y las necesidades digan lo contrario. Dejar pasar la oportunidad es mostrar debilidad, y puede ser interpretado como muestra de poca virilidad." (Luco, 2001, p.88).

Esta necesidad de demostrar una masculinidad donde el deseo debe estar siempre presente, si existe una persona disponible para tener actividad sexual puede llevar a que en ocasiones se realice actividad sexual aun sin desearlo, tanto en un contexto de un encuentro ocasional como en un vínculo de pareja estable. Esta situación, de aceptar involucrarse en un encuentro sexual sin desearlo, en forma voluntaria y sin coerción ha sido estudiada siendo su frecuencia igual en mujeres y en hombres según Vannie y O'Sullivan (2010). Sin embargo son más los hombres quienes inician la actividad sexual aún sin desearlo lo que está relacionado con el rol masculino tradicional (Vannie y O'Sullivan, 2010). Es decir en estos casos opera el mandato de que el hombre como tal no solo debe aceptar la actividad sexual si hay una posibilidad de hacerlo sino que incluso debería iniciar si la ocasión lo amerita aun sin deseo.

Este iniciar un encuentro sexual porque es algo que se debe hacer y no por un genuino deseo puede generar que el nivel de excitación sea menor en el encuentro, haciendo más difícil lograr una erección o incluso que esta se pierda luego de lograda. Es así como puede el hombre creer que "tiene un problema de erección", cuando simplemente no deseaba la actividad sexual en ese momento. Además esta dificultad para haber logrado una erección cuando existe la creencia de que el hombre por el simple hecho de serlo debe estar siempre listo para el coito va a generar la sensación de fracaso y de que algo no anda bien, pudiendo originarse el miedo a volver a perder la erección en otra ocasión. Es así como puede llegar a otro encuentro con miedo a "fallar" y que este mismo miedo ocasione un nuevo episodio de dificultad en la erección, lo que puede luego volver a repetirse y terminar originando una disfunción eréctil psicógena.

Los mandatos de la masculinidad hegemónica, al crear presión sobre la necesidad de "rendir en la cama" facilitan también la aparición de ansiedad sexual lo que puede generar eyaculación precoz. Además, al ser guiones centrados en la penetración vaginal como lo fundamental en un encuentro erótico, el "durar suficiente" se convierte en uno de los puntos centrales en los que se debe rendir. Esto crea presión y ansiedad sobre el tiempo, lo que puede contribuir a dificultar el control eyaculatorio.

Otro punto relevante en relación a cómo pueden influir los relatos de la masculinidad hegemónica en las disfunciones sexuales es en el caso de que el hombre haya sido víctima de violencia sexual. Generalmente la violencia sexual hacia los hombres es aún más oculta que la que sufren las mujeres, y dentro de los factores que pueden contribuir a las disfunciones sexuales está el antecedente de haber sido víctima de violencia sexual. Se considera que se suele subestimar la cantidad de hombres víctimas de violación en las estadísticas ya que estas se denuncian aún menos que las sufridas por las mujeres (Muñoz, 2011). La menor notoriedad de esta situación en los hombres puede ocasionar que por un lado sea más difícil para un hombre el poder contar lo sufrido y buscar ayuda profesional para ello e incluso que exista una menor indagación sobre este antecedente en los profesionales que atienden a hombres por el tratamiento de las disfunciones sexuales.

La construcción de la masculinidad también incluye relatos sobre la necesidad de ser productivo económicamente y ganar dinero. Concordante con lo anterior, Janssen, McBride, Yarber, Hill, y Butler (2008), en un estudio cualitativo sobre deseo y excitación, encontraron que los hombres referían que los sentimientos positivos acerca de sí mismo aumentaban el deseo sexual, mientras que los negativos lo disminuían. Esto puede hacer que en casos de que se esté cesante o sintiendo que no logra los objetivos que considera necesarios en el ámbito laboral y económico, el deseo sexual disminuya al "sentirse poco hombre".

En relación a la forma en cómo se construyen los roles de género, si consideramos que estos están relacionados con el contexto histórico y social, irán cambiando a medida que se producen cambios sociales. Eso genera que actualmente tengamos los relatos tradicionales de la masculinidad y a la vez vallan emergiendo nuevos modelos de construcción de esta. En Chile, la estructura tradicional en la que se enmarcaban los roles de género han ido cambiando debido a la incorporación de la mujer al mundo laboral, la mayor participación de estas en la esfera pública y la disminución del número de hijos por mujer (Benavente y Vergara, 2006). Estos cambios han generado que hoy estemos en una situación donde coexisten diferentes modelos tanto de identidad femenina, como de modos de hacer pareja y familia, siendo algunos más tradicionales y otros más igualitarios (Benavente, M. y Vergara, C. 2006). Al cambiar el rol de la mujer se va a generar la necesidad de que los hombres replanteen sus roles (Benavente, M. y Vergara, C. 2006). Es decir, al ser el género relacional los cambios en el rol femenino con el ingreso de esta al mundo laboral y el comienzo de la ocupación de espacios tradicionalmente reservados solo a los hombres por parte de ellas, produce que estos necesariamente tengan que replantearse sus roles. Un ejemplo claro de esto es el ingreso de la mujer al mundo laboral que va a crear la necesidad de readecuar la organización del trabajo doméstico y el cuidado de los hijos si los hay.

A nivel de la vida sexual estos cambios también serán relevantes, al comenzar la mujer a tomar un papel más activo siendo ya cada vez más un sujeto sexual y ya no un objeto sexual para la satisfacción masculina. La mujer se torna exigente en cuanto su derecho a sentir placer. Sin embargo, en el encuentro sexual pueden coexistir una mezcla de roles más tradicionales con formas más igualitarias de vivir la sexualidad capaces de generar tensión en esta área. Esto se evidencia en quienes piensan que ya la mujer tiene derecho a disfrutar y llegar al orgasmo y que esto es un deber del hombre que es quien tiene que saber más y guiar en la actividad sexual. Por un lado está el rol más igualitario donde el placer debe ser para ambos, sin embargo se mantiene la exigencia tradicional de que es el hombre el que debe ser más activo y el responsable de llevar el mando en el encuentro sexual. Esta coexistencia de modelos va a generar tensiones que pueden incidir en la generación de dificultades en la vida sexual, pudiendo contribuir a la generación de disfunciones sexuales.

Además estos cambios en los modelos no son homogéneos, siendo vividos en forma diferente en distintas clases sociales y también en las personas a quienes estos cambios en los roles de género, a nivel social, los han afectado en momentos diferentes de su ciclo vital (Benavente, M. y Vergara, C. 2006). Esto implica que actualmente nos encontraremos con la coexistencia en forma paralela de modelos diversos de masculinidad, y por lo tanto mandatos diferentes de cómo debe ser vivida la sexualidad masculina. Es por eso que al querer comprender el cómo afectan los guiones sexuales de género a un hombre en específico es fundamental indagar en su forma particular de vivirlos.

Los estudios sobre masculinidades han mostrado que las bases sobre las cuales se fundamenta el ser hombre lo alejan tanto del cuidado de sí mismo, como del que es necesario tener con quienes se tiene un vínculo afectivo (Muñoz ,2011). Esto va a afectar en forma negativa las actitudes de autocuidado en salud y por otro lado puede retrasar la búsqueda de ayuda, en caso de presentar una enfermedad. A nivel institucional esta creencia de que el cuidado de sí es algo femenino puede llevar a que "los discursos de la salud pública, pueden estar reforzando prácticas estereotipadas y adscritas a la masculinidad hegemónica." (Muñoz ,2011, p.18). En lo que se refiere al cuidado de la salud sexual y reproductiva en Chile, está considerada dentro del "Programa de la mujer", es decir está permeado por los guiones de género que proponen que es ella quien debe hacerse cargo de la anticoncepción y quien requiere cuidados de salud en esta área. Además al programa de la mujer se suman los programas del niño, del adolescente, del adulto mayor, y otros enfocados en ciertas enfermedades específicas. Pero ¿Qué sucede con el hombre adulto? ¿Quién se encarga de sus problemas específicos de salud? Lo que suele suceder es que solo acude al médico en caso de ya presentar una patología que lo complique siendo muy escasos los espacios de promoción de salud y prevención orientados específicamente a ellos.

  Esta dificultad en la preocupación por la salud masculina tanto a nivel de las instituciones como a nivel personal de los hombres va a afectar en forma negativa la salud sexual. El descuido por el autocuidado y la consulta tardía de ciertas enfermedades tales como Diabetes Mellitus, Hipertensión Arterial o dislipidemia, pueden terminar contribuyendo como factores orgánicos en el origen de disfunciones sexuales. En este caso un elemento cultural de la construcción de la masculinidad puede terminar contribuyendo a intensificar las causas orgánicas de problemas tales como la disfunción eréctil.

  Por otro lado algunos de los medicamentos que se usan en el tratamiento de ciertas enfermedades crónicas pueden causar como efecto secundario disfunciones sexuales (Flores, 2000). Y debido a que los guiones sobre la masculinidad ponen la capacidad de penetrar como algo fundamental en la construcción del ser hombre, aumenta el riesgo de que, al presentarse un efecto secundario a nivel de la esfera sexual, este sea muy perturbador. Si a esto sumamos que el autocuidado no es central en la construcción de género masculino es posible que, en vez de acudir al médico para solicitar un cambio de fármacos solo se discontinué el tratamiento, con el consiguiente riesgo para la salud general y sexual.

  Los obstáculos para buscar ayuda, en caso de tener un problema de salud por parte de los hombres, puede retrasar la consulta en caso de presentar una disfunción sexual, pudiendo originarse mayores dificultades tanto a nivel personal como de pareja. No ser capaz de "cumplir sexualmente" puede ser visto como una amenaza a su identidad masculina de difícil aceptación y por lo tanto ser un obstáculo para solicitar ayuda. Por otro lado, la gravedad que se otorga a la disfunción sexual es capaz de motivar a hombres que rara vez buscan atención en salud a acudir al médico. En estos casos en que existe un guión de género masculino en el que el cuidado de la salud es escaso, la consulta por una disfunción sexual, puede ser una instancia única para detectar enfermedades crónicas y motivar el autocuidado que no debe dejarse pasar de largo. Cuidar lo que fundamenta su masculinidad, la función sexual, puede ser para algunos hombres la única o la mayor motivación para adoptar estilos de vida saludables.

La dificultad para tener una erección puede llevar al hombre, buscando una solución rápida, a automedicarse comprando Sildenafil u otros fármacos para asegurarse de no "fallar". Incluso en algunos casos sin existir realmente una dificultad para lograr la erección se usan medicamentos con el objetivo de sentirse más seguros y hacerlo bien. En el caso de que exista una real disfunción eréctil y sea automedicada sin una correcta evaluación pueden pasarse por alto elementos relevantes tanto físicos, como psicológicos o de pareja, que al no ser tratados finalmente terminen generando mayores problemas. Por otro, lado el uso de fármacos para facilitar la erección solo con el objetivo de asegurarse de hacerlo bien, puede generar que luego no se logre tener actividad sexual sin medicamentos por el miedo a fallar. Los relatos de la masculinidad hegemónica que plantean que perder la erección es algo que puede llevar a no ser considerado un hombre como tal y atentar contra su identidad van a fomentar la automedicación de Sildenafil u otros fármacos facilitadores de la erección.

Otro punto importante de considerar, sobre la influencia de los roles de géneros en las disfunciones sexuales, es lo que ocurre con las expectativas de la pareja sobre la masculinidad. Los mandatos de género también estarán presentes en la pareja de un hombre sea esta hombre o mujer, ya que también en vínculos homosexuales los guiones de la masculinidad están presentes pudiendo presentar diversas formas, al igual que en quienes tienen una orientación heterosexual.

La pareja también puede tener el concepto de que "un hombre debe estar siempre dispuesto y no debe fallar", lo que va a generar diversas dificultades. Por un lado, en el caso de que el hombre no quiera participar en la actividad sexual puede que la pareja lo considere como algo no aceptable en un hombre, donde las posibilidades que van quedando es que no sea atractiva como pareja o que este tenga un amante. La falta de deseo incluso ocasional y explicable por situaciones tales como cansancio, estrés u otrasrazones, es posible de ser interpretada como un problema al no aceptarse que un hombre puede no estar siempre disponible. La perdida de erección puede ser vivida por la pareja de un hombre como un signo de algo grave aunque ocurra en forma ocasional, ya que eso no les pasa a los hombres. Si la pareja es coincidente con estos relatos de la masculinidad hegemónica va a generar una mayor presión en el hombre, que en un momento no tiene deseo sexual o no presenta una erección, al sumarle su propia frustración a la situación. Esto hace que el evaluar el cómo interpreta la pareja el rol masculino en la sexualidad, cobre relevancia en la consulta por disfunciones sexuales. También puede darse que, las creencias sobre cómo debe ser un hombre, puedan generar que lo que se espera sobre la sexualidad masculina sea discordante al interior de una pareja generando conflictos.

Como ya lo habíamos señalado la masculinidad se construye en relación al rol de género femenino, es decir la femineidad. Por eso en los guiones de cómo debe ser un hombre están también incluidos el cómo debe ser la pareja que lo acompaña. En el caso de un hombre con una construcción tradicional de la masculinidad probablemente va a querer una mujer que represente un rol femenino tradicional. En este caso las actitudes que demuestren una mayor iniciativa y autonomía por parte de la mujer pueden no ser bien recibidas. El que la pareja tome la iniciativa o proponga nuevas actividades puede ser considerado algo propio de "las malas mujeres" y no de la mujer con quien se tiene una relación estable. Si bien esto ha ido cambiando, aun existen hombres que adscriben a ese modelo por lo que es necesario considerarlo dentro de las posibilidades. Cuando un hombre tiene la que creencia de que unas son las mujeres con las cuales tener una relación afectiva y otras son con quienes se tiene actividad sexual y son consideradas eróticas, es posible que les cueste tener deseo sexual con su pareja estable con quien existe un vínculo afectivo y un proyecto de familia.

Una mujer más activa puede ser incluso percibida como una amenaza a la masculinidad por ciertos hombres. Es así como, para algunos hombres el que su pareja mujer tuviera un alto número de parejas previas era considerado estimulante por la experiencia que esta pudiera tener, mientras para otros era un inhibidor debido al miedo a ser comparados (Janssen, McBride, Yarber, Hill, y Butler, 2008). Este miedo a ser menos frente a otros en el ámbito sexual es parte de una construcción de la sexualidad masculina donde el rendimiento y la competencia son centrales, pudiendo tener como efecto el contribuir a generar ansiedad de rendimiento.

En el caso de parejas de hombres, pueden por un lado ir tomando los mismos guiones tradicionales de los roles de género llevando a sus vínculos homeróticos el mismo modelo de masculinidad hegemónica. Este puede ser llevado por ambos o tomar uno el rol más tradicionalmente femenino y el otro el masculino. Sin embargo está también la posibilidad de que construyan nuevos modelos y se flexibilicen los guiones masculinos tradicionales.

Los guiones masculinos que ponen como mandato central de la sexualidad la penetración por un lado agregan mayor presión sobre esta y por otro lado disminuyen la posibilidad de disfrutar otras acciones. Además consideran que el hombre necesita menos estímulo táctil, que basta con el visual y que su excitación sexual funciona con un botón "on-off", restándole importancia a la complejidad que tiene la sexualidad humana. El estímulo en zonas no genitales y el "juego previo", en vínculos heterosexuales, suele centrarse en la mujer lo que resta de posibilidades eróticas al hombre, ya que se le priva de opciones de disfrutar y por otro lado, el menor estímulo puede hacer que sea más difícil mantener la erección o llegar al orgasmo.

No solo en los pacientes y sus parejas los mandatos de la masculinidad hegemónica se van a hacer presentes, sino que también influyen en la sexología tanto en la investigación como en la práctica clínica. Es así que mientras en el deseo sexual femenino se investigan los aspectos psicosociales y existe una crítica a los modelos lineales de respuesta sexual en el caso de los hombres la investigación continua centrada principalmente en el hipogonadismo como causa de bajo deseo sexual y el uso de testosterona (Brotto, 2010). Es menor la investigación de los aspectos psicosociales y la influencia de la cultura en la sexualidad masculina que en la femenina, por lo que se conoce menos de estos elementos en ellos y además, al leer sobre el tema da la impresión de que es mucho más relevante el aspecto biológico en las mujeres que en los hombres porque hay más información al respecto.

A modo de finalización se plantearan algunas recomendaciones sobre cómo abordar los elementos relacionados con la construcción de la masculinidad cuando trabajamos en sexología, las que son solo una propuesta, la que necesariamente hay que continuar construyendo y adecuando, tanto al enfoque terapéutico usado como al contexto local:

Considerar, cuando se construye una historia clínica en la consulta de un hombre sobre disfunciones sexuales, cual es su visión sobre el rol de género masculino que el debe desempeñar en diversos aspectos de la vida y específicamente en la esfera sexual. Incluir preguntas que orienten a saber el cómo influye la dificultad por la que acude, en la construcción de su masculinidad.

Tomar en cuenta que existen variados patrones de masculinidad y que incluso en la misma persona se pueden encontrar mandatos sobre el cómo ser hombre que son contradictorios. Esto debido a que estamos en una época en que conviven algunos patrones antiguos con los cambios en las relaciones de género de los últimos años. Esta superposición de relatos de masculinidades puede generar cierta confusión en el hombre que por ejemplo, por un lado puede tener claro que ser hombre no significa estar siempre listo, pero por otro es posible que igual considere que "falla" cuando no puede "cumplir como hombre". Incluso muchos de los mandatos de la masculinidad hegemónica pueden ser no conscientes.

Puede ser de ayuda el incluir en la terapia una reflexión sobre los roles de género y como estos influyen en la vida personal. Si bien en el caso de una terapia sexual, el objetivo principal no es flexibilizar los roles de género este puede llegar a ser un punto fundamental para lograr solucionar el motivo de consulta si es que es un factor relevante ya sea en la generación o mantención de la disfunción. En estas circunstancias contribuye el incluir los temas culturales propiciando una reflexión crítica sobre lo que se ha aprendido sobre ser hombre.

Conversar con el paciente sobre la influencia de factores psicológicos, de pareja y culturales en la vida sexual masculina ayuda a aclarar que no todo es biología. Poder incluir un espacio en que se hable de cómo puede afectar, por ejemplo, el estrés al deseo y la excitación es algo útil en pacientes que piensan que siempre deben estar dispuestos. Incluir los aspectos emocionales y el cómo las emociones afectan el funcionamiento corporal aporta a la comprensión de lo que sucede.

En el caso de tener una entrevista con la pareja también se hace necesario, sea esta hombre o mujer, el indagar sobre cómo vive su propio rol de género y las expectativas en torno a la masculinidad de su pareja. Este punto es relevante, ya que no solo quien presenta la dificultad en primera instancia sino que también la pareja, puede estar contribuyendo a la generación y mantención de una disfunción sexual mediante la exigencia del cumplimiento de ciertos patrones de masculinidad. Por ejemplo puede ser la pareja quien lo considere "poco hombre" por no tener siempre deseo o erección independientemente de las circunstancias.

También puede ser de ayuda el contrastar la visión que tiene el hombre sobre la sexualidad masculina con la que tiene su pareja. Esto debido a que es posible que en ocasiones esté proyectando sus guiones sobre el rol de género y pensando que la pareja desea que cumpla ciertas expectativas al respecto lo que no necesariamente es lo que esta piensa. En algunos casos el aclarar estas creencias puede ser liberador si, por ejemplo, el hombre piensa que será considerado "poco hombre" por su pareja al no estar siempre dispuesto a tener actividad sexual. Sin embargo es posible que no sea eso lo que piensa su compañera(o) y que el aclarar la confusión sea liberador.

Considerar en la evaluación por disfunción eréctil o bajo deseo la estimulación por parte de la pareja. En ocasiones, debido a los guiones presentes, se basa casi todo el estímulo en la mujer y el hombre es apenas estimulado por no considerarse necesario. Puede que él y su pareja no se hayan cuestionado este tema, por lo que ayuda el preguntar directamente sobre cómo son las caricias y el desarrollo de las actividades previas al coito y otros estímulos no genitales durante este.

Como técnica, la focalización sensorial puede ser útil al simetrizar las caricias, al sacar de lo genital la actividad erótica y dejar de lado el temor al desempeño. Además proporciona una instancia interesante, al comentar posteriormente sobre la experiencia, donde pueden aparecer algunas dificultades y reflexiones relativas al rol de género. Esto porque sitúa al hombre en un lugar de ser un sujeto pasivo que recibe estímulos, lo que puede propiciar diversas reacciones tales como incomodidad o sorpresa al ser una experiencia nueva y diferente a lo que dictan los guiones tradicionales de la masculinidad.

Es fundamental que los profesionales de la sexología revisen sus propias construcciones sobre el género, ya que es posible, de manera no necesariamente consciente, que estén incluyendo algunos estereotipos rígidos sobre la masculinidad y la femineidad en su práctica clínica. Incluso profesionales altamente formados y de buen nivel de desempeño pueden mantener creencias sobre los roles de género concordantes con los relatos de la masculinidad hegemónica. Esto es debido a que también quienes trabajan en terapia sexual son parte de la sociedad, habiendo sido educados con ciertos modelos y roles determinados e internalizados durante la infancia. Los mismos relatos sobre la masculinidad hegemónica han sido inculcados a los profesionales de la sexología tanto por la familia, los medios de comunicación y los grupos de pares al igual que lo que se ha descrito para los pacientes. Muchos de estos conceptos funcionan en forma implícita y es necesario hacer un esfuerzo para darse cuenta de ellos. Esto es reforzado por la investigación en el área, que muchas veces también reproduce los roles tradicionales en sus estudios al, por ejemplo, centrar la investigación de la sexualidad masculina en los aspectos biológicos y la femenina en los psicosociales. Por eso es necesario adoptar una actitud crítica en torno a los propios prejuicios y a lo que se estudia sobre sexualidad. Es importante que en la formación de terapeutas sexuales, los temas de género incluyan no solo los aspectos relacionados con las inequidades hacia la mujer, sino que también los estudios de masculinidades. Y es necesario que no solo sean tratados a nivel teórico sino que se propicie la reflexión sobre los propios guiones de género que permita visibilizarlos y flexibilizarlos. Esto con el objetivo de evitar el trasferir los relatos de la masculinidad hegemónica en el ejercicio profesional.

Asimismo es fundamental realizar investigaciones sobre los roles de género y la construcción de la masculinidad y su efecto en la sexualidad. Contar con más información al respecto ayudará a tener una visión más amplia del tema por parte de los terapeutas, comprendiendo mejor a sus pacientes y teniendo menos riesgo de caer en transferir sus propios estereotipos sobre los guiones de la masculinidad en quienes consultan. Al ser elementos culturales. es ideal realizar estudios de este tipo a nivel Latinoamericano donde puedan estar incluidas las características propias de nuestra realidad mestiza.

Incluir en los programas de educación sexual, sean estos dirigidos a niños, adolescentes o adultos, la reflexión crítica sobre los roles de género con el objetivo de permitir la flexibilización de estos. Esto no solo facilitará una sexualidad más libre de los relatos de la masculinidad hegemónica haciendo que la influencia de estos en la generación de las disfunciones sexuales sea menor sino que va a ser positivo al contribuir a la equidad de género con todas las ventajas asociadas a esto, tales como la disminución de la violencia por esa causa.

Bibliografía

Aguayo, F., Correa, P., Cristi, P. (2011) Encuesta IMAGES Chile Resultados de la Encuesta Internacional de Masculinidades y Equidad de Género. Santiago: Cultura Salud/EME.

Aguayo, F., Sadler, M., Obach, A. y Kimelman, E. (2013) Talleres sobre sexualidad, paternidad y cuidados con hombres jóvenes. Manual con perspectiva de género y masculinidades para Facilitadores y Facilitadoras. Santiago de Chile: Cultura Salud/EME.

Benavente, M. y Vergara, C. (2006) Sexualidad en hombres y mujeres. Diversidad de miradas. FLACSO-Chile. Santiago de Chile.

Brotto, L. (2010). The DSM Diagnostic Criteria for Hypoactive Sexual Desire Disorder in Men. *The Journal of Sexual Medicine*. 7, 2015–2030.

Flores, A. (2000). "Disfunciones y terapias sexuales del 2000". 5ta Edición, A&M Ediciones. Montevideo, Uruguay.

Gargallo, F. (2014). Feminismos desde Abya Yala. Ideas y proposiciones de las mujeres de 607 pueblos en nuestra América. Editorial Corte y Confección, Ciudad de México,

Primera edición digital. Disponible en: http://francescagargallo.wordpress.com/

Hernandez, O. (2008). Estudios sobre masculinidades. Aportes desde América Latina. *Revista de Antropología Experimental.* Universidad de Jaén: España. 8, 67-73. Disponible en http://revista.ujaen.es/rae

Hite, S. (2002) El informe Hite. Estudio de la Sexualidad masculina. Editorial Suma de letras. Madrid, España.

Janssen, E., McBride, K., Yarber, W., Hill, B. and Butler, S. (2008). Factors that Influence Sexual Arousal in Men: A Focus Group Study. *Archives of Sexual Behavior*, 7(2), 252-265.

Luco, A. (2001) El sexo imaginario. En Olavarría A., (Ed) Hombres: identidad/es y violencia. 2° Encuentro de Estudios de Masculinidades: identidades, cuerpos, violencia y políticas públicas. (pp. 85-90) Santiago, Chile: FLACSO-Chile/Universidad Academia de Humanismo Cristiano/Red de Masculinidades.

Muñoz, N. (2011). Aprendizajes de género y cuidado de sí en la salud masculina: entre lo universal y lo específico. *Psicología, Conocimiento y Sociedad* 2 (2), 6-26.

Vannier, S. and O'Sullivan, L. (2010). Sex without Desire: Characteristics of Occasions of Sexual Compliance in Young Adults' Committed Relationships. *Journal of Sex Research,* 47(5), 429-439.

Vásquez del Aguila, E .(2013) Hacerse hombre: algunas reflexiones desde las masculinidades. *Política y Sociedad* 50 (3), 817-835. Disponible en http://revistas.ucm.es/index.php/POSO/article/view/41973

World Association for Sexual Health. (2008). Salud Sexual para el Milenio: Declaración y Documento Técnico. Minneapolis, MN, USA, World Association for Sexual Health.

DISFUNCIONES DE LA VIDA ERÓTICA EN MUJERES VÍCTIMAS DE VIOLENCIA FAMILIAR

Gabriela del Carmen Chen Licona[33]

El motivo que me llevó a escribir sobre este interesante tema fue que al dedicarme durante más de diez años a trabajar con mujeres en situación de violencia familiar y percatarme que a consecuencia de ello, la mayoría presentaba disfunciones en su vida erótica, pero por miedo, vergüenza o ignorancia no solicitaban ayuda. Peor aún, la valiente que se atrevía a comentarlo con alguien, era blanco de burlas o humillaciones, era cuestionada, señalada y criticada.

Entonces me surgió la inquietud de investigar y adquirir más conocimientos que pudieran servirme para ayudar a mis consultantes. Al darme a la tarea de indagar en diversos materiales sobre este tópico, me di cuenta que no hay suficiente información al respecto, no hay un libro o publicación que trate exclusivamente sobre ello. Por lo cual, revisé varias fuentes hasta obtener material suficiente para elaborar este escrito.

Iniciaré dando una breve reseña acerca de la violencia y sus orígenes, violencia hacia el género femenino y violencia familiar, posteriormente relatar cómo afectan estas conductas en la sexualidad de las mujeres y dar a conocer algunas cuestiones en el ámbito jurídico.

---

[33] Médica y Terapeuta Psicosexual; Diplomado en Sexualidad Humana por el Sistema de Educación Médica Continua (2001); Diplomado en Sexo, Sexualidad, Género y Erotismo por la B.U.A.P. (2007-2008); Diplomado en Educación, Salud Sexual y Género por la B.U.A.P. y el I.P.M. (2008); Especialidad en Terapia Psicosexual: Facultad de Psicología de la B.U.A.P. (2009-2011)
Congresista, Conferencista y Tallerista del Instituto Superior de Erotismo, Sexualidad y Género S. C.
Dedicada a la práctica médica y sexológica a nivel particular: Hospital Puebla.
Correo electrónico: gcchenl@hotmail.com

Violencia hacia la mujer

Desde tiempos inmemorables, la violencia hacia las mujeres se ha hecho presente. Basta con remontarnos a las antiguas Atenas y Grecia para tener una idea de cómo este problema ha ido traspasando generación tras generación.

Por ejemplo Zeus (Júpiter), el dios más temido del Olimpo, es un famoso violador y raptor de diosas y de mujeres (Titánide Metis, Leto, Deméter, Maya, Perséfone o Proserpina, Leda, Europa, Dánae, Séleme, Egina, Mnemósine, Asteria, Olimpia, Alcmeida o Alcmena/e). Su esposa, la diosa Hera (Juno) – y hermana de aquel –, también conocida como la madre de todos los dioses, ha sido reducida al rango menor de esposa. Ella incluso teme desobedecer a su esposo por miedo a ser golpeada. Época en la que las mujeres habían sido despojadas del matriarcado, prevaleciendo una estructura machista y patriarcal. Lo más catastrófico de las relaciones incestuosas es que Zeus disfrazado de serpiente viola a su madre Rea (Cibeles) sin contemplaciones, éticas, jurídicas o sociales (Fernández de Castro, 1990; Graves, 2005; Humbert, 2007; Riane, 2000, Walker, 1996).

Atenea (deidad griega) emite su voto decisivo para absolver a un hijo del asesinato de su propia madre, bajo el absurdo argumento de que solamente el padre está emparentado con los hijos. (Riane, 2000).

En la antigua Grecia, ninguna mujer u hombre veía de forma negativa en los actos de violencia masculina contra las mujeres. Tampoco tenían ninguna protección legal respecto a los "merecidos" castigos: golpes, violaciones e incluso asesinatos (Ibíd).

La violencia familiar comenzó a tematizarse como un grave problema social en los inicios de los años 60, cuando algunos autores describieron el "síndrome del niño maltratado", según puntualiza Corsi (1994).

En la década de los setenta, se inició en México un movimiento organizado por mujeres que se reunieron para estudiar las posibles causas de su situación y hablar de sus experiencias, anhelos y frustraciones. Uno de sus ejes centrales, era el problema que se vivía en la relación de pareja y en la familia, llamado entonces como mujeres golpeadas. La violencia doméstica o familiar abarcaba también el abuso psicológico, el sexual y otras formas sutiles difíciles de identificar (García, 1998).

La progresiva influencia del movimiento feminista resultó decisiva para llamar la atención de la sociedad en relación a las formas y las consecuencias de la violencia contra las mujeres (Corsi, 1994).

El hecho es que fueron ellas quienes les pusieron nombre a otros problemas sociales, como el de mujeres maltratadas, abuso sexual y violación, que se tenían olvidados o ignorados. (Wise, 1992).

El establecimiento de refugios para mujeres maltratadas en 1970, surgió a partir del análisis feminista de que la violencia en el hogar es realmente violencia y constituye un problema que requiere intervención de la sociedad. Antes del feminismo, la gente llamaba a eso vida matrimonial, lo que sucedía en el interior del hogar y entre los cónyuges era totalmente privado(Ibíd).

La violencia contra la mujer ha sido reconocida recientemente como un problema de salud pública a nivel mundial, relacionado con los derechos humanos por el profundo impacto que tiene sobre el bienestar físico y emocional de las afectadas. La violencia es utilizada como instrumento y el miedo como un mecanismo ideológico de dominación, donde el miedo debe ser silenciado en todas las situaciones de la vida cotidiana. De modo que, este mecanismo actúa organizando ideas, sentimientos y conductas sin necesidad de sentirlo. (Banda, N. 2007).

Álvarez, J. (2005) señala "La violencia como fenómeno social, está ligada a la falta de respeto a los derechos humanos, ya sea que provenga de particulares o de los órganos de poder del Estado".

Erotizar un vínculo violento implica aceptarlo como algo deseable en las relaciones, como símbolo de compromiso en el noviazgo o como evidencia del amor en la pareja y en las relaciones dentro del ámbito familiar. (Banda, N. 2007).

Actualmente, la población se ha acostumbrado a ver actos violentos por doquier, se ha naturalizado la violencia y desafortunadamente no se le da la importancia que requiere, mucho menos tratándose de la ejercida hacia el gremio femenino.

En mi experiencia, trabajando con mujeres en situación de violencia familiar, es hasta mucho tiempo después de que las víctimas estuvieron expuestas a un ambiente violento por periodos prolongados, cuando algunas se deciden a denunciar los hechos.

Vale la pena resaltar que los términos violencia y agresividad no son sinónimos. La raíz etimológica del término violencia remite al concepto de fuerza esto es, la violencia implica siempre el uso de la fuerza para producir un daño, para someter, doblegar o subordinar. (Corsi, J., 1994).

Perrone, R. (2007) menciona que "El concepto de violencia aparece por primera vez en el siglo XII. Significa el uso abusivo de la fuerza, el acto de servirse de ésta para obligar a alguien a obrar contra su voluntad, y esa fuerza puede aplicarse a través de la acción física, la intimidación o la amenaza".

En mi opinión, considero que cuando existe una conducta violenta, siempre se relaciona con la fuerza de manera brutal empleada para someter o destruir, puede expresarse de manera pasiva, sutil y llegar incluso hasta el feminicidio, término introducido en México por la antropóloga feminista Marcela Lagarde.

Cabe mencionar que algunas personas, consideradas socialmente como "de bien", pueden ejercer violencia dentro de su seno familiar, y también sucede que un individuo puede ser violento con su pareja sin que esto implique que lo sea con otras personas. No se puede generalizar, hay situaciones distintas como existen diferentes personas en el mundo, es parte de la diversidad y como tal debe entenderse.

La familia: el origen de la violencia

De acuerdo al diccionario de Psicología de Galimberti, U. (2006) el término familia se entiende como un "…núcleo comunitario elemental que une a dos individuos de sexo diferente y a su prole…". Es una unidad social institucionalizada con cierta organización jerárquica y económica la cual, actúa como una vía esencial para el acceso a la individualidad y a la relación con las/os otras/os, en una cultura determinada.

La OMS define familia como "los miembros del hogar emparentados entre sí, hasta un grado determinado por sangre, adopción y matrimonio. El grado de parentesco utilizado para determinar los límites de la familia dependerá de los usos a los que se destinen los datos y, por lo tanto, no puede definirse con precisión en escala mundial."

Siempre se ha dicho, al menos en México, que la familia es lo más importante, que es el núcleo de la sociedad y a la cual se le debe dar una importancia bastante significativa.

De hecho, el sentimiento de pertenecer a un grupo familiar es fundamental para toda persona. Saberse parte de una estructura familiar es algo que influye en la conformación de la personalidad de los individuos, genera seguridad en la mayoría de hombres y mujeres, pero habrá que adentrarse para conocer ciertos detalles en la misma y descubrir el tinte violento que lleva en su interior.

El término familia deriva del latín *fames* que significa hambre, o *famulus* que significa siervo (Nizama, M. 2009). De ahí parto para conceptualizar a la familia como un grupo de siervos o esclavos gobernados por un jerarca, casualmente, varón.

En la Roma antigua se tenía como mandato el derecho romano, el cual hacía mención del poder absoluto que tenía el paterfamilia sobre tod@s los miembros de la familia, inclusive poseía derechos corporales sobre l@s hij@s.

Se comprende que la organización familiar era completamente patriarcal, ya que sólo los varones (abuelo, padre o primogénito) contaban con potestad sobre l@s otr@s, la equidad estaba totalmente ausente. (Hernández, 2012).

Una familia puede ser, como modelo ideal, una unidad social donde se les permite crecer a sus integrantes y desarrollar sus capacidades, su potencial y las habilidades necesarias para lograr su autonomía. Pero también puede ser, algo no deseable como un lugar donde haya sufrimiento, arbitrariedad, injusticia, opresión, amenaza, violencia y abusos sexuales (Perrone, 2007).

Existen dos variables que intervienen en la organización de la dinámica familiar: el poder y el género. La estructura del poder, lleva una tendencia vertical según los criterios de género y edad. El concepto de "jefe de familia" corresponde al varón adulto, al no estar éste, su lugar lo ocupará el mayor de los hijos varones (Ibid).

Otro punto de vista semejante es el de Rodríguez, L. (2009) quien mencionó en su ponencia *Violencia basada en género*, que la integración al grupo familiar, de cada individuo es diferente. "La forma en que cada miembro de una familia convive e interrelaciona con los demás elementos de esa estructura, es llamada dinámica familiar, la cual puede estar basada en relaciones cordiales, de diálogo o en autoritarismo e imposición".

En la actualidad, se sigue el estereotipo de familia tradicional, donde los roles de género favorecen al máximo a los varones y existe discriminación para las mujeres: el padre o jefe manda y la esposa e hij@s acatan las órdenes, también llamada familia *domus*. (Nizama, M. 2009).

El hecho es que, la familia debería ser un lugar seguro donde l@s integrantes estén tranquil@s, cómod@s; un refugio donde llegar y sentirse a salvo, pero desgraciadamente no en todos los casos es así.

Violencia familiar

De acuerdo con la Norma Oficial Mexicana (NOM-046-SSA2-2005), en su apartado 4.27, la violencia familiar es el "… acto u omisión, único o repetitivo, cometido por un miembro de la familia en contra de otro u otros integrantes de la misma, sin importar si la relación se da por parentesco consanguíneo, de afinidad, o civil mediante matrimonio, concubinato u otras relaciones de hecho, independientemente del espacio físico donde ocurra".

Es decir, para que se considere un acto violento dentro del ámbito familiar, no es necesario que la persona agresora habite en el mismo domicilio que la víctima, simplemente con tener algún lazo afectivo que les una es suficiente para catalogarlo de esa manera. Por ejemplo: el ex esposo de una mujer, quien a pesar de vivir separados o divorciados, llega a golpearla a su casa o si la encuentra en la calle aprovecha para insultarla.

La Ley General de Acceso de las Mujeres a una Vida Libre de Violencia, presenta una definición similar en su Artículo 7:

> "Violencia familiar: Es el acto abusivo de poder u omisión intencional, dirigido a dominar, someter, controlar, o agredir de manera física, verbal, psicológica, patrimonial, económica y sexual a las mujeres, dentro o fuera del domicilio familiar, cuyo Agresor tenga o haya tenido relación de parentesco por consanguinidad o afinidad, de matrimonio, concubinato o mantengan o hayan mantenido una relación de hecho" (Soto, 2009).

Menciona Álvarez, J. (2005) "La violencia familiar o doméstica, se define como un conjunto de actitudes o de comportamientos abusivos de un miembro de la familia que tienen como objetivo controlar a otro, de manera que éste actúe de acuerdo con sus deseos".

El dominio y el control de un género sobre otro, demuestra el lugar subordinado que ocupa la mujer, donde se pretende despojarla de su integridad física e incluso obtener como trofeo la tan valorada "honra sexual".

La violencia familiar puede expresarse en cualquiera de sus formas: física, psicológica, sexual, patrimonial, incluyendo también la omisión de cuidados o el abandono.

Un punto importante que hay que resaltar es que todas las manifestaciones de violencia familiar tienen una característica común: existe el abuso de poder y el uso de la fuerza para someter al otr@ (González, 2008, Riane & Wise, 1992, Corsi, 1994, Álvarez, 2005).

Ciclo de la violencia familiar

Se le ha denominado de esta manera porque una vez que se presenta el acto violento, se repite de manera constante, inicia generalmente con algo muy sutil y se va incrementando hasta llegar a un grado extremo de violencia.

Para poder comprender la dinámica de la violencia conyugal, es necesario tener en cuenta dos factores: 1) su carácter cíclico y 2) su intensidad creciente (Corsi, J. 1994).

El ciclo de la violencia consta de tres etapas:

- 1a fase o acumulación de tensión: se presenta una sucesión de pequeños episodios que lleva a roces permanentes entre los miembros de la pareja, con un incremento constante de la ansiedad y la hostilidad. Violencia psicológica y/o verbal.
- 2a fase o episodio agudo: aquí es donde toda la tensión que se había venido acumulando origina una explosión violenta, que puede variar en gravedad, desde un empujón hasta llegar al homicidio. Violencia verbal, física y/o sexual.
- 3a fase o luna de miel: se produce el arrepentimiento, a veces instantáneo, por parte del hombre, sobreviniendo un pedido de disculpas y la promesa de que nunca más volverá a ocurrir.

Al cabo de un tiempo, vuelven a recomenzar los episodios de acumulación de tensión, y a cumplirse un nuevo ciclo (Ibid).

Tristemente la violencia hacia la mujer o también llamada violencia de género, es una problemática que generalmente se oculta, tanto la víctima como el victimario intentan disimular y ocultar la situación de maltrato (se dice que "la ropa sucia se lava en casa"). Sólo cuando la violencia provoca daños graves físicos o psicológicos, el fenómeno se vuelve visible para l@s demás.

La violencia atenta efectivamente contra la integridad emocional, física, sexual y moral, incluyendo en ocasiones la propia sobrevivencia (Fortes de Leff, 2009).

No se han calculado a ciencia cierta los efectos cualitativos y cuantitativos de la violencia doméstica en las personas y la sociedad; lo cierto es el complejo drama en el que las mujeres son víctimas y partícipes junto con sus parejas, ex-parejas, novios, concubinos e hijos. Un riesgo cotidiano que mina la salud física, la mental y pone en constante peligro la vida (García, B. 1998).

Hay una amplia variedad de conductas masculinas intrusivas que pueden ubicarse en un espectro que va desde las más evidentes, reprobables y aterradoras como la violación, hasta las más ambiguamente objetables, como el hecho de que una mujer se vea obligada a atender o servir con solicitud a un varón exigente, sin importar si ella tiene ganas o no de hacerlo. Estas conductas constituyen un patrón, y éste significa que todas las conductas masculinas conforman intrusiones indeseables en los sentimientos, pensamientos, conductas, espacio, tiempo, energía y cuerpo de las mujeres (Wise, S., 1992).

En los párrafos siguientes, se mencionan algunos estados patológicos que se pueden presentar en la salud física, psicológica y sexual de las mujeres que permanecen o permanecieron en condiciones de violencia.

Consecuencias de la violencia familiar en la salud de las mujeres

Recordemos que cualquier tipo de violencia practicada hacia las mujeres (física, psicológica, sexual o patrimonial), obviamente va a generar daño en la salud física, emocional y sexual de ellas. Ninguna mujer disfruta siendo maltratada contra su voluntad ni permanece en esa situación por gusto. Si una mujer no logra salir del ambiente violento en el que vive, significa que tiene miedo o terror a su agresor y eso le impide buscar ayuda. El miedo la paraliza, la minimiza y se siente incapaz de salir adelante sola.

Para ser práctica y que haya una mayor comprensión de este apartado, dividiré en tres esferas las consecuencias originadas por los distintos tipos de violencia ejercida contra el gremio femenino: física, psicológica y sexual.

En la esfera física: Enfermedad pélvica inflamatoria, cefalalgias, desórdenes alimentarios, Síndrome de fatiga crónica, Síndrome de intestino irritable, gastritis, trastornos del sueño, infecciones vaginales recurrentes, mialgias, artralgias, aborto espontáneo/inducido, incapacidad parcial /permanente, etcétera (Banda, N., 2007; Corsi, J., 1994; INMUJERES 2003).

En la esfera psicológica: culpa, depresión, ansiedad, baja autoestima, estrés post-traumático, abuso de sustancias, desorientación, rumiación mental, distorsión de la percepción, creencia mágica, síndrome de Estocolmo, síndrome de indefensión aprendida, entre otras. Ibid.

En la esfera sexual: ITS, disfunción sexual, embarazo no deseado/planeado, incapacidad para ejercer su autonomía reproductiva y/o sexual, etcétera. Ibid.

Los miedos que prevalecen más en la persona que ha sido víctima de una violación son el miedo a estar sola, a los extraños, a salir y a la oscuridad. En las mujeres, es frecuente que permanezcan temerosas y deprimidas durante mucho tiempo y también evitan relacionarse con personas del sexo opuesto. Después de aproximadamente un mes, la pareja también se siente deprimida y culpable, continuando así las dificultades sexuales con la víctima. (Sarason, I., Sarason, B., 1996).

La consecuencia final a la que puede llegar la violencia es el suicidio u homicidio de la mujer, en este último se le denomina feminicidio; término utilizado por primera vez en Inglaterra en 1801 e introducido a México en 1994 por la antropóloga Marcela Lagarde (Atencio, G. 2011).

El feminicidio de acuerdo a Lagarde, es el crimen de odio contra las mujeres. Es el conjunto de delitos que contienen crímenes, secuestros, desapariciones, de niñas y mujeres, en un cuadro de colapso institucional (Ibid).

Disfunciones de la vida erótica

De acuerdo a la experiencia clínica del médico psiquiatra Michael Redmon Patricks (2011), señala que las mujeres que estuvieron en alguna situación de violencia familiar, cursan posteriormente con síndrome de estrés postraumático y aunado a ello, disfunciones de la vida erótica (Arango de Montis, 2008).

Las experiencias sexuales traumáticas pueden ser causa de disfunciones de la vida erótica, por ejemplo: niñ@s que hayan sido atacados sexualmente con violencia por un adult@, con frecuencia algún miembro de la familia. Estas violaciones pueden ser etiología o coadyuvantes importantes de diversas disfunciones, dependiendo de la misma, de factores que hasta la fecha desconocemos en detalle (Álvarez-Gayou, 1986).

En México se sabe que son muy frecuentes estas situaciones, pero desafortunadamente no existe una correlación porcentual válida en cuanto a existencia de disfunción. Es común el caso de mujeres disfuncionales que en su noche de bodas fueran maltratadas y lastimadas por esposos desconsiderados e ignorantes. Ibid.

En nuestro medio existen numerosas familias con hogares tradicionales donde la mujer siente que lleva toda la carga y la responsabilidad de la casa y de l@s hij@s, marido machista que no colabora sino al contrario, exige demasiado, además de tener actitudes devaluatorias, humillantes y violentas hacia ella. En este medio, el varón no sólo no contribuye al sustento familiar, sino también llega alcoholizado o intoxicado con alguna otra droga y provoca un ambiente propicio para la violencia verbal y física en el hogar.

Ante tal situación, donde se establece un ambiente de hostilidad donde predomina la lucha de poder, la agresión, el rechazo, la ansiedad, la crítica, las burlas y las amenazas, fácilmente se originan alteraciones en el funcionamiento sexual de los integrantes de la díada (Álvarez-Gayou, 1986).

El sexólogo mexicano David Barrios (2005) propone una clasificación de las disfunciones eróticas en base a la fase de la respuesta sexual en la que surjan, la cual adecúo enfocándome hacia la mujer únicamente:

FASE	DISFUNCIONES
Deseo	Deseo sexual hipoactivo/inhibido
	Aversión/fobia sexual
Excitación	Hipolubricación vaginal
Excitación consolidada (meseta)	Preorgasmia
Orgasmo	Anorgasmia
Universales	Dispareunia
	Vaginismo

Las disfunciones sexuales de acuerdo al DSM-IV-TR, se caracterizan por una alteración del deseo sexual, por cambios psicofisiológicos en el ciclo de la respuesta sexual y por la provocación de malestar y problemas interpersonales. (López-Ibor, J. 2002).

Menciona también dicho texto que las disfunciones sexuales comprenden los trastornos del deseo sexual (deseo sexual hipoactivo, trastornos por aversión al sexo), trastornos de la excitación sexual (trastornos de la excitación sexual en la mujer...), trastornos del orgasmo (disfunción orgásmica femenina...), trastornos sexuales por dolor (dispareunia y vaginismo), disfunción sexual inducida por sustancias y disfunción sexual no especificada (Ibid).

Por todo lo anterior ya redactado, se puede concluir que efectivamente, la violencia es aprendida y cuando se ejerce contra la mujer afecta en todas sus esferas, ocasionando daños que pueden ir desde leves hasta graves e irreparables.

En la actualidad se ha naturalizado tanto la violencia que las agresiones físicas, verbales o sexuales están tan aceptadas, que algunas veces no se detectan, otras, no se les da suficiente importancia y con mucha frecuencia se las confunde con las bromas, sin distinguir que una broma es algo que hace gracia y la violencia, algo que molesta y ofende.

El machismo que aún existe, jerarquiza a los hombres sobre las mujeres, presentándolas como subordinadas y objetos para el hombre. Aún se tiene la creencia que la mujer debe aguantar, ser sumisa y callar; que el varón debe ser violento, prepotente y dominante para realmente ser "todo un hombre".

Considero que para erradicar la violencia de género, se debe enfatizar la educación dentro del terreno de la equidad, empoderar a las mujeres y sensibilizar a los varones. La educación a nivel de la sexualidad es prioritaria. Así se evitará dañar la salud física, emocional y sexual de las mujeres o la repetición de patrones violentos en l@s hij@s.

También es de vital importancia conocer las leyes que protegen y garanticen a las mujeres una vida libre de violencia, así como acceder a los servicios institucionales gratuitos que ofrezca cada municipio, estado o país para garantizar apoyo a las mujeres y a sus familias.

Marco legal contra la violencia

Desde 1975, fue declarado Año Internacional de la Mujer en México, y la Organización de las Naciones Unidas (ONU) tomó cartas en el asunto de la violencia familiar (García, B., 1998). A partir de ello, el mundo fijó la atención hacia las mujeres y se hicieron acuerdos para su protección.

Existe un marco jurídico nacional e internacional, con el objetivo de garantizar a las mujeres una vida libre de violencia:

a) La Convención sobre la eliminación de todas las formas de discriminación contra la mujer (siglas en inglés CEDAW).

Adoptada por la Asamblea General de la Organización de las Naciones Unidas (ONU) en 1979. Instrumento Jurídico Internacional de carácter vinculante enfocado específicamente a la discriminación contra las mujeres enunciando los principios aceptados internacionalmente sobre los derechos que se aplican a todas las mujeres en todos los ámbitos.

b) La Convención Interamericana para la Prevención, Sanción y Erradicación de la Violencia contra las Mujeres (CONVENCIÓN BELEM DO PARÁ, BRASIL JUNIO 10 DE 1994).

Es una de las más importantes en su tipo pues ha vinculado a los países miembros de la Organización de Estados Americanos (OEA) que han ratificado o se han adherido a ella. En México el decreto de promulgación fue el 19 de enero de 1999.

c) Ley General de Acceso de las Mujeres a una Vida Libre de Violencia (1º de FEBRERO DEL AÑO 2007 DE CARÁCTER FEDERAL).

Por primera vez nuestro país cuenta con una ley específica sobre violencia hacia las mujeres. Esta iniciativa promovida por la LXIX Legislatura, es sin duda un avance del movimiento feminista y amplio de mujeres; movimientos que durante la década de los noventa hizo del tema de la violencia un tema público y logró colocarlo como un grave problema de derechos humanos. En esta década también se logró tipificar la violencia doméstica y la aprobación de una ley federal en la materia. Con esta nueva ley, la violencia de género pasa a ser un asunto de Estado y de seguridad pública.

d) Reglamento de la Ley General de Acceso de las Mujeres a una Vida Libre de Violencia (PUBLICADA EN EL DIARIO OFICIAL DE LA FEDERACIÓN 11 DE MARZO DEL AÑO 2008).

La creación de este ordenamiento obedece a la necesidad de contar con un instrumento jurídico que contenga los lineamientos legales para brindar seguridad a las mujeres del país y obligar a los tres ámbitos de gobierno a la aplicación y funcionamiento de ésta. En concordancia con la Ley General de Acceso de las Mujeres a una Vida Libre de Violencia.

e) Ley para el Acceso de las Mujeres a una Vida Libre de Violencia para el Estado de Puebla (31 DE OCTUBRE DEL AÑO 2007).

La cual emana de la Ley General de Acceso de las Mujeres a una Vida Libre de Violencia y se encarga de establecer la coordinación entre el Estado y los Municipios, para prevenir, atender, sancionar y erradicar la violencia contra las mujeres, así como los principios, tipos, modalidades y mecanismos para garantizar su acceso a una vida libre de violencia, a fin de mejorar de manera integral su calidad de vida y en el pleno ejercicio de sus derechos.

BIBLIOGRAFÍA

Álvarez-Gayou, J. L. (1986). Sexoterapia Integral. México: Manual Moderno.

Álvarez, J. (2005). Manual de Prevención de Violencia Intrafamiliar. México: Trillas.

Arango, I. (2008). Sexualidad humana. México: Manual Moderno.

Banda, N. (2007). Modelo de atención y prevención de la violencia familiar y de género. México: Fundación para la Equidad, A.C.

Barrios, D. (2001). Ponencia Relación de pareja y alteraciones de la respuesta sexual. Diplomado en Sexualidad Humana, Puebla.

Barrios, D. (2005). En las alas del placer. México: Editorial Pax.

Corsi, J. (1994). Violencia familiar. Una mirada interdisciplinaria sobre un grave problema social. Buenos Aires: Paidós.

Fernández de Castro. Ch. (1990). La otra historia de la sexualidad. México: Martínez Roca.

Fortes de Leff, J. (2009). El terapeuta y sus errores. México: Trillas.

Galimberti, U. (2006). Diccionario de Psicología. México: Siglo veintiuno editores.

García, B. (1998). Violencia intrafamiliar en Antología de la sexualidad humana. (2ª edición). Vol. III. CONAPO. México: Miguel Ángel Porrúa.

Graves, R. (2005). Los mitos griegos. Barcelona, España: Ariel.

H. Congreso de la Unión. (2007). Ley General de Acceso de las Mujeres a una Vida Libre de Violencia. México.

Hernández, J. C. (2012) Conferencia "Historia de la conformación de la familia y su relación con la violencia". Querétaro, México.

Humbert, J. (2007). Mitología griega y romana. 25° tirada. Barcelona, España: Gusavo Gli, SL.

Instituto Nacional de las Mujeres (INMUJERES), Secretaría de Salubridad y Asistencia (SSA), (2003). Manual de capacitadores y capacitadoras para el personal de salud, Prevención y atención de la violencia familiar, sexual y contra las mujeres. México.

López-Ibor, J. (2002). Manual diagnóstico y estadístico de los trastornos mentales (DSM-IV-TR). Barcelona: Masson.

Nizama, M., Revista de Derecho y Ciencia Política - UNMSM. Vol. 66 (N° 1 - N° 2). La familia en el derecho romano y en el ordenamiento normativo actual. Lima, 2009

Norma Oficial Mexicana NOM-046-SSA2-2005. Violencia familiar, sexual y contra las mujeres. Criterios para la prevención y atención.

Perrone, R. (2007). Violencia y abusos sexuales en la familia. Buenos Aires: Paidós.

Riane, E. (2000). Sexo, mitos y política del cuerpo. Tomo I. México: Editorial Pax. Rodríguez, L., (2009), Ponencia Violencia basada en género, Curso-Taller de Perspectiva de Género para funcionarias/os en Violencia y Derechos Humanos de las Mujeres, Puebla.

Sarason, I., Sarason, B. (1996). Psicología Anormal. El problema de la conducta inadaptada. (7ª edición). México: Prentice Hali.

Soto, A. (2009). Compilación Legislativa para Garantizar a las Mujeres una Vida Libre de Violencia. México: Instituto Poblano de las Mujeres.

Walker, J. (1996). Seres fabulosos de la mitología Universal. Barcelona, España: Edicomunicación, S. H.

Wise, S. (1992). El Acoso Sexual en la vida cotidiana. España: Paidós.

FANTASÍAS DE VIOLACIÓN Y COACCIÓN SEXUAL EN MUJERES: SIGNIFICADO Y TEORÍAS EXPLICATIVAS

Georgina Burgos[34]

El enigma

En la actualidad sigue siendo un enigma el hecho de que un porcentaje importante de mujeres fantasee o haya tenido fantasías con contenidos eróticos de violación y coacción sexual, ya que estos mismos sucesos en la vida real son traumáticos y condenables (Bivona, Critelli y Clark, 2012). La paradoja consiste en que, si bien en la realidad es un suceso indeseable y delictivo, en la imaginación puede ser erótico, sugerente, excitante –incluso muy excitante– y atractivo.

El tema central de este tipo de fantasías trata de una mujer –generalmente la mujer que fantasea es la protagonista- que es forzada a tener actos sexuales de diversa índole, sin su consentimiento y en contra de su voluntad. La variedad erótica de estas fantasías es inmensa y puede incluir sexo anal, oral, humillación y castigos, ataduras, sexo en grupo... pero siempre en el marco del no consentimiento de la protagonista, de su resistencia a participar voluntariamente en el acto sexual y del hecho de ser forzada a ello.

Antes de empezar, y dado que el presente artículo tratará el tema de las fantasías de violación y coacción sexual de forma monográfica, es importante destacar el hecho de que la mayoría de las mujeres que han tenido o tienen este tipo de fantasías no las tienen en exclusiva, sino que estas aparecen en combinación con otras fantasías eróticas donde prima el consentimiento sexual (Strassberg y Lockerd, 1998). Por consiguiente, el tema que se aborda a continuación se integra como una parte concreta de este marco más global. Por otro lado, que nos hayamos centrado en las fantasías de violación y coacción sexual en las mujeres, no implica que sea una de las fantasías eróticas más populares. Diversos estudios indican que si bien

---

[34] Sexóloga y escritora; www.georginaburgos.com ; georginaburgosgil@yahoo.es

hay mujeres que tienen estas fantasías y disfrutan de su poder excitante, no es la fantasía más frecuente ni la preferida por la mayoría de las mujeres (Bivona y Critelli, 2009; Strassberg y Lockerd, 1998).

Diferencias entre la fantasía erótica y la experiencia real

En las fantasías eróticas de violación y coacción sexual hay diferencias fundamentales con respecto a la experiencia real de violación y coacción sexual. Estas diferencias son una clave necesaria para comprender su poder de excitación para las mujeres, y que ello no implica un deseo de ser violada o coaccionada sexualmente.

Una de las diferencias fundamentales que alejan realidad y fantasía está en la evidencia siguiente: en la fantasía, la mujer que fantasea es una persona real, mientras que el personaje que representa a la mujer es un ser imaginario, diferente a esta mujer real. Esta diferencia entre 'personaje de la fantasía' y 'mujer que construye la fantasía' no se da en la realidad. Por tanto, como refieren Bivona, Critelli y Clark (2012, p. 1118), "una escena erótica de violación tiene lugar en contra de la voluntad del personaje, pero no en contra de la voluntad de quien fantasea". Un ejemplo concreto de lo anterior puede leerse en esta fantasía de una mujer de 49 años (Burgos, 2011, p. 224-225), quien distingue explícitamente entre su yo de la fantasía y su yo de la persona real que está fantaseando:

El escenario es un descampado, y es de noche, y naturalmente no pasa un alma (cosa que ninguna mujer haría por la más mínima prudencia); de repente, empiezan a aparecer coches, no sé de dónde, supongo que estarían allí aparcados pero da lo mismo. Cuando me doy cuenta me rodean tres o cuatro coches de los que empiezan a salir hombres haciendo comentarios sobre mí. Intento alejarme pero no me dejan; me meten en un coche y me llevan a un garaje o nave industrial. Naturalmente en el trayecto aprovechan para magrearme bien. Entran todos en la nave, en un rincón hay una plataforma con colchones. Me rasgan la ropa y me violan. Aquí meto todo lo que se me ocurre, sexo anal, me penetran tres a la vez...

Repentinamente, las luces se encienden y aparece una mujer que se muestra muy autoritaria y a quien los hombres parecen respetar. Les ordena que me suelten, me abraza, me dice palabras de consuelo, que si me han hecho daño, "pobrecita como tienes las tetas"... Cuando me doy cuenta, me ha metido los dedos en la vagina. Grito horrorizada y quiero alejarme, pero ella dice muy fríamente: "Sujetadla chicos, que no se mueva". Me sujetan entre todos y la mujer se coloca entre mis piernas y se dedica a chuparme y a penetrarme con los dedos. Y, a pesar del horror de la situación (*mi yo de la fantasía* está aterrorizado), *mi yo de la fantasía* acaba llegando al orgasmo... y *yo* también, claro.

En general, en el guion de este tipo de fantasías encontramos alguno de estos tres elementos:

- el agresor o agresora es atractivo o deseado por la protagonista de la fantasía
- la protagonista obtiene placer en el encuentro sexual
- la protagonista no sufre daños significativos.

Estas tres características pueden aparecer por separado o en combinaciones diversas, pero se alejan y diferencian de las características propias de una situación imaginaria realista o una situación de violación y coacción sexual reales; lo que genera un abismo entre realidad y fantasía. El testimonio siguiente (Burgos, 2011, p. 156) refleja explícitamente la primera y la tercera característica, mientras que el placer del encuentro erótico, aunque no se nombra, se percibe como un elemento indispensable:

Una cosa que me excita mucho sería que viniese un hombre (guapo, claro…) y que me atase a la cama, lo típico de las pelis, como si me estuviese forzando, pero no, porque yo quiero. Con un pañuelo blanco… pero ¡sin picahielos!

De acuerdo con Kanin (1982, citado por Critelli y Bivona, 2008, p. 61), "las fantasías eróticas de violación contienen niveles bajos o moderados de miedo, acompañados de violencia poco realista". Para esta autora, las fantasías de violación generalmente tienen este contenido: a la mujer se le acerca un hombre atractivo y dominante, de forma agresiva y desbordado de deseo por ella, ella no consiente y presenta una resistencia mínima, hasta que él la domina y la toma sexualmente. Debido a estas características, Kanin cambió el término de fantasía erótica de violación por *fantasías de seducción* (Critelli y Bivona, 2008). Sin embargo, este cambio de denominación propuesto por Kanin crea cierta controversia ya que no queda claro si la protagonista de la fantasía no consiente de forma sincera o finge no consentir, y desde este punto de vista, Critelli y Bivona (2008) consideran que no puede hablarse realmente de seducción. Quizás, lo más importante es que Kanin diferenciaba claramente entre estas fantasías no realistas, por lo general excitantes para las mujeres, y las fantasías de violación realistas que por el contrario son percibidas como una experiencia aversiva. Según los resultados obtenidos por Bivona y Critelli (2009), el 9% de las mujeres percibió la fantasía de violación como totalmente aversiva, el 45% como completamente erótica y el 46% como erótica y aversiva. En consecuencia, estos autores concluyen que las fantasías de violación no pueden catalogarse de forma dicotómica: erótica o aversiva, sino que se ubican a lo largo de un continuo, con dos polos comprendidos entre la aversión y lo erótico.

Estas diferencias ponen de manifiesto que, bajo la "apariencia" de violación y coacción sexual, en la fantasía erótica subyacen elementos excitantes y significados que se alejan de la realidad y del realismo imaginado. Según el estudio de Laumann, Gagnon, Michael, y Michaels (1994), el 99% de las mujeres afirma que no desea ser violada en la vida real; una afirmación que ha quedado avalada por diversos estudios que muestran que la experiencia real es rechazada de forma contundente por las mujeres y se considera traumática e indeseable (Bond y Modher, 1986; Gold. y col., 1991; Resnick y Acierno, 1997; Wilson, 1987; citados por Critelli y Bivona, 2008). Testimonios (Burgos, 2009) como los que se refieren a continuación muestran plena conciencia de la diferencia que hay entre esta imaginería erótica no realista de violación y la crudeza de la realidad, así como el *no-deseo* de tal vivencia:

    Me encanta que me traten bien, pero en mis fantasías me humillan, me castigan y me obligan a hacer cosas que no quiero hacer.

    La violación real me provoca un profundo rechazo y, sin embargo, en algunas de mis fantasías me violan.

    Para profundizar en el significado de este tipo de fantasías se requieren más estudios cualitativos que aborden el fenómeno explorando la subjetividad de las mujeres y sus contenidos.

Prevalencia de las fantasías de violación y coacción sexual en las mujeres

Se han realizado diversos estudios de la prevalencia de las fantasías de violación y coacción sexual en las mujeres, sin embargo los resultados obtenidos son dispares y varían en función del estudio.

A continuación expongo las prevalencias obtenidas en 13 estudios realizados entre los años 1985 y 2012. En la *Tabla 1: Estudio con lista cerrada de fantasías* se recogen, como indica el título, estudios que han utilizado una lista cerrada de fantasías a seleccionar por las participantes, y en la *Tabla 2: Estudios basados en fantasías escritas* se recogen estudios que facilitaron un espacio libre para que las participantes escribieran una o varias de sus fantasías.

En la variación de los resultados que aportan estos estudios interviene el diseño de la investigación. Por ejemplo, el modo en que se diseña el cuestionario es relevante para el análisis posterior. En unos estudios, como acaba de observarse, estos cuestionarios se presentan en un formato de lista cerrada -en los que la participante selecciona las fantasías que ha tenido- o en formato de escritura libre de una o varias fantasías eróticas. Interviene también el marco temporal en que se encuadran estas peticiones, no siendo lo mismo la pregunta del tipo "¿alguna vez ha tenido fantasías de violación y coacción sexual?, "¿ha tenido estas fantasías en los tres últimos meses?" o "escriba tres de sus fantasías favoritas". En cuanto a las muestras seleccionadas es importante destacar que las variables culturales y sociodemográficas: edad, nivel de estudios, religión, los valores de la cultura de pertenencia, etc, implicarán diferencias en los resultados; del mismo modo que si la muestra representa una población clínica (mujeres con déficit de deseo sexual que acuden a una consulta de sexología), una población muy específica (estudiantes de los primeros cursos de psicología) o una población general sin controlar el efecto de las variables enmascaradoras.

Tabla 1. Estudios con lista cerrada de fantasías

Autores / Estudio	Ítem de la lista de fantasías (V.O)	Prevalencia
Davidson (1985)	Overpowered by an acquaintance	16% de las mujeres la consideran entre las 5 más favoritas
Pelletier y Herold (1988)	Forced sex with a male	51% de las mujeres había tenido esta fantasía
	Forced sex with more than a male	18% de las mujeres había tenido esta fantasía
Person, Terestman, Myers, Goldberg y Salvadori (1989)	Being forced to submit	31 % de las mujeres había tenido esta fantasía, 20% la tuvo en los 3 meses anteriores
Hsu, Kling, Kessler, Knapke, Diefenbach y Elias (1994)	Being forced to submit	36% de las mujeres había tenido esta fantasía, 22% la tuvo en los 3 meses anteriores
Strassberg y Lockerd (1998)	I imagine I am being overpowered or forced to surrender	55% de las mujeres había tenido esta fantasía
Shulman y Horne (2006)	Scene in which you have the impression of being raped	33% de las mujeres había tenido esta fantasía; 10% la tiene una vez al mes o más.
Bivona y Critelli (2009) (*)	Utilizan 8 ítems específicos para violación y coacción sexual de una lista de 80 fantasías generales.	62% de las mujeres había tenido esta fantasía; 14% la tiene al menos una vez a la semana
Bivona, Critelli y Clark (2012) (*)	Utilizan los 8 ítems del estudio anterior (Bivona y Critelli, 2009)	62% de las mujeres había tenido esta fantasía.

Observaciones:
La fuente principal para elaborar esta tabla se basa en la propuesta de Critelli y Bivona, 2008, p. 59-60), salvo cuando se indica con un asterisco (*).

Para no cambiar el sentido de los cuestionarios originales de estos estudios se transcriben literalmente los diferentes ítems que hacen referencia a la violación y la coacción sexual.

Tabla 2. Estudios basados en fantasías escritas

Autores / estudio	Prevalencia
Wilson (1987)	13% de las mujeres incluyeron violación o uso de la fuerza por otro.
Gold y Clegg (1990)	26% de las mujeres escribieron una fantasía que implicaba al menos cierto uso de la fuerza
Gold, Balzano y Stamey (1991).	*Experimento-1:* 17% de las mujeres escribieron una fantasía que implicaba al menos cierto uso de la fuerza
	Experimento-2: 9% de las mujeres escribieron una fantasía que implicaba al menos cierto uso de la fuerza
Strassberg y Lockerd (1998)	12% de las mujeres escribieron una fantasía que implicaba el uso de la fuerza
Bivona y Critelli (2009) (*)	24% de las mujeres escribieron una fantasía de violación

Observaciones:
La fuente principal para elaborar esta tabla se basa en la propuesta de Critelli y Bivona, 2008, p. 59-60), salvo cuando se indica con un asterisco (*).

Teorías principales sobre la presencia de fantasías de coacción sexual y violación en las mujeres.

Actualmente hay tres teorías principales que explican la presencia de fantasías eróticas con una temática de violación y coacción sexual en las mujeres. Estas tres teorías explicativas son las siguientes (Bivona, Critelli y Clark, 2012):

- Teoría de la evitación o eliminación de la culpa relacionada con la actividad sexual
- Teoría de la apertura a la experiencia sexual, o erotofilia
- Teoría de la mujer sexualmente irresistible, o teoría de la deseabilidad

Teoría de la evitación o eliminación de la culpa

Esta teoría se fundamenta en los roles asociados a la sexualidad femenina, entendida como pasiva, poco sexual y más bien romántica, pura o virginal en un grado adecuado, alejada de la promiscuidad y con un deseo sexual que no exceda los niveles aceptados por nuestros estándares sociales. Desde esta perspectiva se considera que una mujer con una conducta sexual socialmente rechazable siente culpa y vergüenza, lo que provoca una disminución de la gratificación sexual, mientras que la reducción de la culpa y de la vergüenza permite aumentar la gratificación. La teoría de la evitación o eliminación de la culpa sugiere que este sentimiento de culpa quedaría contrarrestado con la fantasía de violación. Por consiguiente, desde esta perspectiva, se entiende la fantasía de violación como un recurso que permite a la mujer dar rienda suelta a sus deseos en el marco de una actividad sexual que ella no consiente, liberándose así de la responsabilidad y la carga del modelo sexual restrictivo imperante. En definitiva, en una fantasía de violación la mujer es forzada a hacer algo que no quiere y por tanto no puede ser culpable de lo que ocurre (Critelli y Bivona, 2008).

Es una de las teorías más extendidas, aunque en el presente está dejando paso a la teoría de la apertura a la experiencia sexual que explicaré más adelante. Probablemente este cambio de paradigma está relacionado con la existencia de una sexualidad femenina en evolución hacia una mayor apertura. En cuanto al apoyo que obtiene esta teoría la evidencia empírica disponible es dispar, ya que los resultados de unas investigaciones la apoyan, mientras que el de otras no.

Por ejemplo, Moreault y Follingstad (1978) encontraron una relación entre el nivel de culpa relacionada con la sexualidad y la presencia de fantasías de violación. Los resultados de su investigación mostraron que niveles elevados de culpa tenían un efecto negativo sobre la frecuencia con la que fantasean las mujeres, el nivel de explicitud sexual y la variedad de contenidos en sus fantasías. Las mujeres con altos niveles de culpabilidad relacionados con su sexualidad presentaban mayor contenido de dominación y deseabilidad irresistible hacia su persona que las mujeres con niveles bajos de culpabilidad. La conclusión que extraen estos autores es que los temas de dominación y deseabilidad irresistible se relacionan con una disminución de la responsabilidad en la interacción sexual, reduciendo así el sentimiento de culpa que experimentan estas mujeres. Sin embargo, estudios posteriores como el de Pelletier y Herold (1988; citado por Critelli y Bivona, 2008) no mostraron relación entre fantasía de violación y culpa. Y posteriormente, otros estudios se han mostrado en clara oposición a esta teoría pero a favor de la teoría de la apertura a la experiencia sexual, como el estudio realizado por Bivona, Critelli y Clark (2012).

Los resultados parecen indicar que si bien en determinadas mujeres con niveles altos de culpabilidad en relación a su sexualidad la fantasía de violación podría ser un recurso para mantener la homeostasis personal, no sirve para explicar o comprender el significado de la presencia de este tipo de fantasía en mujeres con bajos niveles de culpabilidad y niveles moderados y elevados de erotofilia y apertura a la experiencia sexual (Critelli y Bivona, 2008). Por consiguiente, parece razonable pensar que los nuevos estudios sobre el efecto de la culpabilidad en la presencia de fantasías eróticas de violación tendrán dos objetivos previos relevantes:

proporcionar medidas objetivas de los niveles de culpabilidad sexual de las mujeres que participan en la investigación y considerar la variable de socialización relacionada con una educación sexual restrictiva y represora o, por el contrario, liberal, permisiva y abierta a la experiencia sexual.

Teoría de la apertura a la experiencia sexual, o erotofilia

Esta teoría defiende que la fantasía de violación aparece preferentemente en mujeres con una actitud abierta hacia la sexualidad y libres de culpa; y asocia la experiencia sexual a una mayor variedad de contenidos en las fantasías, mayor frecuencia en cuanto a fantasear con sexo y mayor probabilidad de tener fantasías sexuales de violación (Pelletier y Herold, 1988; citado por Bivona, Critelli y Clark, 2012). En apoyo de esta teoría, diversos estudios han encontrado que la fantasía de violación es más frecuente en mujeres con bajos niveles de culpabilidad sexual y con altos niveles de erotofilia y apertura a la experiencia sexual (Bivona, Critelli y Clark, 2012; Gold, Balzano y Stamey, 1991; Shulman y Horne, 2006, y Strassberg y Lockerd, 1998). No obstante, esta teoría se considera poco investigada aunque con grandes potencialidades explicativas para un futuro.

Para el enfoque de las investigaciones que ahonden en esta teoría, Critelli y Bivona (2008) proponen realizar estudios con una metodología mixta que incluyan tanto la lista cerrada de fantasías como la posibilidad de escribir con detalle las fantasías eróticas, ya que ello aportará una mayor claridad al fenómeno, puesto que la fantasía desarrollada puede permitir el análisis de los contenidos. En sintonía con esta propuesta, los trabajos de Gold y colaboradores (1991, citado por Critelli y Bivona, 2008) plantean una investigación que permite a las participantes escribir sus fantasías con plena libertad, lo que abre la puerta a valorar las actitudes que muestran a través de los personajes de la fantasía. Según los resultados del análisis de estos contenidos, la pauta de apertura hacia la sexualidad de estas mujeres no parece coincidir con el patrón expuesto por Hariton (1976): mujeres "impulsivas, independientes, agresivas, no conformitas y con actitud exploratoria respecto a su actividad sexual" (Critelli y Bivona, 2008, p. 64).

A raíz de la caracterización de Hariton (1976) y de la posible identificación entre fantasía, deseo y realidad, desde una perspectiva clínica puede surgir la preocupación del efecto que este tipo de fantasías tiene en las mujeres con respecto a su grado de contribución en la génesis o desarrollo de una concienciación de víctima sexual que pusiera en riesgo la integridad física de la mujer, la hiciera más proclive a verse involucrada en este tipo de agresiones o fuera menos proclive a denunciarlas por sentirse culpable de haberlas provocado. Sin embargo, el estudio realizado por Zurbriggen y Yost (2004) aporta la evidencia contraria, ya que estos autores encontraron que las mujeres que fantasean con la violación y la sumisión son menos proclives a tener una actitud problemática respecto a las agresiones sexuales y la conceptualización de género. Según los autores, estas mujeres presentaban poca conformidad con el mito 'la mujer violada es culpable de lo que le ha ocurrido'. Se trata de mujeres con una visión menos tradicional de los roles sexuales de género, más asertivas, con mayor experiencia sexual, y posiblemente con más recursos para evitar las situaciones de riesgo para una agresión sexual. Los autores concluyen que este tipo de fantasías, lejos de implicar un riesgo, son un factor de protección. Por el contrario, los resultados obtenidos por Zurbriggen y Yost (2004) indican que las mujeres que han interiorizado este mito son menos asertivas en el trato con los hombres, más vulnerables a sufrir una agresión sexual, y más proclives a culpase de ello y no buscar apoyo ni denunciar al agresor.

Teoría de la mujer sexualmente irresistible, o teoría de la deseabilidad
Esta teoría defiende que las fantasías de violación y coacción sexual son fantasías disfrazadas que manifiestan el poder erótico de la mujer (Hariton, 1973, citado por Zurbriggen y Yost, 2004). El hombre está tan excitado ante el atractivo irresistible de la mujer que no puede controlarse y la viola. La protagonista no consiente pero el hombre no puede resistirse, indefenso ante tanto atractivo. Esta teoría se fundamenta también en el supuesto de que el deseo del otro, debido al atractivo y la deseabilidad que la mujer genera en un compañero sexual, es un desencadenante del deseo femenino y tiene un gran poder de excitación para las mujeres. Graham, Sanders, Milhausen y McBride (2004) encontraron que sentirse deseada por el compañero sexual es uno de los factores que afectan a la excitación femenina.

Los resultados obtenidos en el estudio de Bivona, Critelli y Clark (2012) apoyan la teoría de la apertura a la experiencia sexual, pero no apoyan la teoría de la evitación de la culpa y dan un apoyo escaso a la teoría de la deseabilidad. No obstante, como exponen los mismos autores una de las limitaciones a la hora de interpretar estos resultados es el tipo de población sobre la que se ha hecho el estudio: estudiantes universitarias y jóvenes mayores de 18 años pertenecientes a la cultura norteamericana. Según los autores, es necesario ampliar el estudio a poblaciones que se caractericen por una mayor represión sexual de las mujeres (Bivona, Critelli y Clark, 2012).

Los resultados del estudio de Zurbriggen y Yost (2004) tampoco apoyan la teoría de la deseabilidad. Los autores argumentan que si el papel del deseo del hombre fuera tan relevante en estas fantasías, sería de esperar que las mujeres, al describir o explicar sus fantasías eróticas de sumisión, incluyesen descripciones detalladas del deseo masculino; sin embargo, los resultados no son acordes con la existencia de una correlación entre sumisión y deseo del otro en las fantasías femeninas. No obstante, dado que este estudio no investigaba directamente la teoría, según Critelli y Bivona (2008) los resultados obtenidos no permiten desestimar la teoría de la deseabilidad, y concluyen que es necesario realizar nuevas investigaciones que aborden el tema de forma específica.

Otras teorías explicativas disponibles

Si bien las tres teorías anteriores se consideran las más aceptadas y extendidas, existen otras teorías explicativas que aún no han quedado desestimadas y puede ser interesante tomarlas en consideración en futuras investigaciones para profundizar en lo que aportan y su posible validez.

Teoría de la naturaleza masoquista de la sexualidad femenina, o teoría del masoquismo

El masoquismo es una de las explicaciones que tuvo su auge a raíz de diversos postulados del psicoanálisis. En concreto, para este tipo de fantasías, autoras como Deutsch (1944, citado por Critelli y Bivona, 2008) consideran que estas fantasías indican la presencia de un masoquismo innato. Deutsch sugiere la siguiente hipótesis explicativa: "el personaje del violador de la fantasía puede estar basado en la máxima autoridad familiar (el padre) y que el deseo inconsciente insatisfecho proviene del siempre presente complejo de Edipo" (García-Mañas, 2012, p. 14). Desde esta teoría se considera la fantasía erótica de violación como una forma de compensar un deseo insatisfecho.

La evidencia empírica no apoya esta explicación (Critelli y Bivona, 2008; Kanin, 1982). Para Kanin (1982) el análisis de los contenidos de estas fantasías no aporta evidencias que avalen la naturaleza masoquista de la sexualidad femenina, plasmada en la idea de que las mujeres desean la violación. Por consiguiente, es necesario distinguir claramente si en la muestra del estudio que se diseña se dan determinadas patologías vinculadas al masoquismo o no, y distinguir claramente entre unos grupos y otros de la población femenina para abordar el estudio del masoquismo en las mujeres y los contenidos de sus fantasías.

En la división entre la normalidad y lo patológico, esta teoría se enmarcaría en la idea de una expresión patológica que relaciona fantasía y conducta (García-Mañas, 2012), entendiendo –desde una perspectiva clínica- que el objetivo es eliminar o modificar estas fantasías para evitar o minimizar la conducta de agresión, tanto en el rol pasivo del receptor agredido (generalmente la mujer) como en el rol activo y dominante del agresor (generalmente el hombre). Según Lacombe (2007, p. 67) esta modificación consistirá en transformar estas fantasías desviadas – el término ya otorga un carácter patológico- en otras adecuadas y normativas; es decir, con sexo "consentido, respetuoso, adecuado a la edad y basado en una relación".

Finalmente, a modo de propuesta de reflexión, dado que las teorías explicativas tienen consecuencias para la vida sexual de las personas, es imprescindible contemplar la responsabilidad de la comunidad científica a la hora de crear realidades patologizadoras.

Teoría de la cultura masculina de la violación y los mandatos del patriarcado: una teoría feminista

Se trata de una teoría aportada por el feminismo, basada en los efectos de la cultura, que postula que las fantasías de violación son un síntoma patológico de una sociedad dominada por el hombre, una sociedad patriarcal que considera a la mujer un objeto sexual y pasivo que se somete a los deseos del hombre; en definitiva, una sociedad que construye el deseo femenino con las imposiciones del deseo masculino.

Desde el feminismo se considera que sus creencias y postulados pueden liberar a las mujeres de las fantasías de violación y coacción sexual, gracias a que proporciona otro modo de ver el mundo y sitúa a la mujer en el estatus de sujeto deseante, libre y empoderado en vez de en el estatus de objeto sexual sometido que le confiere el patriarcado. No obstante, hay un hecho que parece no apoyar esta teoría y es que las mujeres feministas que han integrado perfectamente y con un alto grado de convencimiento las creencias del feminismo, al igual que las mujeres que no albergan creencias feministas también fantasean con la fantasía de violación y coacción sexual. Shulman y Horne (2006) explican este fenómeno a partir de los resultados que obtuvieron en su estudio. Para estos autores, las creencias feministas potenciarían la aparición de fantasías de este tipo de forma indirecta, actuando sobre los niveles de culpabilidad y erotofilia. Observaron que las creencias feministas tienen un impacto negativo sobre la culpabilidad sexual, ya que reducen sus niveles, y por consiguiente es de esperar que estos niveles bajos de culpabilidad sexual, al estar asociados a un mayor grado de erotofilia y apertura a la experiencia sexual, faciliten la aparición de este tipo de fantasías en el imaginario erótico de las mujeres con creencias feministas arraigadas.

Teoría de la predisposición biológica para el sometimiento

Desde esta teoría se atribuye un fundamento biológico al atractivo que tiene para las mujeres la fantasía de violación y coacción sexual. Los defensores de esta teoría se apoyan en que estos factores biológicos se observan también en la conducta sexual de otras especies, considerando por tanto que para la perpetuación de las especies –es decir, su reproducción–, es necesario que la hembra tome un rol pasivo, de sometimiento y sumisión, mientras que el macho ha de tomar un rol activo y dominante, sometiendo a la hembra para que la cópula pueda tener lugar (Critelli y Bivona, 2008). Según Fisher (2000), debido a que la capacidad reproductiva de las mujeres a largo plazo es escasa ya que pueden tener pocos hijos, su biología las impulsa a realizar una selección, no consciente, de los hombres con los genes más apropiados para la perpetuación de la especie, lo que las lleva a buscar machos dominantes, fuertes y sanos que puedan aportar a su descendencia estos rasgos que favorecen la supervivencia de la especie.

Por el momento no hay una evidencia empírica que apoye esta teoría puesto que no se ha investigado su relación con la presencia de fantasías de violación y coacción sexual en mujeres y su atractivo erótico (Critelli y Bivona, 2008). Como en muchos otros asuntos de la realidad humana, seguimos en el debate entre qué pertenece a la cultura y qué a la naturaleza.

Teoría de la activación del sistema nervioso simpático

Si bien esta teoría no defiende que la activación del sistema simpático provoque la aparición de fantasías sexuales de violación, es un intento de explicar el motivo por el cual este tipo de fantasías son excitantes para las mujeres. Esta teoría se apoya en la asociación encontrada entre ansiedad y miedo con niveles más altos de excitación, y se basa en estudios que avalan esta asociación, como el realizado por Palace y Gorzalka (1990). En este estudio, un grupo de mujeres que previamente ha sido expuesta a una situación ansiógena visiona un video erótico. Se mide el nivel de excitación ante el visionado y se compara después con los niveles obtenidos en un grupo que no ha recibido la preexposición. La asociación entre niveles de ansiedad/miedo y excitación parece cumplirse en las fantasías en las que el personaje agresor es atractivo y pasional, capaz de dar placer a la mujer aunque la estén forzando sexualmente, y con un dolor mínimo; pero no parece cumplirse en las fantasías que se viven como desagradables porque el personaje agresor no resulta atractivo y el nivel de violencia es elevado y realista. En estos casos se provoca una reacción de desagrado más que de excitación erótica (Critelli y Bivona, 2008).

Teoría del ensayo de control

Esta teoría se relaciona más directamente con las fantasías de violación percibidas como aversivas más que como eróticas. La función de estas fantasías sería la de permitir a la mujer acercarse a esta situación temida y rechazada en un ámbito seguro, bajo control y fiable como es su imaginación. Desde esta perspectiva, se entiende como un modo de "enfrentarse a los propios temores, de anticipar reacciones y ensayar formas de control en el imaginario" (García-Mañas, 2012, p. 17). En definitiva, se contempla como un modo de gestionar los miedos a la violación y la coacción sexual.

Teoría del balance de poder

Esta teoría se centra principalmente en aquellas mujeres y hombres que en su vida real tienen puestos de poder y que viven según los parámetros de un rol de dominación, poder y control, y que encuentran en estas fantasías un modo de liberarse de esta "carga" vital. Convertirse en personas sumisas en el ámbito de lo imaginado es una válvula de escape que no afecta a la imagen en la vida pública del triunfador, ejecutivo agresivo o poderoso, y le da un descanso en su rol habitual. Es, a su vez, un modo de liberarse de la responsabilidad de llevar las riendas del propio placer y dejarse hacer, y un modo de huir del autoexamen continuo de la consecución de un rendimiento elevado, ya de por sí inevitable en la vida profesional de estas personas (García-Mañas, 2012).

Teoría del masoquismo entendido como peculiaridad erótica

Esta teoría no contempla el masoquismo como una patología, sino "como una de las infinitas formas de vivir la erótica de los individuos" (García-Mañas, 2012: 17); en definitiva una peculiaridad erótica valiosa y cultivable (Amezúa, 1999) en un marco no delictivo. Desde la perspectiva de la sexología sustantiva este modo de vivir la erótica no sería un modo disfuncional, sino peculiar, personal y único para cada persona, integrado en un marco de comprensión de las diversas variedades eróticas que aparecen en hombres y mujeres (García-Mañas, 2012).

En el futuro esta teoría seguramente encontrará compatibilidades interesantes con la teoría de la apertura a la experiencia sexual y las actitudes positivas hacia los diferentes estímulos eróticos.

Más allá del estereotipo de género: sumisión y dominación para ambos sexos.

Las fantasías de violación, coacción y sometimiento sexual suelen enfocarse desde la perspectiva de la mujer que se imagina a sí misma forzada o, por el contrario, del hombre agresor que fuerza a una mujer, su víctima. No obstante, aunque menos estudiados pero no por ello ausentes, existen otros escenarios para este tipo de fantasías eróticas: el hombre que fantasea con ser violado por una mujer, o por una travesti o transexual; la mujer que imagina violar a otra mujer o a un hombre... *A priori*, y por cuestiones culturales, es fácil asociar a las mujeres con el sometimiento, la pasividad y la fantasía de ser violada o forzada sexualmente, y a los hombres con la dominación y la fantasía del agresor sexual, activo y dominante. Sin embargo, la realidad es mucho más diversa.

Varios estudios muestran que entre el 10-20% de los hombres fantasean con ser forzados sexualmente (Hunt, 1974; Person y col., 1989; Sue, 1979; citado por Critelli y Bivona, 2008), lo que queda reflejado a modo de ejemplo concreto en los dos testimonios que se presentan a continuación (Burgos, 2011, p. 224):

Una mujer me amenaza con una pistola para tener sexo con ella; imagino que me amarra a una silla y comienza a excitarme para poder tener sexo (testimonio de un hombre heterosexual).

Ser violado por un grupo de diez o quince hombres; todos ellos muy velludos y que no me suelten durante días o semanas, pero que no me hagan daño (testimonio de un hombre homosexual).

Las mujeres también fantasean con la violación adoptando un rol activo (Burgos, 2011, p. 224):

> Sueño con una fingida violación que hago a una chica. Ella duerme y yo me acerco y la toco poco a poco; ella se entera pero le gusta tanto que finge seguir durmiendo para que yo continúe. La desnudo con suavidad y la ato, sólo como parte del juego, para que cuando se despierte no le quede más remedio que someterse a todo lo que yo le haga...

Incluso con violencia criminal (Burgos, 2009, p. 193):

> Mis fantasías son raras, voy a narrar alguna. Me excita mucho imaginar a un hombre en una bañera llena de agua, atado y a mi disposición, y que puedo disponer de ahogarlo o no según me plazca. Naturalmente, en mi fantasía acabo corriéndome mientras lo ahogo, poniéndome encima de él y hundiéndolo en el agua.

Y las mujeres transexuales no son ajenas a este imaginario erótico (Burgos, 2011, p. 223).

> Estoy sola en un cuarto de hotel, muy bien arreglada y preciosa; en eso, entra (no sé cómo) un hombre alto, fornido y de piel oscura, se queda boquiabierto y, al no poder aguantarse, me viola salvajemente. Yo trato de resistirme pero no puedo y termino disfrutando su enorme pene dentro de mí.

No hay duda de que existen diversos modos de fantasear con la violación y la coacción sexual, desde ambos sexos. Sin embargo, el modo en que se aborda su estudio varía en función del sexo de quien fantasea. En el caso de los hombres suele estudiarse el vínculo entre la fantasía de violación y la proclividad a cometer una agresión sexual en la vida real. Al respecto, algunos autores consideran incluso que hay evidencia empírica acerca de la relación entre las fantasías de agresión sexual y la etiología de una agresión sexual criminal (Zurbriggen y Yost, 2004). De hecho, muchos estudios abordan la investigación partiendo de una muestra formada ya por agresores sexuales con el propósito de investigar, por ejemplo, acerca de: las cogniciones de violación en violadores (Ryan, 2004), la influencia de las fantasías sexuales en la agresión en las parejas (Mathur, 2002), o la propensión del hombre a cometer una agresión sexual real (Thomas y Gorzalka, 2012). En estos casos se estudian las fantasías en que el hombre toma el rol dominante, viola, agrede, coacciona a una mujer, y esto se vincula con el deseo de llevar a la práctica esta actividad delictiva. Sin embargo, si bien son interesantes estos estudios en poblaciones clínicas, en la población general no todos los hombres que fantasean con la violación, violan.

El meta-análisis realizado por Murnen, Wright y Kaluzny (2002) sobre los diferentes estudios de la ideología masculina y su relación con la agresión sexual pone de manifiesto la existencia de una asociación entre la adscripción a un rol de género hipermasculino y a modelos socioculturales de ideología patriarcal, y la perpetración de una agresión sexual. Por tanto, según estos autores parece existir una relación entre el tipo de mentalidad masculina y la agresión sexual real. De acuerdo con lo anterior, por los resultados de su estudio Zurbriggen y Yost (2004) sugieren que la fantasía de dominación en los hombres "normales" se relaciona con una probabilidad mayor de tener un comportamiento sexualmente agresivo. Estos autores consideran que, en los hombres, este tipo de fantasía suele estar asociada a la creencia de que las mujeres provocan la violación con su conducta o su vestimenta, y que algunas mujeres merecen ser violadas. Por el contrario, sus resultados apuntan a que, en las mujeres, el hecho de que fantaseen con la dominación sexual no correlaciona con actitudes problemáticas relacionadas con el género y la violación.

Es posible que la teoría de la apertura a la experiencia sexual aporte en el futuro nuevas formas de contemplar este aspecto de la sexualidad de los hombres y las mujeres. Sin embargo, serán necesarias nuevas investigaciones que contemplen el papel que juega el estereotipo social a la hora de diseñar una investigación científica sobre fantasías de violación y coacción sexual, sus significados y consecuencias para el comportamiento humano.

Referencias bibliográficas

Amezúa, E. (1999). Teoría de los sexos. La letra pequeña de la sexología. *Revista Española de Sexología, 95-96*. Madrid: Publicaciones del Instituto de Sexología.

Bivona, J. M., y Critelli, J. W. (2009). The nature of women's rape fantasies: An analysis of prevalence, frecuency, and contents. *Journal of Sex Research, 46*, 33-45.

Bivona, J. M., Critelli, J. W., y Clark, M.J. (2012). Women's rape fantasies: An empirical evaluation of the major explanations. *Archives of Sexual Behavior, 41*, 1107-1119.

Burgos, G. (2009). *Mente y deseo en la mujer. Guía práctica para la felicidad sexual de las mujeres*. Barcelona: Biblioteca Nueva.

—(2011). *Proyecto Tabú. Todas nuestras fantasías sexuales al descubierto* (2° ed.). Madrid: Editorial Fundamentos.

Critelli, J. W., y Bivona, J. M. (2008). Women's erotic rape fantasies: An evaluation of theory and research. *Journal of Sex Research, 45(1)*, 57-70.

Fisher, H. (2000). *El primer sexo*. Madrid: Taurus.

García-Mañas, A. (2012). La fantasía erótica de violación: hacia una aproximación comprensiva. *Revista Española de Sexología, 169*. Madrid: Publicaciones del Instituto de Sexología.

Gold, S. R., Balzano, B. F., y Stamey, R. (1991). Two studies of females' sexual force fantasies. *Journal of Sex Education and Therapy, 17*(1), 15-26.

Graham, C. A, Sanders, S. A., Milhausen, R. R., y McBride, K. R. (2004). Turning on and turning off: A focus group study of the factors that affect women's sexual arousal. *Archives of Sexual Behavior, 33*(6), 527–538.

Kanin, E. J. (1982). Female rape fantasies: A victimization study. *Victimology, 7*(1-4), 114-121.

Mathur, J. A. (2002), *Sexual fantasies and aggressive behaviors in dating couples*. A dissertation submitted in partial fulfillment of the requirements for the degree of Doctor of Philosophy. The Demer Institute of Advanced Psychological Studies. New York: Adelphi University.

Moreault, D., y Follingstad, D. R. (1978). Sexual fantasies of females as a function of sex guilt and experimental response cues. *Journal of Consulting and Clinical Psychology, 46*(6), 1385-1393.

Murnen, S. K., Wright, C., y Kaluzny, G. (2002). If "boys will be boys," then girls will be victims? A meta-analytic review of the research that relates masculine ideology to sexual aggression. *Sex Roles, 46,* (11-12), 359-375.

Palace, E. M., y Gorzalka, B. B. (1990). The enhancing effects of anxiety on arousal in sexually dysfunctional and functional women. *Journal of Abnormal psychology, 99* (4), 403-411.

Ryan, K. M. (2004). Further evidence for a cognitive component of rape. *Aggression and Violent Behavior, 9,* 579–604.

Shulman, J. L., y Horne, Sh. G. (2006). Guilty or not? A path model of women's sexual force fantasies. *The Journal of Sex Research, 43*(4), 368-377.

Strassberg, D. S., y Lockerd, L. K. (1998). Force in women's sexual fantasies. *Archives of Sexual Behavior, 27*(4), 403-414.

Thomas, L. A., y Gorzalka, B. B. (2012). Effect of sexual coercion proclivity, insult and fantasy on emotional reactivity and appeal of sexual aggression. *Violence Against Women, 18*(8), 973-995.

Zurbriggen, E. L., y Yost, M. R. (2004). Power, desire and pleasure in sexual fantasies. *Journal of Sex Research, 41*(3), 288-300.

Incidencia de la Comunicación en la Sexualidad y el vínculo.

Dinorah Machín García[35]

Si bien este es un tema que puede ser abordado desde diferentes aristas, nos proponemos hacerlo desde nuestra perspectiva y experiencia terapéutica como psicóloga y sexóloga clínica. Si bien este es un lugar donde transmitimos lo que sabemos, también tenemos que reconocer que muchas veces es un lugar que nos permite aprender y crecer a través de nuestros pacientes (clientes).

Este es un tema que se plantea con mucha frecuencia en la consulta y que genera vivencias tanto negativas como positivas pudiendo llegar al final del camino de una manera satisfactoria, enriquecedora, fortalecedora y de resignificación para la pareja, haciendo que ésta crezca y continúen en un proceso de construcción. Pero también puede conducir por un camino tortuoso, escabroso, desalentador, donde es posible que las crisis ya existentes se agudicen más y las grietas en el vínculo se profundicen llevando seguramente a la disolución de la pareja.

Podemos afirmar que la calidad de la comunicación determina el futuro de una relación de pareja, donde el diálogo permitirá crear un proyecto de vida en común donde es necesario negociar, ceder, llegar a acuerdos y reforzar la empatía.

Consideramos importante conceptualizar qué se entiende por **comunicación,** para saber a que nos estamos refiriendo.

Encontramos que el Dr. Andrés Flores Colombino (2003) dice: "comunicar es hacer partícipe a otro de lo que uno tiene, hacer saber a otro de una cosa,

---

[35] Licenciada en Psicología, Posgrado en Psicología Analítica, Maestría en Psicoterapia, Especializada en técnica de Sandplay; Educadora Sexual y Sexóloga Clínica acreditada por SUS y FLASSES, Docente en liceos privados y en los cursos de Educ. Sex. en SUS; Coordinadora de los cursos SUS; Integrante de la Comisión Directiva de FLASSES

consultar, conversar, unir cosas" Comunicación sería la acción y efecto de comunicar.

Coddon, F. y Méndez, C (2002) sostienen que: "la comunicación es un proceso de ida y vuelta simultáneo y permanente; yo voy respondiendo al otro de acuerdo a lo que el otro va respondiendo de mí, en un proceso circular"

Podemos decir que todo lo que ocurre entre nosotros y con los otros, es comunicación: irse, quedarse callado, bostezar, mirar hacia otro lado y muchas más.

Encontramos que en uno de los axiomas de la comunicación Watslavik sostiene que: "es imposible no comunicar".

Por eso es que vemos a diario en nuestro entorno y en especial en la consulta, que todo lo que se dice y no se dice, y más lo que se hace y no se hace afecta al otro directa o indirectamente.

Es importante destacar que los significados que se generan en la comunicación, van a depender de las personas que están en contacto. Así por ejemplo el silencio en una relación puede significar un momento de cercanía y en otra una declaración de guerra.

Por eso hablamos de que es un proceso circular donde las personas se afectan unas a otras a nivel de sus ideas, emociones y acciones.

Flores Colombino, A (2003) dice: "sin comunicación efectiva no se conquista, no se construye, no se mantiene ni se repara el amor". También cita a Volcher quien dice: "la sexualidad es el ámbito privilegiado del diálogo intersubjetivo. Si el hombre dispone de diversos medios de expresión y de comunicación, representados por el lenguaje y el gesto, hay uno que lo es por excelencia: la **sexualidad,** que realiza la comunicación entre dos seres a todos los niveles de su existencia.

Podríamos decir y lo han dicho muchos autores que **el coito – orgasmo - es la máxima expresión de comunicación sexual, la cumbre del encuentro interpersonal y que la experiencia del placer sexual refuerza y sella el vínculo afectivo**.

En lo cotidiano solemos encontrar que la comunicación sexual es una doble vía: en la que públicamente se hacen bromas fuertes y en la intimidad no se toca el tema (el silencio es cómplice de los inconformismos y frustraciones). Esto lo traen con mucha frecuencia las parejas que consultan o mujeres que llegan solas porque el tema les genera mucha inseguridad y angustia.

Debemos recordar que **hablar** es sólo una de las dimensiones de la comunicación, y no sólo este nos dice el estado de la relación, recordemos que están también el conjunto de acciones, emociones y actitudes que expresamos: enojo, tristeza, pasión, indiferencia, alegría, llanto, ansiedad, que nos comunican el estado de la relación.

Es habitual encontrar parejas que se presentan en la terapia por la frecuencia de peleas entre ellos, explicándolo como un problema de comunicación pero cuando describen lo que les pasa se comunican claramente pero muestran dificultad para llegar a acuerdos.

Es por esto que se genera con frecuencia una confusión al querer hacer equivalentes **"hablar"** y **"comunicarse"**; como también se confunde hacer sinónimo **"desacuerdos"** con **"problemas de comunicación"**.

Decimos que el lenguaje verbal nos abre al compartir el mundo de las ideas, nos permite conocer la complejidad del pensamiento del otro. Permite acordar en las diferencias al entender desde dónde surge la mirada del otro.

En la comunicación analógica no verbal se configura a partir de las emociones. El vivir contiene algún tipo de emoción: alegría, inquietud, indiferencia. En nuestra cultura se mantiene la tendencia de separar la razón de la emoción. Por eso las vidas pueden ser entre sí, a partir de la clase de mundo emocional afectivo que predomine en nosotros.

En la vida de pareja es importante el mundo emocional afectivo que se cogenere y este pasa por la presencia de la comunicación no verbal.

Coddon, F y Méndez, C (2002) dicen: "los seres más primarios, desposeídos de la posibilidad de una educación, las personas más sofisticadas, los jóvenes, los no tan jóvenes, los maduros, los que creen y los agnósticos, los románticos y los escépticos, se viven en distintas intensidades como otro".

Alguna vez han tenido la experiencia de vivenciar lo que es intentar una conquista; o sufrido la incertidumbre de no saber interpretar una mirada o una sonrisa. Sentirse enamorado/a, con deseos, atracción, rabia, desilusión.

Las opiniones que se escuchan referidas al rol del varón o la mujer, cómo hacer, qué y cómo. Mostrar cual sería el mejor camino a tomar sería muy arriesgado. No queremos invadir el mundo particular e íntimo de cada uno y que lo constituyan encuentros y desencuentros y también por las opciones en el uso de la libertad para vivir la vida que nos parezca.

Es por todo esto que creemos que la construcción de una relación entre dos seres humanos en lo que es la dimensión de seres bio-psico-sociales es tremendamente compleja que no podríamos pretender que se ajuste a un modelo de normalidad, ya que esto sería violentarla.

Vemos parejas que consultan, que generan el espacio y tiempo para sacar afuera los sentimientos que acompañan a los problemas para no quedarse en el drama o victimización. Buscan vías de comunicación para tratar de que los conflictos se diluyan o bajen su peso. En estas conversaciones todas las dificultades son lo que imperan; lo importante es no quedarse en los aspectos negativos ni en las discusiones sin fin; porque esto impide buscar nuevos caminos y una actuación más efectiva.

Algunas parejas suelen comentar "no siempre se trata de resolver el conflicto sino de quitarle a este los aspectos amenazantes y manejarlos de mejor manera para sentirse mejor para el futuro".

Se busca estar o ser pareja porque se desea, decidieron quererse y aceptarse sin pretender cambiar al otro/a donde importan el respeto por el otro/a y por lo tanto sus individualidades, siendo al mismo tiempo **un nosotros**.

PRINCIPALES BARRERAS EN LA COMUNICACIÓN DE PAREJA

Encontramos que entre dos personas existen ruidos e interferencias. Cuando aquello que uno quiere decir no es lo mismo que entiende el interlocutor, entonces la comunicación ha fallado. Para evitar este tipo de malos entendidos es importante no dar las cosas por supuestas y hacer preguntas, reforzando el feedback para comprobar que el mensaje ha sido comunicado de una forma positiva.

Existen 6 barreras fundamentales que impiden o dificultan la comunicación en una pareja:

1) **La prisa** que se potencia todavía más en las grandes ciudades. La mente se adelanta al futuro; por ejemplo en lugar de disfrutar la conversación familiar en la hora de la comida, la pareja puede estar pensando en todos los recados que tiene que hacer por la tarde. Para poner fin a estas situaciones es útil desconectar el teléfono móvil a la hora de comer para evitar interrupciones, apagar la televisión, comer con tranquilidad (y masticar con calma).

2) **El cansancio** cuando se llega cansado del trabajo no cuentas con una buena predisposición para hablar tranquilamente sobre un tema importante. Por esto cuando se quiere tratar algo, es mejor buscar el momento adecuado para hablar (por ejemplo: fin de semana) si se sale de mal humor del trabajo no volver a la casa directamente. Tomarse un tiempo para desconectarse, dar un paseo o tomar algo. Este tiempo le servirá para recuperarse y no llegar a la casa enojado; ni descargar los problemas laborales en la casa.

3) **La falta de intimidad** para tratar los temas de adultos se convierte en un problema en la comunicación de pareja. Esta intimidad es necesario buscarla. Una pareja es un tema de dos y es conveniente proteger la intimidad frente a otros miembros de la familia. Tu pareja no es tu rival, por lo que evita competir. Pensemos que una pareja es un trabajo de equipo.

4) **La rutina** influye de manera negativa en la comunicación de pareja. Existen momentos en los que las personas se acomodan y se estancan en su situación. La convivencia se torna aburrida y las conversaciones monótonas, reduciéndose a monosílabos. Para no caer en esta, es fundamental tener espacios de ocio compartidos e independientes. Cada persona necesita su espacio, al margen de la pareja. Toma la iniciativa a la hora de hacer planes y para mejorar la comunicación refuerza los mensajes positivos y reduce los reproches y quejas. Aprende a pedir y expresar qué necesitas; así tu pareja puede conocerte mejor.

5) **Las nuevas tecnologías** se han convertido en una barrera de las relaciones personales cara a cara. Es tanto la conexión a nivel tecnológico que se ha perdido la capacidad de conectar con otro ser humano.

6) **La economía de las palabras** habituales en los mensajes de texto, interfiere de una forma negativa en el diálogo entre dos personas. Expresarse con las palabras que se quieren decir para tratar un tema importante, lo mejor es cara a cara.

COMO MEJORAR LA COMUNICACIÓN EN LA PAREJA

Como ya lo hemos visto anteriormente, la comunicación es muy importante en una relación de pareja debido a que la palabra es una herramienta que puede ser muy constructiva en la creación de un proyecto de vida en común, donde es importante negociar, ceder entre otros.

El ámbito de la comunicación es muy complejo puesto que una persona no sólo comunica con la palabra, sino también con su actitud. Alguien puede negar que está enojado y estar mostrando con su gesto que sí lo está al permanecer en silencio y con los brazos cruzados.

En los últimos tiempos hemos recibido parejas donde expresan sus miedos ante los riesgos y peligros que conllevan las crisis matrimoniales; generándose un clima (descripto por sus integrantes) como alarmante, desesperante, angustioso, frustrante de la situación.

En contraposición a estas situaciones, vemos otras donde las parejas logran sobreponerse a las dificultades. Esto nos lleva a confirmar lo importante que es lograr establecer buenos vínculos en las relaciones de pareja. Estas son personas que logran compartir, reflexionar, actuando guiados por el amor en la realización de un proyecto de vida en común. Aquí vemos que las fuerzas se suman y se potencian mutuamente y logran construir un mundo compartido.

Pero lo cierto es que quienes acuden a la consulta en busca de ayuda están aquellos que aún diciéndose enamorados, están paralizados por el miedo a tomar la decisión de unirse; otros plantean inseguridades respecto a sus sentimientos sin poder saber qué es lo que sienten.

Algunas veces el temor a fracasar, a no poder compartir con otro/otra, les lleva a permanecer en soledad. Esto también lo constatamos con el alto número de separaciones, divorcios y rupturas matrimoniales.

Menos son los casos que nos han consultado donde la crisis que se manifiesta en el vínculo es debido a la infidelidad por parte de uno de sus integrantes.

Como ya lo hemos expresado anteriormente, seguimos trabajando también con lo que los consultantes llaman los "buenos matrimonios". Estos existen y lo construyen en forma conjunta, sumando y compartiendo esfuerzos.

Hay parejas que el conversar lo consideran terapéutico, ambos generan el espacio y tiempo para mostrar los sentimientos que acompañan y subyacen en los problemas, siendo una gran ayuda para no quedarse en el drama, la crisis o lo negativo. Ellos tratan de buscar vías de comunicación con el fin de disolver los conflictos y restarles fuerza.

Sarquis y colaboradores (2004) dicen: "lo entretenido de estas conversaciones en que hay dificultades es no quedarse en lo negativo ni en el drama, ya que ello interfiere en la búsqueda de caminos nuevos, evitando explorar ángulos distintos del conflicto y a la vez impidiendo establecer un plan de acción más efectivo". También sostienen que: "las estrategias desacertadas o perdedoras son aquellas que con mayor probabilidad se reflejarán en resultados negativos para la relación. Con ellas se establecen las condiciones propicias para que aparezca un círculo vicioso, lo que a su vez incrementa la ansiedad, la sensación de fracaso y sentimientos de inseguridad."

Estas alternativas limitan, oprimen y llegan a asfixiar la vida que debe crecer a partir de una relación de pareja. Esta opción por el desamor estaría dentro de lo que llamaríamos una elección desacertada; es como decir no amar en el momento determinado. Para luchar contra el desamor es necesario renovar el amor, no usarlo para tapar carencias.

Cuando el diálogo en una pareja es forzado o impuesto sin mediar la escucha auténtica, puede convertirse en lo que podemos llamar "un diálogo de sordos", no permitiéndose satisfacer, abrirse a la intimidad y muchas veces ser el comienzo o la continuación del desequilibrio de la relación.

Esto lo vemos con mucha frecuencia en la consulta, es como si se hablara desde dos niveles de sintonía diferentes o como a veces decimos "están en el mismo campo de juego pero jugando cada uno su partido" que es, sin lugar a dudas, diferente. No hay escucha por parte del otro/a, cada uno quiere decir su versión de los hechos y no escucha al otro, quedándose en una frecuencia unilateral que no llega a una conexión con el otro/a.

Aquí es donde queremos intervenir y no siempre el resultado es satisfactorio. Algunas veces se logra cortar "el monólogo" de uno y que sea escuchado por el otro y viceversa. Este es el caso de Mariana y Raúl que tienen 38 y 42 años respectivamente; son una pareja que consulta porque discuten, sienten que están en crisis y pasa mucho tiempo entre una relación sexual y otra. Ninguno de los dos sale de su "esquina del rin", de su lugar y siguen sosteniendo su actitud, y lo que dice el otro no sólo no lo escuchan sino que no les llega el más mínimo registro. Además, usualmente, las versiones de los hechos son diferentes.

En su diario vivir, cada uno "hace" lo que considera que es lo suyo; el otro parecería "ser invisible" la mayoría de las veces. En pocas oportunidades Raúl pregunta por el trabajo de ella, como si no lo tuviera en cuenta. Dice que prefiere callarse antes que discutir. Para ella el silencio es angustiante, lo que conduce a falta de contacto, de diálogo y por lo tanto de relaciones sexuales.

Otra pareja, a la que llamaremos Guillermina y Ricardo, son adultos de 54 y 58 años respectivamente. Han permanecido juntos muchos años y consultan porque sus relaciones sexuales son cada vez menos frecuentes; pero cuando las tienen (esporádicamente) son muy intensas. Últimamente, Ricardo está manifestando tener problemas en su eyaculación, no siempre puede lograrla, se presume que los medicamentos que toma están incidiendo en esta situación que antes no se daba, además de su estado anímico.

Ricardo se queja de la poca frecuencia de sus relaciones sexuales, mientras que Guillermina pone énfasis en que no hablan entre ellos, intenta generar un diálogo pero él no contesta; ella interpreta que no le interesa. Cuando hay temas importantes que necesitan de una toma de decisiones, comienzan a hablar pero cada uno desde su lugar, con su monólogo y terminan cortando la comunicación y dejándola para otro momento que difícilmente llega.

Creo que en el fondo los dos se quejan de lo mismo; se sienten fracasados y frustrados de esa relación en la que han depositado o "apostado" todo; porque no se sienten percibidos por el otro/a. La relación sexual, que es también una forma sublime de comunicarse, de contactarse, de fundirse con el otro/a, no se logra porque tampoco en lo cotidiano hay contacto, comunicación, discusiones sanas y necesarias con el otro. Podríamos decir que es el piso sobre el cual se van construyendo los vínculos entre la pareja que pueden ser muy sólidos durante un tiempo pero, si no se renuevan las energías, aparecen las fallas, grietas. Lo que se va a ir construyendo sobre él, por mejor voluntad que se ponga, va a tener fallas; o si fue sólido en otra oportunidad, se empieza a derrumbar.

En este momento, una intervención terapéutica puede lograr resultados favorables si ambas partes pueden "ver" y ser conscientes de lo que está ocurriendo con el vínculo; si no lo ven, o lo hace uno solo de los integrantes, es bastante difícil pensar en un pronóstico positivo.

Pueden estirar la relación como un elástico, pero nos preguntamos ¿hasta cuándo puede mantenerse esta situación? Las respuestas que encontramos en la clínica son muy variables. Van a depender de los integrantes de la pareja y su intensión de recomponer el vínculo.

En la consulta surgen algunos aspectos que intervienen boicoteando la relación, que son: los celos, pudiendo ser muy destructivos en una relación, e intolerable si alcanzan una intensidad patológica. Otros son las cuentas pendientes; ocurre muchas veces que cuando uno de los integrantes de la pareja se enoja, cuesta mucho que no tomen en cuenta cosas ocurridas en el pasado, traumas de la historia, corriendo el riesgo de tener que empezar de nuevo. No tomar la decisión de amar en cada uno de los momentos de la vida de pareja y las imposiciones que surgen de lo que se adopta como un deber ser, sin significado ni repercusiones afectivas para la pareja, también son algunos de los aspectos que inciden negativamente en el vínculo.

Las personas que se quieren anhelan estar juntas y el desarrollo de la relación, se hace más profundo el deseo, se busca compartir más tiempo. Es necesario alimentar este proceso desde el comienzo construyendo la intimidad, la que no puede reducirse al mero aspecto sexual que, si bien es importante, es una parte del conjunto de manifestaciones y comportamientos de entrega mutua. Tenemos que incluir aquí la capacidad de comprender los pensamientos, sentimientos y deseos del otro; relacionándose no solamente de los cuerpos sino también desde el corazón y la mente, es muy importante estar conectados y que en la relación exista un sentimiento profundo y esencial para proseguir el vínculo.

Encontramos con frecuencia entre los pacientes que plantean la necesidad de encontrarle sentido a estar juntos y trabajar por algo común sin ignorar las necesidades del otro. Pero esto a las parejas con dificultades les resulta muy difícil lograr.

Presentaremos el caso de una pareja que llamaremos Anabella y Leandro; ella es doce años menor que él y es un caso como el que planteamos anteriormente. Ella le pasa permanentemente facturas relacionadas con el trabajo que desempeña (horario extendido, remuneración injusta, entre otras) que él no soluciona por esperar, según él, el momento adecuado. Ven la situación de una manera diferente; ella dice todo lo que cree pero le cuesta escuchar y mucho más entender cuál es la postura de Leandro con respecto al trabajo que desempeña y lo que cada uno espera del otro.

Hace poco ocurrió un hecho en el que Leandro corrió riesgo de vida; Anabella lloraba y decía que no podía vivir sin él, que así la vida no tenía sentido. Estuvo durante ese tiempo muy desesperada y angustiada, no dormía ni comía, y pasaba esperando tener buenas noticias sobre la salud de él.

Como vemos este es un caso donde se plantea: la falta de escucha entre las partes, la individualidad y, por sobre todo, la intimidad existente entre ellos no la facilita sino que la entorpece generando diversas formas de defensa. También vemos que sus relaciones sexuales casi no existen; ella rechaza el encuentro la mayoría de las veces porque dice "no me quiero frustrar después". Si las hay, terminan los dos frustrándose.

Observamos que hay muchas cuentas pendientes que se pasan a diario y están desperdiciando su vida porque no la disfrutan y están siempre enojados, sobre todo ella que lo manifiesta permanentemente. Pero vemos que ella no puede vivir sin él y él sin ella. ¿Será ésta la manera de vincularse y seguir juntos, o se enredan cada vez más como si fuera una telaraña que ellos mismos construyen porque no lo pueden hacer de otra manera?

Dice Sarquis, C y colaboradores (2004): "En lo sexual se requiere entrenamiento, lo mismo que para lograr sintonía afectiva y resonancia así como aceptación y respeto en el plano de las ideas. Este proceso es acumulativo y progresivo, lo que nos conduce a encontrar el ritmo adecuado y apropiado que satisfaga a ambos. Se trata de no perder conexión ni asfixiar al otro".

Al generar un vínculo cada uno trae su propia historia pero pueden compartirla y formar una nueva entre ellos para ir creciendo como personas y pareja.

Frecuentemente se dice que las mujeres necesitan comunicarse verbalmente más frecuente que los varones y que éstos buscan más lo sexual. También escuchamos con frecuencia que los varones tienen una realidad diferente de las mujeres; es por eso que para una buena vida sexual se necesita descubrir al otro en su sentimientos, sentidos, pensamientos.

Lograr cercanía hace que la sexualidad se transforme en un encuentro profundo donde está presente la seguridad, confianza y desprendimiento; y fundamentalmente, saber respetar las diferencias.

Otro aspecto importante es expresar lo que se siente y desea, de lo contrario se levanta una barrera difícil de traspasar. Los sexual se ve como un componente importante de la felicidad y realización de la pareja, pero que requiere trabajo y preparación.

Es en la verdadera intimidad donde se vive un proceso de descubrimiento permanente. Para esto es necesario que se desarrolle la práctica de ser amigos, esposos, amantes, compañeros y en todo esto se requiere comunicarse y conversar; estar juntos.

Para lograr esto es necesario no actuar de manera unilateral y hay que preocuparse para alcanzarlo, ya que no viene dado.

No podemos olvidar que la relación sexual no se realiza solamente por el gozo individual, ni por satisfacer el amor propio o el del otro/a; el hilo conductor es la capacidad de entrega.

Podemos decir que lograr la intimidad es llegar a sentir que una emoción está viva en mi vida con él o con ella; es ser feliz cuando se ve feliz al otro.

Estamos de acuerdo con los pacientes que sostienen que el amor surge en forma libre y no como obligación a lo que hacemos; es una entrega mutua en libertad y no un lugar en donde las tareas a cumplir son desiguales.

Ser íntimos nos obliga a revelarnos en nuestra interioridad, lo que requiere un ambiente seguro, de confianza y libertad, lo que nos permitirá mostrarnos sin tener miedo a ser heridos y traicionados, de lo contrario puedo resultar herido y todo pasa a ser superficial.

La falta de intereses comunes, la rigidez en los roles para que haya espacios de ambos que posibiliten las necesidades mutuas, son amenazas para la intimidad. Esto que decimos lo vemos reflejado en los casos que presentamos anteriormente. La ausencia de puntos de intersección separa a dos personas y esto va generando que se creen vidas paralelas, lo que impiden la comunicación y la empatía.

Adherimos a la importancia que tiene la comunicación y notamos en las parejas que consultan que al principio hablaban mucho, era la época en la que comenzaban a conocerse, a salir a tomar un café, al cine, divertirse, pero después pasa el tiempo y ocurre que cuando están a solas es frecuente que miren televisión, lean o cada cual hace lo suyo. Es necesario que se busquen y desarrollen espacios para conversar, es una práctica que se adquiere desde el principio de la relación. No se trata de hablar siempre ya que los silencios son necesarios; se puede estar juntos y no conversar, algunos están en silencio pero comunicados, conectados.

Cuando hay que prestar atención es cuando una actividad cualquiera es preferida a estar solos y comunicados. No hay nada peor que dejar que los absorban actividades puntuales, esto es de alguna manera, evitar estar juntos y conocerse. Esto estaría mostrando que se tiene mucho en común o no hay nada para decirse.

La comunicación, la confrontación de intereses y puntos de vista, son importantes pero hay que aprender a discutir sin faltarse el respeto.

Plantearemos otro caso. Una pareja nos llega a la consulta, formada por Fabiana y Fernando, tienen 28 y 39 años respectivamente.

Relatan que se conocieron hace dos años y se llevaban muy bien, estaban muy enamorados. Pero al quedar Fabiana embarazada, deciden vivir juntos. Expresan su gran dificultad para hablar y decir lo que cada uno piensa, vive y quiere. Al quinto mes de embarazo Fabiana tiene que hacer reposo. Ante esta situación, Fernando piensa que para no quedar sola todo el día en la casa es mejor que vaya a la casa de la madre, solo que él se queda viviendo en la casa que compartían y va a verla algunos días. Esta situación generó en Fabiana un enojo muy grande que aún no puede perdonarle. Este suceso Fernando no lo ve significativo y se enrollan en este conflicto. Por otro lado, él le dice que cocina porque ella lo hace mal lo que enoja a Fabiana. Ella no acepta que él le hable mal ni que le grite. Fernando habla fuerte y de manera impositiva y sostiene que así lo vivió desde chico.

Ante estas situaciones Fabiana se asusta y se victimiza mucho, también con la diferencia de criterios que tienen referente a la crianza del niño que tiene quince meses, vuelven a surgir conflictos ya que uno pone límites y el otro es permisivo. Como éstas se dan muchas situaciones que los hacen infelices. Tampoco sus relaciones sexuales son satisfactorias de acuerdo a lo que relatan: "la poca frecuencia y no resultan como ellos quisieran".

Ella no quiere que él controle tanto si las cosas las hace bien o mal y dice: "yo le pongo empeño". Fernando no lo ve así, cree que él sabe hacer las cosas mejor porque vivió un buen tiempo sólo y sostiene que como a Fabiana de chica siempre le hicieron todo, no aprendió a llevar una casa adelante.

Encontramos en esta pareja que no tiene espacios propios y no se respetan los del otro. Utilizan, posiblemente de manera inconsciente, de "rehén" al hijo y se lo reprochan. Se conocen poco y necesitan aprender a construir juntos y proyecto de vida en común dejando de lado sus individualidades.

Es frecuente encontrar parejas que confunden "**comunicarse**" con "**hablar**".

Comunicar no es solamente hablar o llegar a acuerdos. No es lo que comunica un "emisor" a otro "receptor". Se puede estar diciendo algo alegre (comunicación verbal) pero con una cara sin expresión (comunicación no verbal). Esto generará una confusión en el receptor del mensaje ya que hay una discordancia entre ambos niveles de comunicación. El receptor notará la fuerza que tiene la comunicación no verbal.

Pero si hay coincidencia entre lo que se "dice" con el "cómo se dice", habrá una centralización en el contenido de lo dicho.

Talía y Tomás de 32 años vivieron juntos por ocho años y hace dos años se separaron; es en ese momento que Talía concurre sola a la consulta y plantea venir juntos a terapia de pareja. Es al poco tiempo de comenzar la terapia de pareja que vuelven a vivir juntos nuevamente. Ella refiere a problemas de comunicación en los que no logran ponerse de acuerdo, son más los desacuerdos. Su característica es hablar todo lo que siente y algunas veces lo hace impulsivamente. Tomás es más callado, su característica es no comunicar lo que le pasa en el momento, pero se muestra desconforme y descontento ante los planteos de su pareja cuando no le gustan.

Talía refiere que Tomás se queda callado, enojado y esta situación puede durar varios días. Ante esto Tomás dice que prefiere callarse y esperar que se le pase el enojo. Otras veces plantea sus "no" cuando ella ya hizo todos los planes y arreglos para pasar algunos días de vacaciones generando así la detención de todo a último momento. Esto frustra mucho a Talía porque sus planes, ilusiones y proyectos no prosperan. Pero Tomás también se frustra porque siente y lo dice que no es tenido en cuenta en los temas y planes que ella propone y que a él no le gustan ni tampoco se consideran los que sí quiere.

Resumiendo brevemente este caso, todo esto los conduce a que también se relacionan mal sexualmente. Ella porque siente de antes que se va a frustrar "como siempre"; él se frustra porque sus eyaculaciones son más rápidas respecto a los tiempos de ella y lo hace sentir mal pero no acepta el planteo de una posible eyaculación rápida.

Lo que encontramos en este caso es que además de comunicarse mal sexualmente, no comunican ni se expresan verbalmente; y sus enojos los muestran no hablando, discutiendo, desvalorizando y desaprobando al otro, con lo que dice o hace. Vemos que lo que ambos no hacen es "hablar" sobre sus propias emociones respecto del otro.

Definen **"comunicación"** tomando un aspecto de esta, la cual es el hablar sobre lo que a cada uno le pasa en la relación y/o con el otro, y esto lo definen como un problema de comunicación.

Si bien hablar es un aspecto de la comunicación, éste no nos dice el estado de la relación; debido a que también entran el conjunto de acciones o actitudes de satisfacción, tristeza, enojo, aburrimiento, alegría, indiferencia, pasión; que son comunicaciones muy fuertes en cuanto al estado de la relación.

El tener que conversar, es necesario y enriquecedor para la relación y permite esclarecer dudas, hechos, evitar malos entendidos y evita dar por supuestas las cosas.

Martin, O (2006) dice que: "cuando una persona o una pareja no realizan una comunicación interna y no dialogan auténtica y asertivamente, estamos en varios problemas de encuentro y comunión conyugal".

Si bien es posible estar callados, sin emitir palabra o gesto ¿cuánto tiempo puede mantenerse esta situación? Creemos que muy poco; esto genera muchos rencores profundos, angustia, tensiones, enojos, ira.

Podríamos decir que la incomunicación es el tema de nuestro tiempo, debido a que es la dificultad más decisiva para una relación personal profunda. Pero tampoco podemos olvidarnos de la influencia de la tecnología en la comunicación en los tiempos actuales.

No hay un solo tipo de pareja, ni existe la pareja "ideal". Existen modos concretos y singulares de vinculación íntima de dos personas que se aman, sus modos de percibir y afrontar la realidad interna y externa, sus modos de reaccionar y comportarse en función de acuerdos y "contratos" conscientes o tácitos.

Pero también encontramos un significado verdadero y profundo de ser pareja, se ven implicados los afectos, el corazón, significaciones comprometedoras. Cuando nos hemos comunicado, la vida no sigue igual, el otro/a penetra en mi existencia y yo en la de él / ella, transformándonos mutuamente, crecemos, nos desarrollamos.

Es trabajo de toda pareja buscar en común los obstáculos (internos y externos, personales o del vínculo) que están impidiendo o erosionando el diálogo, necesario del amor de pareja.

BIBLIOGRAFÍA

Coddou, F. Méndez, C. (2002). La aventura de ser pareja. Editorial Grijalbo. Santiago de Chile.
Flores Colombino, A. (2003). El lenguaje sexual. A&M. Uruguay.
Martin,O. (2004). Construir la pareja conyugal. Editorial San Benito. Buenos Aires.
Sarquis, C. Zegers, B. Pimstein, M. (2004). Secretos y complicidades en el matrimonio. Editorial Grijalbo. Santiago de Chile.

SEXUALIDAD Y DROGADICIÓN

Alessandra Diehl[36]
Sandra Cristina Pillon[37]
Maria Lourdes Jordán Jinez[38]

INTRODUCIÓN

La búsqueda de un elixir afrodisíaco no es algo nuevo en la historia de la humanidad, tampoco no es solo producto de las generaciones famosas "Rock & Roll", "paz y amor" "Coca-Cola", "tribalista", "punto con" o "rave". Una vez que

---

[36] Psiquiatra con formación en investigación clínica (INVITARE), especialización en Dependencia química por la Universidad Federal de São Paulo (UNIFESP) y Sexualidad Humana en la Universidad de São Paulo (USP). Maestría en Ciencias por la UNIFESP. Doctoranda del Programa de Posgrado en Psiquiatría de la Universidad Federal de São Paulo (UNIFESP). Actual Secretaría de la Asociación Brasileña de Estudio de Alcohol y otra Drogas (ABEAD) gestión 2013-2015. Coordinador y profesor del Curso de Trastornos de la Sexualidad en el Programa de Posgrado en Psiquiatría de la UNIFESP y Profesor visitante del Centro Brasileño de Posgrados (CENBRAP). Pertenece al equipo de profesionales de Instituto de Psiquiatría Américo Bairral.
Email:alediehl@terra.com.br

[37] Enfermera con Especialización en Dependencia Química por la Universidad Federal de São Paulo (UNIFESP). Maestría en Ciencias por la UNIFESP. Doctora por la Universidad Federal de São Paulo (UNIFESP). Post doctorado por la Escuela de Enfermería de la Universidad de Alberta, Canadá. Libre docencia por la Escuela de Enfermería de Ribeirão Preto – (USP). Profesor Titular del Departamento de Enfermería Psiquiátrica y Ciencias Humanas de la Facultad de Enfermería de Ribeirão Preto – Universidad de São Paulo (USP).
Email: pillon@eerp.usp.br

[38] Doctora en Enfermería con énfasis en Psiquiatría por la Facultad de Enfermería de Ribeirão Preto – Universidad de São Paulo (USP), Brasil.
Directora del Departamento de Enfermería y Obstetricia, Profesor de Tiempo Completo del Departamento de Enfermería y Obstetricia de la División de Ciencias de la Salud e Ingenierías del Campus Celaya-Salvatierra, Universidad de Guanajuato, México.
Email: jordanjinezl@yahoo.com.mx

las tan deseadas combinaciones de "placer sexual y diversión" también apareció en la antigua medicina China e Hindú con la utilización de preparados para ayudar a mejorar la vida sexual de sus pueblos. La combinación de nutrientes y las substancias o especias que ayudan a la producción de la hormonas, la formación de espermatozoides o de la implicación emocional con las relaciones de amor, el sexo y el placer como el chocolate, la pimienta, el jengibre, el maní, "catuaba" y huevo de codorniz, seguramente también ya han ganado fama como un el recurso popular en la actualidad como una "ayuda extra" para el desempeño sexual (Stearns, 2010).

El hecho es que vivimos en un mundo donde el sexo y la relación sexual en si son intensamente resaltados y glamorosos, muchas veces en detrimento del ejercicio de la sexualidad como un todo. Vivimos en un mundo donde el alcohol y las drogas están muy presentes en el universo que abarca cuestiones relacionadas con el "ser sexual" de los seres humanos. En otras palabras, las drogas están fuertemente asociadas con las distintas experiencias y las prácticas sexuales, iniciación sexual temprana, conductas sexuales de riesgo, los embarazos no deseados, la violencia sexual, el aborto y la disfunción sexual causada por uso crónico de sustancias psicoactivas (Vieira & Diehl, 2011).

Hay una búsqueda incesante, especialmente entre adolescentes y adultos jóvenes, por sustancias psicoactivas capaces de aumentar la libido y el placer, de facilitar una aproximación entre las personas, prolongar el orgasmo y ayudar a la erección. Ya existe evidencia científica acumulada sobre la estrecha asociación e inter-relación entre el uso de alcohol, tabaco y otras drogas durante la pubertad, adolescencia y el ejercicio de la sexualidad y la práctica de conductas sexuales de riesgo (Berhan et al., 2013; Li et al., 2013; Eaton et al., 2012; Oshri et al., 2013), lo que puede contribuir para las principales causas de morbilidad y mortalidad entre los adultos y los adultos jóvenes con elevados costos sociales y financieros a la sociedad (Cohen et al., 2002; Koniak & Brecht, 1995). Esto es porque el alcohol y otras sustancias psicoactivas como marihuana, cocaína, éxtasis, tienden a reducir la capacidad de toma de decisiones y aumentan el riesgo de las relaciones sexuales sin protección, lo que conduce a la posibilidad de embarazos no deseados, de enfermedades de transmisión sexual (ETS)/Virus de la Inmunodeficiencia Humana (VIH), SIDA y prácticas de sexo con múltiples parejas sexuales (Sánchez et al., 2013).

Para tener una idea de la magnitud de esta asociación en números, podemos observar los datos del informe de 2011, del Sistema de Vigilancia de los Comportamientos de Riesgo de la Juventud que han monitorizado los comportamientos prioritarios de salud entre los jóvenes de 10 a 24 años en los Estados Unidos de América (EEUU), el informe revela que en los 30 días anteriores a la encuesta, el 38.7% de los adolescentes y jóvenes había consumido alcohol y el 23.1% marihuana.

Durante los 12 meses anteriores a la encuesta, casi la mitad (47.4%) de los estudiantes habían tenido relaciones sexuales, el 33.7 % habían tenido relaciones sexuales durante los tres meses anteriores a la encuesta (es decir, con una vida sexualmente activa), y el 15.3% ya habían tenido relaciones sexuales con más de cuatro personas durante su vida. Entre los estudiantes que eran actualmente activos sexualmente, la gran mayoría (60.2%) usaron condón en la última relación sexual (Eaton et al., 2012).

Muchos de estos y adultos jóvenes que combinan el consumo de sustancias psicoactivas con su comportamiento sexual, sin duda van a tener problemas en el futuro próximo, principalmente en lo que se refiere al desarrollo del patrón de dependencia al alcohol y las drogas, desarrollo de la disfunción sexual asociada al consumo de sustancias psicoactivas, además de favorecer las recaídas en dependientes químicos, que tiende a empeorar el pronóstico y la recuperación de estos (Viera & Diehl, 2011).

La sexualidad es uno de los pilares de la calidad de vida y, por eso, es tan necesaria como respirar y comer, por lo tanto, es que se espera que la mayoría de las personas tengan una vida sexual saludable y satisfactoria sin el uso de alcohol y otras drogas, siendo objetivo de este capítulo abordar los principales temas de interés que requieren ser programados y discutidos dada la relación de la sexualidad y la drogadicción.

DROGAS DE ABUSO Y SU RELACIÓN CON LA SEXUALIDAD

La presencia del consumo de alcohol es casi obligatoria en los contextos sociales, es conocido por su efecto inhibidor, sea para tener el coraje de acercarse a alguien como para elajarse o "bajar la guardia".

Para ilustrar este comentario, hay un dicho en inglés que dice *"God made alcohol as a social lubricant to make men brave and to make women loose"*. Es decir que, "Dios hizo el alcohol como un lubricante social para hacer a los hombres valientes y a las mujeres sueltas". Esto también nos remite a la asociación de alcohol y la violencia (en general, los hombres parecen ser más intolerantes y "poderosos" en su efecto, dada la frecuencia de las peleas, cuando hay consumo excesivo de alcohol). En dosis bajas, el alcohol puede aumentar el deseo sexual, pero si es un consumo alto, hay perjuicio en la erección y eyaculación precoz. En las mujeres, el alcohol puede interferir con la lubricación vaginal y en la capacidad para lograr el orgasmo. El efecto depresor del alcohol también puede causar somnolencia y disminuir el deseo sexual (Vieira & Diehl, 2011).

Conocido popularmente como 'bala' o 'E', el éxtasis ha invadido el escenario de las baladas de la música electrónica a nivel mundial en los años de 1980, con la promesa de ser la "píldora del amor", capaz de aumentar el interés sexual, así como el sensación de cercanía e intimidad con terceros.

Muchos usuarios de éxtasis dicen que sienten un gran deseo de tocar, abrazar a las personas, y que el efecto de la droga es más sensorial que sexual (Vieira & Diehl, 2011). Es común el relato de que el consumo de cocaína, así como la de éxtasis, aumenta el deseo sexual. Así como el aumento de la autoestima y el bienestar, las personas se sienten más atraídas, atractivas y sensuales, sin que, necesariamente, el objetivo sea la relación sexual o mejorar el desempeño (porque muchas veces, el consumo de estas sustancias impiden la erección y el orgasmo) (Vieira & Diehl, 2011).

En relación a la cocaína, los efectos en las actividades sexuales depende de la dosis y pueden resultar en un aumento del placer y en la intensidad del orgasmo, cómo también puede empeorar el rendimiento sexual. Varias líneas de investigación han sugerido que la facilitación de la conducta sexual durante la intoxicación por cocaína puede ser causada por los efectos farmacológicos de las drogas de abuso en el sistema nervioso central (por ejemplo, un aumento en el deseo sexual). Sin embargo, otros investigadores han señalado más sobre la importancia de los factores relacionados con el contexto durante el consumo de esta droga (por ejemplo, las oportunidades de comportamiento sexual y de las expectativas acerca de los efectos de las drogas) en vez de los efectos farmacológicos de la cocaína (Celentano, 2008). Resultados preliminares de los estudios sugieren que la relación entre la cocaína y los comportamientos sexuales, especialmente entre los consumidores de esta droga a largo plazo, puede ser facilitado por nuevas oportunidades para la actividad sexual que existen en el contexto del uso de la cocaína, en lugar de los efectos farmacológicos de las drogas de abuso (Celentano, 2008; Saso, 2002).

Hay una asociación entre el uso compulsivo de la cocaína-crack a cambio de favores sexuales por las drogas, en los usuarios de crack motivados por el síndrome de abstinencia o craving o por la necesidad urgente de consumir la sustancia que "venden" el cuerpo para obtener la droga (Nappo et al., 2011). El sexo se torna como un elemento de negociación para conseguir el crack lo que implica varios factores de riesgo y puede ser una combinación muy peligrosa. Muchas veces el usuario "desesperado" por usar la droga, aumenta el número de parejas sexuales y acepta mantener relaciones sexuales sin el uso de condones o por los pagos irrisorios, contribuyendo a la repetición de este comportamiento (Nappo et al., 2011).

La marihuana ha sido siempre, y sigue siendo una droga polémica en diversos aspectos y no podría ser diferente en relación con su participación en los efectos sobre la esfera sexual. Los amantes de la "hierba" la glorifican y los investigadores todavía están en la búsqueda de evidencia científica.

Algunos relatos están asociados a la capacidad de la marihuana para aumentar la libido, prolongar el orgasmo y fomentar el encuentro sexual. Sin embargo, poca literatura científica ha sido producida asociando el uso/abuso y la dependencia de la marihuana a temas relacionados con la sexualidad humana. Estudios que han evaluado la asociación de la marihuana con cuestiones vinculadas a la sexualidad, nos mostraron que existe asociación del consumo de la marihuana y aumento del número de parejas sexuales (sobre todo en los adolescentes), dificultad para alcanzar el orgasmo en los hombres, las dificultades de erección y conductas sexuales de riesgo en usuarios de múltiples drogas en tratamiento. Otros estudios han señalado la relación de la marihuana con alteración del hipotálamo-hipofisario-gonadal axis (HPG) y el desarrollo de la infertilidad (Bryan et al., 2012; Andrade et al., 2013; Diehl, Vieira & Laranjeira, 2013).

En los usuarios de heroína se ha observado que durante el uso crónico, la frecuencia de las relaciones sexuales, la masturbación y las eyaculaciones nocturnas disminuyen. Además, tanto la calidad, como la frecuencia del orgasmo se reducen (Diehl, Vieira, Laranjeira, 2013). Frecuentemente, el uso, abuso y dependencia de la heroína se ha asociado a conductas sexuales de riesgo, que incluyen el aumento de la vulnerabilidad para la adquisición del VIH, hepatitis B y C y otras Enfermedades de Transmisión Sexual (ETS), a través de las relaciones sexuales sin protección y el uso compartido de jeringas, aunque actualmente hay una notable reducción de consumo por vía parenteral en muchos países del mundo (Napoli et al., 2010). El uso de la metanfetamina (*cristal, meth*) está también muy asociado con la actividad sexual, es muy popular en las fiestas, en donde los hombres que tienen sexo con hombres (HSH) celebran, bailan y también incrementa la búsqueda de parejas sexuales. Tal vez la quizá fama del aumento de la sensación de placer sexual generada por esta droga sea el motivo por el cual los usuarios buscan por este efecto las metanfetaminas. El uso de este fármaco también está claramente asociado con el riesgo de la infección por el VIH, un aumento en el número de casos de SIDA, propagación de otras Enfermedades de Transmisión Sexual (ETS), lo cual incrementa el riesgo de las relaciones sexuales sin protección (Roll et al., 2009; Lee, 2014).

El Gama-Hidroxi-Butirato (GHB) fue ampliamente utilizado como suplemento en la dieta entre los fisiculturistas y los que realizan ejercicio físico en la década de 1980, y desde la década de 1990, ha sido muy apreciada por los jóvenes clientes de bares y discotecas como una *club drug* (Diehl, 2010). El fármaco fue desarrollado en el año 1961, en el mercado americano como un suplemento dietético, con el objeto de aumentar la masa muscular, así como, aumentar la libido. El GHB se encuentra también entre los "*date rape drugs*" (drogas de violación) (Diehl, Vieira, Laranjeira, 2013). El GHB a pesar de ser bastante común en los Estados Unidos de América (EEUU) y en Europa, aún es una sustancia relativamente nueva en Brasil.

También puede encontrarse en las discotecas de las grandes ciudades, que tienen como objetivo al público joven y gays, considerado como el "*éxtasis líquido*".

Se hace una analogía con el *éxtasis*, como una estrategia de marketing que aspira a conquistar la misma audiencia de la "píldora del amor", aún cuando las drogas no producen efectos similares, mientras que el GHB es depresor del sistema nervioso central (SNC), el *éxtasis* es un estimulante (Diehl, 2010).

El óxido nitroso (N_2O) se preparó por primera vez en 1772, también es llamado "gas hilarante", es un gas incoloro, no inflamable y de olor ligeramente dulce. Se sitúa entre los disolventes volátiles. Puede ser encontrado en botellas o en forma de ampolletas, se consume generalmente por inhalación. Conocido popularmente como *"Popper"* o nitrato (óxido nitroso) es una sustancia que ha surgido en los entornos de *sex-shops*, asociado con la supuesta capacidad para aumentar el deseo y el placer sexual (Diehl, 2010).

Otro fármaco que merece ser destacado en este contexto de la sexualidad es el uso recreativo de la ketamina (anestésico veterinario) y el desarrollo de la dependencia que ha sido documentado desde el principios de los años de 1970. Su popularidad ha aumentado, especialmente entre los adolescentes y jóvenes (16 a 24 años) y entre los hombres que tienen sexo con hombres (HSH), también en aquellos que asisten a conciertos y fiestas de música electrónica, entre los cuáles la ketamina es más conocida como *Polvo K o Special K* (Diehl, 2010). A pesar de estar relacionado con una mayor excitación sexual y la reducción de la inhibición, hay informes de eyaculación retardada después del uso de esta sustancia. La ketamina también se puede utilizar con el fin de relajar los músculos del ano y disminuir el dolor durante la penetración anal. Y como disminuye la inhibición su uso está asociado al sexo sin protección (sin condón) lo que aumenta el riesgo de exposición a ETS y al virus de la Hepatitis (Diehl, 2010).

El uso recreativo de inhibidores de la fosfodiesterasa tipo 5 (PDE5i) (por ejemplo: Viagra ®, Cialis®, Levitra®, Eleva®), utilizado de forma eficaz para el tratamiento de la disfunción eréctil (DE) y por parte de los jóvenes saludables sin DE, ha llamado la atención de los medios, así como de los investigadores, una vez que, en las "raves", el "comprimido azul" es sólo uno más de los ingredientes de los cócteles que son preparados y consumidos en las fiestas electrónicas. Muchos de los jóvenes, sanos y sin DE están asociando el medicamento a otras drogas de abuso, como el *éxtasis*, en un intento de aumentar la confianza en sí mismo, ampliar el estado de excitación y mejorar el rendimiento sexual. Algunos estudios han encontrado asociación de hasta un 53.4% de uso de inhibidores de la PDE5 y el abuso de sustancias psicoactivas (Horvarth et al., 2007; Diehl, Vieira, Laranjeira 2013).

Poco se sabe acerca de los posibles efectos nocivos para la salud, principalmente a largo plazo, ocasionada exactamente en este tipo de asociación. Sin embargo, se cree que puede haber un aumento de pulsaciones del corazón, en el desarrollo de arritmias y la aparición de cuadros similares a los de una crisis de pánico (Horvarth et al., 2007; Diehl, Vieira, Laranjeira, 2013).

Y por último, pero no menos importante es el consumo de nicotina y el desarrollo del hábito de fumar en el tema de la sexualidad. En los hombres, la asociación con la disfunción eréctil debido al uso crónico, ya ha sido bien documentada en la literatura. Recientemente, el autor de este capítulo junto con otros colegas demostró a través de un estudio de corte transversal con 105 mujeres adictas, que el tabaco ha aumentado en más de 2 veces la posibilidad de la disfunción sexual en esas mujeres (Diehl, Lopes-da Silva, Laranjeira, 2013).

En cualquiera de los casos, los supuestos beneficios de algunos de estos fármacos de abuso descrito aquí en cuestión de la sexualidad no parecen justificar su uso para estos fines.

DISFUNCIÓN SEXUAL Y LAS SUSTANCIAS PSICOACTIVAS

La disfunción sexual en los dependientes químicos es probablemente mayor que en la población general, y el cigarrillo sigue siendo el villano número uno (principalmente para la disfunción eréctil) cuando se asocia abuso de sustancias psicoactivas y disfunción sexual (Viera & Diehl, 2011).

Los hombres dependientes del alcohol y otras drogas frecuentemente sufren de disfunción eréctil (DE) inducida por uso a largo plazo de las sustancias psicoactivas con importantes consecuencias en la calidad de vida de estos pacientes, causando baja autoestima, síntomas depresivos y estrés emocional (Vieira & Diehl, 2011).

La disfunción sexual femenina ha sido investigada en grupos de mujeres con diversos problemas de salud, tales como las que sufren de síndrome del ovario poliquístico, de diabetes, el VIH/SIDA y el cáncer de mama, las mujeres con trastorno de pánico por uso de substancias psicoactivas representan una población con factores de vulnerabilidad y que continúan sufriendo por causa de las bajas tasas de detección y el limitado acceso al tratamiento de las cuestiones relacionadas con la disfunción sexual (Diehl eta l., 2013). Factores socio-demográficos, tales como edad, estado civil, ingresos salariales y educación, ha sido altamente predictiva de los síntomas de la disfunción sexual en las mujeres. En la muestra de mujeres dependientes químicas estudiada por Diehl et al., (2013), mostró una asociación significativa entre los síntomas de la disfunción sexual y características socio-demográficas como bajo nivel de escolaridad, lo que es similar a resultados de otros estudios internacionales, que muestran que los niveles de la disfunción sexual es mayor en las mujeres con niveles bajos de educación.

La prevalencia de 34.2% de síntomas de la disfunción sexual en esta muestra de mujeres con la enfermedad relacionada a la sustancia, era común y comparable a la de otros estudios realizados en diversos países, que han reportado tasas de prevalencia de los síntomas de la disfunción sexual femenina del 12 al 63 % (Diehl et al., 2013).

En las mujeres dependientes de alcohol se observó que las disfunciones sexuales más frecuentes eran la dispareunia y baja lubricación vaginal revelando problemas en la esfera de excitación sexual (Vieira & Diehl, 2011).

COMPORTAMIENTO SEXUAL DE ALTA VULNERABILIDAD, USO, ABUSO Y DEPENDENCIA DE SUSTANCIAS PSICOACTIVAS EN POBLACIONES ESPECÍFICAS

- Personas con diferente orientación sexual: lesbianas, gays, bisexuales y transexuales (LGBT)

La comprensión de las variaciones en la orientación sexual humana, y la vulnerabilidad individual y colectiva que la orientación homoafectiva tiene en la sociedad en general, son tan importantes como la comprensión de la influencia y la importancia de la cultura, la etnia, la edad, la genética, el estatus socioeconómico y la influencia del medio ambiente en el que las personas viven en el desarrollo de los cambios individuales diferencias que no siempre son bien toleradas por la mayoría de las personas (Cabaj, 2008).

Diversa vulnerabilidad, estigmas, prejuicios, problemas físicos, psicológicos, cognitivos y dificultades emocionales, sociales, culturales, educativos, legales y familiares forman parte de la complejidad vivida por los usuarios de alcohol y drogas de la comunidad LGBT, como de cualquier otro segmento de la sociedad que busca servicios de salud. Sin embargo, para muchas personas, la vergüenza y el miedo de los preconceptos son motivo de no acudir a tratamiento (Cabaj, 2008).

La manera en que el abuso y la dependencia de alcohol y otras drogas se manifiestan en la población de lesbianas, gays, bisexuales y personas transgéneros (LGBT) es objeto de muchos estudios transculturales en el área de dependencia química (Cabaj & Stein, 1996; Lee, 2014).

Especialmente en los dos últimos decenios, ha crecido el interés de los investigadores internacionales para evaluar aspectos emocionales, la exposición al VIH, los comportamientos sexuales, tratamientos clínicos y la epidemia de metanfetamina (*Crystal, Meth*) relacionada con la magnitud de los abusos y de la dependencia de sustancias psicoactivas en las personas lesbianas, gays, bisexuales y personas transgénero (LGBT) (Cabaj, 2008).

Muchos de estos estudios muestran que el uso de sustancias psicoactivas, especialmente el alcohol y las "*club - drugs*" – droga sintética obtenidas mediante manipulación de laboratorio - (particularmente después de la explosión del uso de metanfetaminas en la década de 1990); ha ejercido un papel importante con perjuicios en la vida de muchos gays y lesbianas en todo el mundo (Halkitis & Jerome, 2008).

Parece que hay un mito "cultural" de que los gays y las lesbianas utilizan drogas recreativas y que cómo frecuentemente tienen actividad social tienen un patrón de consumo de alcohol y drogas más problemático, multifacético y "desviado" que las personas heterosexuales; con un comportamiento estereotipado que indudablemente, no puede ser generalizado (Tucker et al., 2008).

Estudios sobre el uso del alcohol y drogas en esta población, históricamente han sido siempre más escasos y con limitaciones metodológicas. Entre estos, se encuentran el sesgo de selección, una vez que se llevaron a cabo en los lugares con mayor consumo de alcohol y otras drogas, como por ejemplo, en los clubes nocturnos (King et al., 2008).

Habilidad para reconocer las cuestiones relacionadas a la vulnerabilidad con la dependencia de sustancias químicas y la diversidad sexual son factores importantes en el proceso de aceptación, la promoción de la salud, la prevención, la facilitación de acceso y la disponibilidad de la oferta de tratamiento en salud para ese grupo de personas. En este contexto, una mejor comprensión de las cuestiones relativas la comunidad LGBT tiene consecuencias importantes para la planificación de las políticas de salud (prevención y tratamiento), para la adecuada conducción de la investigación científica y para la formación de profesionales en los servicios de salud (SAMHSA, 2001; Cabaj, 2008).

Muchos factores de vulnerabilidad interactúan unos con otros, que pueden contribuir al uso, el abuso y la consecuente dependencia de sustancias psicoactivas en los individuos LGBT (Parks et al., 2007; Cabaj, 2008), entre esos factores de vulnerabilidad se encuentran:

- **Sociales**

Los *gays* y las lesbianas siguen enfrentándose a gran sufrimiento social de factores tales como la discriminación, la baja aceptación social, lucha continua por el reconocimiento de las relaciones con orientación sexual diferente, el matrimonio entre personas del mismo sexo y la protección en el trabajo, se suman al riesgo de los ataques verbales y físicos y el efecto del diagnóstico del VIH/SIDA (SAMHSA, 2001; Hequembourg & Brallier, 2009).

- **Lo heterosexismo**

Se trata de un sistema ideológico que ignora, denigra y estigmatiza toda forma de expresión emocional, afectiva, conductual, la actividad sexual, relación o identidad social de la comunidad de un homosexual o no heterosexual (Hyde & DeLamater, 2008).

- **La homofobia**

Es la aversión obsesiva o la discriminación contra las personas con orientación o comportamiento homosexual (Hyde & DeLamater, 2008; McDermott et al., 2008). Se define como cualquier opinión o sentimiento, sea favorable o desfavorable, creado sin análisis crítico; mientras que fobia es un miedo exagerado, la falta de tolerancia. A partir de la definición de fobia, vale la pena preguntarse: cuál es el temor en relación con la homosexualidad? Y, sin embargo, siendo la homosexualidad una expresión normal de la sexualidad humana, cuál es la "amenaza" que representa? De quién y por qué tener miedo? Una de las hipótesis que se puede inferir, utilizando un concepto de la psicología, es decir, la proyección, un mecanismo de defensa psicológica, donde la persona que tiene poca conciencia o tolerancia en relación con las propias características que sobresalen de otro que no acepta en sí mismo, es decir, si le molesta tanto, puede ser que haya algo mal resuelto (Diehl, Vieira, Santoro-Gomes, 2011).

Las diferentes caras del preconcepto y la discriminación contra los homosexuales, en muchas ocasiones, toman proporciones dramáticas y llegar al extremo de la violencia, resultando en la muerte.

La homofobia se define como rechazo o aversión a la homosexualidad y los homosexuales, es protagonista y motivador para muchos delitos, estos están clasificados como crímenes de odio. Cómo una orientación sexual o el origen étnico, religión, origen, clase social, puede "justificar" un crimen? Con que derecho alguien discrimina, humilla, persigue, golpea, mata a otra persona por motivos de orientación sexual? En nombre de qué?

Brasil tiene el vergonzoso liderazgo internacional en crímenes de homofobia: cada dos días un homosexual es asesinado en el país (Grupo gay da Bahia, 2004). Hay varias formas que la población LGBT sufre en Brasil. Algunos están relacionados, según el documento publicado por el Grupo Gay de la Bahía, titulado "La violación de los Derechos Humanos de gays, lesbianas, travestis y Transexuales en Brasil: 2004" con: *1. agresiones y tortura, 2. Amenazas y golpes, 3. Discriminación en los organismos y por las autoridades gubernamentales, 4. Discriminación económica, contra la libre circulación, la privacidad y el trabajo, 5. Discriminación familiar, escolar, científico y religioso 6. Difamación y discriminación en los medios de comunicación, 7. Insulto y el preconcepto anti-homosexual, 8. Lesbofobia: violencia antilesbica, 9. Travestifobia.*

- Homofobia internalizada

Se refiere a la resistencia y auto aceptación de sí mismo con respecto a su orientación homosexual. Se relaciona a la vergüenza y concepto negativo de sí mismo. Esta negación puede causar diferentes niveles de sufrimiento, pudiendo culminar, muchas veces, en el suicidio (Cabaj, 2008; King et al., 2008).

- *"Coming out"*

Esta expresión en inglés adaptada a nuestro idioma se traduce como "salir del clóset". Se refiere a la experiencia de algunos, pero no todos los gays y las lesbianas; cuando exploran o asumen su estado homosexual actual intentando conciliar a la socialización anterior (Lins, 2007). Este parece ser uno de los momentos más difíciles y propicio para el uso de sustancias psicoactivas; con los riesgos de una mayor posibilidad de mantener este uso a lo largo de la vida (SAMHSA, 2001). El uso de medicamentos que pueden facilitar la aceptación de la sexualidad y, más importante, proporcionar comodidad que muchas veces no está presente en la familia o en la sociedad. El uso de sustancias psicoactivas puede ayudar en el proceso de socialización y la realización de lo que se piensa es "prohibido". Muchos gays tienen su primera experiencia sexual bajo la influencia del alcohol y otras drogas. Para muchos gays y lesbianas, esta asociación entre el abuso de sustancias psicoactivas y la sexualidad persiste y puede convertirse en parte del proceso de "salir del clóset" y la formación de la identidad personal y social (Cabaj, 2008).

- Culturales

Hay una tendencia entre los gays y las lesbianas que tienen una mayor armonía entre la llamada "gueto gay"; por cuestiones de la auto perpetuación de la comunidad, la protección y el apoyo de iguales y aunque de apropiación indebida de un sentimiento de pertenencia (LeBeau & Jellison, 2009). El mundo social está lleno de bares, clubes, discotecas, saunas y turismo gay, donde el alcohol y otras drogas están también presentes y ampliamente disponibles (Cabaj, 2008; Rosario, 2008). Todavía podemos incluir otros factores de vulnerabilidad:

- Se reconocen a sí mismos como sin valor o como una persona mala.
- Falta de contacto y de relacionamiento de apoyo con adultos o compañeros.
- Falta de formas alternativas de vivir la diferencia.
- Falta de acceso a un modelaje positivo.
- Falta de oportunidad para socializar con otros gays y lesbianas, excepto en los clubes nocturnos y bares.
- El riesgo de contraer el VIH.

A pesar de que existen varias limitaciones metodológicas de los estudios sobre el uso indebido y la dependencia de sustancias psicoactivas en esta población, se puede observar que existe una tendencia a encontrar tasas más altas de abuso y dependencia de sustancias psicoactivas en LGBT que en los heterosexuales, particularmente entre las lesbianas y mujeres bisexuales (Midanik et al., 2007; Cohran & Mays, 2000). Este último grupo, en general, tiene un riesgo relativo (RR) para la dependencia del alcohol 4 veces mayor y 3,5 veces mayor para la droga que a las mujeres exclusivamente heterosexuales (King et al., 2008).

Diehl (2010) en una búsqueda en la revisión de la literatura, basada en la selección de estudios sobre abuso, dependencia de alcohol y drogas ilícitas en la población en general (Ej: estudios de base poblacional) o en muestras representativas seleccionadas (Ej: todos los estudiantes de una ciudad), la orientación sexual fue reportada. De los nueve estudios incluidos en esta revisión, por lo menos, seis mostraron claramente el riesgo o prevalencia de mayores tasas de abuso de sustancias psicoactivas, especialmente el alcohol, entre las lesbianas y bisexuales (Cochran & Mays, 2000; King Nazareth, 2006; King et al., 2008). Este hallazgo también está presente en los pocos estudios longitudinales entre los adolescentes con orientación homoafectiva o bisexuales, evidenciando que el problema tiende a asentarse en etapas muy tempranas (Ziyadeh et al., 2007; Turcker et al., 2008).

Una revisión sistemática realizada por Mariscal et al., (2008) donde se evaluó los estudios sobre el consumo de sustancias psicoactivas en jóvenes LGBT, mostró que esta población tiene mayores tasas de consumo de alcohol y drogas que los jóvenes heterosexuales (Odds Ratio = 2.89). En otras palabras, las tasas son 190% mayores en los jóvenes LGBT, cuando comparados a los jóvenes heterosexuales, y sustancialmente, más alto en determinados subgrupos de jóvenes LGBT (340% más altos para los jóvenes bisexuales, 400% más alto para las lesbianas) (Marshal et al., 2008).

Varias investigaciones han demostrado que las lesbianas tienen alto riesgo para el consumo nocivo o peligroso de alcohol y tabaco (Rosario, 2009). En comparación con las mujeres heterosexuales, las lesbianas tienen menos probabilidad de abstenerse del alcohol y entrar en un proceso de recuperación. Así como, con menos probabilidades de reducir el consumo de alcohol cuando envejecen y más propensas a presentar problemas relacionados con el consumo de sustancias psicoactivas (SAMHSA, 2001). La tensión y el estrés asociado a la formación de identidad lésbica, junto con el refuerzo positivo para beber de los pares en los lugares de mayor socialización, baja auto-eficacia para resistir, cuestiones relacionadas con los llamados "atípico" género (Ej. *butch versus femme*), son algunos de los factores, atribuible a un mayor riesgo de exposición en ese público. Sin embargo, vale la pena señalar que estos factores no fueron ampliamente probados o evaluados científicamente (Parks et al., 2007; Tucker et al., 2008; Rosario, 2009).

Estudios realizados en la población general indican que los patrones de consumo de alcohol establecidos en el principio, o durante las transiciones de la vida influyen tanto en el consumo de alcohol y posteriormente con los problemas relacionados con este consumo (Vieira et al., 2007). Para las mujeres lesbianas y bisexuales los datos de otros estudios también sugieren que el consumo del alcohol en edades tempranas, y de contextos que influyen en el consumo de alcohol tiene implicaciones importantes para la reducción del riesgo y la prevención en esa población (Parks et al., 2007; Rosario, 2009). Los estudios en la revisión de Diehl (2010) son muy heterogéneos con respecto a las medidas de resultados, la presentación de los datos, los tipos de las drogas investigadas, investigación de la orientación sexual, el método de evaluación de abuso y dependencia de sustancias psicoactivas, lo que justifica la dificultad de ser agrupados y generalizados.

De manera general, los estudios incluidos en la revisión utilizan la investigación del auto relato sobre la orientación sexual en detrimento del comportamiento sexual; lo que metodológicamente parece ser más apropiado (Seidman et al., 2007).

Es sabido que el comportamiento sexual no es una correlación perfecta de la orientación sexual (Purdam et al., 2008). Las encuestas poblacionales anteriores que examinaron los patrones de comportamiento sexual y el auto relato de la orientación sexual encontraron aproximadamente 2/3 de las personas que informaron tener parejas sexuales del mismo sexo en el último año de la encuesta, también se identifica como LGBT. Mientras que aproximadamente 1/4 de las lesbianas, gays y bisexuales informaron que no habían tenido parejas sexuales en el último año de la encuesta (Cabaj & Stein, 1996; Seidman et al., 2007; Cochran & Mays, 2000).

Ya para la investigación del abuso y dependencia de sustancias psicoactivas los instrumentos son los más diversos y con distintos grados de fiabilidad y especificidad. Por ejemplo, el instrumento CAGE (acrónimo de cut down, **annoyed**, **guilty**, **eye opener**) utilizado por el King & Nazareth (2006) no es un diagnóstico, sólo funciona como la selección de casos probables de dependencia del alcohol.

Muy diferente de los instrumentos, más próximo del "patrón oro" que es la entrevista que se realiza en función de los criterios de dependencia del Diagnostic and Statistical Manual of Mental Disorders (DSM) o de la Clasificación Internacional de Enfermedades (CID) o el *Composite International Diagnostic Interview* (CIDI) (Cabaj, 2008).

Diversos son los factores que corroboran que los estudios realizados sobre este tema tienen limitaciones metodológicas. Uno de estos factores es el hecho de que la sexualidad no es algo estático, sino algo fluido, en el proceso de desarrollo y evolución. Por lo tanto, los investigadores a menudo no están de acuerdo en los criterios de la definición de la orientación sexual, identidad sexual o atracción sexual. Consecuentemente, en algunos estudios no hay un consenso sobre la definición de los criterios y de los términos relacionados con las cuestiones relativas a la LGBT (SAMHSA, 2001; Seidman et al.2007).

Además, hay una falta de información sobre el tamaño real de la magnitud de la población LGBT (SAMHSA, 2001). En los EE.UU, los datos indican que el 10% de los hombres y el 5% de las mujeres son homosexuales (SAMHSA, 2001). En Brasil, el primer gran estudio con representatividad de las cinco regiones del país se llevó a cabo por Abdo (2004) y demostró que, en una muestra de 7103 personas, el 6,1% de las personas entrevistadas hombres y el 2,4 % del sexo femenino se definen homosexuales, respectivamente, y sólo el 1,8 % se declaran bisexuales (Abdo, 2004).

Otra cuestión metodológica importante de estas investigaciones es la carencia de información de la orientación sexual afectiva en los grandes estudios epidemiológicos realizados sobre el abuso y la dependencia de sustancias psicoactivas. Por lo tanto, hay pocos datos de representatividad poblacional. En el Brasil, por ejemplo, las grandes encuestas nacionales de hogares sobre el uso de las sustancias psicotrópicas en población brasileña muestran que el alcoholismo en promedio se presenta entre el 10 y el 12,3% y no contiene datos sobre la orientación sexual afectiva (Carlini et al., 2005; II LENAD, 2013).

Se suma, el hecho de que la mayoría de los estudios sobre este tema se han llevado a cabo con muestras por conveniencia, ya sea en las muestras clínicas donde notoriamente si se reconoce que la población Lesbianas Gays y Bisexuales (LGB) demanda menos tratamiento que el resto de la población en general; o, aunque, con las súper representaciones de las personas con hábitos de consumo encontrados en bares y clubes nocturnos o de mayor concentración de esa población (Cabaj, 2008).

La mayoría de los estudios incluidos en esta revisión se llevó a cabo en los EE.UU, siendo que sería interesante que otros estudios con metodología adecuada pudieran comprobar cómo este fenómeno del abuso y dependencia de sustancias psicoactivas entre los gays y las lesbianas se comporta en otras culturas.

El único estudio de esta revisión que hizo esa relación transcultural se llevó a cabo por Cochran et al., (2007) y no encontró diferencias en el consumo de sustancias psicoactivas entre los latinos y los asiáticos americanos estudiados (Cochran et al., 2007). Otro estudio que no se incluyó en esta revisión (por no cumplir criterios de inclusión), pero que, sin embargo, merece ser comentado por ser una variante del clásico americano se llevó a cabo por Hidaka et al., (2006). Es un estudio basado en la población con 2062 hombres que tuvieron sexo con hombres (HSH), 70,5% de la muestra, se identifican como gay realizaron reclutamiento de 57 sitios web de la comunidad gay en Japón. Entre los principales resultados destaca que el 45% de los encuestados ya utiliza al menos una vez en su vida algún tipo de droga y el 19,6% había utilizado más de un tipo de droga, que los fármacos más usados fueron: Poppers (63,2%), éxtasis (9,3%) y marihuana (5,7%) (Hidaka et al., 2006).

Las principales conclusiones de esta revisión de la literatura tienen algunas implicaciones para la práctica clínica, entre ellos están:

- (1) La importancia de preguntar sobre la orientación sexual afectiva en los servicios de salud. La mayoría de los programas de tratamiento destinados a los usuarios de sustancias psicoactivas no investigan o no abordan la orientación sexual afectiva de sus pacientes y pocos servicios especializados tienen un trato diferenciado. Programas de tratamiento para el uso de sustancias frecuentemente presentan falta de recursos suficientes para atender a las necesidades de esta población, a pesar de que muchos de ellos declaran que no tienen un enfoque diferente.

En los EE.UU y Puerto Rico, por ejemplo, sólo el 11,8% de 911 servicios de tratamiento para sustancias psicoactivas estudiadas (incluyendo internación hospitalar, tratamiento domiciliares, tratamiento ambulatorio) realmente ofrece tratamiento especializado para el público LGBT (Bryan et al., 2007). Debido a la homofobia, principalmente, algunos pacientes pueden presentar dificultad o sentirse incómodos a aceptar el tratamiento. Con esos grupos, en la sala de espera, o en el mismo espacio de convivencia es una tarea que a menudo es difícil para un profesional no sensibilizado. Hay una idea equivocada de que el uso de la sustancia puede cambiar la orientación sexual afectiva de la persona. Las creencias como estas, son las barreras en el tratamiento de este público y debe ser administrado siempre (SAMHSA, 2001).

- (2) Las mujeres lesbianas y bisexuales pueden tener necesidades especiales y deben ser objetivo de la promoción de la salud, prevención y tratamientos especializados. Especialmente para aquellos con problemas relacionados con el alcohol, se sabe que la intoxicación alcohólica puede aumentar el comportamiento sexual de riesgo, además, el abuso y la dependencia de alcohol presentan dificultades de adherencia a las terapias de VIH; siendo que el alcohol puede aumentar la progresión de la infección de esta enfermedad por inmuno supresión (Rosario, 2009).

- Mujeres

Aunque crece el número de mujeres con abuso o dependencia de alcohol y otras drogas, ellas permanecen aún como un objetivo no prioritario en la toma de decisiones de los gestores de las políticas públicas.

La substancia más utilizada por las mujeres en todo el mundo es el alcohol. Todavía que la dependencia del alcohol es más común entre los hombres, la diferencia entre los sexos está disminuyendo sistemáticamente. Incluso con respecto a las drogas lícitas, principalmente los medicamentos como "tranquilizantes" (benzodiazepinas) e "inhibidores del apetito" (anfetaminas), la prevalencia que ya era alta, se mantiene entre las mujeres, que presentan mayores tasas de prevalencia de la dependencia que los hombres (Elbreder et al., 2008; Diehl, Cordeiro, Laranjeira, 2012).

Con respecto a las drogas ilícitas, el consumo de cocaína y crack también avanzó en el universo femenino. Esta es la dependencia que llega a todas las clases sociales. Las complicaciones clínicas tienden a presentarse muy temprano en las mujeres, siendo de fundamental importancia por la gravedad que representa, la asociación de embarazo con el uso de cocaína y crack. Estos fármacos atraviesan rápidamente la placenta, ejerciendo todos sus efectos físicos en el feto (hipertensión, constricción de los vasos sanguíneos), conduciendo a la falta de oxigenación y suministro de sangre adecuado (Diehl, Cordeiro, Laranjeira, 2012).

Bebés recién nacidos de mujeres embarazadas dependientes presentan varias complicaciones que incluyen bajo peso al nacer, muerte poco después del parto, malformaciones (genital, urinario, reducción del tamaño del cerebro, entre otros), hemorragia cerebral, cambios del patrón del sueño, disminución de la alimentación, aumentan los reflejos, presentan dificultad respiratoria (Diehl, Cordeiro, Laranjeira, 2012).

Grupos de mujeres dependientes de cocaína y crack se dedican a la prostitución como un medio de obtención de droga.

Problemas relacionados con la impulsividad, dificultades interpersonales y dificultad en el juicio fueron relacionados a dependientes de cocaína. Pero no se define si estas características eran anteriores o consecuencias del consumo de drogas.

Algunas necesidades adicionales, en el tratamiento de mujeres dependientes, hay que subrayar, con la finalidad de permitir mejores resultados terapéuticos, entre ellas, es la necesidad de tener enfermerías, clínicas y las comunidades terapéuticas, especialmente diseñadas para el tratamiento de mujeres con problemas relacionados con el consumo de alcohol y otras drogas (Diehl, Cordeiro, Laranjeira, 2012).

El SIDA es ciertamente un problema de salud cada vez más crítico y costoso entre mujeres en todo el mundo y que el uso de sustancias psicoactivas desempeña un papel importante en la propagación del virus de inmunodeficiencia humana (VIH) entre las mujeres (Nappo et al., 2011).

Las usuarias de drogas embarazadas son una población objetivo que sin duda merecen especial atención en programas de prevención y tratamiento, dada la prevalencia de conductas de riesgo en esta población y el riesgo adicional de transmisión perinatal del VIH. Sin embargo, el tratamiento del abuso de alcohol y drogas tiene un impacto aún muy limitado sobre el comportamiento riesgoso de los usuarios de sustancias psicoactivas del género femenino. Asimismo, las estrategias tradicionales basadas en la reducción de daños tienen eficacia modesta en esta población. Trabajos recientes sugieren que la incorporación de las técnicas de entrevista motivacional en conjunto con otros enfoques citados puede ser prometedores en la reducción de daños en esta población en particular (Nappo et al., 2011; Diehl, Vieira, Laranjeira, 2013; Diehl, Cordeiro, Laranjeira, 2012).

La relación hoy, entre sexualidad y VIH/SIDA, 30 años después del inicio y conocimiento de la epidemia, sufrió profundos cambios. Esto porque la epidemia del VIH ha tenido un gran impacto en nuestros conceptos, discursos e investigación relacionados a la sexualidad, una vez que abre una amplia gama de abordajes y metodologías en la investigación sobre este tema, conduce a una mayor apertura en la discusión y debate sobre la sexualidad, valores sexuales, principios, prácticas y comportamientos sexuales.

Sexualidad se convirtió en uno de los principales espacios contestado en el discurso público, de manera antes inconcebible y fuerzas conservadoras y progresistas entraron en el debate de un modo tal, que tuvo un profundo impacto en la política sexual, en las dos últimas décadas en Brasil y en el mundo (Santoro & Lopes Silva, 2013). En este escenario femenino hay que considerar otras vulnerabilidades que incluyen la violencia asociada al consumo de alcohol, que en el Brasil sigue con datos alarmantes.

El consumo de alcohol tiene relación con agresión/violencia sexual dirigida a compañeros íntimos, que indica la existencia de asociación entre el histórico de consumir grandes cantidades de alcohol con mayor frecuencia de coerción sexual y la agresión sexual entre los hombres que reportaron niveles bajos del pleno estado de conciencia durante el episodio.

Datos provenientes de la I Encuesta nacional de consumo de alcohol en la población brasileña, con una muestra probabilística de múltiples etapas, compuestas de 1445 hombres y las mujeres casadas o que viven en unión estable, representativa de toda la población brasileña, entrevistada entre noviembre de 2005 y abril de 2006 muestra que los hombres consumen alcohol en 38,1% de los casos de violencia entre compañeros íntimos (VCI) y mujeres en 9,2% de los casos.

Con relación a la percepción de consumo de alcohol por el compañero(a), el hombre reporto un consumo de alcohol por la pareja en 30,8% de los episodios de VCI, y la mujer informo que su pareja había ingerido alcohol en 44,6% de esos episodios (Zaleski, 2009).

-Profesionales del sexo

En los profesionales masculinos y femeninos la asociación entre sexualidad y adicción a las drogas también está presente. Ya que esa población muchas veces se expone a diversos riesgos y violencia para mantener el comportamiento del consumo de drogas, a través de relaciones sexuales sin protección, comercio sexual por drogas, criminalización, abuso del cliente y otros factores de vulnerabilidad y victimización del género femenino y de travestis profesionales del sexo, pobreza y baja disponibilidad para el tratamiento de la adicción. A menudo el uso de sustancias implica en la reducción de las molestias del profesional frente a situaciones de riesgo a cual se expone (Diehl, Vieira, Laranjeira, 2013).

- Los adolescentes

La adolescencia es una fase transitoria, con constantes cambios físicos y psicológicos, muchos descubrimientos, experimentaciones, nuevos retos, responsabilidades y oportunidades, definiciones y búsqueda de la propia identidad. Los adolescentes son en realidad un grupo muy diverso. Por ejemplo, un niño de 12 años de edad está en una fase muy diferente de su desarrollo personal comparado con otro adolescente de 18 años. Del mismo modo, además de las evidentes diferencias físicas, es diferente en términos psicológicos y sociales de una niña de la misma edad. Un muchacho de 12 años de edad que está creciendo en situación de calle sin ninguna supervisión paterna es muy probable que sea muy diferente de un niño de edad similar que crece en una familia cariñosa y con seguridad financiera. Hasta dos niños de la misma edad, creciendo en circunstancias muy similares, puede crecer y desarrollarse en diferentes formas y plazos, con grados de buscar la independencia de sus padres de modo diferente (OMS, 2012b). Durante ese período de separación de los padres, la búsqueda de independencia y nuevas referencias, de pertenencia a un grupo es extremadamente valiosa.

Con la percepción de los signos evidentes de la pubertad, el desarrollo de características sexuales primarias y secundarias, hay un creciente interés en la sexualidad, y es cuando generalmente suceden las primeras experiencias sexuales, pero también las primeras pruebas de alcohol y drogas (Diehl e Vieira, 2011).

Aunque los jóvenes tienen actualmente una cierta información sobre relaciones sexuales derivadas de diversas fuentes, siendo uno de los principales, los medios de comunicación y el grupo de amigos, el primer encuentro sexual muy a menudo se envuelve con curiosidad, expectativas, miedos y culpas.

Cuando se trata de expectativas, van desde la fantasía de una relación sexual increíblemente placentera o lleno de descontento, la importancia de la legitimación de su rol de género, incluso la posibilidad de ser amada y aceptada por los demás. El miedo de la primera vez es asociado frecuentemente, al desempeño corporal y sexual. Más allá del miedo, el "dolor" y adecuación del cuerpo a la normas de belleza que muchas veces las niñas tiene, para los chicos "dar cuenta" de la situación, con buena erección para la penetración y control eyaculatorio es el fantasma más comun. Temor de embarazo precoz y la infección por la EST también aparece en el discurso de los jóvenes en general, mientras que exhibe comportamiento de riesgo negando a sí mismo esas posibilidades, movidas por la omnipotencia juvenil que les caracteriza.

Para lidiar con la ansiedad, ante tantas emociones, la droga se convierte en atractiva. Bajo la influencia del alcohol muchas inhibiciones desaparecen y hay una pérdida de sensibilidad física que puede convertirse en prácticas sexuales menos perceptivas, provocando un auto engaño o alejan a las personas de enfrentamiento natural que una relación sexual requiere, aumentando su vulnerabilidad (Canosa Gonçalves, 2014, in press).

De esta manera, la prevención mediante efectivo intimidación, del terror, de la demonización no parece tener espacio en el contexto de la prevención del consumo de alcohol y drogas, especialmente entre los adolescentes. Programas de prevención eficaces del VIH/ETS para adolescentes necesitan ir más allá de conferencias sobre la enfermedad de la sífilis, gonorrea, virus del papiloma humano (VPH) extendiendo el enfoque de la influencia de normas de género, así como la presión de los pares para la iniciación sexual y abuso de la pareja en la toma de decisiones sobre el sexo seguro.

Igualmente es importante también promover las relaciones saludables como parte integrante de avanzar en la disminución del riesgo y las tasas de VIH/ETS en esta población (Teitelman et al., 2013).

En general, la asociación entre los comportamientos sexuales de riesgo y uso de sustancias psicoactivas durante la adolescencia produce consecuencias negativas para la vida adulta (por ejemplo, embarazo no deseado, enfermedades de transmisión sexual, VIH/SIDA) trayendo una carga psicosocial inmensa para niños como para niñas, los cuales pueden ser completamente evitable mediante la difusión de las intervenciones preventivas, principalmente primarias, en la comunidad y en la familia con estrategias que combinan el compromiso, evidencia, flexibilidad, empatía y tengan como objetivo los intereses y la realidad socio-cultural que los jóvenes experimentan (Berhan et al., 2013; Li et al., 2013; Eaton et al., 2012; Oshri et al., 2013).

SALUD SEXUAL DE LOS ADICTOS EN TRATAMIENTO

Grandes avances se han observado en las abordajes psicosociales y farmacológicos del tratamiento de hombres y mujeres que sufren de problemas derivados de la dependencia de sustancias psicoactivas, pero su sexualidad como parte integrante del proceso de recuperación, sigue marginado, si no es que invisible en la mayoría de los centros de atención para el tratamiento de los trastornos relacionados al abuso de sustancias y dependencia de alcohol y otras drogas. Es como si existiera en esos espacios una llamada "zona libre de la sexualidad" y la discusión sobre el tema no puede salir, incluso sugerirlo, falta de información adecuada sobre el tema, se considera tabú, genera miedo, prejuicios.

Incluso en el programa de 12 pasos existe referencia a la salud y el bienestar de las personas, sin embargo no se observó ninguna alusión a la actividad sexual durante este proceso de recuperación. Sexualidad por lo tanto, debe ser visto como un aliado en el arte de la recuperación y no como un adversario en este proceso (Vieira & Diehl, 2011).

Es sabido que cuando la sexualidad no es directa y tratada positivamente en centros de tratamiento de alcohol y otras drogas, esto puede contribuir al fracaso terapéutico con lapsos de recaída y consecuentemente con innumerables costos para la vida de estos pacientes y sus familias. La salud sexual de las personas en recuperación ha sido fuertemente asociada a la creencia de que es posible mantener la sobriedad y al mismo tiempo tener una vida sexual placentera y emocionalmente satisfactoria (Vieira & Diehl, 2011).

Hay tanta evidencia clínica como científica de que la actividad sexual motivada por situaciones de consumo de drogas puede ser un disparador de recaída. Además, muchos llegan al tratamiento con sentimientos de culpa y vergüenza relacionados al comportamiento sexual.

Se suma el hecho de que muchos pacientes tienen solapamiento de dependencia de sustancia con dependencia del sexo, que si no son trabajadas juntos, también puede ser otro factor de recaída. Por lo tanto, es una excelente oportunidad para hablar sobre sexo (Vieira & Diehl, 2011).

Pensando en todos eses temas es que el *Sexual Health in Drug and Alcohol Treatment* fue desarrollado en el año 2003. Se trata de um programa de psicoeducación en salud sexual, pionero en el mundo. Implementado inicialmente en un programa de residencia terapéutica para hombres y mujeres en tratamiento para la dependencia química del estado de California, llamado *Stepping Stone* con el propósito de aumentar la adherencia de los pacientes al tratamiento reduciendo el riesgo de recaída asociado con la actividad sexual vinculada al uso de la sustancia durante las fases de tratamiento (Harvey, 2009).

La base teórica de la construcción de ese tipo de intervención en el programa de tratamiento se basó en tres pilares técnicos: Entrevista motivacional, Terapia cognitivo-conductual (TCC) y Reducción de daños para desarrollar las habilidades conductuales en la salud sexual (Harvey, 2009).

El programa de salud sexual se lleva a cabo en 12 sesiones, durante tres meses, con una grupal semanal y asistencia individual para los pacientes con mayor riesgo de recaída asociado a altos niveles gatillos relacionados con el sexo y las drogas.

El programa puede ser llevado a cabo por personal capacitado y motivado para esa tarea, pero no necesariamente con nivel superior o expertos en el campo de la sexualidad. Entre los temas tratados en el programa están: enamoramiento y relaciones sexuales en recuperación, espiritualidad y sexualidad, relaciones sexuales no consensuales, comportamiento sexual fuera de control, motivaciones para tener actividad sexual después de la abstinencia, la relación con mi cuerpo, barreras sexuales, por ejemplo. Este programa ha sido replicado en otros lugares y ha mostrado buenos resultados en las evaluaciones del método (Harvey, 2009).

DEPENDENCIA DE SEXO Y E DROGAS

Durante casi un siglo, Krafft-Ebbing describe un marco patológico de sexualidad que resulto en una sucesión de implicaciones en la actividad sexual insaciable, en el cual las personas se comprometían de manera impulsiva (Ebbing, 1965).

Algunos autores defienden la inclusión de los mismos en la categoría de los trastornos obsesivo-compulsivos (TOC). Otros autores sostienen que tales comportamientos corresponderían, más concretamente, a los criterios de diagnóstico de los trastornos del control de impulsos, según la clasificación del *Diagnostic and Statistical Manual of Mental Disorders* (DSM). Finalmente, hay los que consideran esos comportamientos como pertinentes a la esfera de las dependencias (Quadland, 1985; Weissberg & Levay, 1986; Barth & Kinder, 1987).

Los autores reconocen que el nombre "sexo compulsivo", dado por ellos, engloba, en realidad, "comportamientos que resultan en placer inmediato a pesar de consecuencias perjudiciales", criterios nuclear de las dependencias. Además, destacaron que las "compulsiones sexuales" presentaron características de trastornos obsesivo-compulsivos y de las dependencias. La definición considera que el comportamiento compulsivo no es vivido placenteramente y que tampoco podría considerarse como un fin de sí mismo (Carnes, 1987).

Parece que hay asociación entre la búsqueda de drogas que aumentan el funcionamiento sexual de estos individuos (Ej. sidelnafila [Viagra®]) siendo una causa frecuente y no reconocido de recaídas en el consumo de sustancias psicoactivas. El interés de la comunidad científica en la comprensión de ciertos tipos de comportamientos sexuales y su implicación con el uso, abuso y la dependencia de sustancias psicoactivas ha crecido en los últimos años. De ahí la importancia de ampliar la evidencia sobre ese tema. Estudios nacionales sobre este tema en muestras específicas de dependientes químicos se han divulgado poco en la literatura nacional, que justifica ampliar pruebas científicas con datos de brasileños. En este contexto, el impulso sexual excesivo (adicción al sexo) en la población de usuarios de drogas y alcohol tienen importantes implicaciones para planificación de la política de salud, para la correcta realización de investigaciones científicas y prestar servicios especializados a esta población.

CONSIDERACIONES FINALES

Es importante destacar al profesional de la salud que solamente con conocimiento acerca de los daños que la asociación del uso y abuso de alcohol y otras drogas ejerce sobre la actividad sexual no es capaz de cambiar comportamientos; de ahí la necesidad de aumentar las intervenciones más allá del carácter informativo del tema (Diehl, Vieira, Laranjeira, 2013).

También existe la necesidad de ampliar la investigación clínica, especialmente las nacionales, con relación a este componente de la sexualidad conectados en el uso, abuso y dependencia de sustancias psicoactivas y otras drogas recreativas con el objetivo de generar más conocimiento en esta área para saber que tiene muchas variantes y diversas complejidades asociadas.

La mejor comprensión de todos estos aspectos tiende a traer evolución tanto en el campo de las terapias sexuales como en las intervenciones para el control y tratamiento del uso, abuso y dependencia de sustancias psicoactivas (Diehl, Vieira, Laranjeira, 2013).

REFERENCIAS

Abdo CHN. Estudo da vida Sexual do Brasileiro (EVSB). Editora Bregantini, São Paulo, 2004.p202.

Adams, Henry E.; Wright, Lester W.; Lohr, Bethany A. Is homophobia associated with homosexual arousal?. Journal of Abnormal Psychology. Vol 105(3), Aug 1996, 440-445.

Andrade LF, Carroll KM, Petry NM. Marijuana use is associated with risky sexual behaviors in treatment-seeking polysubstance abusers. Am J Drug Alcohol Abuse. 2013 Jul;39(4):266-71.

Associação da Parada do Orgulho GLBT de São Paulo (APOGLBT SP). Disponível em URL:http://www.paradasp.org.br/. Aceso en 30.05.2010.

Barth RJ, Kinder BN. The mislabeling of sexual impulsivity. J Sex Marital Ther 1987;13(1):15-23.

Berhan Y, Hailu D, Alano A. Polysubstance use and its linkage with risky sexual behavior in university students: significance for policy makers and parents. Ethiop Med J. 2013 Jan;51(1):13-23.

Bryan N, Cochran K. Michelle Peavy, Jennifer S. Robohm. Do Specialized Services Exist for LGBT Individuals Seeking Treatment for Substance Misuse? A Study of Available Treatment Programs. *Substance Use & Misuse*. 2007; 42 (1):161- 176.

Bryan AD, Schmiege SJ, Magnan RE. Marijuana use and risky sexual behavior among high-risk adolescents: trajectories, risk factors, and event-level relationships. Dev Psychol. 2012 Sep;48(5):1429-42.

Cabaj RP. The American Psychiatric Publishing Textbook of Substance Abuse Treatment. IN: *Gay Men and Lesbians.* Galanter M& Kleber HD. Fourth Edition. Washington, DC: American Psychiatric Publishing, Inc; 2008. 623-638.

Cabaj RP, Stein TS (eds). *Textbook of Homosexuality and Mental Health.* Washington, DC: American Psychiatric Press; 1996.

Carlini EA, Galduroz JCE, Noto AR, Nappo SA. *II Levantamento Domiciliar sobre o uso de drogas psicotrópicas no Brasil: estudo envolvendo 108 maiores cidades do país.* São Paulo: CEBRID; 2005.

Carnes P. Out of the shadows: understanding sexual addiction. 1th ed. Minneapolis: CompCare;1983.

Celentano DD, Latimore AD, Mehta SH. Variations in sexual risks in drug users: emerging themes in a behavioral context. Curr HIV/AIDS Rep 2008; 5: 212–8.

Cochran SD, Mays VM. Relation between psychiatric syndromes and behaviorally defined sexual orientation in a sample of the US population. *American Journal of Epidemiology.* 2000, 151(5):516-523.

Cohen DA, Farley TA, Taylor SN, Martin DH, Schuster MA. When and where do youths have sex? The potential role of adult supervision. Pediatrics. 2002 Dec;110(6):e66.

Damiani Durval, Guerra-Júnior Gil. As novas definições e classificações dos estados intersexuais: o que o Consenso de Chicago contribui para o estado da arte? Arq Bras Endocrinol Metab [serial on the Internet]. 2007 Aug [cited 2010 May 25]; 51(6): 1013-1017. Available from: http://www.scielo.br/scielo.php?script=sci_arttext&pid=S0004-27302007000600018&lng=en. doi: 10.1590/S0004-27302007000600018.).

Diehl A. ABUSO E DEPENDÊNCIA DE SUBSTÂNCIAS PSICOATIVAS EM HOMOSSEXUAIS E BISSEXUAIS: REVISÃO DA LITERATURA. Monografia apresentada no Curso de Sexualidade Humana do Instituto e Departamento de Psiquiatria do Hospital das Clínicas da Faculdade de Medicina da Universidade de São Paulo, janeiro de 2010.

Diehl A. IN: Outras drogas de abuso. Figlie NB, Bordin S, Laranjeira R. Aconselhamento em Dependência Química. 2 edição. Editora Roca, São Paulo, 2010, pp.163-177.

Diehl A, Vieira DL, Santoro Gomes L. IN: LGBT. Diehl A, Cordeiro DC, Laranjeira R. Dependência Química: Prevenção, Tratamento e Políticas Públicas. Editora Artmed, Porto Alegre, 2011. Pp.401-414.

Diehl A, Vieira DL, Laranjeira R. IN: Sexo Drogas and Rock and Rool. Diehl A & Vieira DL. Sexualidade: do prazer ao sofrer. Editora Roca, São Paulo, 2013. pp.585-600.

Diehl, A.; Silva, RL; LARANJEIRA, R.R.; DIEHL, A. Female sexual dysfunction in patients with substance-related disorders. Clinics (USP. Impresso), v. 68, p. 205-2011, 2013.

Diehl A, Cordeiro DC, Laranjeira R. IN: Particularidades das drogas ilícitas em mulheres. Rennó JJ, Ribeiro HL. Tratado de saúde mental da mulher. Editora Atheneu, São Paulo, 2013. Pp. 113-122.

Drescher J: *Psychoanalytic Therapy and the Gay Man.* Washington, DC: Hills-dale, Nj, Analytic Press, 2001.

Eaton DK, Kann L, Kinchen S, Shanklin S, Flint KH, Hawkins J, Harris WA, Lowry R, McManus T, Chyen D, Whittle L, Lim C, Wechsler H; Centers for Disease Control and Prevention (CDC). Youth risk behavior surveillance - United States, 2011.

Ebbing RK. Psychopatia sexualis. 1th ed. New York (NY): Paperback Library; 1965.

Elbreder, Márcia Fonsi; Laranjeira, Ronaldo; Siqueira, Marluce Miguel de; Barbosa, Dulce Aparecida. Perfil de mulheres usuárias de álcool em ambulatório especializado em dependência química. J. bras. psiquiatr;57(1):9-15, 2008.

Freud S. The Psychogenesis of a case of homosexuality in a woman (1920). The Standard Edition of the Complete Psychological Works of Sigmund Freud. Translated and edited by Strachey J. London, Hogarth Press, 1955. pp. 145-172.

Gillespie W. Thirty –five years after Stonewall: an exploratory study of satisfaction with police among gay, lesbian, and, bisexual persons at the 34th Annual Atlanta Pride Festival. J Homosex. 2008; 55(4):619-47.

Gonçalves Canosa A, Diehl A, Vieira DL. IN: A INTERFACE DA SEXUALIDADE E DO USO DE ÁLCOOL E OUTRAS DROGAS NA PROMOÇÃO DA PREVENÇÃO. DIEHL A & FIGLIE NB. PREVENÇÃO ALCOOL TABACO E OUTRAS DROGAS: o que e como fazer? Editora Artmed, Porto Alegre, 2014. In press.

Grupo dignidade. Disponível em URL http://www.grupodignidade.org.br/blog -. Aceso en 01.06.2010.

Grupo "Gay" da Bahia. Violação dos direitos humanos dos gays, lésbicas, travesti e transexuais no Brasil: 2004. URL: http://www.ggb.org.br/direitos.html. Acesado en 19 de abril de 2008.

Halkitis PN, Jerome RC. A comparative analysis of methamphetamine use: black gay and bisexual men in relation to men of other races. *Addict Behav.* 2008; 33(1):83-93.

Harvey, DB. Sexual Health in Recovery. A professionals counseling manual. Springer Publishing, NY, 2009.

Hequembourg AL, Brallier SA. An Exploration of sexual minority stress across the lines of gender sexual identity. J Homosex. 2009; 56(3):273-98.

Hellman RE, Stanton M, Lee J, Tytun A, Vachon R. Treatment of Homosexual Alcoholics in Government-Funded Agencies: Provider Training and Attitudes. Hosp Community Psychiatry 1989;40(11):1163-1168.

Hidaka Y, Ichikawa S, Koyano J, Urao M, Yasuo T, Kimura H, Ono-Kihara M, Kihara M. Substance use and sexual behaviors of Japanese men who have sex with men: nationwide internet survey conducted I Japan. BMC Public Health. 2006; 6:239.

Hyde JS & DeLamater JD. *Understanding Human Sexuality.* IN: Sexual Orientation: Gay, Straight, or Bi? Tenth Edition. McGraw-Hill Higher Education 2008. pp.336-363.

Horvath, K. J., Calsyn, D. A., Terry, C., et al. (2007). "Erectile dysfunction medication use among men seeking substance abuse treatment." J Addict Dis 26(4): 7-13.

II Levantamento Nacional sobre Drogas (LENAD). Disponível em URL: http://inpad.org.br/lenad/sobre-o-lenad-i/ Aceso en 16.11.2013.

Karasic D and Drescher J. Sexual and Gender Diagnoses of the Diagnostic and Statistical Manual (DSM), A Reevaluation, Eds. (2005), 180 paginas Routledge, Taylor & Francis Group.

King M, Nazareth I. The health of people classified as lesbian, gay and bisexual attending family practitioners in London: a controlled study. *BMC Public Health*. 2006, 6:127.

King M, Semlyen J, Tai SS, Killaspy H, Osborn D, Popelyuk D, Nazareth I. A systematic review of metal disorder, suicide, and deliberated self harm in lesbian, gay and bisexual people. *BMC Psychiatric.* 2008: 8:70.

Kinsey AC, et al. *Sexual behavior in human female.* Philadelphia: Saunders, 1953.

Koniak-Griffin D, Brecht ML.Linkages between sexual risk taking, substance use, and AIDS knowledge among pregnant adolescents and young mothers. Nurs Res. 1995 Nov-Dec;44(6):340-6.

LeBeau RT, Jellison WA. Why get involved? Exploring gay and bisexual men's experience of the gay community. *J Homosex.* 2009; 56 (1):56-76.

Lee SJ. IN: dependência de substancias. Levounis P, Drescher J, Barber ME. O Livro de casos Clínicos GLBT. Editora Artmed, Porto Alegre, 2014. Pp. 115-124.

Lins RN. A cama na varanda. Arejando nossas idéias a respeito de amor e sexo: novas tendências. IN: Sexo: homossexualidade. Rio de Janeiro: Best Seller, 2007. 263-310.

Making health services adolescents friendly: developing national quality for adolescentes friendly services. World Health Organization (WHO),genebra 2012)(b)

Marshal MP, Friedman MS, Stall R, King KM, Miles J, Gold MA, Bukstein OG, Morse JQ. Sexual orientation and adolescent substance use: a meta-analysis and methodological review. *Addiction*. 2008; 103(4): 546–556.

McDermott E, Roen K, Scourfield J. Avoiding shame: young LGBT people, homophobia and self-destructive behaviours. *Cult Health Sex.* 2008; 10(8):815-29.

Midanik LT, Drabble L, Trocki K, Sell RL. Sexual orientation and alcohol use: identity versus behavior measures. J LGBT Health Res. 2007; 3(1):25-35.

MMWR Surveill Summ. Li S, Huang H, Xu G, Cai Y, Huang F, Ye X. Substance use, risky sexual behaviors, and their associations in a Chinese sample of senior high school students. BMC Public Health. 2013 Apr 4;13:295.

Nappo SA, Sanchez Z, De Oliveira LG. Crack, AIDS, and women in São Paulo, Brazil. Subst Use Misuse 2011; 46: 476–85.

Napoli C, Tafuri S, Pignataro N, Tedesco G, Maria AS, Quarto M. Risk factors for HBV/HIV/HCV in drug addicts: a survey of attendees of a department of pathological dependence. J Prev Med Hyg. 2010 Sep;51(3):101-4.

Neisen J, Sandall H. Alcohol and other drug abuse in a gay/lesbian population: related to victimization? Journal of Psychology and Human Sexuality 1990;3:151-168.

O'Hanlan KA, Cabaj RP, Schatz B, Lock J, Nemrow P. A review of the medical consequences of homophobia with suggestions for resolution Journal of the Gay and Lesbian Medical Association 1997;1(1):25-39.

Oshri A, Tubman JG, Morgan-Lopez AA, Saavedra LM, Csizmadia A. Sexual sensation seeking, co-occurring sex and alcohol use, and sexual risk behavior among adolescents in treatment for substance use problems. Am J Addict. 2013 May-Jun;22(3):197-205.

Parks CA, Hughes TL, Kinnison KE. The relationship between early drinking contexts "coming out" as lesbians and current alcohol use. *J LGBT Health Res.* 2007; 3(3):73-90.

Purdam K, Wilson AR, Afkhami R, Olsen W. Surveying sexual orientation: asking difficult questions and providing useful answers. *Cult Health Sex.* 2008; 10(2):127-41.

Quadland MC. Compulsive sexual behavior: definition of a problem and an approach to treatment. J Sex Marital Ther 1985; 11(2):121-32.

Roll JM, Rawson RA, Ling W, Shoptaw S. Methanphetamine Addiction. From the Basic Science to treatment. The Guilford Press, 2009. p. 258.

Rosario M, Schrimshaw EW, Hunter J, Levy-Warren A. The coming out process of young lesbian and bisexual women: are there butch/femme differents in sexual identity development? *Arch Sex Behav*. 2009; 38(1):34-49.

Sanchez ZM, Nappo SA, Cruz JI, Carlini EA, Carlini CM, Martins SS. Sexual behavior among high school students in Brazil: alcohol consumption and legal and illegal drug use associated with unprotected sex. Clinics (Sao Paulo). 2013 Apr;68(4):489-94.

Santoro & Lopes RS. IN: Fatos e contextos relacionados ao HIV AIDS. Diehl A & Vieira DL.373-392. Sexualidade: do prazer ao sofrer. Editora Roca, São Paulo, 2013.

Saso L. Effects of drug abuse on sexual response. Ann Ist Super Sanita 2002; 38: 289–96.

Seidman S, Fischer N & Meeks C. *Introducing the New Sexuality Studies.* Original Essays and Interviews. Routledge, New York, 2007,pp. 489.

Stearns PN. História da Sexualidade. Editora Contexto, São Paulo, 2010.

Vieira DL, Ribeiro M, Laranjeira R. Evidence of association between early alcohol use and risk of later problems. *Rev. Bras. Psiquiatr.* 2007; 29(3): 222-227.

Vieira DL, Diehl A. Capitulo 62 CD Ron, Sexualidade, uso, abuso e dependência de substâncias psicoativas. IN: Diehl A, Cordeiro DC, Laranjeira R. Dependência Química: Prevenção, Tratamento e Políticas Públicas. Editora Artmed, Porto Alegre, 2011.

Teitelman AM, Tennille J, Bohinski J, Jemmott LS, Jemmott JB 3rd. Urban adolescent girls' perspectives on multiple partners in the context of the sexual double standard and intimate partner violence. J Assoc Nurses AIDS Care. 2013 Jul-Aug;24(4):308-21.

Tucker JS, Ellickson PL, Klein DJ. Understanding differences in substance use among bisexual and heterosexual young women. *Womens Health Issues.* 2008; 18(5):387-98.

Substance Abuse and Mental Health Service Admin (SAMHSA)/ United States. *A Provider's Introduction to substance abuse treatment for Lesbian, Gay Bisexual, and Transgender individuals.* US Department of Health and Human Services. 2001. p.191. www.samhsa.gov.

Venturi G. Diversidade Sexual e Homofobia no Brasil: *Intolerância e respeito às diferenças sexuais. Fundação Perseu Abramo, 2008.* Disponível em URL http://www2.fpa.org.br/portal/modules/news/index.php?storytopic=1770, acesado en 18 de outubro de 2009.

Weissberg JH, Levay AN. Compulsive sexual behavior. Med Aspects Hum Sex 1986;20(4):127-8.

Zaleski, Marcos José Barreto.1º levantamento nacional sobre padrões de consumo de álcool na população brasileira: metodologia, estudo da violência entre parceiros íntimos e consumo de álcool durante o evento. Marcos José Barreto Zaleski. — São Paulo, 2009. xviii, 284 folhas. Tese (Doutorado) – Universidade Federal de São Paulo. Escola Paulista de Medicina.

Ziyadeh NJ et al. Sexual orientation, gender, and alcohol use in a cohort study of U.S. adolescent girls and boys. Drug and Alcohol Dependence. 2007; 87(2-3):119-130.

Deconstruir la Monogamia

María José Cortés[39]

"No hay duda de que los seres humanos pueden ser monógamos, (si deberíamos serlo o no es otra historia) pero no nos equivoquemos: es raro y difícil que lo seamos."

Barash y Lipton, 2003

El ser humano es gregario por naturaleza. Esto quiere decir que nacemos y vivimos siendo parte de una agrupación de personas llamada sociedad, en la cual se promueve que cada uno necesitemos de los demás, y a la vez todos necesitemos de cada uno. Solamente así existe la especie humana y ha podido subsistir y evolucionar hasta el presente. A esta condición se le denomina naturaleza social, y constituye uno de los distintivos esenciales de la especie humana.

A lo largo de la historia, las sociedades se han organizado en torno a distintos parámetros sobre el cómo vivir, qué recursos procurarse, qué prácticas sociales son aceptables o no, todo ello bajo los términos de normalidad/anormalidad (Pujol y Montenegro, 2003). Las relaciones interpersonales en donde se vivencian las sexualidades (comúnmente llamadas "de pareja" o "amorosas", aunque ambos términos sean excluyentes y limitantes) son una de las principales manifestaciones de dicha organización. Las pautas que los seres humanos seguimos para relacionarnos en este ámbito no han sido estáticas ni permanentes pues, en distintas épocas, determinados comportamientos han sido promovidos, tolerados, rechazados

---

[39] Psicóloga, Educadora para las Sexualidades Humanas y Maestrante en Sexología. Tallerista en temáticas relacionadas con Sexualidades Humanas y Derechos Sexuales y Reproductivos. Realizadora y conductora del programa de radio por internet sobre Poliamor y Diversidad Sexual *A más de 2*.

o penados, dependiendo de los intereses políticos y económicos considerados válidos en cierto momento histórico. Tal es el caso del número de parejas sexuales y afectivas que una persona puede o "debe" tener.

En las culturas latinoamericanas, la monogamia, es decir, el sistema básico social en el cual dos personas (hombre y mujer) se relacionan sexual y afectivamente de forma exclusiva, ha sido desde tiempos de la Conquista, la forma generalizada y socialmente aceptada de relacionarse. Por otra parte, existe otro tipo de relaciones que vinculan a más de dos personas a la vez, como la poligamia, que permite al varón tener más de una pareja sexual y/o afectiva, o el amor libre, también conocido como unión libre o unión de hecho, el cual surge a finales del siglo XIX y forma parte de la ideología del Anarquismo. Según esta concepción, todo acuerdo libre entre personas adultas es un compromiso legítimo que debe ser respetado por quienes lo suscriben así como por terceros, de ahí que las relaciones sexuales y/o afectivas no necesiten ningún permiso o autorización expresa por parte del Estado o la Religión (Flores, 2013).

Los movimientos de comunas hippies en los 60's y 70's fueron actores importantes al experimentar nuevas formas de relaciones, hogares, sexualidades y políticas lo que derivo en críticas sociales de familia, monogamia y propiedad privada (Haritaworn, Lin y Klesse, 2006). Y, aunque se formaron las comunas con fines protestatarios, terminaron con propuestas como el poliamor, las relaciones abiertas y el intercambio de pareja o *swinger*, que surgen en la concurrencia de un número de discursos de emancipación sexual que, aún al día de hoy, tratan de promover lenguajes, pautas éticas proponer estilos de vida, relaciones sexuales e íntimas; alternativas que vayan más allá de la "monogamia compulsiva" (Haritaworn, et al., 2006).

El mito de la monogamia

La seducción, la conquista o la elección de pareja son fenómenos que ocupan buena parte de la vida social del ser humano. Muy a menudo, a pesar de nuestros esfuerzos, dichas actividades no tienen como resultado lo que socialmente se percibiría como una relación "estable" o pacífica.

Distintas disciplinas se han dedicado a teorizar sobre las costumbres de humanos y otros animales a la hora de elegir y convivir con la(s) pareja(s). Existen indicios de que la variedad sexual, la cual es propia de nuestra especie y ha evolucionado durante millones de años de selección natural, persiste al día de hoy, pese a las restricciones de tipo social, político y religioso. Los hombres parecen seguir buscando diversas parejas para "dejar la semilla" y garantizar la reproducción, mientras que las mujeres parecieran buscar los "buenos genes", apareándose con el macho alfa, pero permitiéndose al mismo tiempo relacionarse a escondidas con otro(s) (Lipton, 2003).

David P. Barash y Judith Eve Lipton (2003) demostraron que la monogamia es un mito que cada vez tiene menos fundamento. En el mundo animal, especialmente entre los mamíferos, la monogamia es una rareza: De entre cuatro mil especies de mamíferos, no más de unas pocas docenas forman vínculos de pareja fiables, como los murciélagos (y solo unas pocas especies), ciertos cánidos (particularmente los zorros), algunos primates (como los monos tití), un puñado de ratones y ratas, la nutria gigante de Sudamérica, el castro del norte, unas cuantas especies de focas y un par de pequeños antílopes africanos.

Barash y Lipton presentan diversos estudios que demuestran que en la especie humana, la monogamia también es la excepción:

• De 185 sociedades humanas examinadas por el antropólogo C. S. Ford y el psicólogo Frank Beach, solo 29 (menos del 16%) restringían formalmente a sus miembros a la monogamia. Además de permitir el sexo extramarital entre parientes designados, otras sociedades monógamas aprueban el sexo extramarital en momentos específicos, de modo especial en festividades religiosas o de recogida de la cosecha, como el carnaval brasileño.

• En su estudio clásico "Social Structure" el antropólogo G. P. Murdoch descubrió que entre 239 sociedades humanas distintas de todo el mundo, solo en 43 se imponía la monogamia como único sistema matrimonial aceptable.

• Un estudio de 56 sociedades humanas diferentes descubrió que en nada menos que en un 14% de ellas prácticamente todas las mujeres mantenían CFP (cópulas fuera de la pareja), mientras que en un 44% hacía lo propio una proporción moderada, y en un 42% las mantenían relativamente pocas.

• En el caso de los hombres: casi todos los hombres practicaban CFP (cópulas fuera de la pareja) en un 13% de las sociedades, una proporción moderada de ellos hacía otro tanto en un 56% y unos pocos lo hacían en un 31%.

La sociobiología describe a la fidelidad sexual como originada por la necesidad de los hombres de asegurar la paternidad, y la necesidad de las mujeres de recibir la protección de los hombres, y a los celos como la fuerza del egoísmo de los genes, cuya obligación es transmitirse. Hasta la invención de las pruebas de ADN a finales del siglo XX, los machos solo tenían una forma de garantizar que las crías de su compañera fueran suyas: copular a diario con ella y vigilarla.

A pesar de ello, en nuestra cultura persiste la creencia general de que la monogamia no solo es natural, sino universalmente aceptada, un modelo a seguir que se encuentra "grabado" en nuestros genes. La monogamia es ensalzada por la cultura patriarcal como una de las esencias del "amor verdadero", teniendo como principal opositor al adulterio, el cual es clandestino y subversivo porque representa la ruptura de un pacto (conyugal o no) y representa una amenaza no solo para la relación de pareja, sino para la institución familiar y, por extensión, la estructura social por completo (Herrera, 2010).

La relación amorosa monogámica está basada en un contrato de exclusividad sexual, fundamentado en acuerdos sociales y culturales, pero no en aspectos biológicos. La moral monogámica es que la fidelidad a menudo se impone por la fuerza física o a través de la violencia simbólica: El adulterio —o las sospechas de adulterio— es una de las grandes causas de divorcio, y también de la violencia doméstica. Alrededor de un tercio de los casos de violencia doméstica con resultado de muerte en Estados Unidos se deben a la infidelidad de la mujer, haya sido ésta correctamente atribuida o una mera sospecha. La frecuencia de la violencia generada por la infidelidad es, si cabe, aún más elevada en otras sociedades (Barash y Lipton, 2003).

En la sociedad romana, el adulterio de la mujer se consideraba un delito grave, además de una amenaza para la familia. ¿Los motivos? Poner en tela de juicio las pretensiones de paternidad del marido sobre los hijos concebidos por la mujer. El adulterio también ha sido tomado en serio por la Iglesia Católica, que veía en éste una amenaza y un pecado contra el sacramento del matrimonio. Para San Agustín la fidelidad era uno de los objetivos de la unión conyugal y debía de ser recíproca: mientras que la sociedad secular tendía a ignorar el adulterio masculino, condenaba a muerte o a mutilación a la mujer adúltera (Herrera, 2010).

El mito de monogamia se ha introyectado a tal punto en el inconsciente colectivo que se le trata más como un asunto "natural", propio de nuestra esencia humana, que como lo que realmente es: una construcción social diseñada con objetivos políticos y económicos específicos y que perpetua la creación de familias heterosexuales basadas en uniones duales y exclusivas, con sentimientos de pertenencia que no se fundamentan ni en nuestra realidad ni en nuestras necesidades biológicas (Herrera 2010). Como resultado, seguimos haciendo un esfuerzo titánico para preservar la "pureza" y eternidad del amor (como cada uno lo concebimos) y a pesar de ello, la infidelidad y el adulterio son fenómenos comunes en nuestras sociedades, extendidos en todas las capas sociales, e independientemente del género.

El mito del amor romántico

El amor romántico es uno de los modelos que fundamenta el matrimonio monogámico y las relaciones de pareja comúnmente denominadas "estables" (duraderas, sexualmente fieles y validadas por la sociedad) en las culturas modernas, principalmente las occidentales. Es considerado como un sentimiento distinto, superior a las meras necesidades fisiológicas como el deseo sexual, y generalmente se describe como una mezcla de deseo emocional y sexual, otorgándole siempre más peso a las emociones que al placer físico.

Algunos teóricos recientes coinciden en señalar que las características más reconocidas de este amor se configuran y difunden a través de relatos literarios, películas y canciones. Se trata de un lazo afectivo que presumiblemente dura o debería durar "toda la vida", vivirse de forma exclusiva, incondicional y con un alto grado de renuncia y sacrificio. Ciertos elementos son prototípicos: inicio súbito (amor a primera vista), sacrificio por el otro, pruebas de amor, fusión con el otro, olvido de la propia vida, expectativas mágicas, como la de encontrar un ser absolutamente complementario ("la media naranja"), y vivir en una simbiosis que se establece cuando los individuos se comportan como si, en realidad, tuviesen necesidad uno del otro para respirar y moverse, formando así, entre ambos, un todo indisoluble (SanPedro, 2004).

Dos principales mitos del amor romántico son el "príncipe azul" y la "princesa del cuento", basados en una rígida división de roles sexuales (él es el salvador, ella es el descanso del guerrero) y estereotipos de género mitificados (él es valiente, ella miedosa, él es fuerte, ella vulnerable, él es varonil, ella es dulce, él es dominador, ella es sumisa). La pareja idílica que se conforma por estas dos figuras, es una categoría social mitificada como el lugar donde indefectiblemente será posible hallar gozo, paz, calma, tormento, alegrías, estabilidad, bajo la promesa de la fusión total que posibilite fugarnos de nuestra realidad cotidiana (Herrera, 2010).

La princesa del cuento es una mujer de rasgos suaves, voz delicada, que se siente feliz y plena en un ámbito doméstico (generalmente un lujoso palacio, al cuidado de sus padres) y cuyas aspiraciones son simples y siempre orientadas hacia el varón ideal de sus sueños. Este personaje posee como principal característica la lealtad absoluta a su amado, a quien espera paciente y pasivamente y para quien se guarda, con quien espera encontrar su autorrealización en el gran día de su vida; la boda con el príncipe. La princesa es una mujer discreta, sencilla, llena de amor y felicidad que quiere llenar de cuidados y cariños a su esposo y que, además, le dará hijos de cuya paternidad podrá estar seguro. Mujer buena frente a las mujeres malas, aquellas representadas como malvadas, egoístas, manipuladoras, caprichosas, insaciables, débiles y charlatanas. Las mujeres malas disfrutan ávida y pasionalmente del sexo pero, a pesar de que atraen y entrampan a los hombres por su inteligencia y sus encantos, no ofrecen seguridad alguna al macho, quien difícilmente las elige para ser su princesa o les pide matrimonio. Son tan atractivas como peligrosas, por eso es menester evitar a toda costa enamorarse de ellas (Herrera, 2010).

El príncipe azul es otro mito bien instalado en el imaginario femenino porque se presenta siempre, desde distintos frentes, como figura salvadora. La razón principal por la que el príncipe azul es un héroe es porque da más importancia a cumplir la misión que a preservar su propia vida. El príncipe azul es un hombre activo, saltarín, espadachín, gran atleta, buen jugador, gran estratega, noble de corazón. Es travieso, algo ingenuo, y logra derretir a las mujeres porque es un ser valiente y bueno que necesita espacio para correr y que, pese a su gallardía, es tierno y dulce en la intimidad. Se convierte en Hombre en todos los relatos, porque la aventura que vive es su ritual de paso de la juventud a la adultez, dado que tiene que superarse a sí mismo para poder lograr su triunfo (el amor de la princesa). Así podrá protegerla, enseñarla, amarla para siempre y hacerle muchos hijos (Herrera, 2010).

Estos dos mitos de género y la mayor parte de los mitos amorosos surgieron en la época medieval; otros han ido surgiendo con el paso de los siglos, y finalmente se consolidaron en el XIX, con el Movimiento Romántico. De ellos nos quedan, según Yela (2003), unos cuantos que configuran nuestras estructuras sentimentales en la actualidad:

• Mito de la media naranja: derivado del mito amoroso de Aristófanes, que supone que los humanos fueron divididos en dos partes que vuelven a unirse en un todo absoluto cuando encontramos a nuestra "alma gemela", a nuestro compañero o compañera ideal.

• Mito de la exclusividad: creencia de que el amor romántico sólo puede sentirse por una única persona. Fundamentado en la propiedad privada, que identifica como propiedades a las personas y sus cuerpos, sirve como sustento a la creencia de que la monogamia es el estado ideal de las personas en la sociedad.

• Mito de la fidelidad: creencia de que todos los deseos pasionales, románticos y eróticos deben satisfacerse exclusivamente con una única persona: la propia pareja.

• Mito de la perdurabilidad (o de la pasión eterna): creencia de que el amor romántico y pasional de los primeros meses puede y debe perdurar intacto tras miles de días (y noches) de convivencia.

• Mito del matrimonio o convivencia: creencia de que el amor romántico-pasional debe conducir a la unión duradera y permanente de la pareja, y constituirse en la (única) base del matrimonio (o de la convivencia en pareja).

• Mito de la omnipotencia: creencia de que "el amor lo puede todo" y debe permanecer ante todo y sobre todo. Este mito ha motivado a muchas mujeres a esperar que el "poder mágico del amor" las salve o las haga felices, pese a la distancia, los problemas de convivencia, la violencia, la pobreza extrema, etc.

• Mito del libre albedrío: creencia de que nuestros sentimientos amorosos son absolutamente íntimos, que solo nosotros decidimos en ellos, y que no estamos influidos de forma decisiva por factores bio-psico-culturales ajenos a nuestra voluntad.

• Mito del emparejamiento: creencia de que estar en pareja es algo natural y universal. La convivencia de dos en dos ha sido, de este modo, introyectada en el imaginario colectivo, e institucionalizada en la sociedad.

Según Herrera (2010), la utopía del amor romántico es la nueva religión colectiva que nos atrae con falsas promesas de plenitud y felicidad perpetua. Cuando, cargados con estas expectativas irrealizables nos enfrentamos con la realidad, surgen la insatisfacción y sufrimiento. Y es que, en la vida real, el amor (o como sea que se elija nombrar al vínculo que nos une a las demás personas) no es eterno, ni infalible, ni perfecto, ni tendría por qué salvarnos de nada.

Gracias a nuestra actividad racional, los seres humanos podemos no solo construir mitos, sino también deconstruirlos, desmenuzarlos, revisar de qué están hechos y, de ser necesario, modificarlos o reemplazarlos. La principal razón por la que se torna urgente la deconstrucción del mito del romanticismo patriarcal es que su existencia se basa en la violencia y la inequidad, echando mano de los miedos, creencias, valores, ética y deseos de quienes conformamos las culturas en donde rige. En la medida en la que nos hagamos conscientes de lo artificial de esta idealización, nos acercaremos a la posibilidad de establecer y mantener relaciones más respetuosas y realistas, menos sufridas y demandantes de perfección.

Fidelidad y exclusividad sexual

Hagamos un apunte antropológico respecto a la exclusividad sexual y cómo ésta con frecuencia se confunde con la fidelidad. En el inicio de su vida la cría humana exige un vínculo total y exclusivo con la madre o la figura maternante. La subsistencia misma de la cría depende por completo de dicho vínculo, y no existe lugar para nada ni nadie más. Sucede que al comenzar a relacionarse erótica y/o afectivamente de manera monógama, los seres humanos trasladan dicha idea de totalidad a sus vínculos (Manrique 1996). Sin embargo, y como ya hemos visto, la exclusividad sexual no es producto de la biología, ni de la naturaleza, ni cuestión de supervivencia para la especie, sino un constructo social.

No existe una persona que satisfaga completamente a otra. Y es precisamente la imposibilidad de establecer relaciones "totales", absolutamente complementarias, lo que nos sugiere que es factible desarrollarse, de manera individual y en pareja, en dos campos de relación significativa: el conyugal y el extraconyugal. Tres cuestiones particularmente delicadas y difíciles de armonizar entre estas realidades son la sexualidad, la exclusividad y la fidelidad (Manrique, 1996).

Manrique (1996) describe la fidelidad como un pacto o acuerdo que no necesariamente está relacionado con lo sexual. Dicho pacto puede contener cualquier cosa que los miembros de una pareja determinen, siendo tales contenidos tan variables como individuos y parejas existen. Dentro de esta concepción de la fidelidad, es la relación amorosa mutua, única y fuerte, a lo que los miembros de la pareja se comprometen a ser fieles, dejando de lado la idea de que el cuerpo y el placer del otro me pertenece, o es un objeto privatizable y que no debería ser compartido con nadie fuera de la pareja.

Si bien existen personas que eligen ceñirse al ideal de la monogamia (ya sea en una sola relación a lo largo de la mayor parte de su vida, o en monogamias consecutivas), parece que los seres humanos somos más bien monógamos sociales (deseamos estar juntos, acompañarnos a lo largo de la vida, reproducirnos y criar hijos en conjunto), pero polígamos/poliandras sexuales. Manrique (1996) propone que, en lugar de un solo modelo de relaciones (monogamia obligatoria y de por vida), existen diversas opciones en las que las personas nos distribuimos en la campana de Gauss, habiendo personas muy monógamas, nada monógamas y otras que se sitúan en el medio.

Cuando se asume la fidelidad como algo separado de la exclusividad sexual, se habilitan posibilidades de relación en donde el mantener interacciones eróticas o erótico-afectivas con otras personas fuera de la pareja, sin que ello suponga que el vínculo original de la pareja se vea amenazado. Esto quiere decir que las parejas pueden seguir compartiendo, por ejemplo, un espacio doméstico, un proyecto de vida, o la posibilidad de reproducirse y criar hijos en común. Esta concepción de pareja se aleja de la monogamia, aunque sigue permitiendo a las personas el acceso a algunas de sus características, a elección.

Modelos alternativos de agrupamiento

Las formas de relacionarse y agruparse no occidentales son poco o nada parecidas a las nuestras: en ellas no existe la figura del matrimonio tal y como lo conocemos, en muchos casos la paternidad no es relevante, el concepto de madre personal no existe y la exclusividad sexual está ausente. El desarrollo del capitalismo a partir del siglo XVII ha sido clave en que el modelo de agrupamiento occidental se haya alejado paulatinamente de aquel modelo grupal-comunal, acabando por conformar lo que hoy conocemos como familia nuclear: un grupo reducido y concentrado, generalmente compuesto por un padre, una madre y uno o dos hijos biológicos (Manrique, 1996).

La familia nuclear ha concentrado buena parte de las tareas y necesidades de los seres humanos durante muchos años: brindar protección, afectividad y compañía, así como permitir la reproducción y la crianza, al mismo tiempo que se mantiene la fuerza de trabajo. Sin embargo, este sistema de relaciones limitado exige a sus miembros cumplir con funciones mutuamente incompatibles (por ejemplo, compaginar pasión y rutina). Al mismo tiempo, el avance de la tecnología podrían estar cambiando las mismas definiciones de las cuales partimos al interactuar unos con otros. La nueva estructura social hace que aquellas características que asumíamos "universales" o inamovibles sean revisadas o revisables, y el matrimonio y la familia no son la excepción.

En el pasado, las personas acudían por respuestas a cuestiones humanas esenciales a la religión (dividiéndose en creyentes y no creyentes), lo cual les daba una sensación de seguridad y confort. No es así ahora: la visibilización de la no heterosexualidad, el divorcio, las adopciones, la neosoltería, la sexualidad no monogámica, la equidad de género, nos permiten vislumbrar un mundo distinto, incierto, en el que el sistema patriarcal y sus instituciones podrían desaparecer irreversiblemente (Manrique, 1996), dándonos acceso a nuevas fuentes para hallar aquellas respuestas.

Uno de los mayores retos de las formas no tradicionales de relacionarse y agruparse es que, a diferencia de las relaciones tradicionales, no existen códigos preestablecidos de conducta mediante los cuales las personas que las conforman se enteren de cuál es su papel en el sistema, cómo deben comportarse, qué se espera que sientan, piensen, ofrezcan y reciban. Al emprender, por ejemplo, una relación de pareja no monógama (y particularmente si se prescinde del trámite legal y/o el ritual religioso, conocido como boda), o cuando se elige formar un grupo familiar distinto al nuclear, hay pocas referencias al alcance de la mayoría a las cuales acudir para saber "lo que se espera" de cada parte. Aunado a esto está el juicio social a quienes desafían lo establecido, en un sistema en donde se demanda del individuo el respeto al estado de las cosas y se promueve la uniformidad como ideal. Y, sin embargo, es precisamente esta ausencia de referencias lo que brinda a los modelos no tradicionales de relación y agrupamiento una mayor libertad de acción, más flexibilidad, un campo más amplio para explorar las posibilidades y, para algunas personas, un mayor atractivo.

A manera de conclusión

El trabajo de reflexionar en torno a conceptos como amor, pareja, monogamia, fidelidad, familia, así como la revisión de las maneras en las que los seres humanos nos hemos relacionado y nos relacionamos actualmente no es ni ocioso ni estéril. Permite, de inicio, comprender que lo que nosotros o nuestro grupo social hemos asumido como inamovible, es modificable en tanto somos nosotros, los seres humanos, quienes fabricamos y aceptamos/rechazamos dichos constructos. Al mismo tiempo, aporta elementos a la discusión en torno a la equidad de género, acercándonos a la erradicación de la violencia contra las mujeres. También, produce indefectiblemente reflexiones en torno a nuestras formas de interactuar unos con otros y a los sistemas familiares que elegimos o no conformar. Finalmente, facilita la concepción de la autorrealización como un proceso individual, subjetivo, con características únicas e irrepetibles, posibilitando su alcance de manera individual o colectiva a elección.

En la medida en la que todos los miembros de la familia, de nuestras sociedades (sin importar su género o incluso su edad), reclamemos nuestro derecho a la autonomía y a someter a revisión los acuerdos desde los que históricamente nos hemos relacionado podremos, como especie, relacionarnos con mayor bienestar psicológico y social.

Bibliografía

Flores, E. (2013) *El concubinato en México: un enfoque de su conformación y derechos*, Jalisco, México: Editorial Universitaria.

Haritaworn, J., Lin C. y Klesse, C. (2006) *Poly/logue: A Critical Introduction to Polyamory*, Sexualities [en línea] Diciembre 2006 9: 515-529. Recuperado el 24 de marzo del 2014 de http://sexualities.sagepub.com

Herrera, C. (2010), *La construcción sociocultural del amor romántico*, Madrid, España: Fundamentos.

Lipton, J. y Barash D. (2003), *El mito de la monogamia: La fidelidad e infidelidad en los animales y en las personas,* Barcelona, España: Siglo Veintiuno

Manrique, R. (1996) *Sexo, erotismo y amor. Complejidad y libertad en la relación amorosa*, Madrid, España: Edicopmes Libertarias, Prohufi.

Pujol, J. y Montenegro, M. (2003), *Los límites de la metáfora lingüística: implicaciones de una perspectiva corporeizada para la práctica investigadora e interventora*, Política y Sociedad [en línea] Vol. 40 N° 1. Recuperado el 3 de marzo del 2011 de http://dialnet.unirioja.es/servlet/articulo?codigo=765901

SanPedro, P. (2004, julio). *El mito del amor y sus consecuencias en los vínculos de pareja*, Página Abierta [en línea] N° 150. Recuperado el 1 de marzo del 2011, de http://www.pensamientocritico.org/pilsan0704.htm

Yela, C. (2003) La otra cara del amor: mitos, paradojas y problemas Encuentros en Psicología Social, 1(2), 263-267.

El mundo afectivo y sexual de la pareja

María Rosa Appleyard Biscotti[40]

Han habido un sin número de trabajos que hacen referencia al aspecto afectivo y sexual de la pareja, desde las primeras investigaciones científicas en el área de la Sexología, que buscan "el cómo y el que" trabajar en cuanto al bienestar de la pareja, identificando factores fisiológicos, psicológicos y/o sociales que intervienen en el desarrollo de la salud integral del individuo y en el equilibrio que permita vivenciar una relación satisfactoria para ambos en una situación de pareja.

En la búsqueda de soluciones para trabajar los diferentes y posibles conflictos en las relaciones de pareja, o simplemente mejorar la calidad de vida afectiva, social o sexual en una pareja, se pueden reconocer actualmente múltiples alternativas que van desde soluciones psicoterapéuticas, médicas, psicosociales, legales, no médicas e incluso aquellas soluciones con menos rigurosidad científica que proponen una salida a estas demandas y como satisfacerlas.

Es importante entender que desde la Sexología Clínica, como ciencia que se encarga del estudio de la sexualidad humana, se ha estudiado y buscado los mejores mecanismos terapéuticos y psicoterapéuticos para mantener o reestablecer la salud integral en el ámbito sexológico del individuo, así como también de la relación en pareja.

Qué es ser pareja? Algunos tipos de parejas

Según la Real Academia Española, la palabra pareja parte del latín *paricŭlus, dim. de par, paris, igual, se podría considerar uno de los conceptos que

---

[40] Psicóloga Clínica - Máster en Sexología y Terapia de Pareja; mariarosa@ecisweb.com ; www.ecisweb.com

hace referencia al "Conjunto de dos personas, animales o cosas que tienen entre sí alguna correlación o semejanza, y especialmente el formado por hombre y mujer"[41].

Desde una visión occidental, si bien este concepto hace alusión principalmente al par formado por un hombre y una mujer, actualmente el término pareja representa simbólicamente al par formado por dos personas que indistintamente de su sexo, deciden crear un vínculo afectivo y/o sexual con otra persona.

Entre las diferentes dinámicas que podrían presentarse en esta formación de la pareja, se puede mencionar entre algunas más comunes: la pareja heterosexual (conformada por un hombre y una mujer), la pareja homosexual (conformada por dos personas del mismo sexo), la pareja ocasional (la conformada en situaciones ocasionales o puntuales), la pareja monogámica (la pareja conformada con una sola persona), la pareja poliamor (conformada por las relaciones de pareja de 3 o más personas al mismo tiempo).

En este último punto, cabe mencionar que existe una diferencia entre la pareja poliamor, la pareja abierta y el intercambio de parejas. Cuando se menciona el vínculo de la pareja poliamor, se hace referencia a las relaciones o vínculos afectivos y/o sexuales que se forman con dos o más personas al mismo tiempo, en donde si bien todos los miembros están en conocimiento y en común acuerdo, no necesariamente se limita al intercambio sexual de pareja con otro par, ni a la posibilidad de tener diferentes relaciones sexuales con otras personas, sino más bien en formar también un vínculo afectivo con ellas, por lo que son personas que pueden formar varias parejas al mismo tiempo desde lo afectivo y lo sexual.

Si bien, esto podría ser común en algunas culturas, y a veces pasa incluso de manera desapercibida y normalizada (como por ejemplo, cuando el hombre por la educación machista que recibe, se permite tener más de una pareja mujer y con cada una de ellas, tiene casa, hijos, familia, etc. Cada una sabe y reconoce de la existencia de la "otra" y vive la relación de una manera compartida, sin embargo la mujer no cuenta con la misma posibilidad de contar con más de una pareja hombre) se debe tener en cuenta, que dependiendo de la región, el hecho de contar con varias parejas al mismo tiempo podría tener incluso implicancias legales, por lo que esta situación en algunos lugares es ilegal.

Tu mundo, mi mundo, nuestro mundo

*Al tratar de entender la relación entre dos personas, que deciden construir una pareja, Álvarez-Gayou (1986) propone considerar para la buena marcha de cualquier pareja, la constitución de tres mundos: **el tuyo, el mío, y el nuestro**. Donde independientemente del grado del vínculo afectivo, se identifica una marcada importancia a los grados de individualidad, considerando que cada uno*

---

[41] http://lema.rae.es/drae/srv/search?id=f9fWxcDP2DXX21w6C1Pj

de los miembros de la pareja, llega con sus propios intereses, necesidades, actividades, relacionamientos, etc. independientes a los de su pareja.

En la conformación de la pareja, los mundos **el tuyo, el mío** se sobreponen para formar un tercer mundo **el nuestro**. Cuando esta sobreposición es muy amplia, reduce e impide la existencia de los mundos individuales, lo que genera un efecto negativo en la relación de pareja, pudiendo generar en uno o en ambos frustración por la falta de individualidad y espacio propio. Del mismo modo, resulta negativo cuando apenas existe contacto entre ambos mundos, donde el mundo perteneciente a ambos es muy débil y las áreas individuales son mucho más fuertes.

Lo recomendable, es la formación de una superposición equilibrada donde los aspectos individuales permitan la conformación de un espacio en común y perteneciente a ambos, sin resultar excluyentes uno del otro.

En este ámbito equilibrado, se registran las actividades compartidas en la pareja: las que tienen que ver con los aspectos de responsabilidad para sostén de la pareja (cuidado de la casa, compras para la casa y supervivencia) respuesta social y recreativa como pareja, también las que involucran actividades y responsabilidades familiares y por último las actividades que correspondan exclusivamente a la pareja.

Aquí podría mencionarse la vida afectiva y sexual de la pareja, como los elementos que hacen a la expresión de cada de uno de ellos ante aspectos que tienen que ver con lo que piensa, siente y hace cada uno con respecto a esa vida de pareja, está influenciado por factores como el autoconocimiento, la comunicación, la educación sexual previa, las propios prejuicios e incluso si existen o no de disfunciones sexuales que influyan y afecten a la expresión de este aspecto exclusivo con la pareja.

La pareja real, la pareja idealizada

Las creencias básicas sobre las relaciones y la naturaleza de la interacción de pareja normalmente se aprende pronto de fuentes primarias como los padres, las costumbres culturales locales, los medios de comunicación de masas y las primeras salidas en pareja. Estos esquemas, o creencias disfuncionales sobre las relaciones muchas veces no están claramente articulados en la mente del individuo pero pueden existir como conceptos vagos de lo que debería ser (Beck, 1990).

En un proceso de enamoramiento, se reconocen diferentes niveles de atracción hacia la otra persona, cuando estos mecanismos de atracción se activan, se van identificando aspectos de la otra persona que conforman lo esperado o deseado con respecto a lo afectivo, el trato, lo sexual, lo físico, lo intelectual, lo relacional, etc.

Muchos de estos elementos están basados en aspectos que tienen que ver con lo aprendido previamente, esto incluye estereotipos, prejuicios, ideales, fantasías, etc. que no necesariamente corresponden a características o reacciones reales de la otra persona.

Incluso, la otra persona trae elementos de su propio aprendizaje que también están enmarcados o influenciados por su experiencia previa, entorno sociocultural, ideas, creencias y que le dictaminan como responder en ese rol de pareja o posible pareja, y lo que probablemente e inicialmente no le permita identificar y compartir aspectos más reales de la otra persona, elementos como virtudes, limitaciones, modos de ver y vivenciar las cosas, incluso patologías o psicopatologías de la pareja.

Entonces, existe una situación en la que la persona es identificada más bien con la pareja idealizada, a partir de lo que se espera de alguien como pareja y de quien las características ideales se fueron acomodando como propias. Esta situación puede generar posteriormente un estado de frustración por un supuesto cambio de ser de la pareja o las constantes diferencias cada vez más evidentes con respecto a lo que inicialmente era ideal.

O ante ciertas conductas y bajo el efecto del enamoramiento, la persona minimiza o no identifica ciertas conductas y características del otro, que posteriormente y en el transcurso de la relación pasan a vivenciarse o considerarse como molestas o que generan conflictos. En el consultorio, durante las sesiones de pareja, surgen comentarios como: "antes eso no era problema, ahora es motivo de discusiones diarias" o "cuando me conoció yo ya era así y eso no era un problema, sin embargo ahora esto es lo que más le molesta de mi".

Entonces, poder identificar ciertos aspectos que tienen que ver con el modelo de persona que se considera ideal como pareja, denota un nivel interesante de autoconocimiento, sin embargo el hecho de compartir e iniciar una relación de pareja precisa de una atención más objetiva del vínculo con la otra persona, de este modo se puede evitar entrar en un juego de expectativas y demandas irreales que posteriormente genere frustraciones o malos entendidos en la relación de pareja.

Al tratar las expectativas irreales, el terapeuta debe referirse a la base misma del sistema de creencias de ambas partes. Al terapeuta le compete ahondar en esos esquemas cognitivos y enseñarles a identificar las creencias erróneas mediante comparaciones y luego a cotejar esas creencias con evidencias alternativas. Esto se hace paso a paso. Es esencial recordar que los individuos dependen de estas estructuras subyacentes de creencias y si uno intenta quitarlas demasiado rápido puede originar resistencia de ambas partes (Dattilio, 1995).

Inicio de la vida de pareja, conformación de la pareja.

Al trabajar en el ámbito psicoterapéutico, y cuando una pareja propone determinado problema en el ámbito del consultorio sexológico a nivel de relación de pareja, uno de los elementos esenciales es identificar como se formó dicha pareja, de que elementos está constituida desde el inicio de su creación. Sobre todo, como cada miembro puede identificar desde que circunstancia o situación se identifica y se siente parte y miembro de esa pareja conformada.

Existen circunstancias que inicialmente permitieron conformar la pareja, elementos que probablemente y necesariamente los unía inicialmente, y que se deberían identificar si siguen presentes al momento de consultar. Algunas de estas circunstancias pueden ser: adversidades compartidas, la soledad, los proyectos compartidos, un buen vínculo afectivo, buen vínculo sexual, etc.

Cuando la relación se basa exclusivamente en uno de estos factores, y no existe un trabajo más amplio en la relación, si por alguna circunstancia el factor inicial disminuye o desaparece, podría terminar la relación que se ve afectada desde la base.

Contratos y/o acuerdos de pareja

Al momento que se va estableciendo la pareja, y a medida que las interacciones se van desarrollando en ambos, surgen y se pueden identificar las diferencias con el otro. Generalmente una manera de manejar estas diferencias, o desacuerdos es crear un sistema de reglamentos internos en relación a la pareja que permita mejorar la convivencia.

Cuando este sistema de reglamentaciones no surge de un acuerdo consensuado, y se consideran que en la pareja hay ciertas cosas que deberían darse inmutablemente, por sobretodo cuando no existe una clara definición de los aspectos que corresponden a dichas reglas, esto puede generar ciertas desavenencias.

Cuando en la relación de pareja, se dan circunstancias que identifican de manera real aquello que la pareja no hace o no hará en la relación, podría hacer que bajen las expectativas con respecto a lo que uno espera del otro, esto deberá generar que cada uno se tenga que a adaptar de manera real a que cosas esperar y que no de la pareja.

Sin embargo, cuando las expectativas aumentan sin considerar lo que el otro ofrece realmente, lo que en un momento es deseo o expectativa podría convertirse en una regla absoluta y su falta se traduce en un enojo o malestar en la relación.

Según Beck (1990), En cierto modo, las reglas son tan obligatorias para el cónyuge, como lo es el pago de un impuesto. Cuando esta obligación no se cumple, se considera al cónyuge como un trasgresor y de esa manera parece justificado el castigo, por lo general en forma de regaño. Los problemas surgen porque esta línea de pensamiento en raras oportunidades se hace explícita. Estas reglas matrimoniales son obligaciones no negociables e irrevocables que a menudo se imponen sin que el cónyuge conozca su existencia y, por cierto, sin que el/ella las hubiera acordado.

Continúa diciendo, Esas reglas pasan a ser consideradas como derechos, y luego se convierten con facilidad en exigencias... El cónyuge autor de la regla da por sentado que su propia formula es universal.

Ejemplos de estos sistemas de reglamentación traídos al consultorio, se pueden apreciar en las siguientes afirmaciones: "es mi pareja, se tiene que encargar de mí", "si me ama, tiene que hacerse cargo de lo que me pasa", "si está conmigo, tiene que hacer las cosas como yo quiero, ese es el precio".

La falta ante estas reglas que podrían convertirse en imperativos, podrían acarrear además de malestares en la vivencia de la relación, interpretaciones erróneas y posteriores tomas de decisiones a partir de las mismas.

Una vez más, poder identificar que la relación se construye de a dos, y que los elementos a negociar resultan de una comunicación clara y realista, permite hacer frente a la crisis y posterior crecimiento de la relación de pareja o de la resolución de problemas dentro de la misma.

Comunicación en la pareja

En el contexto psicoterapéutico, un porcentaje muy elevado de parejas consulta por motivos relacionados a la falta o la mala comunicación entre ellos.

En cuanto a la comunicación, básicamente podría referirse a tres formas básicas de comunicarse en la pareja: la Comunicación Asertiva, la Comunicación Pasiva y la Comunicación Agresiva. Estas dos últimas hacen referencia a un tipo de comunicación inadecuada en el ámbito de la relación de pareja.

Cuando se utiliza la violencia, la comunicación está basada en elementos que perjudican a ambos miembros de la pareja, las agresiones físicas, psicológicas y verbales hacen que el vínculo se deteriore muchos más, pudiendo poner en riesgo incluso la vida de sus integrantes y terceros. Exige un nivel de intervención que involucra todos los niveles de intervención.

Una comunicación pasiva, también podría estar asociada a un tipo de comunicación agresiva, en la que una de las partes no participa o la participación es casi nula. Lo que tampoco permite asumir con responsabilidad la relación y sus acuerdos. Se podría medir la capacidad de confrontación, el significado de los silencios y la capacidad de asumir las propias posturas y responsabilidades dentro de la relación de pareja.

Muchas veces la capacidad de escucha o la predisposición a una conversación productiva sin reclamos, regaños o agresiones verbales no está presente en uno o en ambos miembros de la pareja. Esto no solo no permite resolver los conflictos relacionados a la pareja, sino que también propicia un estilo violento o inadecuado de aprendizaje de comunicación, y que se puede trasladar como modelo de aprendizaje a los hijos.

El desgaste que puede significar llegar a acuerdos, a consensos o la imposibilidad de contar con herramientas verbales, evita la comunicación asertiva e impide de este modo el crecimiento como pareja.

Por lo tanto, una comunicación asertiva entre pareja, propicia la posibilidad de conocimiento, crecimiento y solidificación del vínculo. Permite crear un ambiente de respeto de las propias necesidades y las del otro, también permite plantear soluciones realistas basadas en las expectativas y compromisos de cada uno de los miembros y asumir responsablemente las acciones dentro de la resolución de problemas. Estas habilidades pueden ser entrenadas con el terapeuta y medidas y registradas para mayor y mejor reconocimiento de cada miembro de la pareja.

Problemas más comunes en la relación de pareja
Problemas en el ámbito sexual

El hecho de que uno de los miembros de la pareja, o ambos se encuentre con una disfunción sexual, implica el involucramiento de ambos, incluso la manera de llevar o vivenciar el vinculo de pareja podría ser el causante o reforzador de dicha disfunción sexual, también es importante considerar otros aspectos que podrían ser los factores predisponentes como ser los aspectos médicos/fisiológicos, socio culturales y educativos, las experiencias sexuales negativas, los procesos de aprendizaje que resultan en condicionamientos negativos o aversivos o el aprendizaje de modelos inadecuados, los factores familiares que pudieran influenciar así como la vivencia de las diferentes etapas evolutivas como la adolescencia y la edad adulta mayor. Considerar los elementos constitutivos de la disfunción sexual, el diagnostico pertinente, el tratamiento, seguimiento y el involucramiento de la pareja durante el proceso. Se reconoce actualmente y dependiendo del caso, que las intervenciones en las que personas acompañadas por sus parejas en el proceso terapéutico y psicoterapéutico tienen un mejor pronóstico.

Problemas de comunicación

El entrenar en comunicación efectiva o asertiva y en métodos de resolución de problemas es un elemento básico en la realización de la terapia de pareja, sobre todo en los Modelos de Terapia Cognitivos y Conductuales.

Entrenar en habilidades de comunicación, es identificar y permitir desarrollar elementos que tienen que ver con la escucha activa (descartar que no exista impedimentos orgánicos) y el poder expresar de manera concreta y asertiva lo que se desea en la relación, sobre todo ponerlas en práctica e identificar los beneficios de las mismas. Con el asesoramiento del terapeuta, que la pareja pueda identificar que elementos de su propio estilo de comunicación estarían interfiriendo en el desarrollo y progreso de la comunicación asertiva.

Elementos culturales

Los aspectos socio culturales afectan a las creencias y expectativas que las personas pueden formarse con respecto a las relaciones de pareja, las presiones sociales, así como los mandatos culturales tienen un peso importante al momento de generar las identificaciones, roles sexuales, creencias, estatus socio económico. Cada persona trae consigo una historia cultural personal y genera sus vivencias, influenciadas a partir de estos estamentos.

> *Es necesario que los terapeutas sean sensibles a la hora de evaluar estos valores, especialmente cuando los miembros de la pareja pertenecen a culturas distintas a la del terapeuta. Como mínimo, si el terapeuta intenta comprender el contexto cultural de las creencias de la pareja, esto ayudara al rapport terapéutico. (Dattilio, 1995).*

Otro aspecto que podría considerarse aún sigue siendo, el que tiene que ver con las orientaciones sexuales, si bien las circunstancias y las razones para hacer terapia de pareja, podrían ser las mismas que las de una pareja heterosexual, existen aspectos socioculturales que todavía pueden estar influenciando en el hecho de ser y vivir como una pareja homosexual o lesbiana. La autopercepción con respecto al tema, los propios prejuicios, el contexto social, incluso las creencias religiosas y los miedos propios y del entorno próximo hace que algunas parejas homosexuales o lesbianas tengan que enfrentarse a realidades diferentes a las de otras parejas. Es de suma importancia, que el terapeuta tenga trabajado su sistema de valores y creencias personales, de modo a que eso no influya en su deber profesional.

Situaciones con l@s hij@s

El hecho de decidir tener hij@s o no, cuantos, en que circunstancias y si se cuenta con las condiciones económicas necesarias son temas que influyen en la toma de decisiones en la relación de pareja, un embarazo no planificado podría vivenciarse como una crisis dentro de la relación de pareja o como una situación de renovación en la pareja y que implique cambios y un nuevo proyecto positivo dentro del vínculo de pareja, sin embargo al ser inesperado implica reestructuraciones.

Los temas que hacen a las diferentes etapas evolutivas del niño o la niña, así como aspectos como enfermedades, discapacidades o muerte de un/a hij@ o hij@s, tienen fuerte influencia en la manera de ir resolviendo las situaciones que se presentan durante el vínculo de pareja y la toma de decisiones.

Enfermedad de uno o ambos miembros de la pareja

Así también, el enfrentar la noticia de la enfermedad (crónica o degenerativa, o trastorno psiquiátrico, etc.) de uno o ambos miembros de la pareja, puede generar inicialmente una crisis, pero también implica una reorganización de los aspectos actuales, desde el diagnóstico, tratamiento, recursos económicos disponibles, recursos sociales, reorganización en la casa, expectativas de vida, etc. Esto podría tener repercusiones en los ámbitos físico, psíquico, afectivo, así como también en el ámbito sexual de ambos miembros de la pareja.

Situaciones de Violencia en la Pareja

Un elemento común en las culturas latinoamericanas y en otros lugares del mundo, es el problema persistente de las situaciones de violencia a nivel intrafamiliar, reconociéndose como una de las primeras causas de muerte en las mujeres, que siguen siendo la más afectada por esta situación.

Un elemento fundamental a considerar, es que al tratar situaciones de violencia en la pareja, es recomendable hacer las intervenciones por separado, no tener a ambos miembros de la pareja en el proceso psicoterapéutico, del mismo modo debe medirse riesgo de muerte para ella y los hijos (en caso de haberlos) en caso de ser asi, se debe realizar un trabajo conjunto con otros profesionales, como trabajadores sociales, abogados, policías, médicos, etc.

Las terapias cognitivas resultan muy efectivas, al momento de trabajar con modelos de creencias comunes que sostengan este tipo de vínculo, desarrollando una estrategia de trabajo que permita identificar los elementos que envuelven a los pensamientos, conductas y actitudes violentas, así como a los mecanismos que intervienen en las respuestas a estos estímulos.

Infidelidad

El quiebre de la confianza básica en la pareja, posterior a una situación de infidelidad, y según como sea vivenciada la circunstancia también puede provocar una situación de crisis en la relación. Si bien esta situación podría señalar un cierre o termino de la relación, no necesariamente lleva este significado. Hay factores a considerar al momento de trabajar una infidelidad, que aspectos necesariamente se van a trabajar en conjunto con la pareja: sentimientos de culpa, desconfianza, venganzas, o elementos que tienen que ver con retomar la relación, reestablecer la confianza, resolver y enfrentar los motivos de la infidelidad o llegar a una separación definitiva.

Aquí se consideran las decisiones que tome la pareja como tal, y se pueden trabajar los aspectos que resulten los más saludables para ambos miembros de la pareja, sin que eso implique que el terapeuta termine decidiendo por ellos.

Terapia cognitiva con parejas: etapas de tratamiento (Dattilio, 1995)

1. **Historia y conceptualización de los problemas de la pareja**.
   - Reunir información para la evaluación.
   - Explicar el modelo de tratamiento en función a la historia de la pareja.

2. **Manejo de la ira**
   - Simplemente enfriar y contener los aspectos negativos.

3. **Aumentar las conductas positivas en la relación.**
   - Restablecer la base positiva de la relación.
   - Ayudar a establecer una expectativa positiva de cambio.
   - Introducir un espíritu de colaboración en las interacciones de la pareja en casa.

4. **Enseñar a la pareja a identificar, evaluar y responder a pensamientos centrales automáticos.**
   - Enseñar la identificación de pensamientos automáticos.
   - Asignar la tarea de anotar pensamientos automáticos durante los problemas.
   - Enseñar a la pareja a evaluar y comprobar sus pensamientos automáticos en la sesión y en casa.

5. **Enseñar habilidades de comunicación.**
   - Usar técnicas estándar.
   - Combinarlo con la precisión por parte de la pareja de que los pensamientos automáticos interfieren con la escucha y expresión afectiva; evaluar y comprobar estos pensamientos automáticos.

6. **Explorar el tema de la ira.**
   - A nivel superficial, aprender a evaluar los pensamientos automáticos relacionados con la ira.
   - A nivel más profundo, identificar dudas secretas, heridas y temores que alimentan las situaciones de ira.
   - Ayudar a los individuos y a la pareja a responder a estas dudas, heridas y temores, de modo a que las amenazas percibidas puedan ser resueltas de manera más constructiva.

7. **Enseñar estrategias de resolución de problemas.**
   - Usar técnicas estándar.

- Identificar y cotejar creencias que interfieren con los métodos estándar.

8. Identificación y cambio de actitudes funcionales y supuestos centrales.
- Es importante para individuos y parejas con sistemas de creencias rígidos.
- Examinar las raíces históricas de las creencias disfuncionales centrales.
- Comprobar la utilidad y validez actual de tales creencias.
- Ayudar a construir actitudes más adaptativas a través de experimentos conductuales cuidadosamente diseñados, registros de predicción y registro de nuevas experiencias.

9. Prevención y recaídas.
- Repasar los principios y estrategias de resolución de problemas aprendidos.
- Anticipar problemas futuros y proponer soluciones.
- Fijar una entrevista de seguimiento tras la finalización de la terapia.

Haciendo un monitoreo, según corresponda con intervalos de sesiones conjuntas y sesiones individuales con cada miembro de la pareja.

Consideraciones finales

Reconocer la importancia de los diferentes aspectos y elementos de la vida en pareja en cuanto a la salud integral en lo afectivo, sexual, relacional, etc. permite identificar lo complejo, dinámico e inacabado que resulta su estudio, la identificación de estas consideraciones generales permite posicionarse en una guía de acción terapéutica o psicoterapéutica y al momento de trabajar con uno a varios de estos aspectos, no se puede negar que cada pareja y cada circunstancia de esta pareja es un mundo único e irrepetible por explorar. Por lo tanto, como terapeutas en el área de la sexualidad humana, nuestro único deber es velar por que esa experiencia sea la más saludable para cada pareja.

Bibliografía

Dattilio, Frank M. y Padesky, Christine A. "Terapia Cognitiva con parejas". Editorial Desclee De Brouwer. Bilbao, 1995.

Costa, Miguel y Serrat- Valera, Carmen. "Terapia de parejas – Un enfoque conductual". Alianza Editorial. Madrid, 2010.

Álvarez – Gayou, J.L. "Sexoterapia Integral". Editorial El Manual Moderno, S.A. de C.V. México, D.F, 1986.

Beck, Aaron T. "Con el Amor no Basta". Editorial Paidós Iberica, S.A. Buenos Aires, 1990.

Aller Atucha, Luis María. "Nosotros los infieles" El matrimonio y sus permisos en el siglo XXI. MPS Editora. Buenos Aires, 2008.
[1] http://lema.rae.es/drae/srv/search?id=f9fWxcDP2DXX21w6C1Pj
http://www.ecisweb.com/educacin/cursos/

Complejidades, dificultades y costos a contemplar y superar en la creación de Programas Estratégicos de Educación Sexual Efectivos.

Cruz Yayes Barco[42]

1) Introducción.

Abordaremos este tema, a partir del enfoque de la planificación estratégica territorial prospectiva y teniendo como marco referencial general la sociedad del conocimiento y el uso de las poderosas Tecnologías de la Información y la Comunicación Social.

Tendremos como punto de orientación una afirmación que hemos acuñado y usado desde el inicio de nuestros estudios, investigaciones y trabajos en el campo de la sexología, una especie de axioma que relaciona e integra la pedagogía sexual con la sexología médica: **"Sin salud sexual de los adultos no habrá educación sexual a las nuevas generaciones."**. Aspiramos que esto se convierta en un tema de estudio, discusión y ojalá produzca los resultados positivos que hemos podido disfrutar con su utilización en todos los procesos de terapia y educación sexual.

Lo que aquí presentamos es el producto provisional dentro de un proceso de sistematización que venimos realizando desde una práctica profesional con base a los estudios, investigaciones, servicios y programas diversos, realizados en el campo de la terapia, pedagogía, orientación, nueva evangelización y comunicación sexológica a través de la prensa, radio, televisión y la Web a través de cuarenta y dos años cuando iniciamos los estudios de licenciatura de filosofía, en la Universidad del Zulia y que luego complementamos, profundizamos y ampliamos con los de post grado en el Centro de Investigaciones Psiquiátricas, Psicológicas y Sexológicas de Venezuela, bajo la dirección y asesoría del sexólogo venezolano Fernando Bianco.

---

[42] Sexólogo, Táchira, Venezuela.

Haremos una aproximación a la realidad compleja, complicada y costos en muchas formas que hay que manejar en el diseño, implantación y desarrollo de programas estratégicos de educación sexual integral que ofrezcan alguna posibilidad de éxito y un nivel satisfactorio de efectividad dentro de las instituciones escolares en los distintos niveles y modalidades del sistema educativo nacional venezolano; con alguna aplicabilidad a todos los países de América Latina y El Caribe y más allá de nuestro Continente.

El primer abordaje, lo haremos respecto a realidad jurídica existente en nuestro país, donde identificaremos los Artículos donde explícitamente se reconocen y consagran los derechos a la educación sexual y a la salud sexual y reproductiva de niños, niñas, adolescentes, mujeres y adultos mayores; por cuanto a partir de estas Leyes se desprenden Resoluciones y otros actos administrativos de creación de programas y servicios de tal naturaleza; con la alerta de no dar por asentado que al contar con Leyes, Resoluciones o crear Programas y Servicios estos van a ser diseñados, desarrollados, evaluados, tener control y seguimientos para hacerlos efectivos en el cumplimiento de sus objetivos para los cuales han sido creados. Existe un trecho entre el universo jurídico con el político y con el pedagógico o sanitario que se hace mucho más grande en lo que se refiere a la educación sexual y la salud sexual.

El segundo abordaje, sobre esa dimensión que corresponde a los sistemas de creencias, principios, valores, actitudes, prejuicios, dogmas, mitos y comportamientos que se observan a nivel personal o grupal y que se han construido y transmitido en las sociedades y cultura a través de las generaciones durante siglos y milenios por las religiones y todos los aparatos ideológicos como el arte, filosofías y las llamadas ciencias médicas, humanas o sociales: siendo la familia la organización social fundamental junto a las instituciones escolares y en las últimas décadas los medios de comunicación social y más recientemente la Internet con sus redes sociales.

El tercer abordaje lo enfocaremos sobre el grado de desarrollo y presencia de las ciencias sexológicas en los ámbitos académicos y de los servicios de salud y educación público y privado. Esto nos permite tener un inventario elemental de los recursos humanos capacitados que se cuentan en los territorios y organizaciones para el diseño y desarrollo de los programas estratégicos de educación sexual efectivos.

El cuarto abordaje lo haremos sobre la cultura sexual emergente creada por la explosión de los medios de comunicación social sin control del Estado, la Familia, la Iglesia ni de ninguna institución que no sea las leyes del mercado de la oferta y la demanda, asociada con la mercantilización del sexo dentro de una sociedad con carencias o necesidades creadas desde la represión sexual heredada y la publicidad desbordada para la conquista de un Paraíso Erótico-Sexual o un

Mundo Sexual Celestial que tuvo su expresión en la obra la Cama Celestial de Erwin Wallace.

El último aspecto a abordar, corresponde al que parece más sencillo y según nuestra experiencia es el más complicado, complejo y difícil de abordar en la realidad, cuando hemos intentado diseñar y realizar los programas estratégicos de educación sexual en territorios y organizaciones. Esto es la capacitación y motivación a quienes están llamados a diseñar, realizar, evaluar, controlar y darle seguimiento a los procesos que requiere un programa estratégico de educación sexual efectivo en cualquier institución educativa o territorio.

2) Los Derechos Sexuales de los Niños, Niñas, Adolescentes y Jóvenes.

En la República Bolivariana de Venezuela, a partir del año 1998 se promulgó una Ley Orgánica de Protección a los Niños y Adolescentes, en la cual se reconocen y consagran los Derechos a la educación sexual que sirva para la salud sexual y reproductiva, la equidad e igualdad de género, la paternidad y maternidad responsable para los niños, niñas, adolescentes, jóvenes y sobre los derechos sexuales a adultos mayores en situación de atención geriátrica.

Las Leyes respecto a la Mujer están redactadas en una fórmula negativa por cuanto se ocupa de enfrentar la violencia más que reconocer derechos sexuales y reproductivos y ni siquiera reconocer y establecer el Derecho a la Igualdad y Equidad de Género. Un Proyecto de Ley Orgánica sobre Igualdad y Equidad, aprobado en Primera Discusión por la Asamblea Nacional a mediados del año 2009 se engavetó a partir del rechazo que tuvo de parte de la Conferencia Episcopal Venezolana y de otros sectores religiosos naturalmente aliados y también de otros grupos políticos, sociales y de opinión oportunistas y necesitados de congraciarse con los obispos y líderes religiosos.

Veamos el Artículo 50 de la Ley Orgánica de Protección del Niño y los Adolescentes en su primer parágrafo, la cual fue reformada en el 2007 y se mantuvo casi idéntica: "Todos los niños y adolescentes tienen derecho a ser informados y educados, de acuerdo a su desarrollo, en salud sexual y reproductiva para una conducta sexual y una maternidad y paternidad responsable, sana, voluntaria y sin riesgos.". Esto sería suficiente para desencadenar una cascada creativa de programas y servicios de educación sexual en toda la nación. No ha sucedido así, a pesar que en el segundo párrafo se establece: "El Estado, con la activa participación de la sociedad, debe garantizar servicios y programas de atención de salud sexual y reproductiva a todos los niños y adolescentes.". (1) http://www.defensoria.gob.ve/dp/index.php/leyes-ninos-ninas-y-adolescentes/1347

Esta referencia al Estado le exige responsabilidades que van más allá de ser garante sino quien debe junto con la sociedad crear los servicios y programas y abre la posibilidad de demandar al Estado por incumplimiento de lo que aquí debe garantizar y la demanda procedería también en contra de la sociedad, cuando incumpla su responsabilidad también de participar.

Sin embargo esto nos lleva a establecer una realidad compleja y difícil de superar como lo es que tanto los funcionarios de los Organismos Gubernamentales como los miembros de la Sociedad Civil, se encuentran envueltos en el Círculo de la Ignorancia Sexual, blindados y protegidos por el escudo socio-cultural del tabú sexual. Consecuencia: a 14 años de haber entrado en vigencia la LOPNA promulgada por el presidente Rafael Caldera, no tenemos programas de educación sexual suficientemente efectivos o en procesos de crearlos considerando todos sus requerimientos.

Sumamos a la LOPNNA, una Ley más reciente, creada en el período del gobierno bolivariano; la Ley Nacional de la Juventud, del 14-03-2002. En el Artículo 21 se reconocen y consagran los derechos en forma similar a los de la LOPNNA y reformada a los pocos años, en el 2009 quedando con el nombre de se enfatiza la responsabilidad del Estado en satisfacerlos: Artículo 23: "Del derecho a la salud sexual y reproductiva. El Estado garantizará a los y las jóvenes la información y educación sexual, servicios y recursos necesarios para el mantenimiento de la salud sexual, reproductiva y sana.". (2)http://planipolis.iiep.unesco.org/upload/Youth/Venezuela/Venezuela_Ley_para_el_poder_popular_de_la_juventud.pdf

En la realidad encontramos en muchas instituciones del Estado Venezolano "embriones de programas y servicios" atendidos por personal no capacitado suficientemente y no permanentes; por lo tanto poco efectivos.

También se han publicado resoluciones y decretos ministeriales en salud, educación y otros ministerios, con iguales resultados. Se logran elaborar y publicar Manuales, Guías y se ordenan crear programas y servicios. Todo queda en suspenso, en promesas, declaraciones inclusive el año pasado del Presidente de la República y de algunos Ministros del Sector Social.

La promulgación de la LOPNA en 1.989 se presentaba como algo caído del cielo de golpe en el gobierno social cristiano de Rafael Caldera, pero resultó de la "Convención sobre los Derechos del Niño", Adoptada y abierta a la firma y ratificación por la Asamblea General en su Resolución 44/25, de 20 de noviembre de 1989 y la cual entró en vigor el 2 de septiembre de 1990. En su Artículo 24.f) leemos: "Desarrollar la atención sanitaria preventiva, la orientación a los padres y la educación y servicios en materia de planificación de la familia."; y en el Artículo 34: "Los Estados Partes se comprometen a proteger al niño contra todas las formas de explotación y abuso sexuales.". Así que tenía un retraso de diez años de su adopción.

Lo más reciente en nuestro país sobre Leyes y Programas del Gobierno Nacional en la Ley del Plan de la Patria 2.013-2019; Publicada en Gaceta Oficial de la República Bolivariana de Venezuela No 6.118 Extraordinario, 4 de diciembre de

2013. "Objetivo: 2.2.10.9. Fortalecer la atención de la salud sexual y reproductiva de la población venezolana con énfasis en los sectores de mayor vulnerabilidad y exclusión.".

En varios países de América Latina y El Caribe se han elaborado y aprobado Leyes de distinta naturaleza y características; las cuales están en sintonía con la Convención Internacional de los Derechos del Niño y de acuerdo a la dinámica política, social, cultural, religiosa y pedagógica específica de cada uno de ellos. En Congresos de Salud Sexual y Educación Sexual, en los cuales hemos participado desde 1.986 a nivel mundial, latinoamericano y nacional hemos escuchado de los ponentes de una forma reiterativa las oposiciones que se han tenido para lograr la redacción y aprobación de esas Leyes y la brecha por superar para la creación de programas y servicios que tengan suficientes respaldos políticos y financieros.

Esperamos que se motiven sexólogos de nuestros países latinoamericanos y caribeños para que trabajemos de manera coordinada, en un estudio que nos permita conocer de forma más profunda y completa, sobre esta realidad de tipo jurídica en relación con sus implicaciones en la creación de programas y servicios de educación sexual efectivos.

3) Sistemas de creencias, principios, valores, actitudes, prejuicios, dogmas, mitos y comportamientos que se observan a nivel personal o grupal.

Hemos realizado un trabajo de investigación desde 1.984 hasta 1.988, titulado "Actitudes de los obispos, sacerdotes, religiosas y laicos hacia la sexualidad.". Investigación hecha bajo la asesoría del sexólogo Fernando Bianco; con la cual nos aproximamos al conocimiento de las creencias, principios, valores, actitudes, prejuicios, dogmas, mitos y comportamientos, que se observan de manera notoria y frecuente a través de distintas formas a nivel personal o grupal en toda la geografía de la República Bolivariana de Venezuela.

Durante el desarrollo de las asignaturas y estudios de casos, correspondiente al período académico de la Maestría (1.982-1.984), pudimos tomar conciencia del poderoso obstáculo que representaba la Iglesia y socio cultura por ella formada, para el desarrollo de la sexología a nivel nacional como para la creación de programas y servicios de educación y terapia sexual.

El tabú sexual es lo más característico de la cultura y comportamiento sexual del venezolano, acompañado de una solución de popular con el uso de un lenguaje vulgar y grosero de todo lo que tiene que ver con la sexualidad y reproducción.

También revelamos la asociación muy frecuente entre sexo y pecado, seguido de los sentimientos de culpa, pena, vergüenza, timidez, miedos que sostienen y reproducen el tabú sexual.

No ha llegado la sexología en la formación de los profesionales de la salud, de la educación, de los juristas, de los orientadores, de los psicólogos, comunicadores sociales y mucho menos al clero y las religiosas. Por lo tanto la ignorancia es común a todos con sus pocas excepciones que lo han logrado por iniciativa personal o profesional a través de instituciones privadas y servicios públicos muy escasos y deficientes.

La doble moral, la doble vida y la prevalencia del machismo en todos los estratos sociales con muy pocas diferencias de uno a otros.

Consideración del tema sexual como un tema escabroso que se puede ilustrar como un tema que esconde muchos problemas y situaciones que afectan la honra, la buena fama, el prestigio de personas, familias e instituciones. Una especie de Caja de Pandora que lo mejor es no asomarse y menos abrirla. Secreto de familia sería la fórmula verbal que más la definiría. Cuando se abre es a través de crímenes sexuales horrendos y la violencia sexual a niños, niñas, adolescentes y mujeres en los ambientes familiares e institucionales quedan más ocultos, silenciados y no denunciados que denunciados.

Ante el tratamiento del tema sexual, en los medios de comunicación se tienen horarios "solo para adultos" de acuerdo más a la costumbre y la tradición que a la letra y al espíritu de la Ley que clasifica los programas. Funciona más la autocensura de los comunicadores sociales, periodistas, locutores, productores, directivos y dueños de los medios de comunicación. Los profesionales de la sexología actúan bajo ese tipo de censura difusa y cuando producen programas tiene que ser en horario para adultos y no apto para niños o adolescentes.

Se sigue asimilando sexo a pornografía produciendo temores, miedos de escándalos, rechazo, denuncia e inclusive demandas judiciales con consecuencias penales en educadores, orientadores, psicólogos y personal docente en todos los niveles y modalidades del sistema educativo; por lo cual la conducta que prevalece es "no me meto en problemas" y se mantiene y reproduce la indiferencia, la falta de interés, motivación y compromiso con el mandato legal o las exigencias programáticas. Se recurre a trucos, subterfugios, chanchullos, trampas, mecanismos de evasión bien visto, simulaciones y como decía mi madre marramuncias para quedar bien no haciendo nada, haciendo poco o haciendo que lo hagan otros o los propios niños, adolescentes y jóvenes con la mínima participación y exposición a consecuencias temidas por los profesionales de la educación y hasta de la salud.

En conclusión: si todos somos prisioneros del Ciclo de la Ignorancia Sexual el Tabú Sexual y de todos los sistemas de creencias, principios, valores, actitudes, prejuicios, dogmas, mitos y comportamientos sexuales patológicos, disfuncionales y hasta criminales que se observan o se ocultan a nivel personal o grupal; esto significa que se tiene una aprobación general en todos los ambientes y niveles de la vida social cuando no se trata el tema sexual. Cuando se introduce responde el cuerpo social y cultural con todo su sistema defensivo, seamos o no conscientes de ello.

El mayor obstáculo a superar en la mayoría de los territorios y organizaciones en nuestro país, para la conquista de los derechos sexuales, por parte de sus ciudadanos, algo que se ha venido revelando a profundidad en todo el continente americano, ha sido la Iglesia Católica y el respaldo de otras religiones; hasta en el Estado de Nueva York, se había suspendido la educación sexual en la High School, por más de diez años, durante el comienzo del presente siglo XXI y eso a pesar de ser sede de la ONU centro desde donde se promueven y crean instrumentos legales, políticos y recursos financiares sobre programas que requieren para su desarrollo del dominio sexológico.

Hemos creado una estrategia, táctica y recurso para abordar y comenzar a superar a mediano y largo plazo este obstáculo de tipo religioso para el diseño de programas de educación sexual, ha sido el más completo y profundo conocimiento y divulgación, de las obras provenientes del centro del poder de la Iglesia Católica y esto lo encontramos de una manera extraordinaria en la producción bibliográfica y documental de Juan Pablo II como sexólogo antes de ser consagrado Papa y durante el ejercicio del Magisterio Supremo de la Iglesia.

En el libro "Amor y Responsabilidad"; publicado en 1.959, Karol Wojtyla, ya consagrado obispo, revela de manera clara su condición de sexólogo: (3) http://www.mscperu.org/.../Amor.../1AmorResponsJPIIIndex.htm Esto lo podemos observar de forma calara en el contenido del anexo de este libro, el cual viene a ser un pequeño libro independiente de la obra y que le sirvió de base, referencia y aval, precisamente en lo que se refiere al dominio específico de la sexología médica.

El anexo tiene el título de: "La Sexología y la Moral" y contiene: Revisión complementaria. 1. Introducción; 2. El sexo; 3. La tendencia sexual; 4. Problemas del matrimonio y de las relaciones conyugales; 5. El problema de la regulación de los nacimientos; 6. La psicoterapéutica sexual y moral.

A continuación presentamos un número de citas motive el estudio completo y detenido de este producción sexológica, la cual se mantuvo bien guardada durante los años del largo pontificado de Juan Pablo II.

Citas de lo escrito por Karol Wojtyla:

> "Los sexólogos constatan que la curva de excitación de la mujer es diferente de la del hombre: sube y baja más lentamente. Anatómicamente hablando, la excitación en la mujer se produce de una manera análoga a la del hombre (el centro se halla en la médula S2-S3), con todo, su organismo está dotado de muchas zonas erógenas, lo cual es una especie de compensación del hecho de que su excitación crezca más lentamente. El hombre ha de tener en cuenta esta diferencia de reacciones…".

> "Existe en este terreno (la vivencia sexual conyugal) un ritmo dictado por la naturaleza que los cónyuges han de encontrar para llegar al mismo momento al punto culminante de excitación sexual.".

"Cuando la mujer no encuentra en las relaciones sexuales la satisfacción natural ligada al punto culminante de la excitación sexual (orgasmus), es de temer que no sienta plenamente el acto conyugal, que no embarque en él la personalidad entera, lo cual hace particularmente a la neurosis y trae consigo una frigidez sexual, es decir una incapacidad de sentir excitación, sobre todo en su fase culminante.".

"Pero a veces, es la consecuencia del egoísmo del hombre, que al no buscar más que su propia satisfacción, muchas veces de una forma brutal, no sabe o no quiere comprender los deseos subjetivos de la mujer, ni las leyes objetivas del proceso sexual que en ella se desarrolla…".

Y, para lo que corresponde al objetivo de esta publicación, Karol Wojtyla, nos da el mayor respaldo, jamás imaginado por muchos sexólogos y menos obispos, sacerdotes o profesionales de la salud y educación que son "más papas que todos los papas con posiciones moralistas, hipócritas o farisaicas, por supuesto con la excepción de Juan Pablo II: "Para evitarla, es indispensable una educación sexual… que no se limitare a la explicación".

Del Papa Juan Pablo II, encontramos en el mensaje a los jóvenes de Venezuela, en su Segunda Visita en 1.996 lo siguiente: "Quiero, en este momento, hacer un llamado a vuestros padres y profesores, y a todos los responsables de la educación en Venezuela … Es una ilusión pensar que se puede construir una verdadera cultura de la vida, si no se ayuda a los jóvenes a comprender y vivir la sexualidad, el amor y toda la existencia según su verdadero significado y su íntima correlación»".

San Juan Pablo II, deja una obra en su catequesis en las Audiencias Públicas de los miércoles sobre la Teología del Cuerpo y en varias Encíclicas y Documentos, en los que se incluyen al Nuevo Derecho Canónico de 1983 y el Catecismo de la Iglesia Católica en 1992.

Es importante ir a este depósito de sabiduría, el cual la tradición, la legislación, doctrina, cultura y realidad sexual dominante en el Vaticano, lo condicionó y limitó en sus potencialidades de transformar una Iglesia que todavía lo mantiene oculto y atrapado en las tinieblas contra el sexo con sus repercusiones negativas en las actuaciones de la Iglesia, en todos sus espacios de dominio socio cultural, político, jurídico, pedagógico, moral y espiritual.

Algo todavía más impensable, nos lo ofrece el sucesor del Papa Juan Pablo II, el Papa Benedicto XVI en su Primera Encíclica "Deus Caritas Est."; donde también le dedica unas valiosas apreciaciones sobre el sexo o la sexualidad. (4) http://www.vatican.va/holy_father/benedict_xvi/encyclicals/documents/hf_ben-xvi_enc_20051225_deus-caritas-est_sp.html

Veamos algunas citas:

> "Los antiguos griegos dieron el nombre de eros al amor entre hombre y mujer, que no nace del pensamiento o la voluntad, sino que en cierto sentido se impone al ser humano.".
>
> "El cristianismo, según Friedrich Nietzsche, habría dado de beber al eros un veneno, el cual, aunque no le llevó a la muerte, le hizo degenerar en vicio."
>
> "El filósofo alemán expresó de este modo una apreciación muy difundida: la Iglesia, con sus preceptos y prohibiciones, ¿no convierte acaso en amargo lo más hermoso de la vida? ¿No pone quizás carteles de prohibición precisamente allí donde la alegría, predispuesta en nosotros por el Creador, nos ofrece una felicidad que nos hace pregustar algo de lo divino?"
>
> "Los griegos —sin duda análogamente a otras culturas— consideraban el eros ante todo como un arrebato, una «locura divina» que prevalece sobre la razón, que arranca al hombre de la limitación de su existencia y, en este quedar estremecido por una potencia divina, le hace experimentar la dicha más alta.".
>
> "En estas rápidas consideraciones sobre el concepto de eros en la historia y en la actualidad sobresalen claramente dos aspectos. Ante todo, que entre el amor y lo divino existe una cierta relación: el amor promete infinidad, eternidad, una realidad más grande y completamente distinta de nuestra existencia cotidiana."

El Papa Benedicto XVI introduce la terapia sexual como una exigencia para alcanzar las bondades del sexo:

> "Pero, al mismo tiempo, se constata que el camino para lograr esta meta no consiste simplemente en dejarse dominar por el instinto. Hace falta una purificación y maduración, que incluyen también la renuncia. Esto no es rechazar el eros ni «envenenarlo», sino sanearlo para que alcance su verdadera grandeza".

4) Grado de desarrollo y presencia de las ciencias sexológicas en los ámbitos académicos y de los servicios de salud y educación público y privado.

Cuando nos hemos acercado al campo de la realidad en las instituciones educativas desde la educación inicial hasta los estudios de post grado en el sistema educativo venezolano, encontramos una ausencia o déficit en la formación, capacitación y entrenamiento básico en el campo de la sexología médica; lo cual permitiría comenzar a superar los aspectos socioculturales, que oscurecen, perturban, crean conflictos, que obstaculizan el diseño de programas de educación sexual con un mínimo de efectividad medible y comprobable.

La creación de una nueva cultura sexual se ha venido haciendo desde las investigaciones de la sexología médica, acompañado de los servicios terapéuticos y publicaciones especializadas, que han permitido la creación de programas de formación de profesionales de la sexología, en Venezuela, la institución líder sin lugar a dudas ha sido durante más de tres décadas de creada el Centro de Investigaciones Psiquiátricas, Psicológicas y Sexológicas de Venezuela (CIPPSV). Leemos: "El Programa de Postgrado en Sexología Médica se inició en julio 1985 y está dirigido a médicos que han concluido el año rural. Tiene una duración de dos años y es a dedicación exclusiva."(5) http://www.cippsv.com/sexologia_medica.html

Considero lo más valioso y útil proveniente de la sexología médica para el diseño, implantación, desarrollo, evaluación, control y seguimiento de programas estratégicos de educación sexual efectiva, ha sido la elaboración de la definición de salud sexual, a partir de una reunión de expertos en sexología de varios países del mundo, realizada en Ginebra del 6 al 12 de febrero de 1.974 y publicada en un informe de la OMS en 1.975 donde esta institución aclara que se publica como una definición no oficial. Pueden leer esta definición general y muy ambigua que se refiere más a la salud reproductiva que a la salud sexual.

Veamos cual es la definición a la cual se llega: La salud sexual es la integración de los elementos somáticos, emocionales, intelectuales y sociales del ser sexual, por medios que sean positivamente enriquecedores y que potencien la personalidad, la comunicación y el amor.". En el informe se logra explicar y especificar su significado e importancia a partir de los tres elementos básicos que incluye concepto de sexualidad, según tres de los sexólogos participantes Mace, Bannerman y Burton:

"1) La actitud para disfrutar la actividad sexual y reproductiva, y para regularla de conformidad con una ética personal y social.

2) La usencia de temores, de sentimientos de vergüenza y culpabilidad, de creencias infundadas y de otros factores psicológicos que inhiban la reacción sexual o perturben las relaciones sexuales.

3) La ausencia de trastornos orgánicos, de enfermedades y deficiencias que entorpezcan la actividad sexual y reproductiva."

Se puede bajar y leer todo el Informe en (6) http://whqlibdoc.who.int/trs/WHO_TRS_572_spa.pdf

Más reciente encontramos en el Documento emanado de una reunión de Consulta a Expertos de la OPS, la OMS y la WAS, primero en Antigua (Guatemala)

en mayo del 2000 y luego en Ginebra en enero del 2002, una definición de salud sexual, más clara, precisa y referida a los distintos aspectos que la determinan:

"La salud sexual es la experiencia del proceso permanente de consecución de bienestar físico, psicológico y sociocultural relacionado con la sexualidad. La salud sexual se observa en las expresiones libres y responsables de las capacidades sexuales que propician un bienestar armonioso personal y social, enriqueciendo de esta manera la vida individual y social. No se trata simplemente de la ausencia de disfunción o enfermedad o de ambos. Para que la salud sexual se logre es necesario que los derechos sexuales de las personas se reconozcan y garanticen." (7) (Yayes, C. 2009).

La anterior definición la hemos utilizado en los talleres, conferencias y asesorías y la hemos publicado en nuestro libro **Salud y Armonía Sexual** (2.009; estableciendo su valor y utilidad, en la capacitación de profesionales para integrar el equipo transdisciplinario y en el diseño de programas estratégicos de educación sexual en territorios y organizaciones.

Esta definición nos ubica y coloca como un aspecto determinante para la salud sexual al reconocimiento y garantía de los derechos sexuales; mostrando de esta manera la salida del aislamiento o marginación en la que se mantiene en las políticas del Estado y en el Currículo Universitaria a la especialización de sexología dirigida a médicos, psicólogos, orientadores, educadores, abogados, comunicadores, líderes políticos, sociales y religiosos. Una capacitación en sexología médica que debería ser dada con carácter de urgencia a quienes ejercen funciones de gerencia y liderazgo, como son los directivos que cumplirían las funciones de motivación para el diseño e implantación de programas estratégicos de educación sexual siguiendo los principios de la Planificación Estratégica y dentro de los parámetros de los Proyectos Educativos Integrales Comunitarios, los cuales rigen a nivel de planteles la Educación Bolivariana de Venezuela en todos los niveles y modalidades del Sistema Educativo desde Educación Inicial hasta la Educación Media. Esta preparación especial que se alcanza de la unión y concordancia de la exigencia de la propia definición de salud sexual y del para que qué de la educación sexual que es la salud sexual, establecida de manera explícita en las LOPNNA y la Ley este escrito, que reconocen los derechos sexuales a los niños, niñas, adolescentes y jóvenes.

En base a esta definición de salud sexual, hemos dado una mayor fundamentación al axioma que anotábamos en la introducción: "Sin salud sexual de los adultos no hay educación sexual para las nuevas generaciones."

Se destaca de una manera clara el papel que corresponde a los sexólogos médicos dentro de la vanguardia dentro del proceso complejo, complicado y costoso para el diseño e implantación de los programas estratégicos de educación sexual efectivos.

Encontramos en Venezuela un déficit de profesionales de la sexología médica que respondan a este requerimiento. Es necesaria una Alianza Estratégica entre los Institutos y Centros de Sexología Médica con el Estado Venezolana, Universidades y Ministerio de Salud y Educación Superior para ampliar esta formación de especialistas como se ha logrado hacer en la formación de los Médicos Comunitarios gracias al Convenido Cuba-Venezuela a partir de la Misión Barrio Adentro.

5) Una cultura sexual emergente creada por el desarrollo y explosión de los medios de comunicación social.

En el mundo, en nuestro Continente y de manera particular en la República Bolivariana de Venezuela, nos encontramos en un momento histórico, en el cual se ha venido creando y desarrollando lo que se ha denominado la Sociedad del Conocimiento; con el soporte y predominio cada vez más acentuado de las Tecnologías de la Información y la Comunicación Social, a las cuales van teniendo cada vez acceso la mayoría de la población.

En Venezuela es Política de Estado desde 2009 y para ello se crea el Proyecto Educativo Canaima, se hace entrega totalmente gratis, de una computadora portátil, desde el principio diseñada para los niños de los primeros años de la educación básica, llamada CAINAMITA y luego se diseñó y se está entregando a todos los estudiantes de educación media como CANAIMA; últimamente desde hace unos meses se diseñó y se está entregando a los estudiantes universitarios en la presentación de Tableta.

Veamos la fundamentación jurídica de este Proyecto Educativo Canaima;

"...nace en el año 2009 enmarcado en la Constitución Bolivariana de Venezuela (2009), el Plan Nacional Simón Bolívar (2007–2013), Ley Orgánica de Educación (LOE 2009), Ley Orgánica para la Protección del Niño, Niña y del Adolescente (LOPNNA 2008) Ley Orgánica de Ciencia, Tecnología e Innovación (2005), Plan Nacional de Telecomunicaciones, Informática y Servicios Postales (PNTI y SP 2007-2013), y el Decreto 3.390 (2004).". (8)

http://www.me.gob.ve/media/contenidos/2012/d_26076_308.pdf

La cultura sexual que se ha venido creando es conocida por la gran mayoría de estudiosos de la sexología y por muchos profesionales de otros campos y circula mucha información sobre el particular; aunque no ha sido totalmente comprendida, por su naturaleza de cultura emergente y cierta opacidad que ofrece desde el ingrediente de contraposición con la cultura sexual tradicional anteriormente expuesta. A pesar de que irrumpió con mucha fuerza y definición desde los años 60, con la invención de la píldora anticonceptiva, el hippismo y el acompañamiento del cine, la radio, producción disquera, revistas, libros, la televisión, la radio y los videos dentro del desarrollo y masificación con la Internet y las Redes Sociales que permite toda clase de información instantánea audiovisual, en vivo y con el dominante mercado pornográfico.

¿Qué hacer ante esta nueva realidad que provoca mayor dificultad y problematización a la siempre presenta brecha generacional? Incorporar a los niños, niñas y adolescentes como miembros con voz y voto en los procesos de diseño e implantación de los programas estratégicos en todas las fases. Esto se hace de una manera natural y permanente dentro del Aula en nuestra Escuela Básica con la Estrategia de Enseñanza y Aprendizaje que se implantaron con el Nuevo Currículo Nacional a partir de 1.997, conocido como Proyecto Pedagógico de Aula. Esos proyectos se elaboran con la participación protagónica de los niños, niñas, adolescentes y jóvenes a partir del Diagnóstico de sus Necesidades e Intereses.

6) Capacitación y Motivación de los Recursos Humanos que diseñen, realicen, evalúen, controlen y den seguimiento a todos los procesos que requieren los programas estratégicos de educación sexual efectivos.

El último aspecto a abordar, corresponde al que parece por ser lo más obvio el más sencillo y según nuestra experiencia es el más complicado, complejo y difícil de abordar en la realidad, cuando hemos intentado diseñar y realizar los programas estratégicos de educación sexual en territorios y organizaciones. Esto es la capacitación y motivación a quienes están llamados a diseñar, realizar, evaluar, controlar y darle seguimiento a los procesos que requiere un programa estratégico de educación sexual efectivo en cualquier institución educativa o territorio. Va mucho más allá de crear los tradicionales equipos interdisciplinarios y alcanza a la constitución de una institución que desde su Nueva Cultura Sexual educa a través de todos sus miembros de la comunidad educativa y abierta a los líderes e instituciones del territorio donde se encuentra la institución. El Decreto 058 que representa la forma jurídica y administrativa de darle soporte organizacional y funcionalidad a los Proyectos Pedagógicos de Plantel que ya hemos mencionado anteriormente y que tienen ahora en el Currículo Educativo Nacional Bolivariano el nombre de Proyecto Educativo Integral Comunitario.

Esta capacitación y motivación la hemos venido desarrollando desde el año 1.988 a través de unos talleres que titulamos al comienzo como talleres de orientación sexual, luego taller de terapia y pedagogía sexual y desde el 2011 lo hemos redefinido y estructurada especialmente para favorecer el diseño de programas estratégicos de educación sexual y le asignamos el nombre de Taller de Planificación de Programas Estratégicos de Educación Sexual.

Tenemos que capacitar desde un inicio en lo que algunos llaman procesos de desaprender y reaprender, de reeducación y desde nuestra formación y experiencia en sexología médica, preferimos llamar simplemente terapia sexual. Creamos el espacio, condiciones y dotamos de las herramientas teóricas y técnicas básicas, para que cada participante, haga su propio diagnóstico de manera confidencial, de su propia realidad sexual y a partir de ese diagnóstico emprenda de forma consciente, voluntaria y motivada, su programa de terapia sexual. Así fue que nos formaron en sexología el equipo de sexólogos del Centro de Investigaciones Psiquiátricas, Psicológicas y Sexológicas de Venezuela presidido por el sexólogo Fernando Bianco.

Presentamos el programa de este taller para su conocimiento:

Taller de planificación de programas estratégicos de educación sexual.

Diseño y facilitación: M Sc Cruz Yayes Barco. Sexólogo.

a. Objetivo General: Dotar a los participantes de nociones básicas de sexología clínica, educación sexual, legislación y elementos de planificación estratégica para el diseño e implantación de programas estratégicos de educación sexual.

b. Duración: 24 horas.

c. Contenidos:

1. Descripción y diagnóstico de la situación sexual actual en el contexto organizacional y territorial.

1.1. En relación al concepto de salud sexual.

1.2. En relación a los derechos de los niños, niñas, adolescentes y jóvenes a la educación para una sexualidad sana, responsable y satisfactoria.

1.3. En relación a los derechos sexuales y reproductivos de la mujer.

1.4. En relación a los privilegios sexuales y reproductivos del hombre.

1.5. En relación a políticas, Leyes, Resoluciones, Decretos, Planes y Programas de educación para la salud sexual y reproductiva.

1.6. En relación a los programas de capacitación en sexología a los profesionales de la docencia, comunicación social, líderes políticos, religiosos, sociales, culturales, deportivos y jurídicos.

2. Enumeración de la problemática relacionada con los comportamientos sexuales a ayudar a resolver con los programas y servicios de terapia, educación y orientación sexual.

2.1. Embarazos prematuros (en adolescentes, precoces).

2.2. Infecciones del VIH e ITS.

2.3. Violencia sexual.

2.4. Discriminaciones y violencia sexual por razones de orientación sexual o diferencia de género.

2.5. Fracasos en las relaciones de parejas desde el noviazgo y el matrimonio.

2.6. Disfunciones y trastornos sexuales.

2.7. Mitos, falsos conceptos, prejuicios, pornografía y explotación sexual.

2.8. El tabú e ignorancia sexual.

2.9. Patologización del embarazo y el parto.

2.10. Negativización de la sexualidad y complejos de culpas.

2.11. Otros.

3. Dificultades y obstáculos en la Construcción de consensos alrededor del diseño e implantación de programas de educación sexual en instituciones y ambientes.
    3.1. En la institución familiar.
    3.2. En las instituciones educativas.
    3.3. En las instituciones religiosas.
    3.4. En los organismos gubernamentales, no gubernamentales y empresas.
    3.5. En los Municipios.
    3.6. En las Gobernaciones.
    3.7. En el Gobierno Central.
    3.8. Alternativas Gubernamentales: Misiones.
    3.9. La Influencia Directa de los Medios de Radiodifusión en la Actitudes y Relaciones Interpersonales, La Familia, La Pareja, Las Relaciones Sociales con la Cultura Sexual Dominante.
    3.10. La televisión y la educación sexual.
    3.11. Los medios de comunicación y el rompimiento del Ciclo de la Ignorancia Sexual.
    3.12. Autodiagnóstico de la condición sexual personal.
    3.13. Conclusiones y consideraciones personales y grupales.
4. Ejemplo de Programa Estratégico de Educación Sexual en Instituciones Educativas.
    4.1. Antecedentes.
    4.2. Fundamentación científica, ética y religiosa del programa.
    4.3. Marco Jurídico y Político.
    4.4. Construcción del consenso.
    4.5. Justificación.
    4.6. Visión.
    4.7. Misión.
    4.8. Objetivo General.
    4.9. Objetivos Específicos.
    4.10. Objetivos Terminales.
    4.11. Plan de actividades para el diseño y su implantación.
    4.12. Estrategias Generales.
    4.13. Estrategias de Evaluación de Resultados:
a) De los Estudiantes;
b) Del Equipo Transdisciplinario;
c) De la cultura organizacional y de todos los miembros de la institución.
    4.14. Soporte bibliográfico básico.
    5. Conclusiones y Evaluación del Taller.

Este taller se ofrece desde el plantel a todos los adultos que de forma directo o indirecta participan en la educación sexual en el plantel o en el territorio donde se encuentra ubicado a través de sus diferentes roles y responsabilidades: como padres y representantes, educadores, comunicadores sociales, funcionarios públicos de alto, medio y bajo nivel gerencial y operativo, líderes políticos, sociales y religiosos con alta influencia en la opinión pública y sus repercusiones en la toma de decisiones que tienen que ver con la educación sexual, la salud sexual, la igualdad y equidad de género, la paternidad y maternidad responsables y cualquier otro tema y situación que pueden ser polémicos y conflictivos pero tendrán un marco teórico, metodológico, axiológico y organizativo para el diálogo de saberes y la construcción de consensos y progresivamente la construcción de un Equipo Transdisciplinario incluyente de la diversidad de posiciones y comportamientos.

7) Conclusiones.
1. El adulto tiene que asumir los estudios e investigaciones para conocer, comprender, valorar, defender y promover acerca de sus propios derechos sexuales y también los derechos sexuales de los niños, niñas, adolescentes, jóvenes, mujeres, adultos, adultos mayores y de las sexodiveros.
2. Documentarse y manejar con la mayor propiedad la definición de la salud sexual como punto de partida y llegada de todos los procesos educativos a crear y desarrollar en forma colectiva.
3. Todos los miembros de las instituciones educativas y los territorios de influencia bidireccional de la institución educativa debe enfocar inicialmente toda su atención y dedicación al diagnóstico y diseño de su propio programa de terapia sexual, concebido como un proceso progresivo de conquista de la salud sexual y reproductiva y enmarcado en los Derechos Sexuales consagrados y protegidos en la Constitución Nacional y las Leyes de la República.
4. La planificación estratégica organizacional y territorial prospectiva ha de ser conocida y dominada por los miembros de la comunidad educativa y social que sirva para el diseño, implantación, desarrollo, evaluación, control y seguimiento y la elaboración de todos los materiales, instrumentos y captación de recursos humanos y materiales que permitan la elevación de la calidad y todo el despliegue del programa y sus derivados en conocimientos, cambios culturales y felicidad sexual con sus consecuencias positivas y progresivas en la disminución de los embarazos en adolescentes, la propagación del Vih-Sida y las demás ITS, la violencia sexual contra niños, niñas, adolescentes y mujeres.
5. Establecer en el horizonte del programa de educación sexual la creación de programas y servicios de terapia sexual.
6. Alcanzar el mayor y mejor dominio de las Tecnologías de la Información y Comunicación Sexual y hacer el mejor uso de ellas en todo lo que

tiene que ver con el desarrollo del programa estratégico de educación sexual organizacional y territorial.

7. Concebir el programa en todas sus fases sin ninguna posición personalista y menos fundamentalista y darle cabida a los dominios científicos, tecnológicos, sociales, culturales y religiosos sin discriminación de ninguna naturaleza y que sea la práctica de la democracia participativa y protagónica la que sirva para la administración, gerencia y liderazgo dentro del Estado Social de Derecho y Justica y evitando los divisionismos y conflictos que se puedan dar en otros escenarios.

8. Recomendamos el abordaje de la sexualidad desde lo sano que nos permite conocer, comprender y valorar el desarrollo progresivo de la sexología clínica dejando espacio abierto a la ética que cada quien construirá a partir de las diversas fuentes filosóficas y religiosas, teniendo un centro de orientación a partir de los Derechos Sexuales, cuando se presenten diferencias o conflictos en esa dimensión del pensamiento, los valores, actitudes y comportamientos humanos dentro del Estado Social de Derecho que nos sirve de Marco Referencial a nivel de cada nación libre, independiente y soberana sin dejar de ser solidaria en la comunidad de naciones.

Referencias Bibliográficas:
(1) http://www.defensoria.gob.ve/dp/index.php/leyes-ninos-ninas-y adolescentes/1347
(2) http://planipolis.iiep.unesco.org/upload/Youth/Venezuela/Venezuela_Ley_para_el_poder_popular_de_la_juventud.pdf
(3) http://www.mscperu.org/.../Amor.../1AmorResponsJPIIIndex.htm
(4) http://www.vatican.va/holy_father/benedict_xvi/encyclicals/documents/hf_ben-xvi_enc_20051225_deus-caritas-est_sp.html
(5) http://www.cippsv.com/sexologia_medica.html
(6) http://whqlibdoc.who.int/trs/WHO_TRS_572_spa.pdf
(7) Yayes, C. Salud y Armonía Sexual. Editorial Letralia. Cagua. Venezuela. 2009.
(8) http://www.me.gob.ve/media/contenidos/2012/d_26076_308.pdf

El Vaginismo

Elda Elena Bartolucci[43]

Introducción

Tratar el vaginismo es un desafío importante para la sexología: ¿qué podemos hacer los profesionales cuándo el músculo pubococcigéo femenino se cierra como una valva ante cualquier acercamiento de un miembro u objeto, y por ende la penetración es imposible?

ES una de las causas principales del matrimonio no consumado y por supuesto, es causa de imposibilidad de reproducción de la pareja

La causa de esta disfunción casi siempre es psíquica y en algunos casos la paciente tiene alguna referencia de su causa, pero en la mayoría de los casos suele ser desconocida para la paciente, porque es inconsciente. Ellas no se explican por qué una función "normal" como el sexo para todas las demás mujeres, para ellas se torna en algo imposible

Allá lejos y hace tiempo

Cuando empecé a trabajar como sexóloga (en el año 1981-82), sentí mucha inseguridad ante la primera demanda de tratamiento por vaginismo: se trataba de una mujer que llevaba más de 10 años de casada, con 37 de edad y una vida sexual medianamente placentera,

Y que hasta ese momento, venía dejando afuera la consumación. Y a su marido también.

Vino, ambivalente, recelosa, temerosa y como suele ocurrir con poca apertura (recreando el encierro también en la relación terapéutica) ante el tratamiento, así dramatizando con su actitud lo que le ocurre en la cama: y vivenciando su incapacidad para la entrega total.

---

[43] Psicóloga egresada de la Universidad Nacional de Mar del Plata- Argentina
www.sexualizando.com.ar bartolucci@sexualizando.com.ar
Ha publicado el libro "Yo hablo de sexo, y Usted?"

También como casi todas, buscando la maternidad, situación imposible ya que ni siquiera se podía pensar en la inseminación artificial.

Cansada del "para cuándo" de la familia y amigos; cansada también de sostener una mentira y sentir que se les acaban las excusas para postergar la búsqueda de un hijo.

Toda esta constelación de situaciones "pesadas" me la entrega en el consultorio.

Inmediatamente decidí aceptar la paciente y el desafío de poder ayudarla. Decidí buscar ayuda en una supervisión, que arrojó como resultado que debía buscar mis propias herramientas, cosa que me propuse hacer utilizando la bibliografía existente sobre las problemáticas iguales o similares: devoré Masters y Johnson y Helen Kaplan, básicamente.

Entonces me puse elaborar un programa de tratamiento que será descripto en el apartado correspondiente

Y la terapia resolvió su problema.

Al transcurrir los años de trabajo, fue desapareciendo esa sensación inicial, ya que la mayoría de los casos se resolvieron satisfactoriamente.

Definición

"El vaginismo es una perturbación por la cual los músculos que rodean a la vagina se contraen de manera involuntaria cuando el hombre intenta la penetración vaginal".[44]

Esta disfunción sexual impide realizar el coito, debido a la contracción involuntaria de los músculos puboccígeos, ubicados en el tercio inferior de la vagina.

Las mujeres que padecen vaginismo pueden gozar de los juegos sexuales, y alcanzar el orgasmo ya que esta disfunción no está relacionada con las fases de la respuesta sexual.

Casi todas practican sin problemas sexo oral, anal y todo tipo de caricias que las lleva al orgasmo tanto a ellas como a sus parejas, pero aunque su deseo sexual sea elevado, el momento en que se intenta la penetración vaginal siempre obtiene el mismo resultado: la contracción que impide el acto.

En muchos casos la pareja llega virgen al matrimonio no por cuestiones religiosas, sino por esta disfunción, ya que durante el noviazgo tienen juegos sexuales de diversos calibres, como los mencionados anteriormente.

A veces se autoengañan mutuamente pensando que les falta el espacio para el sexo la oportunidad, el permiso social, etc. Por todo esto confían en que luego del matrimonio, la vida sexual podrá ser consumada adecuadamente.

Pero todos estos argumentos son situaciones dilatorias del encuentro con la verdad: no se puede lograr el coito. Y dado que son parejas disfuncionales, se

---

[44] La Sexualidad Humana- Masters, Jhonson y Kolodny, Tomo 3 pág 622).

produce una alianza inconsciente que les permite escaparse asumir esta realidad, como decía, pensando que cuando cambien algunas condiciones, la situación se arreglará.

He podido comprobar que la mayoría de las causas del vaginismo son psíquicas o educacionales, conscientes o inconscientes.

La educación religiosa muy rígida o culposa, la falta de información sexual o falta de comunicación con los padres o docentes, que conducen al miedo o temor; experiencias traumáticas como abuso sexual, violaciones o la convivencia con familia disfuncionales, el miedo al embarazo, el temor a contraer enfermedades de transmisión sexual, experiencias dolorosas en la visita al ginecólogo, etc.

Síntomas
Los síntomas principales son:
- Penetración vaginal difícil, dolorosa o imposible durante la relación sexual.
- Imposibilidad de penetrar su vagina con dedos, tampones u otros objetos
- Dolor vaginal durante la relación sexual o un examen pélvico.

Tipos de vaginismo
El vaginismo está clasificado en:

Vaginismo primario: esta disfunción es primaria en la mayoría de los casos: se produce cuando una mujer nunca ha sido capaz de tener relaciones sexuales o lograr cualquier tipo de penetración. Es comúnmente descubierta en las adolescentes y mujeres jóvenes, cuando la mujer intenta el uso de tampones, tener relaciones sexuales o cuando va al médico para practicarse un examen ginecológico o una prueba de Papanicolaou.

Pero en otros casos, la mujer puede tener vaginismo y no darse cuenta de que lo tiene hasta el momento en que intenta tener una penetración vaginal. Muchas piensas que la penetración debe de ser naturalmente sencilla, y van hacia la experiencia y se encuentran con la sorpresa de la contracción.

Vaginismo secundario: Ocurre cuando una mujer previamente ha sido capaz de lograr la penetración vaginal normalmente, por alguna razón que generalmente desconoce, no puede lograrlo.

Esto puede deberse a causas físicas -infecciones vaginales, trauma durante el parto, secuelas tras cirugía ginecológica, etc.- o por causas psicológicas, como situaciones traumáticas o conflictos graves de pareja.

En muchos casos de hostilidad marital, la mujer *"se cierra"* para quien antes *"se abría"*.

En otros casos, situaciones muy traumáticas como la muerte de un hijo, deja esta secuela, a la manera de una defensa inconsciente para no engendrar un hijo que puede morir.

El tratamiento para este tipo es el mismo que para el primario, sin embargo, en estos casos, el hecho de que previamente se haya podido lograr una penetración de forma satisfactoria es un factor que predispone a que la afección se pueda solucionar con mayor rapidez.

El uso de los dilatadores adquiere menor prevalencia en el tratamiento, privilegiandose en el mismo, los aspectos psicoterapéuticos a los efectos de aclarar la causa o el origen de la disfunción.

Como decía Sigmund Freud" hacer consciente lo inconsciente", es la llave a través de la cual se disuelven algunos síntomas.

Causas

Si bien las causas casi siempre son psíquicas, y a veces, desconocidas para la paciente, porque el proceso es inconsciente. Hay algunas situaciones de organicidad que hay que descartar para hacer un correcto diagnóstico.

Dice Helen Kaplan: *"de todas las causas de trastornos sexuales, el conflicto psicológico ha sido el que en épocas pasadas, ha recibido la máxima atención: y, en efecto, la resolución de conflictos es importantísima para el tratamiento de las disfunciones sexuales"*.[45].

Causas orgánicas

Para determinar una posible causa orgánica, la mujer deberá someterse a un examen ginecológico.

Las principales causas orgánicas son:
- La existencia de alguna cicatriz en la entrada de la vagina como consecuencia de un parto traumático, un aborto, una violación, etc.
- Insuficiencia hormonal originada por falta de estrógenos, como en la menopausia.
- Una infección, causada en la mayoría de sus veces por alguna enfermedad de transmisión sexual y que hace que la vagina se inflame hasta el punto de que el contacto sexual resulte imposible.
- El uso de desodorantes íntimos irritantes.
- Alergia al caucho del diafragma o del preservativo.
- Una manipulación brusca del clítoris durante los juegos preliminares.
- Una masturbación brusca con un vibrador.
- El uso continuado de prendas excesivamente ajustadas (tejanos, por ejemplo).
- La existencia de algún tumor.
- También se han dado casos muy raros en los existe alguna anomalía congénita de la vagina que impide la penetración.

---

[45] Helen S, Kaplan (1948). "La nueva terapia sexual". Cap 8 pp.201, Alianza Editorial S.A. Madrid.

En estos casos de origen orgánico, hay que tener en cuenta que algunos de ellos tienen causas transitorias, las que debidamente tratadas, harán que el vaginismo se solucione rápidamente.

Causas psicológicas

.Las principales causas psicológicas son:
- El sentimiento de culpabilidad que algunas mujeres experimentan al sentir placer, sobre todo aquellas que fueron educadas por tabúes religiosos.
- Aversión sexual: el rechazo al el sexo, como consecuencia de la educación sexual represiva.
- Los traumas infantiles de carácter sexual: abuso sexual, violaciones, exhibicionismo perverso de los padres, exposición de la niña ante adultos, etc...
- La ignorancia de la anatomía, tanto propia como del compañero.
- El miedo consciente o inconsciente al dolor o a un posible embarazo.
- El miedo irracional al dolor por la ruptura del himen y la sangre.

Presentación de los casos

Es una disfunción bastante seria y con un tratamiento exitoso, pero de mucho trabajo para ambas partes: terapeuta y pacientes.

Llegan las pacientes a nuestros consultorios (nunca mejor llamadas) portando su estandarte de virginidad y en la mayoría de los casos, lo hacen acompañadas por sus parejas. Muchas acuden a la consulta después de muchos años de matrimonio y cuando se hace imperiosa la necesidad de tener un hijo: se encuentran presionadas por el medio social y por su reloj biológico.

El objetivo en estas parejas, no suele ser poder practicar el coito ni tener mejor sexo, sino conseguir un embarazo.

La mayoría manifiesta no estar desconformes con la vida sexual que llevan, (caricias, sexo oral, anal y diferentes tipos de orgasmo, menos el vaginal, claro). Aunque en la entrevista que solicito a solas con cada uno de ellos, suele pasar que el varón puede manifestar su queja ante mí, de su necesidad de penetrar, ya que no quiere "lastimar" a su pareja con lo que entiende "es una imposibilidad" de ella.

Como vemos el trabajo es arduo, porque hay varios temas que hay que instalar como necesidad de conciencia de enfermedad:

En primer lugar la alternativa terapéutica tiene según mi criterio "corrido el eje": no se reconoce la disfunción como tal, sino porque de ninguna manera se puede lograr el embarazo si no se soluciona.

El segundo tema que quiero plantear es que las pareja suelen creer que es una disfunción o "problema" de la mujer. Casi ninguna entiende que tiene un vínculo que sostiene la disfunción porque el mismo, en sí es *vagínico*.

Algunas parejas tienen tan asumida esta manera pregenital de tener sexo, que antes de concurrir a mi consultorio han intentado la fertilización asistida.

Y claro, el especialista ha tenido que explicarles que no se podría nunca intentar siquiera la inseminación artificial si no se corrige el vaginismo.

Tratamiento utilizado
1) Etapa de Diagnóstico
La primera averiguación que hago es acerca de la si ha existido revisión médica para confirmar o no el diagnóstico de vaginismo: en caso de no existir (muy común, dado que la mayoría no concurrió nunca al ginecólogo), incluyo la indicación de hacerlo a la brevedad, situación que en algunos casos hay que postergar, dada la negativa de la paciente a ser examinada. Y una consigna de mi terapia de esta disfunción y así lo explicito, es nunca forzar los tiempos y la aceptación de la paciente para cualquier indicación o intervención terapéutica.

En todos los casos, realizo una exhaustiva anamnesis de la paciente: la historia personal, la historia de su sexualidad y educación sexual recibida; también hago en la etapa diagnóstica, una evaluación de vínculo de pareja, ya que si no concurre con su esposo, lo cito para completar el correspondiente diagnostico.

Explico a posteriori, en una sencilla devolución, como será el tratamiento correspondiente y la explicitación de las posibles causas.

2) Tratamiento
Mi terapia del vaginismo a través de sesiones semanales y en los casos que he tratado, los tratamientos han durado desde 6 meses a 2 años. Al llegar a las etapas finales del mismo, suelo reducir la frecuencia a encuentros quincenales hasta el momento del alta terapéutica.

En todos los casos, indico la práctica de los ejercicios de Kegel, aumentando, como se acostumbra, la cantidad de ellos a medida que avanza el tratamiento.

Pero en algunos casos más rebeldes indico la utilización de las esferas chinas con las que la paciente practica estos ejercicios de una manera más intensa.

La primera etapa siempre es de psicoterapia, con la prevalencia de reforzar el vínculo terapéutico en una relación transferencial, donde puedan "confiar" en una madre que les abra la puerta cerrada para el sexo.

La mayoría de estas mujeres, han tenido una madre represora, prohibitoria y hasta castigadora de sus impulsos eróticos y amorosos.

Otras, han perdido a su madre en la infancia o adolescencia, sin poder reemplazar este vínculo con otra mujer que les facilite el acceso al placer sexual y al amor erótico.

La mayoría de ellas, ha recibido por ende, una educación sexual muy represiva, siendo también muy común, la educación en colegios religiosos de mujeres solas.

En la mayoría de los casos, indico el uso de terapias florales a los efectos de modificar los sentimientos de culpa, vergüenza y miedos, predominantemente:

utilizo el set de Flores de Bach y de California, que yo misma les preparo para cada una de ellas, y mantengo esta indicación al menos por un largo período, hasta que estos sentimientos vayan desapareciendo.

Cada paciente recibe las esencias que necesitan: dado que cada una de ellas tiene una historia y personalidad diferente.

Sin embargo, las que más utilizo son:

1) Flores de Bach
Mimulus (para los miedos conscientes)
Larch (para neutralizar el miedo al fracaso)
Crabb Apple (para neutralizar el sentimiento de suciedad asociado con el sexo)
Cherry Pluma (para el miedo al descontrol)
Agrimony (para la angustia)
Sweey Chestnut (para la angustia extrema que les impide avanzar en la terapia)
White Chestnut (para aliviar los diálogos internos torturantes)
Pine (para aliviar la culpa)

2) Flores de California
Hibiscus (para estimular la sexualidad femenina)
Poison Oak (para el miedo a la penetración)
Dogwood (para darle soltura corporal)
Mariposa Lilly (para mejorar la relación con la madre interna)
Sunflower (para aumentar su autoestima)

El uso de las esencias florales permite reducir el tiempo de trabajo de psicoterapia, ya que las mismas regulan los exagerados niveles de intensidad de los sentimientos negativos y la paciente puede acceder más fácilmente al contenido de sus fantasías, recuerdos, y emociones.

Cuando el vínculo de confianza está establecido, comienzo a indicar tareas sexuales que casi siempre siguen el mismo patrón.

La primera etapa es de reconocimiento corporal, donde la mujer recibe la consigna de conocer su cuerpo, sus genitales y aumentar su nivel de fantasía sexual en un ejercicio de autocaricias no exigentes.

En caso de tener pareja, se indica la placerización recíproca: a la mayoría de las parejas este ejercicio les resulta relajando y favorece el acercamiento a las zonas conflictivas, precisamente porque está prohibido el coito durante esta etapa.

Los dilatadores

Pero indudablemente, el tema del vaginismo difícilmente se resuelva sin el uso de los dilatadores vaginales.

En los casos que así sucede, y en pocas sesiones la mujer accede a la dilatación necesaria para lograr la penetración, es porque estamos ante un caso de *Falso Vaginismo,* generalmente, generado por mecanismos histéricos.

En mis tratamientos, he utilizado con mucho éxito los dilatadores que la misma paciente prepara a base de tampones.

Si bien la ciencia médica ha utilizado los dilatadores graduales de acero quirúrgico. En mi caso, y aunque los tengo y los he utilizado en algunos casos, he descartado el uso de los dilatadores tradicionales al principio de la terapia, ya que han generado siempre mucho rechazo en las pacientes. Lo mismo ocurre con aquellos de material plástico que se compran para cada paciente: muchas se asustaron ante la sola mirada de estos elementos.

Pude comprobar el alivio de las pacientes cuando les propongo iniciar esta etapa con elementos que ellas mismas preparan. Es que la desconfianza de "qué cosas" se le van a meter en su vagina, desaparece o al menos se atenúa cuando ellas pueden tener el control.

Casi todas han intentado usar sin éxito los tampones cuando menstruaban y cuando les aseguro que de la manera en que lo van a preparar, les va a servir no solo para poder usarlos como tales, sino para solucionar su problema, noto como inmediatamente ceden sus <u>resistencias</u>.

Algunas pacientes tardan largo tiempo en comenzar con esta etapa: necesitan asimilar al idea de que algo entre en su vagina, ya que muchas tienen una fantasía común: la de tener su vulva cerrada como una muñeca de porcelana, como si nada pudiese entrar en ella.

Muchas tardan mucho tiempo en poder tocarse. Las fobias sexuales se presentan ante ellas mismas: no solo prohiben a sus parejas que las toquen sino que ellas mismas no pueden hacerlo: es bastante común que tensen sus músculos abductores, tensión que les impide abrir las piernas.

Otras no logran pasar a la etapa que describo a continuación y les sugiero que acaricien su vulva con sus dedos y que introduzcan una sola falange en la vagina y así, vayan muy despacio hasta introducir una parte de su dedo pequeño.

El hecho de introducir una parte de su cuerpo en otro, es un paso muy importante y les permite acceder al paso que sigue: introducir un cuerpo extraño en su vagina; entonces se valoriza adecuadamente cada paso que dan: se aplica el criterio de refuerzo positivo.

Si esto lo atraviesan adecuadamente, el paso siguiente consiste en la introducción de un objeto externo en su cuerpo.

La indicación es la siguiente: les hago comprar el tampón más pequeño y enfundarlo en un dedil también pequeño de goma (de los que venden en farmacias para cubrir un dedo lastimado), dejando afuera del dedil, el hilo con el que se retira el tampón.

A continuación, les indico que sujeten con una banda elástica, dando varias vueltas con la banda, alrededor del final del tampón y aprisionando así, el hilo del mismo que queda afuera del tampón preparado.

Esto hace que el tampón enfundado con el dedil, no se mueva, que quede ajustado y que ellas puedan retirarlo tirando del hilo después de la introducción sin que se les quede el dedil dentro de la vagina.

Les indico que busquen un espacio tranquilo, que se duchen para relajar el cuerpo y la mente, que pongan música y se relajen desnudas en la cama.

A continuación que busquen con su mando derecha, el orificio vaginal; si es necesario utilizando un espejo para ello y que, lubricando el tampón enfundado, lo introduzcan muy despacio en el tercio externo de su vagina y allí lo dejen por 15 minutos mientras leen o miran TV.

Y luego de ese tiempo, que lo retiren tirando del hilo, higienizando la parte externa del tampón para su próximo uso: les explico que no es necesario preparar un tampón para cada ejercicio: esta indicación se las doy para que vayan perdiendo el temor de introducirse algo usado: les explico que lanado el dedil con agua y jabón blanco, y secándolo cuidadosamente pueden usarlo más de una vez.

Este ejercicio se repite 3 veces por semana; de acuerdo a los resultados obtenidos y al nivel de comodidad expresado con el tampón en su vagina es que les indico el paso siguiente: desarmar el tampón usado y aumentar su diámetro engrosándolo alrededor con una capa de algodón muy fina, para luego colocar nuevamente un dedil y repetir el procedimiento de armado.

El tampón así preparado resulta unos milímetros más ancho que el anterior.

Se indica otra semana o más de ser necesario hasta alcanzar el nivel de comodidad que permite el paso siguiente.

Y así sucesivamente vamos aumentando el diámetro del tampón hasta que el paso siguiente es utilizar el tampón de mayor diámetro.

En Argentina hay tres tamaños de tampones: mini, medio y súper.

Una vez tolerado el mayor y engrosado el mismo, de acuerdo a lo explicitado, se pasa a la etapa de colocarse prótesis de silicona con forma de pene, que se venden el los sex-shops. Generalmente elijo en el comercio adecuado la prótesis de la medida que mi paciente necesita y se lo proveo en el consultorio, ya que casi ninguna se atreve a ir a un sex-shop. Esto me parece que es un riesgo innecesario, ya que tratamos por todos los medios de no violentar ni apurar decisiones.

Así les planteo a mis pacientes la siguiente consigna: ante cada indicación les pido que me digan cómo se sienten y que si sienten que no van a poder, que esperemos hasta que logren la comodidad necesaria con la tarea propuesta. Generalmente el uso de las esencias florales ha bajado el nivel de temores y desconfianza, como asimismo la relación transferencial establecida.

Esta es una manera eficaz de evitar la deserción del tratamiento, entendiendo que si esto sucede, tiene muy pocas posibilidades de volver a intentarlo, así sea con otra terapeuta.

Volviendo a la tarea de dilatación: sucesivamente se van aumentando los contornos de lo introducido.

Un paso importante es cuando les pido que midan con un centímetro el contorno de sus dilatadores y comparen esta medida con la medida del contorno del pene de su pareja en estado de erección, a la altura del comienzo del tronco. (Y no en el glande).

Cuando estamos a 1 cm de diferencia sobre esta medida real, se les muestra cuánto han avanzado y se les sugiere la introducción de manera pasiva del pene de su esposo, con su propia mano, en la posición sexual que les resulta más cómoda y sosteniendo esta posición unos minutos hasta que pase la sensación de molestia.

El paso posterior es el pasaje a la introducción del pene estando excitadas sexualmente, haciendo los movimientos que sientan y suele ser el que ellas viven como su "Primera Vez".

Aunque en realidad, ya han perdido su himen hace mucho tiempo y sin darse cuenta.

Ellas viven y recuerdan este día como el día de su entrega amorosa y completud genital.

Dado que son nuevas en esta tarea coital, se las acompaña un tiempo más en el tratamiento, mostrándoles videos de terapia sexual con relaciones sexuales completas, ya que ninguna ha podido tener esta experiencia.

Se les aconseja un tiempo de prácticas sexuales sin embarazarse, a los efectos de que puedan vivir un tiempo donde adquirir experiencia sexual con su pareja antes de pasar a ser una familia.

La totalidad de mis pacientes que han sostenido el tratamiento hasta el final han logrado superar este síntoma y muchas de ellas han logrado la maternidad.

En otros casos, una vez logrado el coito, más tarde o más temprano, la pareja se ha separado, porque evidentemente, han sostenido un vínculo desde la patología y al superarse ésta, la relación ya no se ha podido sustentar. En muchos casos la paciente vuelve a tratamiento para trabajar su separación y/o el encuentro con otra persona, logrando siempre en sus nuevas relaciones el acceso al coito sin problemas.

Caso clínico

Plantearemos el caso de vaginismo primario de una paciente a la que llamaremos Alejandra.

Alejandra es una joven profesional de la salud, de 34 años que consulta después de 10 años de casada, en los que la pareja tenía sexo pero sin penetración, con lo que podríamos decir que ella era literalmente virgen.

Este tema fue muy trabajado y si retomo este aspecto (el de la virginidad) es porque es algo muy común en estos casos: o han sido abusadas sexualmente o muy reprimidas en la educación sexual. Este último era el caso de Alejandra y ejemplifico esto diciendo que ella se negaba a tener sexo con su marido y además, a tener un hijo, porque decía que le daría mucha vergüenza frente a su mamá si quedara embarazada **porque eso sería la prueba de que había tenido sexo.**

Pero ahora ya ambos querían solucionar ese problema porque tenían mucha necesidad de ser padres y estaban resueltos a hacerlo.

Entrevisto a ambos por separado y en la que tengo a solas con el esposo, éste refiere que la que se niega a consumar el matrimonio es Alejandra y que él la intimó a tratarse poniendo en riesgo la continuidad de la pareja si no se resolvía el tema. Menciono esta entrevista porque de acuerdo al desenlace podremos entender hasta donde llega la negación de los propios problemas y especialmente, del vínculo "vagínico" en las parejas.

Hacemos un tratamiento muy trabajoso de alrededor de un año de duración: pero muy exitoso también, logrando la dilatación total de la vagina de la paciente al finalizar el mismo. Por lo tanto solo quedaba consumar el matrimonio y buscar ese esperado hijo.

Transcurriendo un tiempo prudencial en el que Alejandra sigue concurriendo a terapia, con mucha dificultad manifiesta que en realidad ahora era el esposo el que no quería penetrarla., ahora que ella podía hacerlo.

Y que él, sin explicar nada, decía que no podía.. Sabiendo que no era un problema de impotencia erectiva, lo cito para poder investigar con él donde estaba el problema y sugerirle su propio tratamiento, al que siempre se había negado.

Nunca aceptó venir y al cabo de un tiempo, Alejandra dejó de hacerlo, de común acuerdo conmigo.

Se propone esperar un tiempo para ver si él "resolvía", pero eso no sucedió. Finalmente la pareja se propone realizar un tratamiento de inseminación artificial para lograr el embarazo. Y en ese momento Alejandra retoma la consulta conmigo, en que la acompaño un tiempo, revalorizando el trabajo realizado por ella y entendiendo la dificultad de su marido: **"si yo estuve 10 años, él puede estar otro tanto, pero ya será tarde para ser madre".**

Ambas coincidimos también en que era una buena solución, entendiendo que su tratamiento fue exitoso, porque no podría haber sido inseminada de no haber logrado la dilatación vaginal que se alcanzó con la terapia sexual.

Y colorín-colorado: hoy son padres de una hermosa bebé...

PAREJAS DISFUNCIONALES EN EL CLIMATERIO Y LA MENOPAUSIA: UNA BREVE REVISION

Ruben Hernandez Serrano[46]

La Mujer tiene claramente establecidos sus periodos de Fertilidad y Cese de ella, con las excepciones que siempre se presentan en el ejercicio clínico diario de la práctica Médica.

En contraste a ello la posición igualitaria de la Mujer, Derecho Fundamental, ha visto un notable cambio de roles en cuanto a la iniciativa y requerimiento de sus necesidades en el área de la satisfacción sexual.

Desde la aparición del Sildenafil en 1998, los investigadores del campo han tratado de lograr un Medicamento con resultados tan exitosos, que hasta un Premio Nobel lograron Ignaro y sus Cols.

Varios intentos han sido incluso promovidos sin éxito sostenible. El PT 141, Los Parches de Testosterona, La Fibianserina y otros componentes tópicos en base a la hormona básica en el hombre. Por supuesto que en esto es clave, su Dosificación fundamental, si se quieren evitar efectos secundarios no deseables.

La FDA acaba de aprobar las tabletas de ospemifene (Osphena), en dosis de 60 mgrs/dia específicamente para dispareunia en la mujer menopaúsica.

Contrariamente a lo que se cree muchas mujeres en esta etapa, ya desmitificadas en cuanto a su derecho a lograr satisfacción sexual, presentan un intenso deseo no, atribuido al ya no existente temor al embarazo, a desechar los mensajes negativos que sobre su sexualidad existían, y al argumento frecuente "yo no puedo morir sin tener un orgasmo".

---

[46] WAS, FLASSES, AISM, WASM, SVSM, UTES, UCV
Caracas, Venezuela
www.rubenhernandez.com

Comprender que la sintomatología de esta etapa de la Vida, y el riesgo de tener Cáncer sobre todo en el Endometrio, ameritan una evaluación ginecológica frecuente, como herramienta fundamental de prevención.

Por otra parte la Educación Sexual, a pesar de todo lo andado reviste especial importancia.

Hoy tenemos que discutir científicamente las razones que la APA en su Reunión Anual (San Francisco, 2013) al presentar la DSM5, considera la eliminación de la Dispareunia y el Vaginismo y las funden en una sola entidad DOLOR GENITO PELVIANO, ignorando muchas otras patologías locales (Vulvodinia, Excitación permanente y dolorosa del Clitoris, Trastornos Uretrales y la terrible Incontinencia Urinaria, etc) las cuales afectan significativamente la Calidad de Vida de la Mujer de hoy. Limita a 2 horas sus actividades externas a la casa o medio de trabajo tradicional.

En nuestra Latinoamérica tan afectada social y culturalmente el Cáncer de Cuello Uterino, representa junto con el Cáncer de Seno, el de Endometrio y el de Vejiga, entidades clínica muy frecuentes que representan el fracaso total de los Programas de Salud Sexual de la Mujer y su correspondiente Prevencion.

Si a ello sumamos el Abuso Sexual Infantil (ASI), la Violencia Domestica (VD) y los diferentes tipos de Maltrato: Fisico, Economica, Escogencia de Trabajo, Vestido, Vivienda, Ocupacion, Transporte, etc que vive el Mundo de hoy tenemos un complejo paradigmático muy severo.

La Mujer ha logrado muchas cosas y Derechos, pero es enorme lo que hay que hay que hacer aún, sobre todo en algunas culturas que no le otorgan ninguna posibilidad de igualarse al Macho tradicional, que continúa ejerciendo su Poder, a pesar de los avances en el mundo intelectual de hoy.

El tiempo y la Educación harán que estas diferencias se eliminen en el futuro inmediato, si hacemos valer la Declaración de Derechos Sexuales de la WAS (Valencia 1997) recientemente actualizada en New York, en una Reunión de Trabajo muy significativa y trascendente. (WAS, NYC 2014). Se prevé la presentación formal de la misma en el próximo DIA DE LA SALUD SEXUAL, 4 Septiembre 2014.

Pocos científicos discuten la IGUALDAD DE GENERO, y es más la DIVERSIDAD ce los mismos, ante las evidencias y luchas de movimientos minoritarios que han logrado triunfar en sus Agendas.

Partiendo de estos planteamientos teóricos y prácticos, hemos elaborado algunos puntos aun controversiales, en LO QUE REALMENTE EXCITA A UNA MUJER:

FISIOLOGÍA GENERAL
- La Mujer es profundamente auditiva.
- El Hombre es básicamente visual.

- El pensamiento de la mujer es multifacético.
- Puede hacer muchas cosas a la vez. Pensamiento abstracto.
- Los Hombres somos mucho más sencillos. Limitados, mono o bi temáticos.
- Pensamiento concreto.

QUÉ DESEA UNA MUJER?

1. Sentirse amada de hecho, no de derecho.
2. Establecer alianzas afectivas a través del amor, emociones constructivas y demostraciones de afecto positivas y directas.
   Los regalos
3. Respeto a la libertad y dignidad de su condición femenina e igualdad de derechos como PERSONA
4. Solidaridad, compromiso, pasión activa…
   Los cuales no deben ser sólo verbales, sino reales para ambos integrantes de la PAREJA
7. Manejo Alternativo del Poder Contrato Terapéutico RHS/APC.
   Responsabilidad de acción compartida en todos los ámbitos de relación.
8. COMUNICACIÓN EFECTIVA
   ASERTIVIDAD
   INTELIGENCIA EMOCIONAL
9. Respeto a los espacios y actividades individuales, los cuales no deben ser usados como factores de aislamiento o agresión sino como reforzadores de la pareja
10. Conformar equipo, con distribución de tareas sólida y transparente
    Independencia de interferencias familiares o sociales
11. Acciones que permitan un plan de vida reevaluable en la búsqueda del bienestar integral, mayor productividad y mejor calidad de vida

En conclusión:
Interdependencia
Fidelidad
Reforzamiento Positivo
Bienestar, Paz Interior
Felicidad

Referencias:
1. HERNANDEZ S R, PARRA C., A. VIOLENCIA. Proceedings World Congress Caracas, UCV 1998.
2. LEY POR EL DERECHO DE LA MUJER A VIVIR UNA VIDA LIBRE DE VIOLENCIA. A.N. Caracas, 2008.
3. HERNANDEZ S.R., PARRA C.A. EDUCACION SEXUAL. Resúmenes del XV Symposium Internacional de Sexualidad. Caracas, 1995.
4. A.P.A. DSM5. Annual Meeting San Francisco, 2013.
5. HITE S., Sexualidad Femenina. Symposium Internacional. Caracas, 1978.
6. GOLDSTEIN I. et al.: Sexuality of the Women. ISSWSH: Tampa, 2010.
7. HERNANDEZ S.R., BIANCO F. SEXOLOGY: An independent field. Elsevier Ed. 1993.

direccion para contacto:
Instituto Paulista de Sexualidade
Clinica de Psicologia em Sexualidade
rua Angatuba, 370 - Pacaembu
01247-000 - São Paulo - S.P.

fones (11)3662-3139
e-mail inpasex@uol.com.br / WWW.inpasex.com.br

www.ingramcontent.com/pod-product-compliance
Lightning Source LLC
Chambersburg PA
CBHW051943280526
45789CB00009B/3160